JN492994

어린이집 개정 평가제 완벽대비

라헬 백명진 • 키즈노트

"한 권으로 끝내는 평가제 핵심 포인트"

면담, 상호작용, 서류, 전자문서 활용, AI 보육일지 컨설팅까지

평가 영역별
실전 대비
필독서

양 성 원

머리말

안녕하세요, 키즈노트 대표 최장욱입니다.

키즈노트는 대한민국 최초의 스마트 알림장으로 시작해, 현재는 전국의 많은 어린이집과 유치원에서 사용되는 대표적인 소통 서비스로 자리 잡았습니다.

그 여정 속에서 수많은 원장님과 선생님들을 만나며, 보육 현장의 따뜻한 헌신과 노력을 가까이에서 느낄 수 있었습니다.

『어린이집 개정 평가제 완벽 대비』는 새로운 평가제를 준비하시는 분들께 작지만, 실질적인 도움이 되기를 바라는 마음으로 기획된 책입니다.

키즈노트는 소통을 넘어, 다양한 원의 문서들을 전산화하는 과정에서 현장의 목소리를 꾸준히 들어 왔습니다.

그 경험을 바탕으로 이 책의 일부를 함께 고민하고 참여할 수 있었던 점에 감사의 마음을 전합니다.

이번 개정 평가제는 보육 교직원들이 보다 아이들과의 놀이와 상호작용에 집중할 수 있도록 설계되어 있습니다.

준비 과정에 드는 시간과 노력이 조금이라도 덜 부담스럽고, 더 의미 있게 다가갈 수 있도록 이 책이 작은 길잡이가 되기를 진심으로 바랍니다.

무엇보다 바쁜 일상 속에서도 아이들을 위해 묵묵히 최선을 다하고 계신 모든 원장님과 선생님들께 깊이 감사드립니다.

키즈노트는 앞으로도 현장의 결을 지키며, 더 나은 보육을 함께 그려 나갈 수 있는 동반자가 되겠습니다.

감사합니다.

㈜키즈노트 대표 최장욱 드림

머리말

“한 아이를 돌보는 일은, 한 세대를 품는 일입니다.”

작은 손을 씻기고, 신발을 신기며, 눈을 맞추는 하루하루의 순간들.
그 조용한 손길 속에서 아이는 자라고,
그 하루들이 모여 한 사람의 삶이, 더 나아가 우리 사회의 미래가 만들어집니다.

어린이집은 단지 아이를 돌보는 공간이 아닙니다.
그곳은 아이가 처음으로 세상과 만나는 작은 사회이며,
그 안에서 따뜻함과 안정감을 설계하는 사람들이 바로 어린이집 교직원입니다.

아직 말로 다 표현하지 못한 감정을 먼저 읽어 내고,
세심하고 따뜻하게 반응하는 교사가 있고,
그 손길 하나하나가 안정적으로 이어지도록 전체 흐름을 설계하고 지원하는 원장이 있습니다.

교사와 원장, 교직원이 함께 만들어 가는 이 공간은,
아이에게 ‘세상은 안전하고 따뜻한 곳’이라는 첫 기억을 심어 주는 현장입니다.

이러한 하루하루는 단순한 ‘업무’가 아닌 사명이며, 아이들의 삶을 비추는 빛입니다.

그리고 어린이집 평가제는 그 사명의 길 위에 놓인 중요한 이정표입니다.
때로는 그 이정표가 부담스럽게 느껴질 수 있습니다.
서류를 준비하고, 면담을 대비하고, 상호작용을 돌아보고, 환경을 재정비하는 과정은 결코 가볍지 않기 때문입니다. 그래서 이 책은 그런 고민을 덜고, 정확한 방향과 실천 가능한 방법을 제시하기 위해 쓰였습니다.

이 책 한 권에는 제가 수년간 수많은 어린이집과 함께 평가제를 준비하며 축적한 실전 중심의 노하우를 모두 담았습니다.

- ➜ 상호작용, 서류, 면담 완벽 가이드
- ➜ 현장에서 직접 쌓은 컨설팅 노하우 가득
- ➜ 평정에서 비중이 높은 상호작용의 핵심 포인트와 풍부한 실제 예시 수록
- ➜ 키즈노트 전자문서를 활용한 보육일지 · 관찰일지 · 발달평가 작성법까지 안내

이 책은 단지 지표를 나열하는 매뉴얼이 아닙니다.

바쁜 현장 속에서도 방향을 제시해 주고, 기준을 명확히 해 주는 실용서, 평가제를 '부담'이 아닌 성찰과 성장의 기회로 바꿔 주는 든든한 동반자가 되기를 바라는 마음으로 집필했습니다.

원장님께는 운영의 기준을, 교사에게는 실천의 길을 제시하는 나침반이 되기를 바랍니다.

이 책 한 권이 여러분의 시간을 아끼고, 평가제 준비를 더 쉽고, 더 깊게, 그러나 더 정확하게 만들어 줄 수 있기를 바랍니다. 이 책이 나오기까지 격려를 아끼지 않으신 이만수 이사장님, 김익균 교수님, 삶의 모든 원동력인 남편과 사랑스러운 오 남매, 그리고 책에서 필요한 어린이집 현장의 자료를 아낌없이 공유해 주신 라헬 STEP, 마스터 강사팀, 특히 유미정, 백정희, 고미연, 홍주미 원장님, 그리고 나의 파트너 서나프로에게 감사드립니다.

2025년 여름의 길목에서
영유아교육 틈새의 빛
저자 라헬 백명진 씀

추천사

좋은 보육 환경은 좋은 교사로부터 시작됩니다.

보육교사들의 역량이 강화될 때, 어린이집의 질적 수준 또한 높아지며 우리 아이들은 더욱 행복하게 성장할 수 있습니다.

저는 수십년을 보육교사의 교육과 전문성 신장을 위해 노력해 오며, 그 중요성을 누구보다도 절실히 느끼고 있습니다.

이런 맥락에서 이번에 출간되는『어린이집 개정 평가제 완벽 대비』는 시의적절하면서도 꼭 필요한 책이라고 생각합니다.

어린이집 평가제가 2024년에 새롭게 개정됨으로 인하여 많은 선생님들과 원장님들이 실무에서의 혼란과 어려움을 느끼고 계실 것입니다.

이 책은 보육 현장의 상황을 깊이 있게 이해하면서도, 교사들이 개정 평가제의 핵심을 명확히 파악하고 쉽게 적용할 수 있도록 친절히 안내하고 있습니다.

특히, 개정 평가제의 취지와 현장 실무 간의 연결성을 명확히 하고, 실질적인 사례와 현장 중심의 맞춤형 안내를 통해 실전에서 실질적인 도움을 받을 수 있을 것으로 기대됩니다.

현장에서 교육하고 계시는 보육교사들이 평가 준비를 어려운 과제가 아니라, 보육의 질적 성장을 위한 가치 있는 과정으로 여길 수 있도록 도울 것입니다.

수십년 동안 보육교직원 여러분의 교육과 발전을 고민하며 걸어온 길에서, 이 책은 보육 현장의 전문성을 높이고, 아이들의 밝은 미래를 함께 만들어 가는 데 중요한 디딤돌이 되리라 믿습니다.

어린이집 평가 준비에 막막함을 느끼고 있는 모든 보육교직원 여러분께 이 책을 진심으로 추천합니다.

한국보육교직원보수교육기관협의회 회장 이만수

추천사

오늘날의 보육 현장은 단순한 돌봄을 넘어, 영유아의 권리를 존중하고 발달을 섬세하게 지원하는 전문성과 책임이 요구되는 공간으로 변화하고 있습니다. 그러한 변화의 중심에는 교사와 원장을 포함한 교직원 모두의 성찰과 실천, 그리고 이를 뒷받침해 줄 정확한 지표가 필요합니다.

이 책 『어린이집 개정 평가제 완벽 대비』는 단순히 평가제의 지표를 해설하는 수준을 넘어, 현장에서 바로 적용할 수 있도록 정돈된 실천형 지침서입니다.

면담, 상호작용, 서류 작성, 전자문서 활용, AI 기반 보육일지 점검까지 수록하여 평가제를 준비하는 데 있어 필요한 모든 영역을 일관성 있고 실용적으로 풀어낸 점이 가장 인상 깊었습니다. 무엇보다 이 책은 원장과 모든 교직원이 함께 평가제를 체계적으로 준비하며 기관 전체의 보육 품질을 향상시킬 수 있도록 돕는 실천 중심의 안내서입니다.

평가제가 단지 '준비해야 할 일'이 아닌, 보육의 본질을 되돌아보고 질을 높이는 계기가 될 수 있음을 이 책은 잘 보여 주고 있습니다.

현장의 맥락을 잘 이해하고 있으며, 수많은 컨설팅 경험과 실제 사례를 바탕으로 신뢰할 수 있는 해결책을 제시하고 있다는 점에서, 원장님과 교사 보두에게 꼭 필요한 자료가 될 것입니다.

이 책이 보다 많은 어린이집에서 널리 읽히고, 보육현장의 변화와 성장을 이끄는 든든한 이정표가 되기를 진심으로 기대합니다.

2025년 5월

협성대학교 아동보육학과 교수. 한국보육실천학회장

김익균

이 책을 효과적으로 활용하는 7가지 방법

『어린이집 개정 평가제 완벽 대비』는 단순한 지표 해설서가 아닙니다.

이 책은 평가제 준비의 전 과정을 처음부터 끝까지 안내하는 실전 설계서입니다.

2024 개정 어린이집 평가 매뉴얼의 지표 순서에 맞춰 책을 따라가기만 해도 평가제 준비를 체계적으로 마칠 수 있도록 구성되었습니다.

1. 지표 흐름 그대로 따라가면 끝 - 체계적인 구성

개정 평가 매뉴얼의 지표 순서에 맞춰 구성되어 있어, 따로 정리하지 않아도 책의 흐름대로 따라가기만 하면 평가제 준비를 할 수 있습니다. 각 지표별로 핵심 포인트를 정리하여 지표를 한눈에 파악할 수 있도록 구성했습니다.

2. 상호작용의 실제 TIP과 대화 예시 수록

평정에서 높은 비중을 차지하는 영유아존중 상호작용은 이론보다 현장의 말과 행동에서 실질적으로 드러납니다. 그러므로 교직원이 반드시 숙지해야 할 상호작용의 핵심 요소 실제 대화 예시 및 적용법을 풍부하게 담아, 상호작용을 실천으로 연결할 수 있도록 구성했습니다.

3. 실제 서류 예시와 항목별 작성 가이드 제공

영역별로 요구되는 서류를 실제 평정 요소 중심으로 정리하고, 각 문서의 구성 방식과 항목별 유의사항을 명확히 안내하여 체계적인 작성에 가이드 역할을 합니다.

4. 키즈노트 전자문서와 AI 보육일지 피드백 활용법 안내

보육일지, 관찰일지, 발달평가 등 주요 문서를 키즈노트 전자문서로 손쉽게 준비할 수 있도록, 실제 양식 예시와 활용법을 수록했습니다. 또한, AI 기능을 활용한 보육일지 컨설팅 활용 방법을 안내하여, 디지털 도구 기반의 스마트한 평가제 준비를 지원합니다.

5. 면담 대비를 위한 질문 예시와 응답 포인트 제공

지표마다 면담의 질문 유형과 응답 방향을 제시하였습니다. 신규 교직원이나 면담 경험이 적은 선생님들도 자신 있게 준비할 수 있도록 구체적이고 현실적인 예시를 풍부하게 담았습니다.

6. Q&A로 풀어낸 현장 중심의 궁금증 해설

각 지표 뒷부분에는 실제 현장에서 교직원들이 자주 묻는 질문을 Q&A 형식으로 정리하여 실제적인 고민에 구체적이고 명확한 해답을 제공합니다.

7. 부록: 실무에 꼭 필요한 자료까지 한눈에 정리

지표에 수록된 부록은 평가제 평정 항목은 아니지만, 운영 실무에 반드시 필요한 자료들로 구성되어 있습니다. 운영 전반의 전문성과 체계성 강화에 실질적인 도움을 주는 내용들을 참고하실 수 있습니다.

이 책은 평가제를 위한 매뉴얼을 넘어, 보육의 질을 높이고 영유아 중심의 환경을 구축하는 여정에 함께하고자 합니다.

한 권으로 충분하도록, 실천과 성장을 위한 모든 것을 이 책 안에 담았습니다.

차 례

평가제 실전 전략 완벽 클리어

I 슬기로운 평가제 준비 TIP

평가제를 준비하며 우리는 종종 서류, 환경 등 결과에 집중하게 됩니다. 하지만 평가제의 본질은 아이들이 머무는 공간이 더욱 따뜻하고 안전하며, 배움이 살아 숨쉬는 곳인지 점검하는 과정입니다.

평가제를 앞두고 컨설팅을 진행하는 날, 오전에는 상호작용을 중심으로 관찰이 진행되었습니다. 이어서 전반적인 환경을 점검하던 중, 유희실에서 원장님과 한 아이가 상호작용을 하고 있는 모습이 눈에 들어왔습니다. 그런데 그 분위기가 심상치 않았습니다. 혹여 방해가 될까 조용히 주변을 살피며 교구 점검을 하고 있는데, 아이가 격한 감정을 쏟아 내며 거친 말을 내뱉고, 원장님을 발로 차며 소리를 지르기 시작했습니다.

원장님은 한결같이 차분한 태도로 아이를 감싸려고 애쓰셨고, 30분가량 지나 보호자가 도착한 후에야 상황이 정리되었습니다. 긴장이 풀린 원장님을 바라보니, 블라우스 단추는 떨어져 있었고, 다리에는 선명한 멍 자국이 남아 있었습니다. 그런 모습이 안쓰러워 조심스럽게 원장님을 안아드렸습니다. 그러자 원장님은 담담하게 웃으며 말씀하셨습니다.

"평가제는 늘 부담으로 다가오지만, 사실 제게 가장 큰 숙제는 아이들과 함께하는 하루하루입니다. 저 아이가 소리를 지르고 저를 밀어낼 때마다, 저는 매일 고민합니다. '어떻게 하면 이 아이가 조금 더 편안한 마음으로 세상을 마주할 수 있을까?'

어쩌면 저 아이가 세상을 향해 보내는 신호를 우리가 알아 주길 바라는 걸지도 모릅니다. 저는 평가제 준비도 중요하지만, 평가제의 본질이 결국 '아이들을 위한 것'임을 잊지 않으려고요. 그래서 평가제를 단순한 의무로 여기지 않으려고 노력해요. 우리 아이들에게 더 나은 오늘을 만들어 주기 위한 과정이라고 생각하기로 했습니다. 평가제가 끝난 이후에도 저는 계속 아이들을 위해 배우고, 준비하고, 실천해 나갈 거니까요."

그 순간의 원장님 말씀은 아직도 제 마음 깊이 남아 있습니다. 평가제가 단순한 의무가 아닌, 아이들에게 더 좋은 하루를 만들어 주기 위한 노력의 일부라는 것을 다시금 깨닫게 된 날이었습니다.

우리가 평가제를 준비하는 이유는 좋은 점수를 받기 위해서가 아니라, 우리 아이들에게 안전하고 따뜻한 환경을 만들어 주기 위해서입니다. 그러나 종종 우리는 3년에 한 번 주어진 평가를 앞두고 급하게 준비하며 완벽한 모습을 보여야 한다는 부담을 느끼곤 합니다. 하지만 평가제는 단기간에 완성해야 하는 것이 아니라, 평소 현장에서 실천하고 유지해 온 보육의 질을 점검받는 것입니다. 결국, 중요한 것은 평가 당일이 아니라, 매일의 보육이 얼마나 아이들에게 좋은 환경을 제공하고 있는가입니다.

평가제를 준비하며 원장의 리더십은 무엇보다 중요한 역할을 합니다. 리더가 생각하는 평가제의 방향성과 태도에 따라 평가제가 단순한 행정 절차로 머무를 수도 있고, 보육의 질을 높이는 의미 있는 과정이 될 수도 있기 때문입니다.

❶ 소통으로 준비하는 평가제

평가제는 보육의 질을 점검하고 개선하는 중요한 과정이지만, 교사들에게는 때때로 큰 부담으로 다가올 수 있습니다. 특히, 평가제 준비가 단순한 추가 업무로 인식될 경우 교사들의 피로도는 더욱 높아지게 되죠.

어린이집을 방문해 문을 여는 순간, 그곳의 분위기는 자연스럽게 감지됩니다. 교직원들 간의 소통이 원활하지 않거나 평가제를 준비하는 과정에서 갈등이 발생한 경우, 어린이집 전체 분위기가 경직되어 있습니다. 이런 상황에서는 교사들 간의 협력뿐만 아니라 교실 내에서 아이들과의 상호작용 또한 원활하지 않은 모습을 종종 보게 됩니다. 이러한 모습을 마주할 때마다 평가제 준비가 단순한 점검이 아니라, 교직원 간의 신뢰를 쌓고 아이들에게 안정적인 환경을 제공하는 과정이 되어야 한다는 점을 더욱 절실히 느낍니다.

평가제 준비로 인한 부담을 줄이려면, 평가제에 대한 긍정적인 인식이 자리 잡는 것이 중요합니다. 교사들이 준비 과정에서 스스로 의미를 찾고 동기부여를 받을 수 있도록 지원하는 것이 필요하지요. 평가제가 단순한 행정 절차가 아니라, 결국 아이들과 교사 모두를 위한 더 나은 보육 환경을 만들어 가는 과정이라는 점을 자연스럽게 느낄 수 있어야 합니다. 이를 위해 원장은 평가제의 본래 의미를 자주 나누고, 준비 과정이 체계적으로 이루어질 수 있도록 돕는 것이 중요합니다.

평가제 준비가 '해야 할 일'이 아니라, '우리 아이들에게 더 좋은 환경을 만들어 주는 과정'으로 다가올 때, 교사들의 부담은 덜어지고 보육의 질은 한층 더 깊어질 것입니다.

1) 평가제에 대한 긍정적 인식 형성 및 동기부여

평가제는 교사들을 평가하기 위한 제도가 아니라, 아이들에게 더 나은 보육환경을 제공하기 위한 과정이라는 점을 교사들이 공감할 수 있도록 해야 합니다. 이를 위해 원장은 평가제가 보육의 질을 높이는 도구임을 강조하며, 평가제를 통해 교사들의 전문성이 향상되고 업무 환경이 개선될 수 있음을 지속적으로 전달해야 합니다.

◈ 평가제의 목적과 의미를 공유하기

교사들이 평가제의 본질을 이해하지 못하면 그저 행정적인 부담으로만 느껴질 수 있습니다. 원장은 정기적인 회의를 통해 평가제가 아이들의 성장과 기관 운영의 질적 향상을 위해 존재한다는 점을 강조하고, 실제 사례를 들어 긍정적인 변화를 보여줌으로써 평가제의 필요성을 공감하도록 해야 합니다.

◈ 긍정적인 피드백으로 격려하기

평가제 준비 과정에서 교사들이 어려움을 느끼거나 부담을 갖는 순간이 많습니다. 이럴 때 원장은 교사들의 노력과 고민을 공감하고 적극적으로 격려하는 것이 중요합니다. 작은 변화라도 교사들의 시도와 노력을 인정하고, 긍정적인 피드백을 제공함으로써 조직 내 분위기를 더욱 활기차고 긍정적으로 만들어야 합니다.

2) 업무 분담을 통한 체계적인 준비

평가제를 준비하는 과정이 교사들에게 과중한 부담이 되지 않도록, 체계적인 업무 분담이 필요합니다. 평가제의 각 지표를 기반으로 역할을 세분화하고, 교사들이 자신의 업무를 명확히 인식할 수 있도록 해야 합니다.

◈ 역할을 분담하기

평가지표를 기준으로 영역별 담당자를 정하고, 각 팀이 맡은 역할을 체계적으로 준비하도록 합니다. 예를 들어, 환경 구성팀, 보육일지 및 문서 정리팀, 상호작용 점검팀 등으로 나누어 역할을 분담하면 효율성이 높아집니다.

❙ 평가제 업무 분담 예시

<table>
<tr><th>평가월</th><td colspan="3">20XX. 10월</td></tr>
<tr><th>매뉴얼 교육</th><td>○○○, ○○○</td><th>자체 평가위원회</th><td>○○○, ○○○</td></tr>
<tr><th>서 류</th><td>○○○, ○○○</td><th>안전, 위생</th><td>○○○, ○○○</td></tr>
<tr><th>환 경</th><td>○○○, ○○○</td><th>상호작용</th><td>○○○, ○○○</td></tr>
<tr><th>월</th><th>내 용</th><th>담 당 자</th><th>비 고</th></tr>
<tr><td rowspan="3">4월</td><td>– 매뉴얼 핵심 교육(1~3영역)</td><td>○○○, ○○○</td><td rowspan="3">기초 준비 단계</td></tr>
<tr><td>– 각 반 환경 점검표 제출</td><td>담임교사</td></tr>
<tr><td>– 자체 평가위원회 구성</td><td>○○○, ○○○</td></tr>
<tr><td rowspan="3">5월</td><td>– 매뉴얼 핵심 교육(4~6영역)</td><td>○○○, ○○○</td><td rowspan="3">운영 계획 및 실천 준비</td></tr>
<tr><td>– 환경 구성 및 개선 계획 수립</td><td>담임교사 및 담당자</td></tr>
<tr><td>– 상호작용 셀프 체크리스트 제출</td><td>담임교사</td></tr>
<tr><td rowspan="3">6월</td><td>– 면담 내용 파악(1~3영역)</td><td>○○○, ○○○</td><td rowspan="3">자체 평가 및 개선</td></tr>
<tr><td>– 보육일지 교육 및 점검</td><td>담임교사</td></tr>
<tr><td>– 상호작용 셀프 피드백</td><td>담임교사</td></tr>
<tr><td rowspan="4">7월</td><td>– 면담 내용 파악(4~6영역)</td><td>○○○, ○○○</td><td rowspan="4">자체 평가 및 개선</td></tr>
<tr><td>– 서류 1차 점검</td><td>○○○, ○○○</td></tr>
<tr><td>– 상호작용 장학</td><td>○○○</td></tr>
<tr><td>– 자체점검 진행 및 보고서 제출</td><td>자체평가 위원회</td></tr>
<tr><td rowspan="3">8월</td><td>– 보육실 환경 장학 1차</td><td>○○○, ○○○</td><td rowspan="3">자체 평가 및 개선</td></tr>
<tr><td>– 조리사 및 차량운전기사 교육</td><td>○○○, ○○○</td></tr>
<tr><td>– 매뉴얼 핵심 사항 숙지</td><td>○○○, ○○○</td></tr>
<tr><td rowspan="4">9월</td><td>– 보육실 환경 장학 2차</td><td>○○○, ○○○</td><td rowspan="4">최종 점검 및 보완</td></tr>
<tr><td>– 서류 2차 점검</td><td>○○○, ○○○</td></tr>
<tr><td>– 면담 테스트</td><td>○○○</td></tr>
<tr><td>– 최종 점검</td><td>○○○, ○○○</td></tr>
<tr><td>10월
(평가월)</td><td colspan="3">– 모든 인가 공간 안전 및 위생 점검
– 파손된 놀이재료 여부 매일 점검
– 관찰평가 전날까지 보육일지 작성 완료
– 평정 서류 준비
– 일과 운영 재점검</td></tr>
</table>

◈ 정기적인 점검 및 피드백 제공하기

업무 분담 이후에도 지속적인 점검과 피드백이 이루어져야 합니다. 이를 위해 매주 또는 격주 단위로 진행 상황을 공유하고, 어려운 점을 논의하는 시간을 마련하면 교사들이 평가제 준비를 보다 체계적으로 진행할 수 있습니다. 또한, 평가제 점검표를 활용하여 현재 상태를 확인하고, 보완이 필요한 부분을 함께 논의하는 과정이 필요합니다.

2 평가제 매뉴얼 숙지

평가제 준비는 원장 혼자만의 몫이 아니라, 모든 보육교직원이 함께 이해하고 실천해야 하는 과정입니다. 바쁜 일과를 보내고 있지만 가장 중요한 것이 먼저 매뉴얼에서 제시하는 핵심 내용을 파악하는 것입니다.

현장에서 갈등이 생기는 경우를 보면, 대개 매뉴얼을 숙지하지 않은 채 개인의 경험이나 주관적인 의견을 주고받다가 문제가 생기곤 합니다. "내가 근무했던 어린이집에서는 ~ 준비했는데.", "이번에 좋은 결과를 받은 어린이집에서는 이렇게 했다더라."라는 이야기들이 오가고 있지는 않나요? 하지만 평가제는 다른 기관의 합격 사례를 따라가는 것이 아니라, 매뉴얼을 기준으로 우리 어린이집의 보육환경을 점검하고 개선하는 과정입니다.

따라서, 매뉴얼을 충분히 숙지하고 이를 현장에서 자연스럽게 반영할 수 있도록 정기적인 점검과 공유가 이루어져야 합니다. 이를 통해 평가제 준비가 단순한 일회성 작업이 아닌, 지속적인 보육 환경 개선의 기회가 될 수 있습니다.

◈ 평가제 매뉴얼의 체계적 숙지

평가제 매뉴얼을 효과적으로 숙지하려면, 교직원들이 부담을 느끼지 않도록 단계적으로 접근하는 것이 중요합니다. 원장은 정기적인 교육과 워크숍을 통해 매뉴얼의 핵심 내용을 전달하고, 실천 방법을 구체적으로 안내해야 합니다. 또한, 교사들이 스스로 평가 기준을 점검할 수 있도록 체크리스트를 제공하고, 실제 보육 환경에서 적용할 수 있는 사례를 공유하는 것이 도움이 됩니다.

◈ 현장 적용을 위한 지속적인 점검과 공유

평가제는 단순한 준비 과정이 아니라, 보육의 질을 지속적으로 개선하는 과정이어야 합니다. 이를 위해 교직원 간 정기적인 점검 회의를 실시하고, 평가제 기준이 일상적인 보육 운영 속에 자연스럽게 스며들 수 있도록 해야 합니다. 또한, 교사들이 평가제 준비를 부담으로 느끼지 않도록, 개별적인 피드백과 지원을 제공하며 긍정적인 변화를 유도하는 것이 중요합니다.

평가제 매뉴얼을 함께 숙지하고 실천하는 과정은 보육교직원 전체의 전문성을 높이고, 궁극적으로 아이들에게 더 나은 보육 환경을 제공하는 밑거름이 될 것입니다.

◈ 평가제 준비, 궁금할 땐 이곳에서!

평가제를 준비하다 보면 예상하지 못했던 궁금한 점들이 생길 때가 많습니다. 지침을 확인해도 명확하지 않은 부분이 있거나, 실제 현장에서 적용하는 과정에서 어려움이 느껴질 수도 있지요. 이럴 때는 한국보육진흥원의 질의응답 게시판을 적극 활용해 보세요.

한국보육진흥원 홈페이지(https://www.kcpi.or.kr)에서는 자주하는 질문(FAQ) 게시판에서 직접 궁금한 내용을 질문하고 답변을 받을 수도 있습니다. 이곳을 활용하면 평가제에 대한 보다 정확한 정보를 얻고, 준비 과정에서의 혼란을 줄일 수 있습니다.

매뉴얼을 보다가 어려움이 있을 때는 동료 교사들과 함께 고민해 보고, 필요하다면 신뢰할 수 있는 공식 기관의 도움을 받아 보세요. 평가제 준비가 조금 더 수월해질 것입니다.

❸ 영유아 존중 상호작용 지원

교사에게 영유아와의 상호작용이 타인의 평가를 받는다는 것은 큰 부담이 될 수밖에 없습니다. 평소에는 자연스럽게 아이들과 교감하던 교사도 상호작용 관찰이 시작되면 목소리가 떨리고, 긴장감으로 인해 의도치 않게 부자연스러운 언행이 나오기도 합니다.

2세반 상호작용 컨설팅을 진행하던 중이었습니다. 한 아이가 문밖에 서 있는 저와 담임교사를 힐끔 살펴보더니 갑자기 자리에서 일어나 교실을 돌기 시작했습니다. 곧

이어 또래 친구들에게 "얘들아, 같이 돌자!"라고 말하자 두 명의 영아가 뒤따라 뛰며 책상 주변을 돌았습니다. 교사는 순간 당황했지만 침착하게 아이들과 상호작용을 이어 가려고 했습니다. 그런데 그때, 교구장 앞에 있던 영아가 교구 바구니를 하나씩 엎고 놀잇감을 던지기 시작해 교사가 급히 그쪽으로 다가가는 순간 맞은편에 있던 또 다른 영아가 물병을 쏟았습니다. 예상치 못한 연속적인 돌발 상황에 교사의 얼굴은 점점 붉어졌고, 결국 눈가에 눈물이 맺혔습니다.

이러한 모습은 어린이집에서 흔히 볼 수 있는 장면입니다. 교실이라는 한정된 공간에서 영유아와 생활하다 보면 돌발 상황은 자주 발생합니다. 또한, 영유아는 발달 과정에서 문제행동이 자연스럽게 나타나기 때문에, 교사가 당황하지 않고 대처하려면 아이들의 발달적 특성을 충분히 이해하고, 존중하는 상호작용을 지속적으로 연습하고 적용하는 과정이 필요합니다.

보육의 핵심은 결국 '아이들'입니다.

그러나 최근 교사들은 상호작용이 점점 더 어려워지고 있다고 호소합니다. 왜 그럴까요? 보육환경은 점차 개선되고 있지만, 교사들의 부담은 오히려 커지고 있습니다. 이는 발달지연이나 문제행동을 보이는 영유아의 수가 증가하면서, 교사들이 더욱 세심한 상호작용을 요구받기 때문입니다.

따라서 평가제를 준비하는 과정에서도 교사들이 영유아와 따뜻하고 존중하는 상호작용을 지속할 수 있도록, 원장은 지속적인 관심과 지원을 아끼지 않아야 합니다. 아이들과의 상호작용은 단순한 돌봄을 넘어, 영유아의 정서적 안정과 건강한 발달을 위한 핵심적인 요소이기 때문입니다.

◈ 교사 지원을 위한 지속적인 관심과 격려

교사들이 일상적인 보육 속에서 스스로 상호작용 방식을 점검하고 개선할 수 있도록 정기적인 피드백을 제공하는 것이 중요합니다. 원장은 교사들의 노력을 인정하고 격려하며, 긍정적인 변화를 만들어 갈 수 있도록 지원해야 합니다. 이를 위해 상호작용 모니터링, 피드백 등을 통해 교사들이 자연스럽게 성장할 수 있는 환경을 조성해야 합니다.

◈ 현장 실천 중심의 상호작용 개선 전략

아이들과의 상호작용은 단순히 이론적인 교육만으로 향상되는 것이 아니라, 실제 보육 현장에서 꾸준한 연습과 점검을 통해 개선될 수 있습니다. 따라서 원장은 교사들이 실천할 수 있도록 다양한 지원을 제공해야 합니다.

- 교사 간 상호작용 피드백 공유: 우수 사례를 공유하고 서로 배우는 기회 마련
- 셀프 체크리스트 활용: 교사들이 자신의 상호작용 방식을 점검할 수 있도록 지원
- 정기적인 상호작용 점검 및 코칭: 개별 피드백을 제공하여 개선 방향 제시
- 외부 전문가 상호작용 컨설팅: 유관기관 및 전문가에게 상호작용 전문 컨설팅 기회 제공

상호작용 관찰

상호작용 피드백

상호작용 체크리스트 예시

<table>
<tr><td>일 시</td><td colspan="2"></td><td>관찰자</td><td></td></tr>
<tr><td>반 명</td><td colspan="2"></td><td>담임교사</td><td></td></tr>
<tr><td>놀이명</td><td colspan="4"></td></tr>
<tr><td>구 분</td><td colspan="3">내 용</td><td>수 준</td></tr>
<tr><td rowspan="5">상호작용 기본 자세</td><td>표정</td><td colspan="2">부드럽고 편안하다.</td><td>상 / 중 / 하</td></tr>
<tr><td>행동</td><td colspan="2">개별 영유아의 이름을 부른다.</td><td>상 / 중 / 하</td></tr>
<tr><td>시선</td><td colspan="2">영유아의 요구에 시선을 맞추고자 노력한다.</td><td>상 / 중 / 하</td></tr>
<tr><td>마인드</td><td colspan="2">영유아의 요구에 수용적이다.</td><td>상 / 중 / 하</td></tr>
<tr><td>목소리</td><td colspan="2">느리거나 빠르지 않으며 자연스럽고 안정감 있으며 따뜻하다.</td><td>상 / 중 / 하</td></tr>
<tr><td rowspan="3">일과 운영</td><td colspan="3">하루일과에서 영유아의 놀이가 충분히 이루어진다.</td><td>상 / 중 / 하</td></tr>
<tr><td colspan="3">영유아의 관심사와 컨디션 등을 고려하여 융통성 있는 일과를 운영한다.</td><td>상 / 중 / 하</td></tr>
<tr><td colspan="3">영유아의 비언어적 · 언어적 의사표현을 존중한다.</td><td>상 / 중 / 하</td></tr>
<tr><td rowspan="3">놀이공간 및 운영</td><td colspan="3">배움을 지원하는 풍부하고 매력적인 놀이 및 활동 자료를 제공한다.</td><td>상 / 중 / 하</td></tr>
<tr><td colspan="3">편안하게 휴식할 수 있도록 휴식 공간이 있다.</td><td>상 / 중 / 하</td></tr>
<tr><td colspan="3">놀이 또는 활동에 대한 기록을 활용하여 실내외 공간을 구성한다.</td><td>상 / 중 / 하</td></tr>
<tr><td rowspan="3">배움을 위한 자료 제공</td><td colspan="3">영유아가 실내외에서 자연 및 날씨의 변화를 경험하도록 지원한다.</td><td>상 / 중 / 하</td></tr>
<tr><td colspan="3">영유아의 놀이 및 활동과 연계하여 자료를 제공한다.</td><td>상 / 중 / 하</td></tr>
<tr><td colspan="3">다름을 존중하는 놀이 및 활동 자료를 제공한다.</td><td>상 / 중 / 하</td></tr>
<tr><td rowspan="4">반응적 상호작용</td><td colspan="3">영유아의 비언어적 · 언어적 표현을 경청한다.</td><td>상 / 중 / 하</td></tr>
<tr><td colspan="3">영유아를 있는 그대로 존중한다.</td><td>상 / 중 / 하</td></tr>
<tr><td colspan="3">놀이를 기다리고 지켜보며 지원한다.</td><td>상 / 중 / 하</td></tr>
<tr><td colspan="3">영유아를 있는 그대로 존중한다.</td><td>상 / 중 / 하</td></tr>
<tr><td rowspan="2">또래 간 격려</td><td colspan="3">영유아들이 서로의 관점을 있는 그대로 존중할 수 있도록 격려한다.</td><td>상 / 중 / 하</td></tr>
<tr><td colspan="3">영유아 간 다툼 및 문제가 발생하면 긍정적으로 해결하도록 지원한다.</td><td>상 / 중 / 하</td></tr>
<tr><td colspan="5">상호작용 평가 및 지원 사항</td></tr>
<tr><td colspan="5"></td></tr>
</table>

❹ 보육실 환경 점검

현장평가 당일, 평가자는 일정 시간 동안 보육실에 머물며 평가제 지표를 기준으로 보육 환경을 면밀히 관찰합니다. 실내외 놀잇감과 활동 자료가 영유아의 놀이 요구를 충족시키고, 자율적으로 참여할 수 있도록 적절하게 제공되고 있는지, 안전하고 체계적으로 운영되고 있는지를 평가합니다. 또한, 보육실이 영유아의 발달 수준과 흥미를 고려하여 구성되었는지, 놀이와 학습이 자연스럽게 이루어질 수 있는 환경인지도 주요 점검 사항입니다.

이러한 평가 방식으로 인해, 현장평가 당일 선정된 보육실의 담임교사는 상당한 심리적 부담을 느낄 수 있습니다. 교사들은 평소와 다름없이 일과를 운영해야 하지만, 평가자가 상주하며 보육 환경을 면밀히 관찰하는 상황에서는 긴장감이 커질 수밖에 없습니다. 따라서 원장은 평가를 앞두고 사전에 보육실 환경을 철저히 점검하고, 부족한 부분을 보완할 수 있도록 환경 장학을 실시해야 합니다.

◈ 보육실 환경 점검 및 개선 지원

보육실 환경은 평가의 중요한 요소이므로, 원장은 이를 사전에 충분히 점검하고 개선할 수 있도록 지도해야 합니다. 어린이집의 환경은 단순히 외형적으로 깔끔하게 정리된 공간이 아니라, 영유아가 자유롭게 탐색하고 배울 수 있는 환경이 되어야 합니다. 이를 위해 다음과 같은 점검 사항을 미리 준비하고 보완하는 과정이 필요합니다.

◈ 놀이 영역 구성 점검

다양한 놀이 활동이 이루어질 수 있도록 공간을 적절히 배치하고, 연령별 발달 수준을 고려하여 환경을 구성해야 합니다. 역할놀이, 조작놀이, 쌓기놀이 등 다양한 영역이 균형 있게 배치되어 있는지 확인합니다. 아이들이 놀이에 몰입할 수 있도록 불필요한 요소를 줄이고, 공간의 흐름을 자연스럽게 조성하는 것이 중요합니다.

◈ 놀잇감 및 교재 · 교구 정리

영유아가 스스로 놀잇감을 선택하고 탐색할 수 있도록 접근성이 용이하게 배치되어야 합니다.

교재 · 교구가 보관함에 무작위로 쌓여 있지 않고, 용도별로 정리되어 있는지 확인합니다.

노후되거나 위험 요소가 있는 놀잇감은 사전에 점검하고 교체하여 안전성을 확보해야 합니다.

◈ 위생 및 안전 점검

바닥, 테이블, 놀이공간 등이 청결하게 유지되고 있는지 점검합니다. 영유아의 안전을 위해 가구의 모서리 보호대, 문 끼임 방지 장치, 전기 콘센트 보호 덮개 등이 잘 설치되어 있는지 점검합니다.

환경 점검 체크리스트 예시

점검내용		수준	미비한 부분
보육실	보육실 내 위험한 물건이 없음	상 / 중 / 하	
	영유아 개별 사물함이 청결함	상 / 중 / 하	
	개별 침구 및 여분이불을 청결하게 유지함	상 / 중 / 하	
	휴식 공간이 별도로 마련되어 있음	상 / 중 / 하	
	시설 및 설비가 영유아에게 적합한 크기	상 / 중 / 하	
	시설 및 설비가 영유아 스스로 사용 가능함	상 / 중 / 하	
	영아 기저귀 갈이대, 수유공간 등 영아를 위한 공간이 마련	상 / 중 / 하	
	공기 질, 온도, 습도, 채광, 조명을 적정 유지	상 / 중 / 하	
	유희실, 도서공간, 양호공간, 식당 등이 어린이집 내에 두 군데 이상 마련되어 있음	상 / 중 / 하	
놀이재료	놀이가 방해받지 않도록 적절한 공간 구성	상 / 중 / 하	
	다양한 놀이영역이 적절하게 구성되어 있음	상 / 중 / 하	
	조용한 영역과 시끄러운 영역의 적절한 구분	상 / 중 / 하	
	영유아의 놀이와 활동 기록으로 공간 구성	상 / 중 / 하	
	영유아가 자율적으로 꺼내 사용할 수 있음	상 / 중 / 하	
	다름을 존중하는 놀이 재료 제공	상 / 중 / 하	
	세척할 교구바구니가 별도 마련되어 있음	상 / 중 / 하	
	교구바구니 상태가 청결하고 파손이 없음	상 / 중 / 하	

	놀잇감	찌든 때가 없음	상 / 중 / 하	
		파손된 놀잇감이 없음	상 / 중 / 하	
		0~1세 3.5cm 미만 교구가 없음	상 / 중 / 하	
	상태	교구장 및 교구 모서리가 안전함	상 / 중 / 하	
		손끼임 보호대가 마련되어 있음	상 / 중 / 하	
교사	교사 개별 사물함 별도 공간 사용 및 청결		상 / 중 / 하	
	교사 휴게 공간 마련 및 청결		상 / 중 / 하	
자료실	비품과 활동자료를 보관하는 별도의 공간		상 / 중 / 하	
	체계적인 분류기준에 따라 명칭, 내용, 관련 영역 등을 표시하여 보관하고 있음		상 / 중 / 하	
옥외놀이터 및 실외환경	옥외놀이터가 구비되어 있음 (옥외놀이터가 구비되어 있지 않은 경우, 대체놀이터를 이용하고 있음)		상 / 중 / 하	
	놀이기구 또는 놀이 및 활동자료는 영유아의 발달에 적합한 크기와 기능		상 / 중 / 하	
	자연을 경험할 수 있는 환경이 마련되어 있음		상 / 중 / 하	
	실외 놀잇감을 청결하게 유지		상 / 중 / 하	
실내외 안전	현관문, 출입문, 창문, 천장, 바닥면을 위험요인 없이 안전하게 관리		상 / 중 / 하	
	실내외 공간의 고정식 및 이동식 시설 · 설비, 전기설비 등을 위험요인 없이 안전하게 관리		상 / 중 / 하	
	세면대, 정수기의 온수 사용을 위험요인 없이 안전하게 관리함		상 / 중 / 하	
	영유아가 성인이 주로 사용하는 실내외 공간에 출입하지 않도록 관리함		상 / 중 / 하	
	실내외 공간에 비치된 놀잇감 및 활동자료를 안전하게 관리함		상 / 중 / 하	
	실내외 공간의 위험한 물건을 안전하게 보관 · 관리함		상 / 중 / 하	
조리실	공간 청결 유지	바닥	상 / 중 / 하	
		벽	상 / 중 / 하	
		천장	상 / 중 / 하	

	시설 및 설비 청결 유지	개수대	상 / 중 / 하	
		조리대	상 / 중 / 하	
		식기	상 / 중 / 하	
		수납장	상 / 중 / 하	
		가스레인지	상 / 중 / 하	
		후드	상 / 중 / 하	
		환풍기	상 / 중 / 하	
		주방가전	상 / 중 / 하	
	식기류 및 비품	컵	상 / 중 / 하	
		조리도구	상 / 중 / 하	
		행주	상 / 중 / 하	
		수세미	상 / 중 / 하	
차량	안전수칙		상 / 중 / 하	
	영아용 보호장구, 개별 안전띠		상 / 중 / 하	
	차량용 소화기		상 / 중 / 하	
	잠자는 아이 확인 장치		상 / 중 / 하	
피난설비	비상구, 비상계단, 영유아용 미끄럼대, 피난구 유도등 비상시 원활하게 대피하도록 관리		상 / 중 / 하	
소화설비	소화기 등 비상시 정상 작동		상 / 중 / 하	
경보설비	단독경보형감지기, 가스누설경보기 등 정상작동		상 / 중 / 하	
장애아전문	실내 시설 및 설비는 장애영유아의 특성에 적절하게 설치		상 / 중 / 하	
	장애영유아를 위한 보조도구가 마련		상 / 중 / 하	
평 가				

Ⅱ 평가제 이해

과거의 평가인증제도는 어린이집의 환경, 보육과정, 상호작용 등을 평가하여 보육 서비스의 질적 수준을 높이는 데 기여하였습니다. 그러나 해당 제도가 어린이집의 자발적 신청을 기반으로 운영됨에 따라 평가를 받지 않은 어린이집이 존재하게 되었고, 이로 인해 보육의 질을 관리하는 데 있어서 사각지대가 발생하는 문제가 제기되었습니다.
또한, 아동권리 보호, 아동학대 예방, 안전관리 강화에 대한 사회적 관심이 높아지면서 모든 어린이집을 대상으로 한 체계적인 질 관리의 필요성이 더욱 강조되었습니다. 이에 따라 법 개정을 통해 어린이집의 질적 수준 향상을 위한 의무평가제가 도입되었으며, 전국 모든 어린이집이 평가를 받도록 하는 체계적인 관리가 이루어졌습니다.
이 제도의 시행으로 인해 기존에는 신청한 기관에 한해서만 이루어지던 평가가 모든 어린이집으로 확대되었으며, 이를 통해 보다 균형 잡힌 보육 서비스의 질 관리를 가능하게 하였다는 점에서 중요한 의미를 갖습니다.

❶ 어린이집 평가제 시행 목적

- **보육서비스 질 관리**
  교사-영유아 상호작용 중심의 질 관리 표준을 제시하고, 어린이집의 평가 참여를 통해 질적 수준을 높임
- **평가를 통한 질 개선 유도**
  평가 참여가 보육서비스 개선으로 직접 이어질 수 있도록 어린이집 지원 및 상시 자율 관리 체계 구축
- **영유아 성장과 발달 보장**
  영유아의 안전과 건강, 조화로운 성장과 발달을 촉진하며, 인권과 놀 권리를 보장하는 안심 보육환경 조성

❷ 주요 특징

- **과정적 질 중심의 평가 전환**
  - 보육과정 운영 및 상호작용 등 과정적 질에 대한 집중 평가
  - 관찰과 면담 중심의 평가
  - 부모의 신뢰도를 높일 수 있도록 서술형 평가 결과서로 공표
- **어린이집의 자율 품질관리 역량 강화**
  - 자체평가를 강화하여 평가의 주체로서 어린이집의 실행력 향상 기대
  - 평가 컨설팅 지원을 통해 어린이집 자율관리 체계 구축

개정 평가제 VS 평가제

구분	개정 평가제(2024)	평가제
지표	6영역, 15항목	4영역, 18지표, 59항목
방법	정성평가(서술형)	정량평가(N/Y)
구성	구조적 지표(보육환경 등) < 과정적 지표(보육과정 등)	구조적 지표(보육환경 등) > 과정적 지표(보육과정 등)
절차	대상통보 → 자체평가 → 현장평가 → 종합평가	대상통보 → 기본사항 확인 및 자체점검 → 현장평가 → 종합평가
결과	영역별 서술형 결과서 제공	등급 제공(A, B, C, D)
주기	3년	3년(A, B), 2년(C, D)
사후관리	연차별 자율 품질관리 및 컨설팅 재평가	사후방문 및 확인점검 최하위 등급 조정

3 평가지표 특징

- **맥락적이고 총체적 평가가 가능하도록 지표 구성**
  - 교사의 행위를 개별적으로 평가하지 않고 종합적이고 통합적으로 평가
- **교사의 상호작용 등 보육의 질에 결정적 영향을 미치는 과정적 질 관련 지표 확대**
  - 시설 기준 등 구조적 질 관련 지표는 최소화
  - 국가 수준 보육품질 기준에 적합하도록 평가지표 수정 · 보완
  - 영유아 권리 존중을 반영하고, 보육과정 및 교사-영유아 상호작용 지표 비중 확대
- **실제 보육과정 실행 중심 평가 전환**
  - 평가 문서를 필수 문서 중심으로 간소화
  - 평가 방식을 문서 검토에서 관찰 및 면담 중심으로 개선

평가지표 구성

평가 영역	평가 항목
1. 영유아 중심 일과 운영	1-1. 일과의 충실한 운영 1-2. 따뜻하고 편안한 일상생활 지원
2. 영유아가 주도하는 배움 지원	1-1. 일과의 충실한 운영 1-2. 따뜻하고 편안한 일상생활 지원
3. 영유아 존중 상호작용 지원	3-1. 교사와 영유아의 반응적 상호작용 3-2. 영유아 또래 간 상호작용 격려
4. 보육과정 실행과 평가	4-1. 관찰 및 실행 계획 4-2. 보육과정 평가
5. 원장의 리더십과 보육교직원 역량 강화	5-1. 보육의 질 향상을 위한 리더십 5-2. 상호 존중하는 소통과 협력 5-3. 보육교직원 역량 강화
6. 건강 및 안전	6-1. 실내외 공간의 청결 · 쾌적성 6-2. 급 · 간식 운영의 적합성 6-3. 실내외 공간, 시설 · 설비의 안전한 관리 6-4. 영유아의 안전한 보호

❹ 평가제 운영 체계

단계	수행 기관 및 내용	관련 기관 및 내용
준비	**어린이집** 상시 자체 점검	**육아종합지원센터** 사전컨설팅
평가대상 통보	**한국보육진흥원** 평가일정 통보	**어린이집 / 지자체** 평가대상 확인
자체평가	**어린이집** 자체평가보고서 제출	
현장평가	**한국보육진흥원** 현장평가보고서 작성 및 검토	
종합평가	**종합평가위원회** 평가결과 확정	
결과발표	**교육부(한국보육진흥원)** 평가결과 사전통지 및 최종통보	⇄ **소명심사위원회** 소명심사
결과공표	**교육부** 통합정보공시 홈페이지 공개	
평가 후 관리	**한국보육진흥원** – 연차별 자율 품질관리 – 연차별 품질관리 컨설팅 – 보육품질 개선 · 관리 지원	**교육부** 재평가

❺ 평가대상 선정

- 「영유아보육법」에 따라 설치한 모든 어린이집(방과후 전담 어린이집 제외)
  - 평가 거부 · 방해 · 기피 또는 거짓 · 부정한 방법으로 평가를 받을 경우, 시정 또는 변경 명령 가능(「영유아보육법」 제44조 제4의6호)

Ⅲ 평가제 진행

어린이집 평가 과정

대상통보 ▶ 자체평가 ▶ 현장평가 ▶ 종합평가 ▶ 결과발표

❶ 평가주기 및 대상 선정

- 평가 주기: 3년(「영유아보육법 시행규칙」 제31조)
- 평가를 받은 어린이집: 다음 평가 시기에 맞추어 평가대상으로 선정
- 휴지, 현원 0명으로 차기 평가 시기가 경과한 어린이집은 운영 재개 후 6개월 경과 후 평가대상으로 선정
- 신규 개원 어린이집: 개원 후 6개월 경과 시 평가대상으로 선정
- 종전 운영자 변동 없이 국공립 어린이집으로 전환한 경우, 기존 평가 결과 및 평가 주기 유지

평가대상 통보

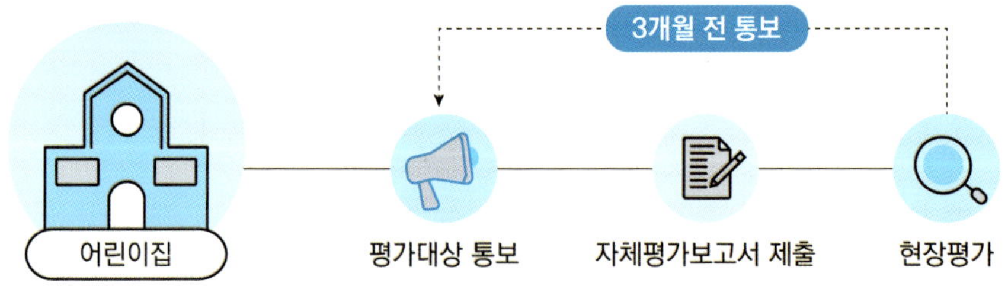

<table>
<tr><td>통보시기</td><td colspan="2">• 현장평가월 기준 3개월 전 실시</td></tr>
<tr><td rowspan="2">통보절차</td><td colspan="2">• 평가대상 선정 어린이집에게 대상 선정 사실 및 평가일정 통보</td></tr>
<tr><td>어린이집</td><td>• 10일 이내 '평가대상 통보서' 확인
• 평가실시에 대한 동의서
• 어린이집 정보 확인 및 제공 동의서 ▶ 제출
• 전자문서통지 동의서</td></tr>
<tr><td>평가시기 조정</td><td colspan="2">• 어린이집의 특정 사유로 인해 통보된 일정에 평가를 받기 어려운 경우 당초 기수 기준 1~3개월 후로 평가시기 조정 가능

• 인정사유: 자체평가월로부터 현장평가월 중 아래 사유 발생된 경우
어린이집 환경 개선 공사
보육교직원(원장, 보육교사, 특수교사, 치료사)의 출산에 따른 산전 · 후 휴가일이 포함된 2주 이상 휴가
보육교직원(원장, 보육교사, 특수교사, 치료사)의 2주 이상 장기 입원</td></tr>
</table>

❷ 자체평가

※ 대상통보월 익월부터 2개월간 실시

자체평가 위원회 구성	• 원장, 보육교사, 원아 부모 각 1인을 포함하여 3~7인 이내로 자체평가 위원회 구성 • 20인 이하 소규모 어린이집: 원장이 보육교사를 겸직하는 경우 원장과 원아 부모만으로 2인 또는 3인 구성 가능 • 어린이집 운영위원회에서 수행 가능
자체평가 실시	• 자체평가 안내서에 수록된 지표를 살펴보며, 평가 항목별로 평가 • 개선 및 보완이 필요한 부분은 개선에 대한 계획을 구체적으로 수립 후 자체적으로 개선

계획	• 자체평가 위원회 구성 • 평가지표 이해: 안내자료 및 자체 워크숍 등 활용
실행	• 영역별 수준 파악 • 자체평가 위원들이 체크리스트의 평가항목을 확인하며 개별적으로 평가
평가	• 체크리스트의 평가항목 수준 협의하기 – 위원별로 수준을 다르게 체크한 평가항목은 협의하여 최종 수준을 결정함 – 기관의 장점 및 개선이 필요한 사항을 논의하여 작성 → 부모위원이 작성한 [부모 종합의견]을 그대로 입력함
환류	• 자체평가 결과 활용하기 – 보육교직원, 부모와 공유: 자체평가보고서를 교직원 회의, 운영위원회 등 공개 – 개선이 필요한 사항: 구체적인 계획을 세워 개선하되 기관에서 스스로 개선하기 어렵다면 현장평가 시 질문하여 컨설팅 받을 수 있음 – 자체평가 결과: 다음 해에 어린이집 운영계획이나 보육계획에 반영함

자체평가에서 확인하는 사항

1영역 영유아 중심의 일과 운영

1-1. 일과의 충실한 운영

• 하루일과에서 영유아의 놀이가 충분히 이루어지도록 한다.
• 영유아의 관심사와 놀이 특성을 고려하여 일과를 운영한다.
• 영유아의 신체리듬과 날씨 등의 상황을 반영하여 융통성 있게 일과를 조정한다.
• 교사는 영유아의 비언어적·언어적 의사표현을 존중하며 하루일과를 운영한다.

1-2. 따뜻하고 편안한 일상생활 지원

• 개별 영유아의 요구와 신체 리듬에 맞추어 일상생활을 지원한다.
• 등원 시 영유아를 반갑게 맞이한다.
• 식사 및 간식 시간에 영유아가 서두르지 않고 편안하고 즐겁게 먹을 수 있도록 지원한다.
• 영유아가 편안하게 배변할 수 있도록 돕는다.
• 개별 특성에 맞춰 편안하게 자거나 휴식할 수 있도록 지원한다.
• 따뜻한 분위기에서 귀가할 수 있도록 배려한다.
• 일상생활에서 필요한 최소한의 약속과 규칙을 공유하고, 영유아가 지키도록 돕는다.

2영역 영유아가 주도하는 배움 지원

2-1. 영유아의 놀이를 위한 공간구성 및 운영

• 영유아의 놀이 중심으로 공간을 구성하고, 놀이가 방해받지 않을 정도의 크기로 제공한다.

- 영유아가 실내외에서 자연과 계절, 날씨의 변화를 경험할 수 있도록 지원한다.
- 영유아가 편안하게 휴식할 수 있는 공간과 분위기를 마련한다.
- 영유아의 놀이와 활동에 대한 기록을 활용하여 보육실, 복도, 실외 공간 등을 구성한다.
- 장애아 전문 어린이집의 경우, 장애영유아의 장애 유형과 특성에 적합한 공간 및 시설을 마련한다.
- 장애영유아를 위해 적합한 보조기구를 제공한다.
- 장애영유아가 일과에 참여할 수 있도록 이동, 활동참여, 의사소통 등을 다양한 형태로 지원한다.

2-2. 배움을 위한 자료 제공

- 영유아의 배움을 지원하는 풍부하고 매력적인 자료를 제공한다.
- 영유아의 놀이와 연계된 자료를 마련한다.
- 영유아의 성, 신체적 특성, 장애, 종교, 가족 및 문화적 배경의 다양성을 존중하는 놀이 및 활동 자료를 제공한다.
- 영유아가 놀이 및 활동 자료를 자유롭게 사용할 수 있도록 지원한다.

3영역 영유아 존중 상호작용 지원

3-1. 교사와 영유아의 반응적 상호작용

- 영유아의 비언어적 · 언어적 표현을 경청하고, 있는 그대로 존중하여 반응한다.
- 영유아와 소통이 이루어지고 있는지를 지속적으로 확인한다.
- 영유아의 놀이를 기다리고 지켜보며, 함께 놀이하면서 경험과 배움을 지원한다.
- 영유아의 성, 신체적 특성, 장애, 종교, 가족 및 문화적 배경 등을 존중한다.

3-2. 영유아 또래 간 상호작용 격려

- 영유아들이 서로의 관점을 존중할 수 있도록 지도한다.
- 또래 간 소통을 통해 경험과 배움을 공유하도록 격려한다.
- 다툼이나 문제가 발생하면 영유아가 긍정적으로 해결할 수 있도록 지원한다.

4영역 보육과정 실행과 평가

4-1. 관찰 및 실행 계획

- 영유아의 놀이, 활동, 일상생활을 관찰하고, 경험과 배움을 기록한다.
- 기록을 바탕으로 영유아를 지원하기 위한 계획을 수립하고 실행한다.
- 5세 유아의 경우, 초등학교 전이를 지원하는 놀이 또는 활동을 계획하고 실행한다.
- 장애영유아의 경우, 다양한 교육 진단을 통해 발달에 적합한 개별화교육계획을 수립한다.
- 장애 유형과 특성, 발달 수준을 고려하여 놀이, 일상생활, 활동 참여를 촉진할 수 있도록 관찰하고 기록한다.

4-2. 보육과정 평가

- 표준보육과정이 영유아 중심 · 놀이 중심으로 운영되고 있는지를 평가한다.
- 영유아의 특성과 변화 정도에 대한 개별 평가는 관찰 기록 등을 누적 수집하여 연 2회 이상 시행한다.
- 보육과정 운영 평가와 영유아 평가 결과는 보육과정 운영 개선, 실행 계획 수립, 영유아 이해,

부모 면담 등에 활용한다.

- 장애영유아의 경우, 특성과 변화 정도에 대한 평가는 연 2회 이상 다양한 교육 진단과 일상적인 놀이 관찰 기록 등을 수집하여 실시한다.
- 장애영유아의 평가 결과는 다음 단계 목표 수립, 지원 방법, 부모 면담 등에 활용한다.

5영역 원장의 리더십과 보육교직원 역량 강화

5-1. 보육의 질 향상을 위한 리더십

- 어린이집 운영에 대한 철학과 신념을 가지고 보육의 질 향상을 위해 노력한다.
- 표준보육과정, 운영 철학, 영유아의 특성, 학부모 만족도 조사 등을 반영하여 운영계획을 수립하고 운영한다.
- 보육교직원을 배려하는 근무환경을 조성한다.

5-2. 상호존중하는 소통과 협력

- 보육교직원은 서로를 존중한다.
- 보육교직원의 의사결정 과정은 민주적이고 합리적으로 이루어진다.
- 어린이집은 가정과 원활하게 소통한다.

5-3. 보육교직원의 역량 강화

- 보육교직원의 역량 증진을 위해 다양한 유형의 교육 기회를 제공한다.
- 교사의 상호작용을 관찰하고 지원한다.

6영역 건강 및 안전

6-1. 실내외 공간의 청결 · 쾌적성

- 보육실 공간을 청결하고 쾌적하게 관리한다.
- 실내외 공간을 청결하고 쾌적하게 관리한다.

6-2. 급 · 간식 운영의 적합성

- 신선한 식자재의 구입 및 보관이 원활하게 이루어지도록 관리한다.
- 조리실 공간을 청결하고 위생적으로 유지한다.
- 조리 및 배식 과정을 청결하고 위생적으로 관리한다.

6-3. 실내외 공간, 시설 · 설비의 안전한 관리

- 보육실과 실내외 공간 및 시설 · 설비를 안전하게 관리한다.
- 놀잇감, 놀이기구, 위험한 물건을 안전하게 관리한다.
- 비상사태용 시설 · 설비를 상시 사용할 수 있도록 관리한다.

6-4. 영유아의 안전한 보호

- 일과 중 영유아를 안전하게 보호한다.
- 비상시 신속하게 대처할 수 있도록 관리한다.
- 등하원 차량을 운행할 경우 안전요건을 갖추어 관리한다.

자체평가, 궁금해요!

1. 자체평가 위원회에 참여하는 부모와의 일정 조율이 어려워요. 원장, 보육교사, 부모 위원이 반드시 같은 날짜에 평가를 진행해야 할까요?

- 자체평가는 어린이집 교직원과 부모가 함께 의견을 나누고 협력하여 보육의 질을 높이는 과정입니다. 그래서 가능하면 같은 날에 함께 진행하는 것이 좋습니다. 하지만 일정 조율이 어려운 경우, 일부 부모 위원의 평가 결과를 서면으로 받아 공유하는 등 어린이집과 부모의 상황에 맞게 유연하게 운영할 수 있습니다.

2. 자체평가 위원회로 참여할 수 있는 교직원의 기준이 있나요?

- 특정한 기준은 없습니다. 어린이집 상황에 따라 영아반과 유아반 교사 각 한 명씩 선정하거나, 주임교사 등을 포함하여 자유롭게 구성할 수 있습니다.

3. 자체평가 위원회 부모 위원 선정기준이 있나요?

- 특정한 기준은 없습니다. 어린이집 운영위원회에서도 수행 가능하며, 상황에 따라 자유롭게 구성하여 실시할 수 있습니다.

4. 자체평가보고서는 누가 작성하나요?

- 자체평가 실시 후, 항목별 평정내용에 대해 충분히 논의한 후, 원장이 대표로 작성하여 제출합니다. 이때 '부모 종합의견'은 부모가 작성한 내용을 원장이 그대로 입력합니다.

5. 자체평가보고서에 개선하기 위해 노력한 점을 작성하면 감점 요소가 되나요?

- 아닙니다. 자율관리 역량을 강화하기 위한 과정으로 실제 어린이집 운영상황을 솔직하게 작성하면 됩니다.

6. 자체평가보고서에 기재된 장점은 평가결과에 어떻게 반영하나요?

- 기재된 장점이 현장평가 단계에서 확인된 경우, 종합평가위원회에서 전체적인 평가결과를 고려하여 장점으로 확인된 내용 중 일부를 평가 결과서에 반영할 수 있습니다.

❸ 현장평가

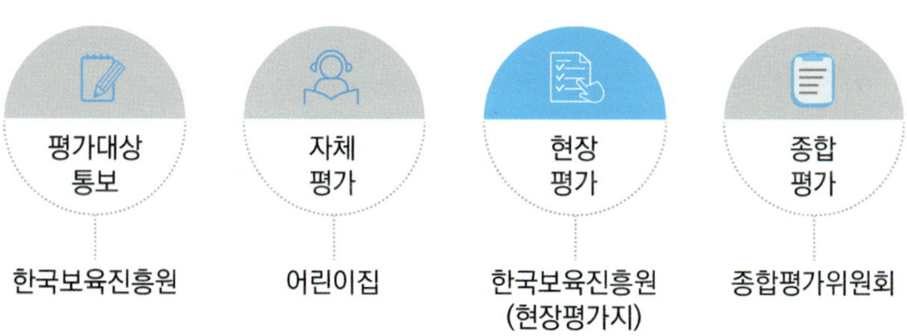

일정 통보	• 자체평가보고서 제출을 완료한 어린이집 대상 – 현장평가 주간 통보: 현장평가 직전 월말 – 현장평가일 통보: 현장평가 주간 직전 주 – 어린이집 운영이나 보육교직원의 정상 근무가 어려운 경우(보수교육, 상, 휴원령 등)에는 평가 일정 조정이 가능함. 평가 운영 상황에 변동이 있을 경우, 한국보육진흥원의 기준에 따라 현장평가 주간 · 일자를 조정할 수 있음 – 현장평가 전 '현원 0명'으로 확인될 경우 과정이 중단됨
진행 방법	• 평가자 구성: – 정원 99명 이하 어린이집 → 평가자 2명 – 정원 100명 이상 어린이집 → 평가자 3명 ※ 어린이집 규모에 따라 조정 가능 • 평가 진행 – 평가자 방문 시간: 오전 9시~9시 30분 – 평가 종료시간: 오후 3시 30분~4시 30분(필요시 연장 가능) • 평가 시작 전, 어린이집의 보육교직원 근무 현황, 영유아 재원 사항, 하루일과표, 실내 · 외 배치도 등을 확인 ※ 평가 중 거짓 정보 제공 또는 부정한 방법이 확인될 경우, 평가결과에 반영되며 시정 또는 변경 명령이 내려질 수 있음(「영유아보육법」 제44조 제4의6호) • 관찰 방법 – 무작위로 보육실 2개 반 선정 – 영아반과 유아반이 모두 있는 경우, 각 1개 반씩 포함 – 영아반 또는 유아반만 있는 경우, 2개 반 선정

Ⅳ 현장평가 시 어린이집에서 준비할 사항

❶ 일상적 일과 진행

현장평가 주간에는 견학 등 행사 없이 일상적 일과가 진행되어야 함

❷ 출석 기준 충족

영유아 현원의 2/3 이상이 출석하여야 함

> 현장평가일에 출석기준이 충족되지 않는 경우, 사유 확인 후 현장평가자를 재파견함
> (단, 전염병, 천재지변 등의 사유로 필요한 경우 예외 적용할 수 있음)

❸ 필요 서류

- 원아명단
  평가당일, 현장평가자가 보육통합정보시스템을 통해 원아명단 출력하도록 협조
- 어린이집 실내외배치도
  배치도는 실제 인가받은 공간과 동일하게 준비
- 하루일과표 혹은 일일보육계획안
  활동에 따른 시간 명시
- 보육교직원(원장, 보육교사)
  경력 관련 서류(경력증명서, 직무 및 승급교육 수료증)
- 평가지표 관련 문서

<table>
<tr><th>준비서류</th><th>체크</th><th>평정기간</th></tr>
<tr><td>보육일지</td><td></td><td rowspan="3">현장평가월 이전
1개월부터</td></tr>
<tr><td>보육계획안</td><td></td></tr>
<tr><td>장애영유아 개별화교육계획안</td><td></td></tr>
<tr><td>영유아발달평가</td><td></td><td rowspan="6">1년 단위
(당해연도 및
진년도 기록)</td></tr>
<tr><td>어린이집 운영계획안</td><td></td></tr>
<tr><td>연간 보육계획안</td><td></td></tr>
<tr><td>부모 개별 면담 기록</td><td></td></tr>
<tr><td>교육관련 기록</td><td></td></tr>
<tr><td>상호작용 관찰 기록</td><td></td></tr>
</table>

❹ 현장평가일에 미임용 보육교직원을 확인함

타 어린이집에 임용 중인 보육교직원은(원장 포함)은 평가대상 어린이집에 근무 및 지원 활동 금지

V 종합평가

❶ 자체평가보고서, 현장평가보고서 등의 자료를 토대로 종합평가 진행

평가대상 통보	자체 평가	현장 평가	종합 평가
한국보육진흥원	어린이집	한국보육진흥원 (현장평가자)	종합평가위원회

- 종합평가는 종합평가위원회에서 진행
- 종합평가위원회에서는 종합평가 대상 어린이집의 평가자료를 검토하여 영역별 평가결과서 및 평가주기를 확정

  * 자체평가보고서, 현장평가보고서 등
- 평가과정에서 다음 사항 중 하나 이상 해당되면 심의하여 평가 결과서에 관련 내용 반영

① 거짓이나 부정한 방법으로 평가를 받은 경우
- 평가과정 중 어린이집에서 영유아 등원 거부 등의 사실이 확인된 경우
- 평가과정 중 어린이집에서 제시한 서류나 진술 등에서 허위사실이 발견되었을 경우
- 어린이집과 현장 평가자와의 이해관계가 드러난 경우
- 기타 교육부장관이 거짓이나 그 밖의 부정한 방법이라고 판단하는 경우

② 어린이집의 설치 · 운영자가 「영유아보육법」을 위반하여 금고 이상의 형을 선고받고 그 형이 확정된 경우

③ 「영유아보육법」 제40조제2호 또는 제3호에 따라 보조금의 반환명령을 받았거나 제45조, 제45조의2 또는 제46조부터 제48조까지의 규정에 따른 행정처분을 받아 아래의 기준에 해당하는 경우
- 3백만 원 이상 비용 및 보조금 반환명령을 받은 어린이집
- 6개월 이상 운영정지 또는 그에 상응하는 과징금 처분을 받은 어린이집
- 원장 또는 보육교사 자격정지 6개월 이상 또는 자격취소 처분을 받은 어린이집

④ 어린이집의 대표자 또는 보육교직원이 「아동복지법」 제17조를 위반하거나 「아동 · 청소년의 성보호에 관한 법률」 제2조제2호의 아동 · 청소년대상 성범죄를 저지른 경우

VI 결과 발표

❶ 평가결과 사전통지

- 어린이집 평가결과 사전통지는 매월 말일 경에 어린이집지원시스템을 통해 통지(현장평가월로부터 2개월 후)

평가결과 사전 통지 전
• 사전 통지 전 어린이집 정보 확인 어린이집지원시스템의 어린이집 정보는 변동사항이 있는 경우 수정하여야 함 (어린이집 관리 및 결과발표, 평가 후 관리에 활용됨)
• 변동사항 확인서 제출 및 평가제도 관련 설문 참여 어린이집에서는 변동사항 확인서 및 평가제도 관련 설문지를 작성하여야 함
평가결과 사전 통지서 확인
어린이집지원시스템 내 어린이집 평가 메뉴를 통해 확인 가능

❷ 소명

- 평가결과에 대한 소명 신청 가능
- 평가결과 사전통지 익월 15일까지 어린이집지원시스템을 통해 소명신청 가능함

❸ 결과발표

- 평가결과 사전통지 익월 말일경 어린이집지원시스템을 통해 통보
  (소명신청 어린이집은 해당 과정 완료 후 평가결과 최종 통보)

평가제 완벽 대비 Q&A

Q 어린이집 평가는 어떤 절차로 진행되나요?

A 평가대상 어린이집에 대한 통보로 시작됩니다.
자체평가(2개월), 현장평가(1개월), 종합평가(1개월) 순으로 진행합니다.
평가대상 통보는 현장평가월 기준 3개월 전 실시하며, 어린이집 지원시스템을 통해 평가 일정 확인 및 동의서를 제출 후, 익월부터 자체평가를 실시합니다.
예) 대상 통보(8월)-자체평가(9~10월)-현장평가(11월)-종합평가(12월)-결과발표(사전통지)(1월)

Q 어린이집 자체평가는 어떻게 진행하면 될까요?

A 자체평가는 어린이집과 부모가 함께 평가지표를 기반하여 자체적으로 보육 서비스 품질에 대해 점검하고 개선하는 과정입니다. 어린이집에서는 통보된 기한 내에 자체평가를 진행하고 보고서를 작성하여 제출하여야 합니다.
어린이집 지원시스템에 접속하여 [어린이집 평가] - [평가진행과정 확인] - [자체평가보고서 작성]을 클릭하여 원장이 대표로 작성하여 제출합니다. 자체평가보고서 제출 완료 이후에는 자체평가보고서 수정 불가하므로 최종 점검 후 [제출완료] 클릭합니다.

Q 현장 평가 전, 어린이집 원아가 없는 경우는 어떻게 진행되나요?

A 현장평가월 이전 6개월 이상 영유아가 재원하고 있으며, 지속적으로 운영하고 있는 경우에 한해 현장평가 진행이 가능합니다. 그러므로 현장평가 전 '현원 0명'으로 확인될 경우 과정이 중단됩니다.

Q 현장평가 일정은 어떻게 확인이 가능한가요?

A 어린이집 지원시스템 내 [어린이집 평가] - [평가진행과정 확인] 메뉴에서 '현장평가주간 확인'에서 확인합니다.
- 현장평가 주간 확인 시기: 현장평가월 1주일 전
- 현장평가일 확인시기: 현장평가주간 직전 주

Q 고지된 현장평가 일정(주간 및 일자)은 변경 가능한가요?

A 어린이집의 정상적인 운영 또는 보육교직원의 정상적인 근무가 어려운 경우(예: 보수교육, 상(喪), 휴원령 등), 평가운영 상황 변동 등에 한하여 한국보육진흥원에서 정하는 기준에 따라 현장평가 주간·일자 조정이 가능합니다.

Q 평가대상으로 통보받은 경우, 반드시 통보받은 월에 평가를 받아야 하나요?

A 통보된 일정에 따라 평가를 받아야 합니다. 단, 통보된 일정에 평가를 받기 어려운 상황(2주 이상 환경개선 공사, 교직원 출산, 장기입원)의 경우는 관련 증빙서류 제출를 제출하고, 한국보육진흥원에서 조정한 사유를 최종확인하여 당초 기수 기준 1~3개월 후로 평가시기를 조정할 수 있습니다.
어린이집 평가시기 조정신청은 어린이집지원시스템 내 [어린이집 평가] - [평가시기조정] 메뉴에서 희망기수를 선택한 후, 조정신청서 작성 및 관련 파일 첨부하여 신청하실 수 있습니다.

Q 현장평가를 위해 구비해야 하는 서류는 무엇인가요?

A 구비해야 하는 서류입니다.
①, ②, ③은 현장평가자에게 제출
지표 평정에 필요한 경우 관련 증빙서류에 대한 확인을 요청할 수 있음

> ① 원아명단
> (평가 당일, 현장평가자가 보육통합시스템을 통해 원아명단을 출력할 수 있도록 협조)
> ② 어린이집 실내외배치도
> (배치도는 실제 인가받은 공간과 동일하게 준비)
> ③ 하루일과표 혹은 일일보육계획안
> (활동에 따른 시간 명시)
> ④ 보육교직원(원장, 보육교사) 경력 관련 서류
> (경력증명서, 직무 및 승급교육 수료증)
> ⑤ 평가지표 평정 문서
> 예) 보육계획안, 보육일지

Q 관찰반은 어떻게 선정이 되나요?

A 현장평가자는 평가당일, 무작위로 선정된 보육실 2개 반을 중심으로 실내외 전체를 관찰합니다. 영유아반이 운영되는 어린이집이라면 영아반과 유아반이 각각 1개 반씩 포함되도록 무작위 추첨하여 관찰반을 선정합니다.

Q 평가당일 면담교사는 어떻게 선정되나요?

A 평정대상에 해당되는 보육교직원을 대상으로 면담이 진행됩니다.
관찰반 교사 면담은 일과 운영 및 상호작용 등 관찰반을 중심으로 확인하는 지표에 해당되며, 그 외 지표에서는 비관찰반 교사들도 면담대상이 될 수 있습니다.

Q 평가진행 중, 행정처분을 받으면 평가진행 또는 결과에 어떤 영향이 있나요?

A 지자체를 통해 통보받은 사항을 종합평가 시 평가결과서에 반영된 경우 재평가 실시 대상에서 제외됩니다.

Q 평가결과에 대한 소명은 어떤 절차를 거치나요?

A 평가결과 사전통지 익월 15일까지 어린이집 지원시스템을 통해 소명신청이 가능합니다(소명신청서와 관련 증빙자료 제출). 소명심사위원회에서 소명심사 자료를 검토한 후 심의하고 의결하여 최종 평가결과를 확정한 후, 소명결과는 어린이집 지원시스템을 통해 개별 통보합니다.

Q 어린이집 평가와 관련하여 어떤 내용이 공표되나요?

A 구체적 서술형 평가결과가 기재된 결과서가 공표됩니다.
영역별(1~6영역)로 서술되며, 최종통보 익일에 통합정보공시 홈페이지를 통해 공개됩니다.

평가결과서 예시1

평가결과서

어린이집 명	도토리숲어린이집
어린이집 주소	(31817)충청남도 당진시 수청1로 51 호반써밋 2차 아파트 관리동
대표자 성명	당진시장

평가결과

「영유아 보육법」 제30조에 의해 실시한 어린이집 평가결과를 아래와 같이 통보합니다.

평가주기	3년

평가 영역별 세부내용

평가기간	자체평가(24.09.) → 현장평가(24.11.) → 종합평가(24.12.) → 결과발표(25.02.)
평가영역	**평가영역별 종합의견**
1. 영유아 중심 일과 운영	어린이집은 아이들이 등하원, 급간식, 배변, 낮잠 등 일상생활에서 편안함을 느낄 수 있도록 돕고, 약속과 규칙을 공유하여 스스로 지키도록 격려합니다. 그리고 충분한 놀이가 이루어지도록 하루일과를 계획하고, 일과 운영 시 아이들의 의사 표현과 놀이 요구를 반영합니다. 또한 아이들의 신체 리듬에 맞춰 일과를 운영할 수 있도록 낮잠 시간 및 아이의 컨디션에 따라 보조교사를 배치하여 아이들이 안정적으로 하루를 보낼 수 있도록 지원합니다.
2. 영유아가 주도하는 배움 지원	어린이집은 놀이를 중심으로 공간을 구성하고, 재활용품(계란판, 상자, 휴지심, 종이컵, 플라스틱병 등) 및 빛과 관련된 자료(OHP, 거울지, 셀로판지, 색 모양판 등) 같은 비정형화된 놀이 자료와 다양성을 존중하는 자료를 풍부하게 제공하여, 아이들이 놀이에 따라 휴지심 기타, 상자 집을 만드는 등 자유롭게 재창조하며 배움이 일어나도록 지원합니다. 그리고 작품을 게시하는 공간을 활용하고, 언제든 편안하게 휴식할 수 있는 공간을 제공하며, 실내외에서 자연을 경험하도록 돕습니다.
3. 영유아 존중 상호작용 지원	교사는 아이들이 서로의 생각을 존중하고 경험을 나누며, 갈등 상황을 긍정적으로 해결할 수 있도록 격려합니다. 그리고 아이들의 의사 표현을 경청하여 소통하고, 다양성을 존중하는 상호작용을 합니다. 또한 아이들의 놀이를 지켜보고 놀이에 참여해 배움을 지원합니다. 예를 들어 팥을 페트병에 담아 놀이하던 아이가 하얀 속이 드러난 것을 발견하고 호기심을 보이자 왜 하얗게 되었을지 질문하고 벗겨진 껍질을 함께 관찰하며 탐구를 지속할 수 있도록 돕습니다.
4. 보육과정 실행과 평가	어린이집은 아이들을 관찰한 내용을 토대로 놀이와 활동, 일상생활을 지원하는 계획을 수립하고 실행합니다. 또한 영유아의 특성과 변화 및 영유아 중심 · 놀이 중심 보육과정 운영에 대해 평가하여 보육과정 개선, 부모 면담 등에 활용합니다. 예를 들어 교사들은 가을 놀이를 위한 낙엽의 양이 부족함을 평가하고, 해결 방안에 대해 논의하여 단풍 모양 스티커를 활용하거나, 가정과 연계해 낙엽을 지원받기로 계획하는 등 아이들의 배움을 위해 주기적으로 모여 보육과정을 평가합니다.
5. 원장의 리더십과 보육교직원 역량 강화	원장은 표준보육과정과 운영철학을 반영하여 운영계획을 수립하고, 보육교직원을 배려한 근무환경을 조성합니다. 그리고 보육교직원과 상호 존중하며 민주적으로 의사결정하고 가정과 원활히 소통합니다. 또한 보육교직원의 역량 계발을 위한 교육 환경을 조성하고, 체계적인 상호작용을 지원합니다. 실제로 상호작용의 어려움에 대한 교사들의 의견을 반영하여 유관기관에서 실시하는 다양한 상호작용 교육을 제공하며, 원내 학습공동체를 지속적으로 운영하며 놀이 활성화를 위한 지원방안을 공유하고 토론하는 분위기를 조성하는 등 체계적인 지원을 위해 노력합니다.
6. 건강 및 안전	어린이집은 호흡기 질환 예방을 위한 공기살균기를 설치하는 등 보육실과 실내외 공간을 청결하게 관리합니다. 그리고 조리실 및 식자재 보관과 조리 · 배식 과정을 위생적으로 운영합니다. 또한 보육실, 실내외 공간 및 시설 · 설비, 놀잇감과 놀이기구, 위험한 물건, 비상사태용 시설 · 설비를 안전하게 관리하고, 비상시 신속하게 대처할 수 있도록 관련 지침을 숙지하며, 일과 중 아이들을 안전하게 보호합니다.

평가결과서 예시2

평가결과서

어린이집 명	뜨란채어린이집
어린이집 주소	(61255)광주광역시 북구 천변우로 11 뜨란채주공아파트 관리동내 (임동)
대표자 성명	박혜연

평가결과

「영유아 보육법」 제30조에 의해 실시한 어린이집 평가결과를 아래와 같이 통보합니다.

평가주기	3년

평가 영역별 세부내용

평가기간	자체평가(24.09.) → 현장평가(24.10.) → 종합평가(24.11.) → 결과발표(25.01.)
평가영역	평가영역별 종합의견
1. 영유아 중심 일과 운영	어린이집은 아이들에게 충분한 놀이 시간을 제공하고, 아이들의 의사표현을 존중하며, 놀이 특성, 신체 리듬, 날씨를 고려해 일과를 융통성 있게 운영합니다. 또한 등하원, 급간식, 배변 경험, 낮잠 시간에 편안하게 보낼 수 있도록 도우며, 약속과 규칙을 지킬 수 있도록 지도합니다. 그리고 아이가 풀 뚜껑 열기를 어려워하자, 교사는 풀 뚜껑 여는 방법을 구체적으로 안내하고 스스로 열 수 있도록 충분히 기다리며 자조기술을 기를 수 있도록 도와줍니다.
2. 영유아가 주도하는 배움 지원	어린이집은 다양하고 매력적인 자료, 아이들의 놀이에 필요한 자료와 다양성을 존중하는 자료를 제공하여 자유롭게 사용할 수 있도록 지원합니다. 또한 자연의 변화를 경험할 수 있는 실내외 환경과 휴식공간, 아이들의 작품 등을 게시하는 공간을 제공하고, 아이가 주도하는 놀이 중심으로 공간을 구성합니다. 가령 신체놀이 하는 아이가 많아지자 복도까지 공간을 넓혀 주는 등 아이들이 활발하게 놀이를 지속할 수 있도록 지원합니다.
3. 영유아 존중 상호작용 지원	교사는 아이들의 의사표현과 다양성을 존중하는 상호작용을 하며 소통하고, 놀이를 지켜보다 함께 놀이하며 배움을 돕습니다. 또한 아이들이 서로의 관점을 존중하며 친구와 경험을 공유하도록 돕고, 갈등 상황에서는 긍정적인 해결 방안을 제시해 함께 성장할 수 있도록 지원합니다. 더불어 점토 놀이 시 아이들이 공간을 넓게 사용할 수 있도록 간격을 두고 종이 접시를 배치하여 아이들이 다툼 없이 친구와 즐겁게 놀이하며 긍정적인 관계를 맺을 수 있도록 지원합니다.

4. 보육과정 실행과 평가	어린이집은 놀이와 활동, 일상생활을 관찰해 아이들이 경험한 것을 기록하고, 이를 토대로 다음 계획을 세워 실행합니다. 또한 보육과정이 아이들에게 얼마나 교육적이었고, 아이들이 얼마나 성장했는지를 평가하여 보육과정 운영 개선, 부모면담 등에 활용해 보다 질 높은 보육과정을 운영하기 위해 노력합니다. 가령 교사회의 후 아이들이 바람의 방향을 느낄 수 있도록 다양한 놀잇감을 제공하고 실외에서 놀이하는 것을 피드백하는 등 주기적으로 아이들의 놀이를 평가하고 지원합니다.
5. 원장의 리더십과 보육교직원 역량 강화	원장은 표준보육과정, 운영철학 등을 반영해 운영계획을 수립하고, 보육교직원을 배려한 근무 환경을 조성하여 보육의 질을 높이기 위해 노력합니다. 또한 보육교직원과 서로 존중하고 민주적으로 의사소통하며, 역량 증진을 위한 다양한 교육을 제공하고, 교사의 상호작용을 관찰하여 지원합니다. 무엇보다 부모 만족도 조사결과를 반영하여, 매월 그림책의 식재료를 알아보고 요리 활동을 해 보는 등 가정과 활발히 소통하며 어린이집을 운영합니다.
6. 건강 및 안전	어린이집은 보육실 및 실내외 공간과 시설 · 설비, 놀잇감, 놀이기구, 비상용 시설 · 설비 등을 쾌적하고 안전하게 관리하고 있습니다. 이에 안전한 환경 속에서 아이들을 보호하며, 비상시 신속하게 대처할 수 있도록 지침 등을 관리합니다. 또한 식자재 관리, 조리실과 비품, 조리 및 배식 과정을 청결하고 위생적으로 관리하며, 유관기관에서 우수급식소로 선정되는 등 아이들에게 질 좋은 먹거리를 제공하고 있습니다.

영역 1

영유아 중심 일과 운영

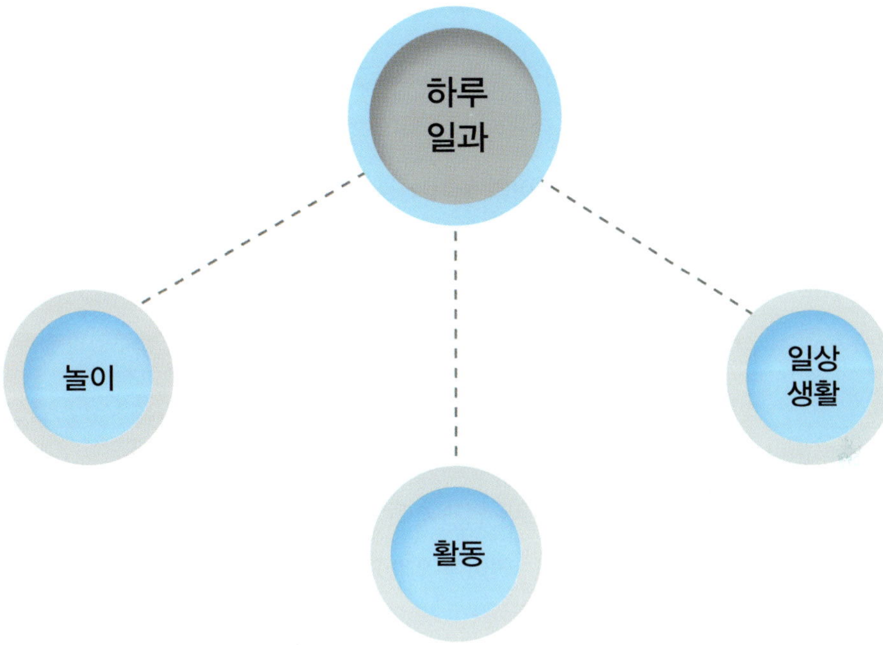

1영역 구성

1-1 일과의 충실한 운영

1-2 따뜻하고 편안한 일상생활 지원

1영역 전체 보기

1-1. 일과의 충실한 운영	
적절한 수준	
관찰	• 하루일과에서 영유아의 놀이가 충분히 이루어진다.
관찰	• 영유아의 관심사와 놀이 특성, 신체 리듬, 날씨 등의 상황을 고려하여 하루일과를 융통성 있게 운영한다.
관찰	• 개별 영유아의 비언어적 · 언어적 의사표현을 존중하여 하루일과를 운영한다.
부적절한 수준	
관찰, 면담	• 하루일과에서 영유아의 실내외 놀이시간이 충분하지 않다.
관찰, 면담	• 하루일과 운영 시간이 언제나 동일하여 융통성 있게 운영되지 않는다.
관찰	• 영유아의 비언어적 · 언어적 의사표현을 파악하지 못하고, 교사가 임의로 하루일과를 운영한다.

함께 생각하기

- 오늘 영유아들은 실내외에서 충분하게 놀이를 하였나요? 어떻게 알 수 있나요?
- 영유아가 더 놀이하고 싶다고 하지만 다음 일과(점심, 바깥놀이 등)로 놀이시간을 연장할 수 없을 때, 선생님은 어떻게 하나요?
- 일과를 운영하며 영유아의 요구(비언어적 · 언어적)를 살피었나요? 오늘 영유아는 어떤 요구를 하였나요?
- 영유아의 요구(비언어적 · 언어적)에 따라 일과를 변경한 적이 있나요? 영유아의 반응은 어떠했나요?

1-2. 따뜻하고 편안한 일상생활 지원	
적절한 수준	
관찰	• 등원 시 영유아를 반갑게 맞이하고, 하원 시에는 안정되고 따뜻한 분위기에서 영유아가 귀가하도록 한다.
관찰	• 식사와 간식 시간에 영유아가 서두르지 않고 편안하고 즐겁게 먹을 수 있도록 지원한다.

관찰	• 영유아의 연령(월령)과 준비 정도, 개인차를 고려하여 배변 경험이 편안하게 이루어지도록 지원한다.
관찰	• 영유아가 개별 특성에 맞게 편안하게 자거나 휴식할 수 있는 환경과 분위기를 마련한다.
관찰	• 영유아의 일상생활 전반에서 최소한의 약속과 규칙을 공유하고, 영유아가 지키도록 격려한다.
부적절한 수준	
관찰	• 영유아가 등원하였는지 관심이 없거나 영유아의 상태에 주의를 기울이지 않는다. 하원 시에는 영유아의 하원 준비를 재촉한다.
관찰	• 식사와 간식 시간에 음식을 강요하거나, 남기지 않게 하거나, 지나치게 조용히 먹게 하거나, 식사 예절을 강요하거나, 움직이지 못하게 하거나, 시간에 맞추어 먹도록 재촉하고 위협한다.
관찰	• 정해진 시간을 지켜서 휴식(낮잠)하기, 개별 영유아의 요구와 상관없이 휴식(낮잠)을 강제하기 등 강압적인 분위기 속에서 영유아의 휴식(낮잠)시간을 운영한다.
관찰	• 개별 영유아의 요구에 따라 화장실 가는 것을 허용하지 않고, 화장실 가는 시간을 정하여 화장실을 가도록 강요한다. 또는 배변 처리 시 영유아에게 불쾌함을 표현하거나 부정적인 반응을 한다.
관찰	• 영유아에게 적용되는 약속과 규칙을 교사가 임의로 결정하거나, 일관되지 않게 적용한다.

함께 생각하기

- 오늘 영유아를 어떻게 맞이했나요? 영유아는 어떻게 반응했나요?
- 영유아가 식사나 간식을 즐겁게 먹을 수 있도록 어떤 지원을 하나요?
- 식사와 간식 시간에 영유아가 스스로 할 수 있도록 기회를 제공하고 기다려 주나요?
- 기저귀 갈이 시, 영아들이 배변 활동을 자연스러운 놀이처럼 느낄 수 있도록 어떻게 지원하고 있나요?
- 우리 반 영유아의 개별적인 배변 습관은 어떠한가요? 개별적 요구를 어떻게 지원하고 있나요?
- 우리 반 영유아의 개별적인 낮잠 습관은 어떠한가요? 개별적 요구를 어떻게 지원하고 있나요?
- 하원 시 영유아의 어떤 부분을 살피고 있나요?

일과는 영유아가 편안하고 즐겁게 보낼 수 있도록 일상생활, 놀이, 활동이 적절하게 운영되어야 한다. 영유아에게 놀이를 충분히 경험할 수 있도록 일과를 편성해야 한다. 하루일과는 영유아가 예측할 수 있도록 일정한 흐름으로 운영하여야 한다. 그러나 중요한 것은 정해진 순서나 미리 계획한 활동에 얽매이지 않고 영유아의 흥미, 호기심, 컨디션 등을 최우선적으로 고려해서 융통성 있게 운영해야 한다는 것이다. 그리고 일상생활(등 · 하원, 식사, 배변, 낮잠 등)에서 개별 영유아의 요구를 존중하며 따뜻하고 편안한 일상생활을 지원해야 한다.

이렇게 이해하세요!

하루일과는 단순히 시간을 채우는 것이 아니라, 아이들이 편안하고 즐겁게 지낼 수 있도록 세심하게 구성해야 해요. 일상생활, 놀이, 활동이 자연스럽게 이어지면서 아이들이 안정감을 느낄 수 있도록 일정한 흐름을 유지하는 것이 중요합니다. 아이들은 하루의 흐름을 예측할 수 있을 때 정서적으로 더 편안함을 느끼고, 스스로 일과에 참여하려는 의지도 높아져요.

하지만 정해진 일정에 지나치게 얽매일 필요는 없어요. 아이들은 매일 다르고, 순간순간의 관심과 컨디션도 변할 수 있기 때문입니다. 예를 들어, 어떤 놀이에 깊이 몰입하고 있는 아이들을 보면, 계획된 활동을 잠시 미루고 놀이를 충분히 이어 가도록 돕는 것이 좋아요. 이렇게 유연하게 일과를 운영하면 아이들이 자신의 흥미를 탐색할 수 있는 기회가 많아지고, 평가제에서도 중요하게 다루는 놀이 중심 보육이 실현됩니다.

놀이시간은 단순한 여가 시간이 아니라 아이들의 배움이 깊어지는 순간이에요. 놀이를 통해 세상을 탐색하고, 친구와 관계를 형성하며, 문제 해결 능력을 기르게 됩니다. 그렇기 때문에 놀이가 중간에 끊기지 않도록 충분한 시간을 확보하는 것이 중요합니다. 교사는 아이들의 놀이 흐름을 존중하면서도, 필요할 때 적절한 지원을 해야 해요. 때로는 놀이에 함께 참여하며 아이의 생각과 감정을 공감하는 것도 좋은 방법입니다.

일상생활(등 · 하원, 식사, 배변, 낮잠 등)에서는 개별 아이들의 신호를 세심하게 살펴야 해요. 졸려하는 아이가 있다면 미리 휴식을 제공하고, 스스로 먹어 보려는 아이에게는 기다려 주는 여유를 가지는 것이 필요합니다. 이런 작은 존중과 배려가 아이들에게는 큰 안정감과 자신감을 줍니다.

가장 중요한 것은 일정이 아니라 "아이"가 중심이 되어야 한다는 점이에요. 하루일과를 유연하게 운영하면서 아이들의 변화와 요구를 세심하게 살피는 것이 무엇보다 중요합니다. 평가제에서도 강조하듯이, 아이들이 편안하고 즐거운 하루를 보내는 것이 궁극적인 목표라는 점을 늘 기억하면 좋겠습니다.

1-1

일과의 충실한 운영

매뉴얼 핵심 요약

영유아는 하루일과 중 놀이와 활동, 일상생활을 통해 다양한 경험을 하며 성장한다. 놀이시간이 연속적으로 운영될 때 몰입도가 높아지고 의미 있는 배움이 이루어진다. 따라서 놀이시간은 하루 중 가장 길게 편성되어야 하며, 짧게 여러 번 제공하기보다는 긴 시간 동안 연속적으로 운영하는 것이 바람직하다. 교사는 놀이와 일상을 일정한 흐름 속에서 운영하여 영유아가 하루를 예측하고 안정감을 느낄 수 있도록 한다. 그러나 정해진 순서나 계획에 얽매이지 않고, 영유아의 관심과 놀이 특성을 반영하여 융통성 있게 운영해야 한다.

▶ 포인트

- 놀이시간을 연속적으로 운영하여 영유아의 몰입과 배움이 증진되도록 구성해야 한다.
- 연령별 놀이시간 기준을 준수하여 운영해야 한다.
- 교사는 일과의 흐름을 일정하게 유지하되, 상황에 따라 유연하게 운영해야 한다.
- 기후 및 기관 상황에 따라 융통성 있게 운영해야 한다.

▶ 평가제 준비 Check

- 놀이시간 운영: 하루 중 놀이시간을 가장 길게 확보하고 연속적으로 운영
- 연령별 놀이시간 준수: 표준보육과정에 따라 연령별 기준에 맞춰 놀이시간 편성
- 바깥놀이 운영: 기후와 기관 상황을 고려하여 실내·외 놀이 균형 유지
- 일과 운영 방식: 영유아의 관심과 놀이 흐름을 반영하여 융통성 있게 운영
- 놀이 기록 반영: 놀이 흐름을 기록하고 평가하여 일과 계획에 반영
- 교사 간 협의: 놀이 경험을 공유하고 영유아의 놀이 지원을 위한 협의 진행

▶ 교사의 역할

- 영유아가 주도적으로 놀이할 수 있도록 충분한 시간과 공간 제공
- 놀이의 흐름이 중단되지 않도록 환경 지원
- 정해진 일과에 얽매이지 않고, 영유아의 흥미와 상황에 따라 유연하게 조정
- 바깥놀이와 실내놀이를 기후, 환경, 기관의 특성에 맞게 조정
- 놀이 기록을 반영하여 다음 날의 일과를 계획하고 조정

관찰 면담

적절한 수준

- 하루일과에서 영유아의 놀이가 충분히 이루어진다.
- 영유아의 관심사와 놀이 특성, 신체 리듬, 날씨 등의 상황을 고려하여 하루일과를 융통성 있게 운영한다.
- 개별 영유아의 비언어적·언어적 의사표현을 존중하여 하루일과를 운영한다.

부적절한 수준

- 하루일과에서 영유아의 실내외 놀이시간이 충분하지 않다.
- 하루일과 운영 시간이 언제나 동일하여 융통성 있게 운영되지 않는다.
- 영유아의 비언어적·언어적 의사표현을 파악하지 못하고, 교사가 임의로 하루일과를 운영한다.

지표 핵심_1

〈관찰, 면담〉 적절한 수준	〈관찰〉 부적절한 수준
• 하루일과에서 영유아의 놀이가 충분히 이루어진다.	• 하루일과에서 영유아의 실내외 놀이시간이 충분하지 않다.

핵심 Point

- 분절되지 않는 충분한 놀이시간
- 놀이시간에 포함되지 않는 전이시간

1. 충분한 놀이시간 제공

- 영유아가 주도적 놀이를 충분히 경험하도록 실내외 놀이를 운영함
- 놀이시간이 분절되지 않도록 지속적으로 운영하여 의미 있는 배움의 기회를 제공함(오전 1시간 이상 연속적 운영 권장)
- 놀이는 오전과 오후로 나누어 진행 가능함
- 전이활동(손 씻기, 정리, 배변 등)은 놀이시간에 포함되지 않으므로 별도로 편성함
- 혼합연령 반은 낮은 연령을 기준으로 놀이시간을 편성하여 운영할 수 있음
- 바깥놀이 중심의 어린이집은 실외 놀이시간을 매일 오전, 오후 2시간 이상 운영함

연령별 놀이시간 편성 시간		
0세	▶	• 실내외에서 매일 2시간~2시간 30분 (바깥놀이 주 3회, 30분 이상 포함)
1~2세	▶	• 실내외에서 매일 2시간 30분 (바깥놀이 매일 30분 이상 포함)
유아 (3~5세)	▶	• 실내외에서 매일 3시간 이상 포함 (바깥놀이 매일 1시간 이상 포함)
장애아전문	▶	• 바깥놀이 주 1회 이상 (장애유형 및 정도, 발달수준에 따른 융통성)

2. 분절되지 않은 놀이시간 제공

- 하루일과의 놀이가 교과목(언어, 수학, 영어, 미술 등) 형태로 분절되지 않고, 실제 놀이로 이루어지고 있음

3. 바깥놀이 지원

- 실외놀이, 주변 산책, 텃밭 활동, 모래 놀이 등
- 0~1세는 테라스, 베란다 등에서 외부 공기를 쐬거나 일광욕을 하는 활동도 가능함

평가제 완벽 대비 Q&A

Q 바깥놀이 시간에 물놀이 행사가 있었어요. 놀이에 해당되나요?

A 바깥놀이는 영유아가 자발적으로 선택하고 주도하는 놀이와 활동을 의미하며, 실외에서 이루어지는 교사 주도의 대집단 활동, 행사, 견학 등은 놀이에 포함되지 않습니다.

Q 유아 바깥놀이 시간을 오전 30분, 오후 30분으로 나누어 진행해도 될까요? 그리고 혼합연령반에서는 어떻게 운영해야 하나요?

A 바깥놀이는 하루일과에 따라 오전과 오후로 나누어 운영할 수 있습니다. 혼합연령반의 경우, 연령이 낮은 유아를 기준으로 바깥놀이 시간을 편성하면 됩니다. 예를 들어, 0~1세 혼합반은 주 3회, 30분 이상 바깥놀이를 진행할 수 있습니다.

Q 바깥놀이 시간의 경우, 유아는 매일 1시간 이상, 영아는 30분 이상 운영해야 하는데, 이 때 손 씻기, 화장실 가기 등의 전이시간을 포함(유아는 1시간, 영아는 30분)해서 편성해도 되나요?

A 바깥놀이는 영유아가 실외에서 자연을 경험하고 신체를 자유롭게 움직일 수 있는 중요한 시간입니다. 따라서 어린이집에서는 충분한 놀이시간을 확보하기 위해 손 씻기나 화장실 가기 등의 전이시간을 별도로 편성하여 운영하시기 바랍니다.

Q 유아반은 바깥놀이를 매일 1시간 이상 실시해야 하나요?

A 영유아가 주도하는 놀이가 충분히 이루어질 수 있도록 바깥놀이를 포함하여 놀이시간을 하루 중 가장 길게, 우선적으로 편성하여 운영해야 합니다.
해당 평가항목에 따르면, 유아(3~5세)의 놀이시간 기준은 매일 바깥놀이 1시간 이상 포함하여 실내외에서 3시간 이상입니다. 이 기준에 따라 영유아가 충분히 놀이할 수 있도록 지원해 주시기 바랍니다.

Q 오전 실내놀이는 연속으로 1시간 이상 운영해야 하나요?

A 영유아는 놀이시간이 분절되지 않고 지속적으로 운영될 때, 놀이에 몰입하면서 의미 있는 배움의 기회를 가질 수 있습니다. 따라서 어린이집에서는 놀이시간을 짧게 여러 번 제공하기보다는 긴 시간으로 편성하여 놀이의 흐름이 끊기지 않도록 하여 영유아가 충분히 놀이에 몰입할 수 있도록 지원할 수 있습니다.
해당 평가항목에서는 실내놀이를 연속적으로 1시간 운영하는지의 여부는 확인하지 않지만, 영유아들이 놀이에 몰입하며 배움의 기회를 가질 수 있도록 놀이시간을 긴 시간 충분히 제공하시기 바랍니다.

Q 연령별 놀이시간 확인 시, 현원의 50% 이상 등원한 시점부터 놀이시간이 평정되나요?

A 놀이 시작 시간에 50% 이상의 영유아가 등원했는지 확인하지 않지만, 어린이집은 대부분의 영유아가 놀이를 경험할 수 있도록 등원 시간을 고려하여 놀이시간을 운영해야 합니다.

Q 장애아전문 어린이집의 경우, 실내 놀이시간은 어떻게 운영해야 하나요?

A 영유아는 놀이를 통해 배우고 성장하므로, 장애영유아도 흥미에 따라 선택한 놀이를 충분히 경험할 수 있도록 2시간 이상의 실내 놀이시간을 편성해야 합니다. 바깥놀이는 주 1회 이상, 장애 유형과 정도, 발달 수준에 맞춰 융통성 있게 운영해야 합니다.

지표 핵심_2

〈관찰, 면담〉 적절한 수준	〈관찰〉 부적절한 수준
• 영유아의 관심사와 놀이 특성, 신체 리듬, 날씨 등의 상황을 고려하여 하루일과를 융통성 있게 운영한다.	• 하루일과 운영 시간이 언제나 동일하여 융통성 있게 운영되지 않는다.

핵심 Point

• 융통성 있는 하루일과 운영

1. 일정한 흐름의 하루일과 운영

- 놀이, 일상생활, 활동 등이 포함된 일과를 일정한 흐름에 따라 운영함
- 영유아가 예측할 수 있도록 하루일과를 지원함

2. 융통성 있는 일과 운영

- 계획한 대로 활동을 진행하기보다는 영유아의 관심, 흥미, 놀이특성, 신체 리듬, 날씨와 계절, 기관의 상황 등을 고려하여 융통성 있게 운영함

3. 대체활동

- 날씨(폭염, 한파 등), 대기상황(미세먼지, 황사 등) 등을 고려하여 바깥놀이의 진행이 어려운 경우 실내에서 영유아의 흥미에 따라 대체활동을 진행함
- 영유아의 건강 컨디션이 좋지 않은 경우 바깥놀이 시간을 짧게 운영하거나, 실외에서 정적인 놀이를 할 수 있도록 함

참고 융통성 있는 하루일과 보육일지 예시

융통성 있는 하루일과 운영 예시_1

1세반: 영아가 생태 및 모래놀이에 관심이 많아 10분 더 놀이시간 진행함
미세먼지 수치가 높아 실내에서 대체놀이로 운영함

<table>
<tr><th>구분</th><th>월</th><th>화</th><th>수</th><th>목</th><th>금</th></tr>
<tr><td rowspan="4">바깥놀이
(11:20~12:00)</td><td colspan="5">놀이명: 씨앗과 모종 심기</td></tr>
<tr><td>○</td><td></td><td></td><td>○</td><td>○</td></tr>
<tr><td colspan="5">대체놀이명: 터널놀이</td></tr>
<tr><td></td><td></td><td>○
(미세먼지)</td><td></td><td></td></tr>
</table>

융통성 있는 하루일과 운영 예시_2

5세반: 유아들이 오전 실내놀이 시간에 진행된 우주놀이에 매우 흥미를 느껴 유아들의 의견을 반영하여 바깥놀이를 오후에 변경하여 진행함

<table>
<tr><td>실내놀이
(10:00~11:00)
(15:00~16:30)</td><td>- 세계 여러 나라의 집
- 우리 나라의 집
- 우주 탐험대
- 우주에서 가족과 함께 살고 싶은 집 만들기</td></tr>
<tr><td>바깥놀이
(11:20~12:20)</td><td>- 모래성으로 만든 집
대체놀이: 보물찾기</td></tr>
</table>

평가제 완벽 대비 Q&A

Q 한파로 바깥놀이를 할 수 없는 상황인데, 꼭 실외에서 진행해야 하나요?

A 황사, 미세먼지, 폭염, 한파 등으로 바깥놀이가 어려운 경우 실내에서 대체활동을 진행할 수 있습니다. 이때, 영유아가 자유롭게 대근육 활동이나 놀이에 참여할 수 있도록 운영하는 것이 좋으며, 일부 놀이 활동은 영유아의 흥미에 따라 진행할 수도 있습니다. 다만 특별한 이유 없이 바깥놀이를 실내 활동으로 대체하는 것은 바람직하지 않습니다.

Q 바깥놀이를 1시간 계획하였으나, 유아의 놀이 흐름에 따라 30분 더 연장했어요. 이 경우에도 실내놀이를 2시간 이상 실시해야 할까요?

A 영유아는 놀이를 통해 배우고 성장하므로, 어린이집에서는 놀이시간을 충분히 확보하는 것이 중요합니다. 유아반에서는 실외 놀이를 1시간 포함해 총 3시간 이상의 놀이시간을 운영해야 합니다. 실외 놀이가 1시간 30분 진행되면, 실내 놀이도 1시간 30분 이상 운영할 수 있습니다.

Q 일과의 융통적 운영에 대한 내용이 보육일지에 기록되어 있어야 하나요?

A 보육일지에는 영유아의 하루 활동과 놀이 내용을 기록해야 하며, 일과를 융통적으로 운영한 기록도 포함하는 것이 좋습니다. 그러나 어린이집 평가지표에 따르면, 일과의 융통적 운영 여부는 평가 당일의 관찰과 면담을 통해 확인되므로, 보육일지의 관련 기록 여부는 확인하지 않습니다.

Q 오전에 특별활동을 진행해도 되나요?

A 보육사업안내에 따르면, 특별활동은 낮 12시부터 오후 6시까지 운영해야 하며, 기본보육 시간에 시작하여 연장보육 시간까지 이어지는 경우를 제외하고는 연장반에서 특별활동을 신설하지 않는 것이 원칙입니다. 특별활동 운영시간 준수 여부는 어린이집 평가지표의 평가 내용에는 포함되지 않지만, 어린이집은 보육사업안내 등 관련 지침에 따라 운영해야 합니다.

Q 오전에 이야기 할머니 등의 지역사회 연계활동을 진행해도 되나요?

A 필요한 경우 지역사회 연계 활동을 오전에 진행하실 수 있으나, 영유아의 자발적, 주도적인 놀이도 충분히 이루어질 수 있도록 적절히 안배하여 일과를 운영하시기 바랍니다.

지표 핵심_3

〈관찰〉

적절한 수준	부적절한 수준
• 개별 영유아의 비언어적·언어적 의사표현을 존중하여 하루일과를 운영한다.	• 영유아의 비언어적·언어적 의사표현을 파악하지 못하고, 교사가 임의로 하루일과를 운영한다.

핵심 Point

• 영유아의 요구를 존중하는 하루일과 운영

1. 영유아를 존중한 일과 운영

- 영유아의 언어적·비언어적 의사소통을 존중하며, 개별적인 요구와 발달 수준을 고려한 유연한 일과를 운영함

참고 영유아 존중 유연한 운영 보육일지 기록 예시

영유아 존중 융통성 있는 운영 예시 1

일과	시간	내용
• 등원	09:00~09:30	· 영아의 건강상태 및 투약의뢰서 확인
• 간식	09:30~10:00 / 15:00~15:30	· 놀이 중 자유간식 섭취
• 점심식사	12:00~13:00	· 편식예방을 위한 식사 지원
• 낮잠 및 휴식	13:00 ~15:00	· 낮잠 분위기 조성 및 편안한 경험 지원
• 배변 및 손 씻기	필요시 상시	· 손 씻기 및 정리정돈, 배변활동
• 귀가 및 연장보육	16:30 ~ 19:30	· 하원 지도 및 연장보육

영유아 존중 융통성 있는 운영 예시 2

실내놀이를 하던 영유아가 창문을 보며 눈이 온다고 즐거워하며 나가고 싶다고 표현하였다. 다른 영유아의 의견을 물어본 후, 실내놀이 시간을 줄이고 바깥놀이를 진행하였다.

영유아가 여행을 다녀와 오전 실내놀이 시간에 잠이 들었는데 일어나기 힘들어해서 바깥놀이 시간을 오후로 변경하여 더 잘 수 있도록 지원하였다.

매뉴얼 사례 핵심

사례 1 안에서 밖에서 마음껏 놀이해요 (1세, 하루일과 중 일부)

상황 요약

영아들은 오전과 오후에 걸쳐 실내놀이와 바깥놀이를 충분히 경험하였다. 놀이 중에도 자유롭게 간식을 먹을 수 있도록 하였으며, 계획된 바깥놀이 장소를 공원으로 변경하여 형님반과 함께 놀이하는 기회를 제공하였다.

관련 평가제 지표 요구 사항

1-1. 일과의 충실한 운영
영유아의 놀이가 충분히 이루어지고, 개별 특성을 고려하여 융통성 있게 운영함
1-2. 따뜻하고 편안한 일상생활 지원
영유아의 요구를 반영하여 편안한 분위기에서 일상을 지원해야 함

교사의 지원 포인트

- 충분히 놀이할 수 있도록 실내놀이와 바깥놀이 시간을 편성
- 놀이 흐름이 끊기지 않도록 간식 시간을 유연하게 운영
- 낮잠을 힘들어하는 영유아의 모습을 관찰하고 개별적인 휴식 지원
- 계획된 바깥놀이 장소를 융통성 있게 변경하여 더 풍부한 놀이 경험 제공

사례 2 비가 와서 나가고 싶구나 (2세, 실내놀이 시간)

상황 요약

비 오는 날, 일부 영아들은 바깥놀이를 원했으나 다수의 영아들은 실내 놀이를 선호했다. 교사는 영아들의 의견을 존중하여 바깥놀이 시간을 점심 이후로 변경하였다.

관련 평가제 지표 요구 사항

1-1. 일과의 충실한 운영
영유아의 요구를 반영하여 하루일과를 융통성 있게 운영함
3-2. 영유아 또래 간 상호작용 격려
또래 간 다양한 의견을 조율하며 상호작용을 촉진함

교사의 지원 포인트

- 영유아의 관심사 및 흥미를 관찰하고, 놀이 환경을 유연하게 지원
- 놀이 장소 변경에 대한 영유아의 의견을 수렴하여 의사결정 과정에 참여하도록 상호작용
- 영유아 간의 다양한 생각을 공유하여 서로의 의견을 존중하는 경험 제공

사례 3 더 놀고 싶어요! (4세, 실내놀이 시간)

상황 요약

유아들은 놀이를 지속하고 싶어 했고, 교사는 유아들의 의견을 존중하여 실내놀이 시간을 연장하였다. 또한 놀이 확장을 위해 열린 자료를 제공하였다.

관련 평가제 지표 요구 사항

1-1. 일과의 충실한 운영
놀이가 끊어지지 않도록 일과를 융통성 있게 운영함
2-2. 배움을 위한 자료 제공
영유아가 창의적으로 놀이를 확장할 수 있도록 다양한 자료를 제공함
3-1. 교사와 영유아의 반응적 상호작용
놀이를 관찰하고 적절한 제안을 통해 확장할 수 있도록 지원함

교사의 지원 포인트

- 놀이가 지속될 수 있도록 실내놀이 시간을 충분하고 유연하게 조정
- 놀이 확장에 필요한 자료를 스스로 선택할 수 있도록 다양한 열린 자료 제공
- 영유아의 상상놀이를 확장할 수 있도록 적절한 상호작용으로 질문과 제안

면담 준비하세요!

함께 생각해 보기

1. 오늘 영유아들은 실내외에서 충분하게 놀이를 하였나요? 어떻게 알 수 있나요?

Tip 교사는 아이들의 흥미, 놀이 방법, 신체 리듬, 기후 등의 요소를 반영하여 하루일과를 유연하게 운영하되, 매뉴얼에 제시된 대로 충분한 놀이가 이루어질 수 있도록 지원해야 합니다.

- **1세반 교사: 충분한 놀이가 진행된 경우**
  네, 오늘 아이들은 오전에 실내놀이 1시간 후 바깥에서 30분 놀이하였습니다.

- **2세반 교사: 놀이시간 변경된 경우**
  오늘 저희 반은 오전 실내놀이 시간이 10시부터 11시까지였고, 그 이후에 바깥놀이가 계획되어 있었습니다. 그런데 ○○이가 나가기 싫다고 하자 또래들이 같은 반응을 보였습니다. 영아들의 의견을 수렴하여 바깥놀이 시간을 점심시간 이후로 조정하여 놀이하였습니다. 충분한 놀이가 이루어졌습니다.

- **4세반 교사: 유아의 의견을 반영하여 놀이시간이 더 운영된 경우**
  계획한 대로 아이들이 충분히 놀이하였습니다. 오늘 오전 실내놀이는 9시 30분부터 10시 30분까지였는데 아이들이 놀이를 더 하고 싶어 해서 10분 더 진행하였습니다. 그리고 바깥놀이도 아이들의 의견을 반영하여 10분 더 진행하였습니다.

- **5세반 교사: 유아의 의견을 반영하여 실내외 놀이가 조정된 경우**
  오전 오후에 실내놀이 각각 1시간씩 계획이 되어 있었고, 바깥놀이도 1시간 계획되어 있었습니다. 그런데 아이들이 교실에서 30분 놀이하다가 바깥놀이를 하고 싶다고 하여 오전에 실내놀이 30분, 바깥놀이 1시간 30분 진행했습니다.

연령별 놀이시간 편성

연령	놀이시간
0세	실내외에서 2시간~2시간 30분 이상 [바깥놀이 주 3회, 30분 이상 포함]
1, 2세	실내외에서 2시간 30분 이상 [바깥놀이 매일 30분 이상 포함]
유아(3~5세)	실내외에서 3시간 이상 [바깥놀이 매일 1시간 이상 포함]
※ 장애아전문: 바깥놀이 주 1회 이상 장애유형, 장애정도, 발달수준에 따라 융통성 있게 운영	

2. 영유아가 더 놀이하고 싶다고 하지만 다음 일과(점심, 바깥놀이 등)로 놀이시간을 연장할 수 없을 때, 선생님은 어떻게 하나요?

Tip 교사는 영유아의 관심사와 놀이 특성, 요구 등을 반영하여 계획된 활동을 융통성 있게 운영하여야 합니다. 영유아가 서로의 생각을 존중할 수 있도록 상호작용을 통해 서로의 관점을 공유하고, 서로의 생각을 공유할 수 있도록 지원하도록 합니다.

- **교사1**
  일단 영유아에게 다음 일정과 관련하여 상호작용을 합니다. 점심을 먹은 후 이어서 놀이할 수 있도록 지원합니다.

- **교사2**
  아이들의 의견을 물어본 후 실내놀이를 더 원한다면 놀이시간을 더 지원하기 위해 바깥놀이를 오후에 진행합니다.

- **교사3**
  아이가 놀이를 더 하고 싶다고 하는데 다른 아이들은 바깥놀이를 가고 싶다고 하였습니다. 놀이를 더 하고 싶어 하는 아이의 마음을 읽어 주고 이어서 놀이할 수 있는 방법을 제안하였습니다.

3. 일과를 운영하며 영유아의 요구(비언어적 · 언어적)를 살피었나요? 오늘 영유아는 어떤 요구를 하였나요?

Tip 교사는 민감하게 영유아의 요구를 살펴 비언어적 · 언어적 의사표현을 존중하여 하루일과를 운영하여야 합니다.

- **영아반 교사1**
  주말에 여행을 다녀와서 피곤한지 평소보다 활동을 하지 않아서 영아의 의견을 물어본 후 누워서 휴식할 수 있도록 지원했습니다.

- **유아반 교사2**
  유아가 블록놀이를 하며 넓은 공간이 필요하다고 요구하여 책상을 이동하였습니다.

4. 영유아의 요구(비언어적 · 언어적)에 따라 일과를 변경한 적이 있나요? 영유아의 반응은 어떠했나요?

Tip 교사는 민감하게 영유아의 요구를 살펴 융통성 있게 하루일과를 운영하여야 합니다.

- **영아반 교사1**
  비가 와서 바깥놀이를 대체놀이로 진행하려고 하였습니다. 그런데 영아들이 바깥으로 나가기를 원해서 어린이집 앞에서 산책을 하였더니 우산을 쓰고 걷는 것 자체를 무척 즐거워하였습니다.

- **유아반 교사2**
  오전 간식을 먹은 후 실내놀이가 진행되는데, 아이들이 어제에 이어 모래놀이를 하고 싶다고 하여 바깥놀이를 먼저 진행한다고 하니 아이들이 환호성과 함께 즐거워하였습니다. 모래길과 물길을 만들어 어제보다 놀이가 더 확장되었습니다.

1-2

따뜻하고 편안한 일상생활 지원

매뉴얼 핵심 요약

영유아의 일상생활은 신체 리듬과 개별적인 요구를 반영하여 운영되어야 한다. 등원과 하원, 손 씻기, 화장실 이용, 식사, 낮잠 등의 과정에서 영유아가 편안함을 느낄 수 있도록 돕는 것이 중요하다. 특히 영아의 경우 가정과 다른 환경에서 생활하므로 개별적인 지원이 필요하다.

교사는 등원 시 영유아를 따뜻하게 맞이하고, 부모와의 이별을 힘들어하는 영유아를 기다려 주며 감정을 공감해야 한다. 식사 시간에는 서두르지 않고 개별적인 식습관과 속도를 고려하여 지원한다. 배변 활동은 개별적인 준비 상태를 고려하여 자연스럽고 편안한 환경에서 이루어져야 한다.

낮잠과 휴식 시간에는 영유아가 개별적인 습관에 맞춰 편안하게 잘 수 있도록 돕고, 일찍 깬 영유아는 조용한 활동을 할 수 있도록 한다. 하원 시간에는 영유아가 안정감을 느끼며 귀가할 수 있도록 분위기를 조성해야 한다. 또한, 손 씻기와 양치하기 등 기본 생활 습관을 익히도록 돕는 것이 필요하다.

▶ 포인트

- 영유아의 신체 리듬과 개별 요구에 맞춰 일과를 운영해야 한다.
- 등원 시 영유아를 따뜻하게 맞이하고 정서적 안정감을 제공해야 한다.
- 식사 시간에는 서두르지 않고 개별적인 식습관과 속도를 존중해야 한다.
- 배변 활동이 개별적으로 이루어질 수 있도록 영유아의 준비 상태를 고려해야 한다.
- 낮잠과 휴식 시간에는 영유아가 편안하게 쉴 수 있는 환경을 마련해야 한다.
- 하원 시 따뜻한 분위기를 조성하고, 남아 있는 영유아도 안정적으로 생활할 수 있도록 해야 한다.
- 손 씻기, 양치 등 기본 생활 습관을 익힐 수 있도록 지도해야 한다.

▶ 평가제 준비 Check

- 일상생활 운영: 영유아의 신체 리듬과 개별 특성을 반영하여 일상생활 편성 및 운영
- 등원 지원: 영유아가 정서적으로 안정감을 느낄 수 있도록 따뜻한 맞이 제공
- 식사 지원: 영유아의 식습관과 속도를 고려하여 편안한 식사 환경 조성
- 배변 활동 지원: 영유아의 준비 상태를 고려하여 개별적인 배변 경험 제공
- 낮잠 및 휴식: 개별적인 낮잠 습관을 존중하고 편안한 휴식 환경 조성
- 하원 지원: 영유아가 안정적인 분위기에서 귀가할 수 있도록 지원
- 기본 생활 습관 지도: 손 씻기, 양치 등 위생 습관을 익힐 수 있도록 지도

▶ 교사의 역할

- 영유아가 개별적인 신체 리듬에 따라 편안하게 하루를 보낼 수 있도록 일상 운영
- 등원 시 따뜻한 인사와 정서적 지지를 통해 안정감 제공
- 영유아의 식사 속도와 식습관을 존중하며 즐거운 식사 분위기 조성
- 개별적인 배변 활동을 지원하여 자연스럽고 편안한 경험 제공
- 낮잠과 휴식을 개별 특성에 맞춰 운영하고 조용한 활동 기회 제공
- 하원 시 안정적인 분위기를 조성하여 영유아가 편안하게 귀가할 수 있도록 지원
- 영유아가 기본 생활 습관을 익힐 수 있도록 자연스럽게 지도

관찰

적절한 수준

- 등원 시 영유아를 반갑게 맞이하고, 하원 시에는 안정되고 따뜻한 분위기에서 영유아가 귀가하도록 한다.
- 식사와 간식 시간에 영유아가 서두르지 않고 편안하고 즐겁게 먹을 수 있도록 지원한다.
- 영유아의 연령(월령)과 준비 정도, 개인차를 고려하여 배변 경험이 편안하게 이루어지도록 지원한다.
- 영유아가 개별 특성에 맞게 편안하게 자거나 휴식할 수 있는 환경과 분위기를 마련한다.
- 영유아의 일상생활 전반에서 최소한의 약속과 규칙을 공유하고, 영유아가 지키도록 격려한다.

부적절한 수준

- 영유아가 등원하였는지 관심이 없거나 영유아의 상태에 주의를 기울이지 않는다. 하원 시에는 영유아의 하원 준비를 재촉한다.
- 식사와 간식 시간에 음식을 강요하거나, 남기지 않게 하거나, 지나치게 조용히 먹게 하거나, 식사 예절을 강요하거나, 움직이지 못하게 하거나, 시간에 맞추어 먹도록 재촉하고 위협한다.
- 정해진 시간을 지켜서 휴식(낮잠)하기, 개별 영유아의 요구와 상관없이 휴식(낮잠)을 강제하기 등 강압적인 분위기 속에서 영유아의 휴식(낮잠)시간을 운영한다.
- 개별 영유아의 요구에 따라 화장실 가는 것을 허용하지 않고, 화장실 가는 시간을 정하여 화장실을 가도록 강요한다. 또는 배변 처리 시 영유아에게 불쾌함을 표현하거나 부정적인 반응을 한다.
- 영유아에게 적용되는 약속과 규칙을 교사가 임의로 결정하거나, 일관되지 않게 적용한다.

지표 핵심_1

〈관찰〉 적절한 수준	〈관찰〉 부적절한 수준
• 등원 시 영유아를 반갑게 맞이하고, 하원 시에는 안정되고 따뜻한 분위기에서 영유아가 귀가하도록 한다.	• 영유아가 등원하였는지 관심이 없거나 영유아의 상태에 주의를 기울이지 않는다. 하원 시에는 영유아의 하원 준비를 재촉한다.

핵심 Point

- 따뜻한 등 · 하원 맞이 / 즐거운 급 · 간식 시간 / 개별적 요구에 따른 배변 지원 편안한 낮잠 및 휴식 환경 조성
- 규칙 공유 및 실천 격려

1. 반갑게 맞이하는 등원

- 영유아가 등원하면 영유아와 눈을 마주치며 반갑게 맞이함
- 개별 영유아의 이름을 부르며 미소로 편안하게 맞이함
- 부모와 헤어지는 것을 힘들어하는 영유아가 안정을 찾도록 불안한 감정을 수용함
- 등원하는 영유아와 상호작용을 하느라고 다른 영유아를 소홀히 하지 않도록 함

❑ 등원시간 이해하기

등원 Point

따뜻한 환영, 이름 부르기, 공감, 균형 있는 관심

아이가 등원했는데 환영받는 느낌이 없으면 순간적으로 기분이 상하게 되어 친구들의 놀이 구조물을 부수거나 망가뜨리는 행동을 해요. 그래서 교사의 환영이 중요해요!

- 영유아가 안정감을 느끼고 소속감을 형성하며, 교사와의 상호작용이 시작되는 시간입니다.
- 교사가 등원하는 영유아의 이름을 개별적으로 불러 주면, 아이는 존중받고 환영받는 느낌을 받아 정서적 안정과 긍정적인 상호작용이 촉진됩니다.
- 영유아의 작은 변화를 세심하게 관찰하고 반응하면, 아이는 자신이 소중한 존재임을 인식하고 안정감을 느껴 신뢰를 형성하는 데 도움이 됩니다.
- 영유아의 표정과 컨디션을 주의 깊게 살피고 건강 상태를 면밀히 확인하며, 필요에 맞는 적절한 지원을 제공하는 교사의 배려 깊은 상호작용은 영유아에게 보호받고 있다는 안도감을 주고 교사와의 깊은 유대감을 형성하는 데 기여합니다.
- 영유아는 부모와의 이별 시 불안감을 느끼거나 어려움을 겪을 수 있으므로, 아이의 감정을 축소하거나 무시하지 않고 공감하며 도와줄 필요가 있습니다.

등원 시 상호작용 예시	
등원할 때	• 어서 와. ○○아빠랑 왔구나. • ○○아, 선생님이 기다리고 있었어. • ○○아, 우리 반으로 가 볼까? • ○○, 인사 참 잘하는구나. • ○○아, 어서 와. • 아버님, 안녕하세요! ○○안녕? • 좋은 아침! 하이파이브 해 볼까? • 엄마품에 안겨서 왔구나. 선생님이 안아 줄게. • ○○아, 반가워. • ○○아, 주말 잘 보냈어? 보고 싶었어. • 씩씩하게 들어오는 모습이 참 멋진 ○○아, 어서와. • 반짝반짝 빛이 나는 신발을 신고 왔네. • ○○아, 머리 색이 예쁘게 변했네. • 안녕, ○○아, 오늘은 어떤 재미있는 일이 있을까? • ○○아, 여행 즐거웠어? ○○이의 여행이 궁금해. • 손에 쥐고 있는 것은 무엇일까? 우와~ 낙엽이네. • 아침은 먹었어? • ○○아, 콧물은 어때? 좋아지고 있구나. • ○○아, 아픈 곳은 어때? 선생님과 친구들이 ○○이를 많이 기다렸단다.
보호자와 헤어질 때	• ○○아, 엄마랑 같이 있고 싶구나. • ○○아, '엄마 다녀오세요' 인사해 볼까? • 점심을 맛있게 먹고 난 후 엄마가 데리러 오신대. • 엄마와 헤어지기 싫구나. • 선생님이 안아 줄까? • 속상하구나, 이리 와. • ○○아, 아빠한테 인사하고 교실로 가 볼까? • 엄마에게 씩씩하게 '다녀오세요'라고 인사해 볼까? • 교실에 가면 풍선이 기다리고 있어. 가 볼까? • 선생님이랑 손잡고 교실까지 가 볼까? • 엄마, 끝나고 ○○이가 기다리고 있으니 얼른 오세요. • 엄마가 보고 싶을 때 선생님에게로 와. 선생님이 엄마처럼 꼭 안아 줄게. • 오늘은 ○○이가 좋아하는 블록놀이를 해 볼까? • ○○이가 오기를 기다린 친구들이 많아! 같이 인사하러 가 볼까?
개인 물품 정리 할 때	• ○○이의 신발 자리는 어디일까요? • ○○이 얼굴이 여기 있네. 여기에 가방을 넣는 거야. • ○○이 신발을 제자리에 잘 놓았네. • 가방 정리해 볼까? • ○○이의 물통은 여기 있어. • 오늘은 ○○이가 첫 번째로 도착했네! 교실에서 먼저 준비해 볼까? • 가방을 정리한 후, 어떤 놀이부터 할까? • ○○이가 좋아하는 자리에 앉아 볼까? • 선생님이랑 같이 옷을 벗어서 걸어 볼까?

등원 문제행동 솔루션

1. 아이에게 따뜻하게 다가가 주세요

아이들이 어린이집에 안정적으로 적응하려면 교사의 따뜻하고 긍정적인 태도가 무엇보다 중요합니다. 특히 일관성 있는 태도로 아이들에게 다가가야 하며, 불안하거나 걱정하는 아이에게는 세심한 관찰과 배려가 필요합니다. 낯선 교사나 또래 친구가 부담스럽게 느껴질 수도 있고, 과도한 관심이 오히려 불편할 수도 있으므로 아이가 스스로 편안함을 느낄 수 있도록 자연스럽게 관심을 표현하는 것이 좋습니다. 예를 들어, 아이 곁에서 함께 놀이하며 "이거 참 재미있다, ○○이도 해 보고 싶니?"처럼 부드러운 상호작용을 시도하면 아이가 조금씩 마음을 열 수 있습니다.

2. 부모와의 이별을 편안하게 도와주세요

적응 기간이 지난 후에도 부모와의 이별을 어려워하는 아이가 있다면, 어린이집 앞에서 오래 머물기보다는 빠르고 안정적인 인사로 분리 불안을 줄이는 것이 효과적입니다. 이때, 교사는 아이의 불안한 감정을 수용하고 따뜻한 경험을 반복적으로 제공해야 합니다. 부모가 아이 앞에서 지나치게 걱정하거나 망설이면 아이도 이를 감지하고 더 불안해질 수 있습니다. 때로는 부모의 걱정을 무의식적으로 활용하거나 다른 형태의 행동으로 나타날 수도 있습니다. 따라서 부모에게 "걱정되시겠지만 안심하고 맡겨 주세요. 아이가 안정될 수 있도록 많이 안아 주고 보듬어 주겠습니다."라고 안내하는 것도 도움이 됩니다.

3. 예민한 아이에게 세심하게 배려해 주세요

예민한 기질을 가진 아이들은 새로운 환경에 대한 불안이 크기 때문에 보다 세심한 배려가 필요합니다. 교사가 인내심을 가지고 천천히 적응할 수 있도록 돕는 것이 중요하며, 영유아가 어린이집을 안전한 곳으로 인식할 수 있도록 일과를 예측할 수 있게 반복적으로 상호작용하는 것이 좋습니다. 예를 들어, "오늘도 놀이하고 간식을 먹은 다음에 엄마가 데리러 오실 거예요."처럼 일과를 미리 알려 주면 아이가 안정감을 느낄 수 있습니다. 또한, 가정에서 사용하는 애착 물품이 있다면 어린이집에서도 사용할 수 있도록 배려하는 것이 아이에게 큰 도움이 될 수 있습니다.

4. 아이의 마음을 존중하며 기다려 주세요

무엇보다 중요한 것은 아이의 감정을 이해하고 따뜻하게 기다려 주는 교사의 역할입니다. 아이들은 각기 다른 속도로 적응하기 때문에, 교사는 아이가 보내는 작은 신호를 놓치지 않고 부드럽게 반응하는 것이 가장 큰 힘이 됩니다.

원인	• 예민한 기질로 인해 환경 변화에 민감하게 반응함 • 부모와의 애착 형성이 불안정하여 분리 불안을 느낌 • 부모가 정서적으로 불안하면 아이도 쉽게 불안을 느낌 • 가정 내 잦은 갈등이나 불안정한 환경이 아이에게 영향을 줌 • 과잉보호로 인해 부모에게 의존하는 경향이 강함 • 가정에서의 양육 방식과 어린이집 규칙이 달라 적응이 어려움 • 어린이집에서의 부정적 경험이 누적되어 거부감이 생김
지원	• 영유아가 흥미와 관심을 보이는 놀이재료를 다양하게 제시하기 → 숨겨 놓고 찾기, 잘 보이는 곳에 배치 • 등원 시 울지 않으면 크게 칭찬하고 격려하기 • 특정시간 이후에는 보호자가 온다는 사실을 인지할 수 있도록 영유아가 하루일과를 예측하게 반복적으로 상호작용을 하기 • 교사의 관심을 구체적으로 따뜻하게 표현하기 "바나나보다 사과를 더 좋아하는구나" "선생님도 동물을 좋아하는데, ○○이도 동물을 좋아하는구나" • 표정과 반응을 읽어 주기 "스티커 붙이고 싶구나? 골라 봐" "웃으니까 참 예쁘구나. 풍선이 좋구나" • 또래나 놀이에 관심을 보였다면 격려해 주기 "이게 무엇일까? 궁금하지?" "친구가 무엇을 하는지 궁금하구나? 같이 해 볼까?"
상호작용 예시	**❑ 아이가 울면서 엄마를 찾을 때** **읽어 주기:** ○○이가 엄마가 보고 싶구나. 엄마랑 헤어질 때 마음이 어땠어? **공감:** 그렇구나. 엄마랑 떨어지는 게 속상할 수 있지. **한계 설정:** 하지만 엄마는 ○○이가 재미있게 놀다 오길 바라고 계셔. **대안 제시:** 우리 엄마한테 그림을 그려서 보여 드릴까? **격려:** 엄마를 생각하면서 그림을 잘 그려 주는 ○○이가 정말 멋져! **❑ 교실에 들어가기 싫다고 할 때** **읽어 주기:** 교실에 들어가기 싫구나. 왜 싫은지 이야기해 줄 수 있어? **공감:** 그럴 수 있지. 새로운 곳에 있으면 걱정될 수 있어. **한계 설정:** 그런데 친구들이 기다리고 있네. 우리도 인사하러 출발해 볼까? **대안 제시:** 선생님이랑 손 잡고 같이 들어가 보자. ○○이는 무슨 놀이하고 싶어? **격려:** 용기 내서 들어와 줘서 고마워! 정말 잘했어.

❑ 엄마에게 안겨 떨어지지 않으려 할 때

읽어 주기: 엄마랑 헤어지기 싫구나.
공감: 엄마 품이 제일 편하고 좋지. 선생님도 ○○이를 꼭 안아 줄 수 있어.
한계 설정: 엄마는 이제 회사에 가셔야 하는데 낮잠 자고 일어나면 ○○이를 만나러 오신대.
대안 제시: ○○아, 풍선으로 비밀 주머니를 만들까? 선생님이 같이 만들어 줄게.
격려: 엄마랑 헤어지는 게 힘들었는데도 잘해 줘서 고마워!

2. 안정적이고 편안한 하원

- 영유아가 안정되고 따뜻한 분위기에서 귀가하도록 지원함
- 일부 영유아가 귀가를 시작하더라도 남은 아이가 안정적으로 지내도록 편안한 환경 제공함

❑ 하원시간 이해하기

하원 Point

따뜻한 작별 인사, 하루 돌아보기, 긍정적인 마무리, 정서적 안정

긍정적인 마무리로 다음 등원을 기대하게 하고, 보호자에게 아이의 하루를 공유해 정서적 지지가 이어지도록 합니다.

- 영유아의 건강상태 및 외모를 점검하여 안전하게 귀가할 수 있도록 준비합니다.
- 부모를 기다리며 불안감을 느끼지 않도록 따뜻한 말과 안정적인 환경을 제공하여 심리적으로 편안하도록 지원이 필요합니다.
- 보호자가 기관에 오지 않았는데 미리 하원 준비를 하면 영유아가 불필요한 기대로 불안감을 느끼게 되므로 주의하도록 합니다.
- 의미 있었던 순간, 재미있었던 일을 회상하거나 내일을 기대하며 귀가하도록 상호작용을 하면 긍정적인 감정으로 하루를 마무리하는 데 도움이 됩니다.
- 영유아의 신체 및 정서적 균형을 위해 놀이와 휴식이 이루어질 수 있도록 지원하는 것이 필요합니다.

하원 시 상호작용 예시	
하원 준비	• 엄마가 보고 싶구나. 엄마 만날 준비해 볼까? • ○○이도 엄마가 보고 싶구나! ○○엄마도 지금 오고 계시대. • 엄마 만날 생각에 기분이 좋구나. • 엄마 오실 때가 되었네. 아까 배운 노래하며 집에 갈 준비해 볼까? • 가방에 물통을 넣어 볼까? • ○○이 가방은 어디에 있을까? • ○○이 가방 챙겨 보자. • ○○이의 물건을 스스로 잘 챙기는구나. • 오늘 가장 재미있는 일은 무엇이었는지 선생님에게 말해 볼까?
하원	• 다녀오셨어요? ○○이가 사랑하는 엄마 오셨구나. • 오늘 배운 노래 엄마, 아빠에게도 들려줘. • 내일은 견학가는 날이지? 오늘 푹 쉬고 내일 봐. • 내일은 재밌는 물감놀이를 하는 날이지? 편안한 옷 입고 만나자. • 이제 선생님과 헤어질 시간이네. 잘가. • 선생님에게 인사도 잘하는구나, 내일 보자. • 오늘 비행기 날리기가 제일 재미있었지? 내일도 친구들이랑 비행기 날려 보자. • ○○이가 엄마를 많이 보고 싶어 했어요. 꼭 안아 주세요. • 집에 가서 저녁 맛있게 먹어! 내일 또 만나. • ○○아, 사랑해! 오늘 하루도 즐거웠어. • 두구두구~ 내일은 어디 간다고 했지? 내일 일찍 만나. • ○○아, 잘가. 건강한 모습으로 내일 만나.

지표 핵심_2

〈관찰〉

적절한 수준
• 식사와 간식 시간에 영유아가 서두르지 않고 편안하게 먹을 수 있도록 지원한다.

〈관찰〉

부적절한 수준
• 식사와 간식 시간에 음식을 강요하거나, 남기지 않게 하거나, 지나치게 조용히 먹게 하거나, 식사 예절을 강요하거나, 움직이지 못하게 하거나, 시간에 맞추어 먹도록 재촉하고 위협한다.

긍정적 경험을 지원하는 급 · 간식

- 식사 도구 사용이 서툴거나, 미숙하더라도 서두르지 말고 격려해 줌
- 영유아의 연령, 식습관, 속도, 양 등을 고려하여 편안하고 즐겁게 먹을 수 있도록 지원함

❑ 급·간식 시간 이해하기

급·간식 Point

즐거운 식사 경험, 음식 탐색 기회

아이들과 하루를 보내며 상호작용 하기가 가장 힘든 시간이 바로 식사시간이죠. 그러나 아이들의 식습관 형성과 긍정적인 경험을 반복적으로 하는 것이 영유아가 식습관 문제에서 빨리 벗어나는 지름길이므로 일방적으로 먹여 주거나, 재촉하는 것은 바람직하지 않아요.

- 식생활과 관련한 문제는 영유아에게 자주 발생하는 문제임을 인식하는 것이 필요합니다.
  - 보편적인 증상: 씹지 않고 물고 있기, 고개 돌리기, 뱉기, 구역질 등
  - 새로운 음식이나 질감에 대한 거부는 낯선 것에 대한 정상적인 반응
- 긍정적인 경험으로 인식하도록 급 · 간식 시간을 편안하게 지원하기 위하여 충분한 식사 시간을 제공하는 것이 좋습니다.
- 음식을 탐색할 기회를 제공하여 흥미를 느끼도록 영유아가 새로운 음식을 시도할 때 부담을 느끼지 않도록 적은 양부터 시도하도록 격려합니다.
- 편식하지 않고 잘 먹는 다른 영유아와 비교하면 위축될 수 있으므로 영유아 개별식습관을 존중하면 영유아의 개인 내 성장을 촉진하는 기회가 됩니다.

급 · 간식 상호작용 예시	
식사 준비 할 때	• 앉아서 기다려 볼까? • 잘 기다려 줘서 식사 준비가 벌써 끝났어. • 배가 고프구나. 어서 준비할게. • 우와, 오늘 점심은 선생님이 정말 좋아하는 반찬이 나왔네. • 좋은 냄새가 나지? 선생님 배에서 꼬르륵~소리가 나는구나. • 잘 기다리고 있구나. 조금만 더 기다려 줘. • 바른 자세로 앉아 볼까? 옆으로 앉아서 먹으면 옆 친구가 불편할 수도 있고, 바닥에 흘릴 수도 있단다. • 오늘 점심은 무엇일까? • 밥을 먹어야 튼튼해져서 힘이 생기지? 맛있게 먹어 보자. • 맛있게 먹도록 작게 잘라 줄게. • 키를 쑥쑥 자라게 해 주는 멸치가 있구나.

식사할 때	• ○○이가 좋아하는 불고기가 있네. • ○○이가 스스로 먹어 보고 싶구나. 한 번 해 보렴. • 잘했어, 흘려도 괜찮아. • 더 작게 잘라 줄테니까 조금만 먹어 볼까? • 골고루 잘 먹는 모습을 보니 참 기쁘구나. • 선생님이 도와줄까? • 숟가락으로 밥을 잘 먹는구나. • 우와~ 젓가락으로 반찬을 먹어 보려고? • 선생님이 꼭꼭 씹어서 먹어 볼게. • 바닥에 흘린 음식을 선생님과 함께 치워 볼까? • 괜찮아, 먹기 힘들면 그만 먹어도 돼. • ○○이도 선생님처럼 아주 조금만 먹어 보고 무슨 맛인지 알려 줄래? • 국물을 벌써 다 먹었구나. 이제 밥이랑 반찬도 먹어 볼까?
식사 마쳤을 때	• 숟가락과 포크는 어디에 정리할까? • 선생님과 함께 정리하고 싶은 친구는 누구일까? • 잘 먹었구나. 참 잘했어. • 선생님은 남기지 않고 싹싹~ 다 먹었네. 우리 친구들도 싹싹 다 먹은 친구 있을까? • 흘린 음식은 화장지로 닦는 거란다. • 음식이 책상에 있으니 선생님이 깨끗하게 닦을게. • 숟가락으로 남은 음식을 모아 볼까요? • 두 손으로 그릇을 들어 볼까?

급·간식 문제행동 솔루션

• **영유아가 급·간식 시간에 긍정적인 경험을 할 수 있도록 따뜻하고 일관된 지원이 필요합니다.** 영유아가 급·간식 시간에 음식을 거부하거나 잘 먹지 않는 것은 자연스러운 발달 과정일 수 있어요. 교사는 아이의 반응을 세심하게 살피며 천천히 지원해야 합니다. 특히 새로운 음식이나 식사 환경이 영유아에게 부담이 될 수 있고 때로는 주목받는 것이 불편할 수도 있으니 자연스럽고 서두르지 않는 접근이 효율적입니다.

• **예민한 기질을 가진 영유아는 새로운 음식이나 작은 변화에 더 민감할 수 있습니다.** 영유아가 음식에 친숙해질 수 있도록 준비 시간을 주는 것도 좋습니다. 급·간식 시간 전에는 "곧 간식으로 바나나가 나올 거야. ○○이가 좋아하는 과일이지?"라고 예고하면 영유아가 상황을 예측하며 미리 심리적 준비를 하여 안정감을 느낄 수 있습니다.

• **영유아가 음식을 씹지 않고 삼키거나 물고 있는 행동은 발달 과정에서 나타날 수 있는 자연스러운 현상입니다.** 영유아가 씹지 않는 이유는 다양한 원인이 있습니다. 음식의 질감이 불편하거나 씹는 방법을 잘 몰라서일 수 있고, 씹는 것이 귀찮아서일 수도

있습니다. 때로는 주위 환경이나 급·간식 시간의 분위기가 불편하게 느껴질 때도 씹기를 거부할 수 있어요. 교사는 영유아의 행동을 지적하기보다는 원인을 살피며 따뜻하게 접근하는 것이 중요합니다. "○○이가 입에 음식이 있네. 천천히 씹어 볼까?"라고 부드럽게 상호작용하며 기다려 주는 것이 필요합니다.

- **영유아는 오랜 시간 동안 한 자리에 앉아 있는 것이 어렵습니다.** 특히 활동량이 많은 영유아들은 식사 시간에도 움직이고 싶어 합니다. 교사는 이러한 발달적 특성을 이해하며 무조건적인 제지보다는 식사에 대한 긍정적인 경험을 제공하려는 노력이 필요합니다. 영유아가 자리를 떠나려 할 때 "○○아, 밥 먹을 때는 의자에 앉아서 먹는 거야. 다 먹으면 놀 수 있어."라고 부드럽게 상호작용해 주세요. 중요한 것은 일관성 있는 태도로 반복해서 알려 주는 것입니다. 급·간식 시간 전후로 충분히 신체 활동을 할 수 있는 시간을 마련하면 아이가 에너지를 발산한 후 좀 더 차분히 앉을 수 있어요.

❑ 앉아 있는 시간이 짧은 아이에게는 식사 시간을 단계적으로 늘려 주세요.

처음부터 오랫동안 앉아 있도록 요구하면 아이에게 부담이 될 수 있어요.

- 1단계: 몇 분간만 앉아 있기 목표 세우기
  (밥 두 숟가락 먹을 동안만 앉아 있어 볼까?)
- 2단계: 짧은 시간 성공하면 바로 칭찬하고 점차 시간 늘리기
- 3단계: 다 먹은 후 좋아하는 활동을 할 수 있도록 동기 부여하기
  (밥 다 먹으면 그림책을 읽을 수 있단다.)

❑ 자리를 자주 벗어나는 이유를 파악하고 원인에 맞는 해결책을 적용하세요.

아이가 자꾸 일어나는 이유가 무엇인지 살펴보세요.

- 지루함: 식사 시간이 길어지면 간단한 대화나 놀이로 흥미 유도하기
- 주의 끌기: 또래나 교사의 관심을 얻기 위한 행동일 때는 자리 지킬 때만 관심과 격려하기
- 불편함: 편안한 환경 제공하기

교사 상호작용 Tip

- "○○이가 아직 먹기 싫구나."라고 먼저 읽어 주세요.
- 아이의 감정은 있는 그대로 인정하되, 행동에 대한 긍정적 대안을 제시하세요.
- 아이가 음식을 시도할 때는 작은 변화라도 크게 칭찬해 주세요.
- 친구와 함께 먹는 즐거움을 자연스럽게 유도하되, 비교하지 않도록 주의하세요.
- 급·간식 시간 전후에 일관성 있는 반응을 보여 주면 아이가 안심해요.

원인	• 식사에 대한 부정적인 경험이 있는 경우 • 급·간식 전 간식이나 음료 섭취가 있는 경우 • 식사 환경이 산만하거나 주의가 분산되는 경우 • 식사에 대한 관심보다 다른 활동에 더 흥미를 느끼는 경우 • 일정하지 않은 식사 시간으로 식사 리듬이 깨진 경우 • 주변 어른이나 또래의 부정적인 식사 태도를 모방하는 경우 • 음식에 대한 부정적인 표현이나 강압적인 태도를 자주 경험한 경우 • 질병이나 일시적인 신체적 불편감이 있는 경우 • 식사 중 과도한 칭찬이나 주목이 부담스럽게 느껴지는 경우
지원	• 영유아가 관심을 보이는 음식부터 조금씩 제공하기 → 좋아하는 음식 옆에 새로운 음식을 함께 담아 제시하기 • 음식을 한 입이라도 시도하면 크게 칭찬하고 격려하기 • 식사 전후로 일정한 일과를 반복하여 영유아가 식사 시간을 예측할 수 있도록 상호작용하기 • 교사의 관심을 구체적으로 따뜻하게 표현하기 → 당근을 한 입 먹어 봤구나! 용감했어. ○○이가 국을 잘 떠먹는구나! • 표정과 반응을 읽어 주기 → 밥 냄새 맡으니 궁금하구나? 먹으면서 웃으니까 선생님도 기분이 좋아! • 또래와 함께 먹는 즐거움을 자연스럽게 유도하기 → 친구랑 같이 앉아서 먹으니 재미있지? 친구도 사과 먹는데 ○○이도 먹어 볼래?
상호작용 예시	**❑ 특정 음식을 거부할 때** **읽기:** 이 음식이 마음에 안 드는구나. 왜 그런지 말해 줄 수 있어? **공감:** 그럴 수도 있겠네. 새로운 맛은 익숙하지 않을 수 있어. **한계 설정:** 모두 먹을 필요는 없지만, 한 번만 맛보는 건 어때? **대안 제시:** 작게 잘라서 맛만 볼까? 아직 준비가 안되었으면 좋아하는 것부터 먹어도 돼. **격려:** 우와, 용기 내서 먹어 봤구나! 대단해! **❑ 음식을 손으로 만지며 장난할 때** **읽기:** ○○아, 손으로 만지는 게 재미있구나. 어떤 느낌이 나? **공감:** 말랑말랑해서 재미있을 수도 있겠다. **한계 설정:** 하지만 손으로 만지면 음식이 더러워질 수 있어서 먹을 수 없게 돼. **대안 제시:** 지금은 포크나 숟가락으로 먹어 보자. **격려:** 잘했어. 정말 멋져! 깨끗하게 먹어서 더 튼튼해지겠어.

❑ 식사를 한 후 친구의 식사를 방해할 때

읽기: 빨리 먹었구나! 그런데 친구들이 아직 먹고 있네.
공감: 먹고 나니까 심심하지?
한계 설정: 하지만 친구가 먹을 때 방해하면 친구가 놀라겠지?
대안 제시: 친구가 밥을 다 먹을 때까지 어떤 놀이를 해 볼까?
격려: 친구를 기다려줘서 고마워! ○○이가 배려심이 있네.

❑ 먹기 싫다고 투정을 부릴 때

읽기: 먹기 싫구나. 왜 그런지 이야기해 줄래?
공감: 그럴 수 있지. 먹고 싶지 않을 때도 있어.
한계 설정: 하지만 한 입만 먹어 보면 생각이 달라질 수도 있어.
대안 제시: 우리 둘이 같이 맛 점수를 매겨 볼까? 별 몇 개 줄지 알려 줘!
격려: 우와! 용기 내서 먹었네. 훌륭하다!

평가제 완벽 대비 Q&A

Q 만 1세 영아가 숟가락과 포크 사용을 어려워하는데, 숟가락과 포크를 모두 제공해 주어야 하나요?

A 어린이집에서 식사와 간식 시간에는 교사가 서두르지 않고, 아이들의 나이와 식습관, 식사 속도, 식사량을 고려하여 편안하고 즐겁게 먹을 수 있도록 도와야 합니다. 특히 1세 영아에게는 숟가락과 포크를 제공하여 스스로 음식을 먹어 보는 경험을 할 수 있게 지원해야 하며, 이러한 반복적인 경험이 바른 식습관 형성에 도움이 됩니다.

지표 핵심_3

〈관찰〉 적절한 수준	〈관찰〉 부적절한 수준
• 영유아의 연령(월령)과 준비 정도, 개인차를 고려하여 배변 경험이 편안하게 이루어지도록 지원한다.	• 개별 영유아의 요구에 따라 화장실 가는 것을 허용하지 않고, 화장실 가는 시간을 정하여 화장실을 가도록 강요한다. 또는 배변 처리 시 영유아에게 불쾌함을 표현하거나 부정적인 반응을 한다.

편안한 배변 경험 지원

- 영유아의 연령(월령)과 준비 정도, 개인차를 고려하여 개별적인 배변 지원을 함
- 아이가 스스로 할 수 있도록 격려하고 힘들어하는 부분을 도와줌
- 기저귀를 갈 때 영아와 눈을 맞추고 다리를 부드럽게 마사지하며, 배변 시간을 편안한 놀이로 느끼도록 편안한 분위기를 조성함

❑ 영유아의 배변에 대한 이해하기

배변 Point

개별적 배려, 긍정적 경험, 편안한 분위기, 편안한 기저귀 갈이

영유아마다 신체 발달과 개인차에 따라 배변 습관이 다르고, 때로는 배변을 두려워하거나 불편해할 수도 있어요. 이때 교사의 세심한 배려가 필요합니다. 배변 시간을 긍정적인 경험으로 만들어 주면, 아이들은 자신감을 갖고 스스로 배변 습관을 형성해 나갈 수 있어요!

- 배변은 영유아의 신체 발달과 심리적 안정에 중요한 역할을 하므로 영유아가 편안하게 배변할 수 있도록 배려하는 것이 필요합니다.
- 영유아가 배변을 요청할 때 자유롭게 화장실을 이용할 수 있도록 허용하는 것은 신체적 욕구를 스스로 조절하고, 건강한 배변 습관을 형성하는 데 중요한 역할을 합니다.
- 배변 중이거나 배변 후에도 긍정적인 상호작용을 유지하여 정서적 안정감을 제공한다는 것은 아이가 배변 과정에서 불안이나 수치심을 느끼지 않고, 편안한 경험을 돕기 위해 중요합니다. 특히 영유아가 어릴수록 낯설고 민감할 수 있으므로 교사의 다정하고 부드러운 상호작용은 긴장감을 풀고 자신감을 형성하는 데 도움이 됩니다.

▌배변 관련 긍정적 경험 지원

– 배변을 성공했을 때

자신의 성취를 자연스럽게 받아들이도록 부담 없는 방식으로 격려하기

▶ 스스로 해냈구나! 기분이 어때?
(자율성을 강조하며 아이의 감정을 확인)

▶ 우와, 이제 혼자서도 할 수 있네! 기저귀 대신 팬티 입는 게 어때?
(점진적 자립 유도)

– 실수를 했을 때

부정적인 반응 보이지 않고 차분하게 반응하기

▶ 괜찮아, 다시 해 보자. 선생님이랑 같이 해 볼까?
(실수를 자연스럽게 받아들이도록 유도)

▶ 응가가 나올 때 조금 더 빨리 화장실에 가면 좋겠지? 다음에는 신호가 오면 바로 이야기해 주는 게 좋을 것 같아.
(한계를 설정하면서도 아이의 능력에 대한 신뢰)

배변 지원 상호작용 예시	
기저귀 갈이 전	• ○○이 기저귀가 축축하구나! 새 기저귀로 갈아 볼까? • 선생님이 기저귀 갈아 줄게. 편안하게 누워 볼까? • 기저귀 갈고 나면 몸이 산뜻해질 거야! • ○○이는 스스로 누울 수 있겠니, 아니면 선생님이 도와줄까? • 기저귀 갈 때 우리 같이 노래 불러 볼까? • ○○이의 기저귀는 어디에 있을까? 찾아볼까?
기저귀 갈이 중	• 다리를 살짝 들어 볼까? • 발을 살랑살랑~ 간지럽네! 기분이 어때? • 기저귀를 바꾸니까 향긋한 냄새가 나지? • 물티슈로 깨끗하게 닦아 줄게. • 우리 ○○이가 가만히 잘 있어 주네! 참 예쁘구나.
기저귀 갈이 후	• 와~ 새 기저귀로 갈았더니 개운하지? • 이제 편안하게 움직일 수 있겠네! • 우리 ○○이, 다리 쭉쭉~ 기분 좋아졌지? • 이제 손 씻으러 갈까? 깨끗하게 하면 더 기분이 좋아질 거야! • ○○이가 씩씩하게 기저귀를 갈았네! 정말 잘했어!
화장실 가기 전	• ○○이가 화장실에 가고 싶구나? 같이 가 볼까? • 화장실 가서 변기에 앉아 볼까? • 화장실에 다녀오면 몸이 한결 가벼워질 거야. • 스스로 해 보고 싶구나! 선생님이 도와줄까? • 변기 사용이 어렵다면 천천히 해도 괜찮아. • 손을 잡아 줄까? 혼자 해 보고 싶으면 말해 줘.
배변 중	• 편안하게 앉아 볼까? 선생님이 기다려 줄게. • 배가 꾸르륵거리는 느낌이 드니? 천천히 힘 줘도 좋아. • 변기에 앉아 있는 동안 선생님이 노래 불러 줄까? • 배를 살살 문질러 주면 편할 수도 있어.
배변 후	• 이제 깨끗하게 닦아 볼까? 선생님이 도와줄게. • 물을 내리는 소리가 들리네! 같이 내려 볼까? • 손 씻으면 개운해질 거야! 같이 비누로 문질러 볼까? • ○○이가 혼자 해냈구나! 정말 잘했어.

배변 문제행동 솔루션

- **영유아가 배변 시간을 긍정적으로 경험할 수 있도록 따뜻하고 일관된 지원이 필요합니다.**

  배변 훈련 과정에서 아이가 변기 사용을 거부하거나 실수를 하는 것은 자연스러운 발달 과정이에요. 교사는 아이가 부담을 느끼지 않도록 충분한 기다림과 격려로 도와줘야 합니다. 배변은 신체적, 정서적으로 민감한 경험이므로 강요하지 않고 자연스럽게 익힐 수 있도록 유도하는 것이 중요합니다.

- **예민한 기질을 가진 영유아는 화장실 환경이나 변기의 감촉, 소리 등에 민감할 수 있습니다.**

  화장실 사용 전 "조금 있다가 화장실에 가 볼까?"라고 미리 알려 주면 아이가 심리적으로 준비할 수 있어 안정감을 느낍니다. 변기에 대한 긍정적인 인식을 형성할 수 있도록 화장실에서 짧은 시간을 보내거나 놀이 요소를 추가하는 것도 도움이 됩니다.

- **영유아가 변기에 앉기를 거부하거나 배변을 참는 행동은 다양한 원인에서 비롯될 수 있습니다.**

  변기 사용에 대한 두려움, 배변 시 불편함, 화장실 환경이 낯설게 느껴질 수 있어요. 이러한 행동을 보일 때는 지적하거나 다그치기보다 "○○이가 아직 화장실에 가는 게 어려운가 보구나. 괜찮아, 천천히 해 보자."라고 부드럽게 말하며 아이의 속도를 존중해야 합니다.

- **배변 실수는 발달 과정에서 자연스럽게 나타나는 현상입니다.**

  교사는 아이가 부끄러움을 느끼지 않도록 배변 실수를 부정적으로 표현하지 않고 "괜찮아, 다음에는 변기에 가서 해 보자."처럼 긍정적인 대안을 제시해야 합니다. 또한 실수를 줄이기 위해 일정한 시간에 화장실을 가도록 유도하고, 아이가 성공했을 때 충분히 칭찬해 주세요.

원인	**영아(0~2세)** • 기저귀 갈이가 어색하거나 불편한 경험이 있는 경우 • 기저귀를 갈 때 차가운 물티슈나 갑작스러운 접촉이 불쾌한 경우 • 놀이를 멈추기 싫어 기저귀 가는 것을 거부하는 경우 • 기저귀 갈이 과정에서 교사 및 부모의 태도가 급하거나 강압적인 경험을 한 경우 • 기저귀를 갈 때마다 부정적인 표현(냄새 난다, 더럽다 등)을 들은 경우 **유아(3~5세)** • 화장실에 가는 것이 귀찮거나 놀이를 계속하고 싶은 경우 • 변기에 대한 부정적인 경험(무서움, 불편함 등)이 있는 경우 • 변기 물 내리는 소리, 화장실 환경 등이 부담스럽게 느껴지는 경우 • 배변 실수로 인해 창피함을 느낀 적이 있는 경우 • 일정한 배변 습관이 형성되지 않아 신호를 알아차리지 못하는 경우 • 교사의 과도한 칭찬이나 주목이 부담스럽게 느껴지는 경우
지원	**영아(0~2세)** • 기저귀를 갈기 전 미리 예고해 주기 (조금 있다가 기저귀를 갈아 볼까?) • 기저귀를 갈면서 눈을 맞추고 부드러운 목소리로 말하기 • 노래를 부르거나 장난감을 활용해 기저귀 갈이를 긍정적인 경험으로 만들기 • 따뜻한 물티슈를 사용하거나 손으로 체온을 맞춰 아이가 편안함을 느끼게 하기 • 긍정적인 상호작용하기 ○○이가 편안하게 잘 누워 있네! 고마워. **유아(3~5세)** • 일정한 시간마다 화장실 가는 습관 형성하기 (우리 화장실 다녀오고 놀까?) • 변기를 편안한 공간으로 느낄 수 있도록 따뜻한 분위기 조성하기 • 배변을 참지 않도록 상호작용 하기 (대변 신호가 오면 선생님한테 알려 줘.) • 성공적 배변에 대한 칭찬하기 스스로 해냈구나! 정말 잘했어! • 수치심을 느끼지 않도록 상호작용하기 [여아] • 소변을 본 후 화장지로 닦도록 위생교육을 함 • 옷을 입은 후에 다시 한번 옷매무새를 더 확인하도록 함 [남아] • 소변기를 바르게 사용하는 방법에 대해 지도함
상호작용 예시	❑ **기저귀 갈이를 거부할 때** **읽기:** 기저귀 가는 게 싫구나. 아직 놀고 싶어? **공감:** 그럴 수도 있지. 놀다가 멈추기 어렵지? **한계 설정:** 하지만 깨끗하게 갈아야 ○○이가 더 편해질 거야. **대안 제시:** 우리 빨리 갈고 더 재미있게 놀아 볼까? 선생님이 노래 불러 줄게. **격려:** 와! ○○이가 잘 기다려 줬네. 이제 개운하지?

❑ 변기 사용을 거부할 때

읽기: 화장실 가는 게 어렵구나. 무섭거나 불편한 게 있어?
공감: 맞아, 처음에는 변기가 낯설 수도 있어.
한계 설정: 하지만 응가를 변기에 하면 배가 더 편해질 거야.
대안 제시: 오늘은 변기에 그냥 앉아 보기만 해 볼까?
격려: 우와! 변기에 앉아 봤구나! 정말 용감해.

❑ 변기에 앉아 있기를 싫어할 때

읽기: 화장실이 지루하구나.
공감: 그럴 수도 있겠다. 빨리 끝나면 좋겠지?
한계 설정: 하지만 조금만 더 기다려 보면 응가가 나올 수도 있어.
대안 제시: 변기에 앉아 있는 동안 선생님이 재미있는 이야기를 해 줄까?
격려: 우와! ○○이가 조금 더 앉아 있었네. 정말 잘했어!

❑ 배변 후 손 씻기를 싫어할 때

읽기: 물이 차가워서 손 씻기 싫은 거야?
공감: 맞아, 차가우면 깜짝 놀랄 수도 있어.
한계 설정: 하지만 손을 깨끗이 씻어야 건강해질 수 있어.
대안 제시: 따뜻한 물로 씻어 볼까? 아니면 노래를 부르면서 씻어 볼까?
격려: 와! ○○이가 깨끗이 씻었네! 우리 반에서 가장 깨끗한 손이야.

지표 핵심_4

〈관찰〉

적절한 수준
• 영유아가 개별 특성에 맞게 편안하게 자거나 휴식할 수 있는 환경과 분위기를 마련한다.

〈관찰〉

부적절한 수준
• 정해진 시간을 지켜서 휴식(낮잠)하기, 개별 영유아의 요구와 상관없이 휴식(낮잠)을 강제하기 등 강압적인 분위기 속에서 영유아의 휴식(낮잠)시간을 운영한다.

❑ 낮잠(휴식) 지원하기

낮잠 Point

편안한 환경, 개별적인 배려, 안정적인 휴식, 긍정적인 수면 경험

영유아마다 낮잠에 대한 필요와 습관이 다르고, 낯선 환경에서는 잠들기 어려워할 수도 있어요. 낮잠 시간이 불편하게 느껴지면 피곤함이 쌓여 예민한 행동을 보일 수 있어요. 교사가 편안한 분위기를 조성하고 개별적인 배려를 해주면, 아이들은 안정감을 느끼며 충분한 휴식을 취할 수 있어요!

핵심 Point

- 편안한 낮잠 환경, 개별 낮잠 습관 존중, 조용한 놀이 지원

- 영유아가 개별적으로 편안하게 낮잠을 자거나 휴식할 수 있도록 환경과 분위기를 마련함
- 영유아마다 낮잠 습관이 다르므로, 교사는 아이의 개별적 특성을 존중하며 적절한 지원을 제공함
- 잠이 깬 영유아가 기분 좋게 일어날 수 있도록 안아 주거나 나독이며 정서적 안정감을 형성하도록 지원함
  - 낮잠에서 일찍 깬 영유아가 조용히 쉴 수 있도록 하거나, 방해받지 않는 공간에서 차분한 놀이를 할 수 있도록 안내함
  - 잠을 이루지 못하는 영유아의 요구를 파악하고, 아이가 편안함을 느낄 수 있도록 지원함

❏ 영유아의 낮잠에 대한 이해하기

- 낮잠 및 휴식은 영유아의 신체 발달과 정서적 안정을 돕는 중요한 시간입니다.
- 영유아가 개별적인 수면 패턴과 낮잠 습관을 존중받을 때, 신체 리듬을 자연스럽게 조절하고 충분한 휴식을 통해 건강한 생활 습관을 형성할 수 있습니다.
- 낮잠 전후에도 긍정적인 상호작용을 유지하는 것은 영유아가 안정감을 느끼고 원활하게 일과에 적응하는 데 도움을 줍니다.
- 낮잠에서 깨어날 때 다정한 눈맞춤과 부드러운 접촉은 영유아가 기분 좋게 하루를 이어 갈 수 있도록 지원하는 중요한 요소가 됩니다.

낮잠 문제행동 솔루션

1. 낮잠 시간을 편안하고 긍정적으로 경험할 수 있도록 도와주세요

영유아가 낮잠 시간을 긍정적으로 받아들이려면 따뜻하고 일관된 지원이 필요합니다. 낮잠을 거부하거나 쉽게 잠들지 못하는 것은 자연스러운 현상이므로, 교사는 아이가 편안하게 낮잠을 경험할 수 있도록 충분한 준비 시간과 안정감을 제공해야 합니다.

2. 조용하고 안정적인 낮잠 환경을 만들어 주세요

낮잠 시간의 조명 밝기나 소음은 영유아에게 불편함을 줄 수 있어요. 조용하고 안정적으로 잠을 잘 수 있도록 환경을 조성하는 것이 중요합니다. 은은한 조명과 차분한 분위기를 만들어 아이들이 편안하게 휴식을 취할 수 있도록 해 주세요.

3. 낮잠을 거부하는 아이의 감정을 존중해 주세요

영유아가 낮잠을 거부하거나 잠들기 어려워하는 행동은 여러 가지 원인에서 비롯될 수 있습니다. 놀이를 계속하고 싶은 마음, 주변 환경에 대한 예민함, 낮잠에 대한 부정적인 경험 등이 원인이 될 수 있어요. 이런 행동을 보일 때는 "○○이가 아직 자고 싶지 않은가 보구나. 괜찮아, 선생님이 옆에서 토닥토닥 해 줄게."라고 부드럽게 말하며 아이의 감정을 존중하는 것이 필요합니다.

4. 낮잠 패턴을 형성할 수 있도록 도와주세요

낮잠을 자다가 자주 깨거나 충분히 자지 못하는 경우도 자연스럽게 나타나는 현상입니다. 영유아가 점진적으로 낮잠 패턴을 형성할 수 있도록 도와주세요. 또한 낮잠 후에도 편안하게 활동할 수 있도록 배려하며 부드러운 전환이 이루어질 수 있도록 지원해 주세요.

원인	• 놀이를 계속하고 싶어 낮잠 시간을 피하는 경우 • 낮잠에 대한 부정적인 경험이 있는 경우 • 낮잠 환경(조명, 소리, 이불 감촉 등)이 불편하게 느껴지는 경우 • 낮잠을 자는 동안 악몽을 꾸거나 불안감을 느끼는 경우 • 일정한 낮잠 습관이 형성되지 않아 쉽게 잠들지 못하는 경우
지원	• 일정한 낮잠 루틴을 형성하여 예측 가능하도록 돕기 • 낮잠 환경을 편안하게 조성하기 (조도 조절, 잔잔한 음악, 포근한 이불 제공) • 낮잠을 강요하지 않고 자연스럽게 쉬도록 유도하기 **〈부모의 지원〉** - 일정한 낮잠 시간을 정하고, 낮잠 습관을 형성할 수 있도록 돕기 - 낮잠을 거부할 때 강요하지 않고 편안한 분위기를 조성하기 - 낮잠에 대해 부정적인 표현을 삼가고, 편안한 경험이 될 수 있도록 유도하기
상호작용 예시	**❑ 낮잠을 거부할 때** **읽기:** 아직 잠들고 싶지 않구나. 더 놀고 싶어? **공감:** 맞아, 재미있어서 멈추는 게 쉽지 않을 거야. **한계 설정:** 하지만 몸이 쉬어야 다시 재미있게 놀 수 있단다. **대안 제시:** 우리 이불 속에서 눈을 감고 음악만 들어 볼까? **격려:** 와! ○○이가 조용히 누워 있었네. 정말 잘했어! **❑ 낮잠을 자다가 자주 깨는 경우** **읽기:** 중간에 깼구나. 아직 잠이 덜 깼어? **공감:** 자다가 깨면 다시 잠들기 어려울 수도 있어. **한계 설정:** 하지만 조금 더 쉬면 몸이 개운해질 거야. **대안 제시:** 잠이 안 오면 선생님이 조용히 토닥여 줄까? **격려:** 와! 다시 누워서 편안하게 쉬었네. 정말 잘했어! **❑ 낮잠 환경을 불편해할 때** **읽기:** 이불이 불편한가? 아니면 소리가 신경 쓰여? **공감:** 그럴 수도 있겠다. **한계 설정:** 하지만 몸이 편안해야 잘 쉴 수 있어. **대안 제시:** 좋아하는 인형을 안고 자 볼까? 이불을 다르게 덮어 볼까? **격려:** 와! 편한 자세를 찾았네. 이제 더 잘 쉴 수 있겠다! **❑ 낮잠 후 기분이 좋지 않을 때** **읽기:** 일어나기가 힘들구나. 아직 피곤해? **공감:** 맞아, 잠에서 깨면 몸이 나른할 수도 있어. **한계 설정:** 하지만 기지개를 켜고 천천히 깨면 더 개운해질 거야. **대안 제시:** 물 한 모금 마셔 볼까? 아니면 천천히 스트레칭해 볼까? **격려:** 우와! 기지개도 하고, 물도 마셨네. 이제 더 상쾌할 거야!

평가제 완벽 대비 Q&A

Q 유아반(3세 이상)은 낮잠 또는 휴식 시간을 운영하지 않아도 되나요?

A 영유아는 발달 특성상 낮잠이나 휴식 시간이 필요합니다. 영아반(2세 이하)은 하루일과에 낮잠 또는 휴식 시간을 반드시 포함해야 하며, 유아반(3세 이상)은 필요에 따라 낮잠이나 휴식 시간을 편성할 수 있습니다.

Q 낮잠 또는 휴식 시간에 대한 기록을 보육일지에 기재해야 하나요?

A 보육일지에는 영유아의 하루 활동, 놀이, 그리고 낮잠 또는 휴식 시간에 대한 기록이 포함되어야 합니다. 그러나 '2024 개정 어린이집 평가지표'에서는 낮잠 또는 휴식 시간을 관찰을 통해 확인하므로, 보육일지에 해당 기록이 포함되어 있는지는 평가에서 확인하지 않습니다.

지표 핵심_5

〈관찰〉 적절한 수준	〈관찰〉 부적절한 수준
• 영유아의 일상생활 전반에서 최소한의 약속과 규칙을 공유하고, 영유아가 지키도록 격려한다.	• 영유아에게 적용되는 약속의 규칙을 교사가 임의로 결정하거나, 일관되지 않게 적용한다.

핵심 Point

• 발달수준에 맞는 약속과 규칙, 일관적 지원

1. 최소한의 약속과 규칙 공유

- 반별로 영유아가 자연스럽게 지킬 수 있는 약속과 규칙이 있음
- 영유아가 실천 가능한 약속과 규칙의 수준임
- 영유아가 스스로 규칙을 실천하도록 놀이 및 상호작용으로 긍정적인 경험을 제공함

2. 약속과 규칙을 지킬 수 있도록 격려

- 영유아가 자율적으로 약속 및 규칙을 지키도록 일상에서 반복적으로 격려함
- 일방적으로 설명하거나 지시하지 않음
- 영아의 경우, 간단한 약속이 있음을 서서히 알고 지켜 갈 수 있도록 그 시도와 노력을 격려함

약속과 규칙 이해하기

	특징	지원방법
0세	- 규칙과 약속에 대한 개념 없음 - 반복적 일과(기본생활습관)와 상호작용으로 규칙을 경험함	- 간결한 언어와 표정으로 긍정적 반응 제공 - 안전환 환경 조성과 일관된 보살핌
1세	- 단순한 규칙 이해 및 모방하려고 함 - 자기중심적 사고로 감정의 변화를 몸으로 표현함	- 짧고 간결한 언어로 규칙 안내 - 놀이에서 자연스럽게 규칙을 경험하도록 지원 - 감정을 언어로 표현하도록 격려
2~3세	- 규칙을 지키려고 하지만 충동적인 행동이 나옴 - '왜'라는 질문이 많아지고 규칙의 이유에 내한 관심이 높아짐 - 또래와의 놀이시간이 많아짐에 따라 갈등이 증가함	- 시각적 자료(그림책, 사진 등)를 활용하여 규칙을 안내 - 규칙의 필요성에 대한 이해 돕기 - 규칙을 반복적으로 경험하도록 지원
4세	- 규칙과 약속을 이해하고 실천하려고 함 - 또래와의 놀이에서 규칙을 협상하고 조정하기 시작함 - 자신의 감정을 표현하려는 시도가 늘어남	- 또래와 함께 규칙을 정하도록 지원 - 놀이에서 역할을 나누고 스스로 규칙을 조절할 기회 제공 - 감정을 표현하는 다양한 방법 제시(언어, 그림, 신체표현 등)
5세	- 사회적 규칙과 도덕적 개념의 기초를 이해함 - 스스로 규칙을 정하고 실천하려고 함 - 협력하고 타협함	- 역할극, 이야기 나누기 등의 활동을 통해 규칙의 의미를 탐색하는 기회 제공 - 규칙을 어겼을 때 스스로 해결할 수 있는 기회 제공

최소한의 약속 및 규칙 상호작용 예시	
규칙을 안내할 때	**영아** • ○○아, 친구와 함께 사용해 볼까? • 기다리면 차례가 올 거야! • 친구가 먼저 놀이하고 있네. 조금만 기다려 볼까? • 책을 살살 넘기면 더 재미있는 것을 볼 수 있어. • 선생님이랑 손 잡고 천천히 걸어 보자. **유아** • 사이좋게 지내려면 어떤 약속이 필요할까? • 친구가 이야기할 때는 차례로 말하면 더 잘 들을 수 있어. • 친구와 순서를 정해 볼까? • 차례를 지키면 모두가 즐겁게 놀 수 있어! • 약속을 잘 지키면 어떤 기분이 들까? 이야기해 볼까?
규칙을 지키도록 촉진할 때	**영아** • 우리 ○○이가 잘 기다리고 있네! • 장난감을 친구와 바꿔 볼까? • 기다리는 동안 다른 걸 해 볼까? • ○○이가 부드럽게 책을 넘겼구나! 정말 잘했어. • 친구랑 손 잡고 나란히 걸어 볼까? **유아** • ○○이가 차례를 지키고 있네! 잘했구나. • 기다리는 동안 다른 놀이를 해 볼까? • ○○이가 친구와 사이좋게 놀이하고 있구나! 멋져! • 약속을 지키니까 친구들도 기분이 좋아 보여. • 우리 ○○이가 책을 조심히 넘기고 있네!
규칙을 지키지 않았을 때	**영아** • 친구가 아직 하고 있네. 선생님이랑 같이 기다려 보자. • 장난감을 던지면 망가질 수 있어. 살살 놀이해 볼까? • 친구가 맞을까 봐 깜짝 놀랐네. 손은 조심조심! • 기다리기 어려웠구나. 다음에는 선생님이 도와줄게. **유아** • 친구가 먼저 놀이하고 있지? 어떻게 하면 좋을까? • 친구가 깜짝 놀랐을 거야. 다음에는 어떻게 하면 좋을까? • 우리 약속을 다시 떠올려 볼까? • 화가 났구나. 하지만 손 대신 말로 표현해 볼까? • 장난감을 나누면 더 재미있게 놀 수 있어!

규칙을 잘 지켰을 때	**영아** • 우와! 친구를 기다려 줬네! • 차례를 지켜 줘서 고마워! 멋진 친구야. • 살살 만지니까 장난감이 안전하네! • 친구와 같이 쓰니까 재미있지? 잘했어! **유아** • 차례를 지켜 줘서 친구가 기뻐 보이네! • 친구와 함께 쓰니까 놀이가 더 즐겁지? • 약속을 잘 지켜 줘서 선생님도 기분이 좋아! • 친구들이 규칙을 잘 지키니까 더 재미있게 놀 수 있어. • 친구 이야기를 끝까지 잘 들어 주었구나! 정말 멋진 태도야!

평가제 완벽 대비 Q&A

Q 약속판, 규칙판 등을 보육실 내 마련해야 하나요?

A 교사는 영유아의 일상생활 전반에서 필수적으로 요구되는 최소한의 약속과 규칙을 공유하고, 영유아가 이를 지킬 수 있도록 일관성 있게 격려하는지 확인합니다. 그러나 약속판, 규칙판 등을 보육실에 마련하였는지는 확인하지 않습니다.

매뉴얼 사례 핵심

사례 1 스스로 먹을 수 있어요 (0세, 오전 실내 놀이 및 간식시간)

상황 요약

은서는 혼자 숟가락을 사용하여 먹고 싶어 하지만, 교사가 시간이 부족하여 대신 마무리하는 경우가 많았다. 그러나 교사는 은서가 스스로 끝까지 먹을 기회를 가질 수 있도록 지원하기로 하였다.

관련 평가제 지표 요구 사항

1-2. 따뜻하고 편안한 일상생활 지원
- 영유아의 요구를 반영하여 편안한 분위기에서 일상을 지원함

3-1. 교사와 영유아의 반응적 상호작용
- 영유아의 행동과 의사표현에 반응하며 상호작용을 함

4-1. 관찰 및 실행 계획
- 영유아의 행동을 관찰하고 이를 반영한 지원 계획을 실행해야 함

교사의 지원 포인트

- 영유아의 자율성을 존중하여 스스로 먹을 시간을 충분히 제공
- 서두르지 않고 영유아가 편안하게 식사할 수 있도록 분위기 조성
- 영유아를 관찰하고 필요할 때 최소한의 도움을 제공
- 일과 운영의 융통성을 발휘하여 영유아의 자율적 참여 촉진

사례 2 음~ 냄새도 맛있어 (1세, 점심식사 시간)

상황 요약

윤호는 오므라이스를 앞에 두고 먹지 못하고 있다. 교사는 색과 냄새를 설명하고 직접 먹는 모습을 보여 주며 윤호를 격려하였다. 이후 윤호는 시도 끝에 스스로 숟가락으로 먹기 시작했다.

관련 평가제 지표 요구 사항

1-2. 따뜻하고 편안한 일상생활 지원
영유아의 요구와 특성을 반영하여 편안한 분위기에서 일상을 지원해야 함

교사의 지원 포인트

- 영유아가 스스로 시도할 수 있도록 기다려 주고 격려
- 음식의 색과 냄새에 대해 상호작용하며 흥미 유발
- 교사가 직접 먹는 모습에 대한 모델링 제공
- 작은 성공을 경험할 수 있도록 적절한 도움 제공

사례 3 선생님, 저 왔어요! (3세, 등원 시간)

상황 요약

수연이가 인형을 가지고 등원하며 교사에게 자랑한다. 교사는 반갑게 맞이하며 전날의 대화를 기억하고 관심을 표현하여 자연스럽게 대화를 이어 간다.

관련 평가제 지표 요구 사항

1-2. 따뜻하고 편안한 일상생활 지원
영유아가 안정감을 느낄 수 있도록 따뜻한 환경을 조성해야 함

교사의 지원 포인트

- 등원 시 영유아를 반갑게 맞이하여 정서적 안정 제공
- 가정에서 가져온 물건이나 경험을 상호작용하며 유아의 관심을 존중
- 등원 후 일상생활(가방 정리, 손 씻기)로 자연스럽게 연결

사례 4 어두워서 무서웠구나! (2세, 낮잠 및 휴식 시간)

상황 요약

예은이가 낮잠 시간에 어두움을 무서워하며 울먹인다. 교사는 감정을 인정하고 이야기를 나눈 후, 전자시계를 활용하여 은은한 불빛을 제공하여 안정감을 찾을 수 있도록 도와준다.

관련 평가제 지표 요구 사항

1-2. 따뜻하고 편안한 일상생활 지원
영유아의 정서적 안정과 개별적 요구를 고려하여 환경을 조성해야 함
3-1. 교사와 영유아의 반응적 상호작용
영유아의 감정을 수용하고 공감하는 반응적 상호작용이 필요함

교사의 지원 포인트

- 영유아의 감정을 공감적인 언어로 반응
- 가정에서의 경험을 상호작용함으로써 안정감을 찾을 수 있도록 지원
- 상황에 맞는 대체 환경(전자시계의 불빛 활용) 제공

면담 준비하세요!

함께 생각해 보기

1. 오늘 영유아를 어떻게 맞이했나요? 영유아는 어떻게 반응했나요?

Tip 교사는 등원 시간에 환영받는 느낌이 들도록 영유아에게 다가가거나, 바라보며 영유아의 이름을 부르고 미소로 반갑게 맞이하여야 합니다. 부모와 헤어지기 힘들어하는 영유아를 부모와 급하게 헤어지지 않도록 기다려 주고 영유아의 마음을 공감해 주는 것도 필요합니다.

- **영아반 교사1**
  엄마와 떨어지기 힘들어하는 영아가 있어 안정될 때까지 기다려 주었습니다. 교사가 안고 교실로 들어오자 곧 놀이를 시작하였습니다.

- **유아반 교사2**
  이름을 부르며 반갑게 맞이하자 유아들이 즐겁게 교실로 들어가는 모습이 보였습니다.

- **유아반 교사3**
  헤어스타일이 달라진 유아의 모습을 상호작용하며 잘 어울린다고 하자 기뻐하는 모습이 보였습니다.

2. 영유아가 식사나 간식을 즐겁게 먹을 수 있도록 어떤 지원을 하나요?

Tip 영유아의 연령, 식습관, 식사속도, 식사량 등을 고려하여 편안하고 즐거운 분위기에서 먹을 수 있도록 지원하여야 합니다. 바람직한 식습관과 식사예절을 지도하는 경우에는 칭찬과 격려와 같은 긍정적인 방법을 사용하도록 합니다.

- **교사1**
  배식하기 전, 메뉴에 대해 호기심을 갖고 식사할 수 있도록 상호작용하고 있습니다.

- **교사2**
  아이들이 싫어하는 음식이 나오는 경우에는 제가 먼저 맛있게 먹는 모습을 보여 주고 조금씩 맛볼 수 있도록 격려하고 있습니다.

3. 식사와 간식 시간에 영유아가 스스로 할 수 있도록 기회를 제공하고 기다려 주나요?

Tip 식사와 간식을 먹을 때 영유아를 관찰하며 도와줄 것인지, 스스로 먹도록 격려할 것인지 결정합니다. 영아는 수저와 포크 사용을 어려워 하더라도 반복적인 경험을 통해 바른 식습관이 형성되므로 식사 도구를 사용하여 스스로 음식을 먹어 보도록 기회를 제공하는 것이 좋습니다.

• **영아반 교사1**
친구가 젓가락을 사용하는 것을 바라보던 영아가 젓가락 사용을 하려고 시도하여 바른 사용법과 함께 격려해 주었습니다.

• **유아반 교사2**
2학기가 되어 유아들과 함께 식사가 끝나면 식판을 정리하자고 규칙을 정했습니다. 점심을 먹고 스스로 정리하는 유아들의 모습을 칭찬해 주었습니다.

4. 기저귀 갈이 시, 영아들이 배변 활동을 자연스러운 놀이처럼 느낄 수 있도록 어떻게 지원하고 있나요?

Tip 기저귀 갈이 시간은 긍정적인 경험을 통해 배변 습관이 형성되도록 지원하여야 합니다. 청결 습관을 형성하고 실수를 수용하는 상호작용도 필요합니다.

• **영아반 교사1**
영아와 눈을 마주치고 다리 마사지를 해 주며 편안하게 기저귀 갈이를 하고 있습니다.

• **영아반 교사2**
기저귀를 가는 동안 새 기저귀로 갈았을 때의 청결함의 느낌을 알아 가도록 상호작용하고 있습니다.

5. 우리 반 영유아의 개별적인 배변 습관은 어떠한가요? 개별적 요구를 어떻게 지원하고 있나요?

Tip 영아기에는 배변을 긍정적으로 경험하며 배변습관을 형성하고, 유아는 스스로 용변을 처리할 능력이 생기기 때문에 교사의 역할이 중요합니다. 영유아의 발달단계에 적합한 개별적 요구를 지원할 수 있도록 지속적으로 노력하여야 합니다.

• **영아반 교사1**
영아 중 일부는 기저귀를 뗐고, 일부는 아직 기저귀를 하고 있습니다. 기저귀를 뗀 영아는 놀이에 집중하면 화장실에 갈 시간을 놓치는 경우가 있어서 정기적으로 화장실에 갈 수 있도록 상호작용을 하고 있습니다.

• **유아반 교사2**
유아들과 상호작용하며 화장실을 가고 싶을 때에는 교사가 인지할 수 있도록 유아가 교사에게 말하고 가도록 하였습니다. 그리고 편안하게 뒤처리를 경험할 수 있도록 언제든지 교사에게 요청하도록 하였습니다.

6. 우리 반 영유아의 개별적인 낮잠 습관은 어떠한가요? 개별적 요구를 어떻게 지원하고 있나요?

Tip 영유아가 편안하게 낮잠을 잘 수 있도록 환경과 분위기를 조성하여야 합니다. 개별적인 영유아의 낮잠 습관을 수용하고 개인 특성에 따라 개별적으로 지원할 필요가 있습니다. 아이들이 낮잠을 자는 동안 자리를 비우지 않고 안전한 시간이 되도록 운영합니다.

• **영아반 교사1**
영아들이 어려서 낮잠을 편안하게 잘 수 있도록 영아들의 낮잠습관을 개별적으로 지원해 주고 있습니다. 노래를 불러 주거나 토닥이기도 합니다.

- **영아반 교사2**

  저희 반에 잠을 자기 전 무섭다며 자주 우는 영아가 있습니다. 무서워하는 마음을 그대로 수용하고 편안하게 잠을 잘 때까지 곁에서 토닥이고 있습니다.

- **유아반 교사3**

  대부분의 유아가 조용한 음악을 들려 주면 편안하게 잠을 자는 편인데, 그중 몇 명의 유아는 누워서 그림책 듣는 것을 좋아해 조용한 목소리로 읽어 주고 있습니다.

7. 하원 시 영유아의 어떤 부분을 살피고 있나요?

Tip 영유아의 외모나 컨디션 등을 확인하고 하루일과 중 기억에 남았던 일이나 잘했던 행동에 대한 이야기를 나누며 유쾌하게 하원할 수 있도록 지원하여야 합니다.

- **영아반 교사1**

  영아의 외모적인 부분과 건강 및 기분 컨디션을 살피고 편안하게 하원할 수 있도록 합니다.

- **유아반 교사2**

  아이들이 안정적이고 따뜻한 분위기에서 귀가할 수 있게 상호작용하고 있습니다. 그리고 일부 유아가 귀가하더라도 남아 있는 유아들이 편안하게 놀이할 수 있도록 지원하고 있습니다.

영역 2

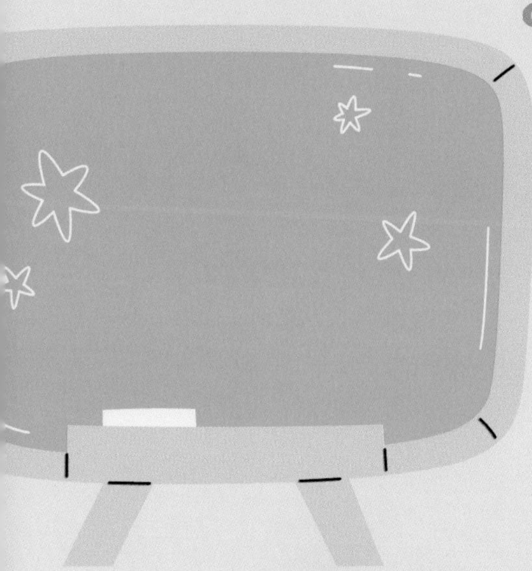

영유아가 주도하는 배움 지원

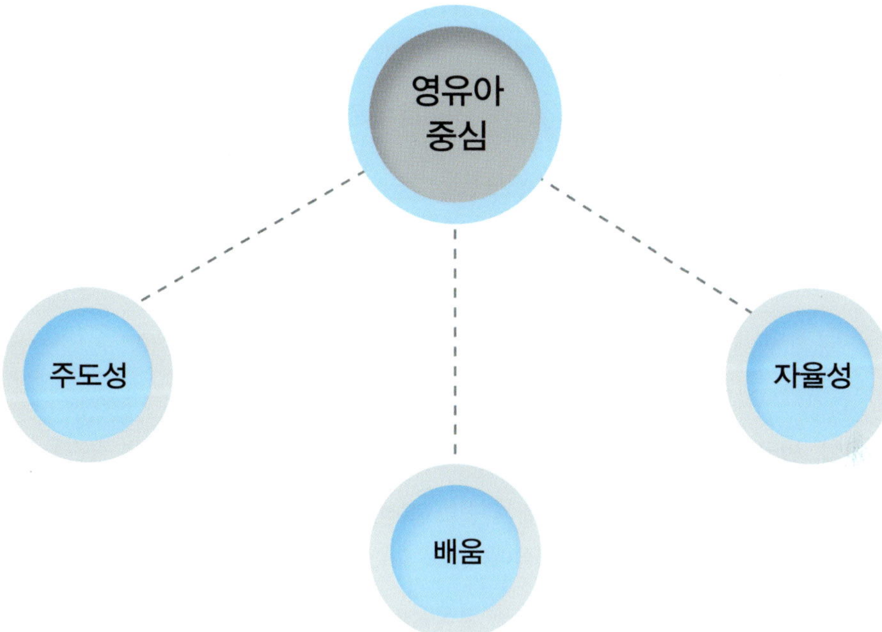

2영역 구성

2-1 영유아의 놀이를 위한 공간 구성 및 운영

2-2 배움을 위한 자료 제공

2영역 전체 보기

2-1. 영유아의 놀이를 위한 공간 구성 및 운영	
적절한 수준	
관찰, 면담	• 영유아의 놀이를 중심으로 공간을 구성 및 재구성한다.
관찰	• 영유아가 실내외에서 자연 및 계절, 날씨의 변화를 경험할 수 있도록 지원한다.
관찰	• 영유아가 휴식할 수 있는 공간이 있고, 편안하게 휴식할 수 있는 분위기가 조성되어 있다.
관찰, 면담	• 영유아의 놀이 혹은 활동에 대한 기록을 활용하여 실내외 공간을 구성한다.
관찰, 면담	• 장애영유아의 장애 유형과 특성, 발달수준에 적절한 시설, 보조기구 등이 마련되어 있다. (장애아전문 어린이집에 한하여 평정)
부적절한 수준	
관찰	• 정해진 영역의 성격에 맞게 놀이하도록 강요한다.
관찰	• 서로의 놀이에 방해를 받아 영유아 간에 갈등 상황이 발생하고 있으나, 이를 무시하고 공간을 재배치하지 않는다.
관찰	• 편안하게 휴식할 수 있는 공간이 마련되어 있지 않다.
관찰, 면담	• 장애영유아의 장애 유형과 특성, 발달수준에 적절한 시설, 보조기구 등이 마련되어 있지 않다. (장애아전문 어린이집에 한하여 평정)

함께 생각하기

- 우리반 영유아들은 어떤 놀이를 하고 있나요? 영유아들의 놀이 중심으로 공간이 구성되어 있나요?
- 영유아의 놀이에 따라 공간을 변형하며 지원하고 있나요?
- 영유아의 놀이를 지원하기 위해 보육실 공간 외에 공용 공간을 활용하는 것이 필요한가요? 어떤 공간을 어떻게 활용하고 싶은가요?
- 오늘 영유아는 햇빛, 나무, 꽃, 흙, 모래, 물 등과 같은 자연을 경험하였나요?
- 영유아가 원하면 언제든지 편안하게 쉴 수 있는 공간이 있나요?

- 영유아가 자신의 놀이나 활동 결과물을 자유롭게 게시하거나 전시할 수 있는 공간이 있나요?
- (장애영유아를 담당하는 경우) 음성 언어로 말하기 어려운 영유아, 그림이나 글자로 의사소통을 하는 영유아, 몸짓으로 의사소통을 하는 영유아의 대안적 표현을 존중하고 있나요? 일과에 참여할 수 있도록 영유아에게 적절한 자료와 충분한 선택의 기회를 제공하고, 다양한 의사소통 방식을 존중하고 있나요?

2-2. 배움을 위한 자료 제공	
적절한 수준	
관찰	• 영유아의 배움을 지원하는 풍부하고 매력적인 놀이 및 활동 자료를 제공한다.
관찰, 면담	• 영유아의 놀이 및 활동과 연계하여 자료를 제공한다.
관찰, 면담	• 영유아의 성, 신체적 특성, 장애, 종교, 가족 및 문화적 배경 등의 다름을 존중하는 놀이 및 활동 자료를 제공한다.
관찰	• 영유아가 놀이 및 활동 자료를 자유롭게 사용할 수 있도록 지원한다.
부적절한 수준	
관찰	• 영유아가 놀이 및 활동 자료에 자유롭게 접근하거나 쉽게 꺼내어 사용하기 어렵다.
관찰, 면담	• 영유아의 성, 신체적 특성, 장애, 종교, 가족 및 문화적 배경 등을 차별하는 내용이 담긴 놀이 및 활동 자료가 있다.

함께 생각하기

- 우리 반에는 영유아들이 다양한 방식으로 놀이할 수 있는 놀이자료가 풍부하게 제공되어 있나요?
- 우리 반 영유아들은 비구조적인 열린 자료(물감, 블록, 점토, 물, 모래 등)로 어떻게 놀이하나요?
- 우리 반 영유아들은 자연물을 가지고 어떻게 놀이하나요?
- 영유아들이 일상의 자료를 가지고 다양한 놀이를 시도한 사례가 있나요? 영유아의 놀이 시도 과정을 보고 무엇을 느꼈나요? 영유아의 유능함을 발견하고 지원한 사례가 있나요?
- 우리 반에는 성, 신체적 특성, 장애, 종교, 가족 및 문화적 배경의 차이를 다루거나 인정하는 놀이 및 활동 자료가 있나요?
- 우리 반 영유아들은 놀이자료를 자유롭게 선택하고 수월하게 사용하고 있나요?
- (장애영유아를 담당하는 경우) 다양한 요구나 감각적 특성을 가진 영유아들이 놀이할 수 있는 다양한 자료가 구비되어 있나요?

실내외 공간은 영유아가 자율적이고 주도적으로 놀이할 수 있는 환경을 조성하는 것이 중요하다. 놀이공간은 영유아의 관심과 흥미에 따라 유연하게 조정되도록 구성해야 한다. 특히 영아에게는 자유롭게 신체활동을 할 수 있는 충분한 공간을 제공하여 성장과 발달을 지원해야 한다.

실내외 환경을 활용하여 영유아가 자연과 계절의 변화를 경험할 수 있도록 돕고, 실외 자투리 공간이나 인근 공원도 적극적으로 놀이공간으로 활용할 수 있다. 또한 놀이뿐만 아니라 영유아가 필요할 때 언제든지 휴식할 수 있는 편안한 공간을 마련하는 것도 중요하다. 벽면 등 환경 구성 요소는 영유아에게 다양한 학습 기회를 제공할 수 있도록 계획적으로 활용해야 한다.

장애영유아의 경우, 개별적인 요구와 장애 유형을 고려한 공간과 시설을 마련하고, 독립적인 일과 참여가 가능하도록 다양한 형태의 표현 기회를 제공하는 것이 필요하다. 이를 위해 교사는 장애영유아가 놀이에 능동적으로 참여할 수 있도록 환경을 조정하고 적절한 지원을 제공해야 한다.

이렇게 이해하세요!

놀이공간은 단순히 노는 곳이 아니라, 창의력과 탐구력을 키울 수 있는 중요한 배움의 공간이에요. 같은 블록 놀이공간이라도 어떻게 구성하느냐에 따라 아이들의 놀이 방식이 완전히 달라질 수 있죠. 예를 들어, 블록을 한 가지 종류만 제공하는 것보다 다양한 크기와 모양을 함께 제공하면 아이들은 더 재미있는 상상을 하며 창의적으로 구조물을 만들 수 있습니다. 거기에 이동할 수 있는 놀잇감까지 제공해 주면 놀이가 확장되고 더 역동적으로 변하겠죠! 그래서 놀이공간은 영유아의 흥미와 발달 수준을 고려해서 유연하게 조성하는 게 좋습니다.

개방적이고 자율적인 환경을 만들어 주면, 아이들은 놀이를 스스로 확장하고 새로운 방식으로 탐색할 수 있는 기회가 생깁니다. 결국, 아이들에게 어떤 놀이 환경을 제공하느냐에 따라 놀이의 질이 달라진다는 거죠.

영유아에게 즐거운 놀이 환경을 지원하기 위해서는 교사는 아이들의 놀이를 따라가야 해요. 아이들이 어떻게 놀이하는지, 어떤 것에 흥미를 보이는지를 잘 살펴보고 공간을 유연성 있게 조절한다면, 더 풍부하고 의미 있는 놀이 경험을 만들어 줄 수 있어요.

2-1

영유아의 놀이를 위한 공간 구성 및 운영

매뉴얼 핵심 요약

실내외 공간은 영유아가 주도적으로 놀이할 수 있도록 구성해야 한다. 보육실을 포함한 실내 공간은 영유아에게 친숙한 환경이므로, 영유아의 흥미와 요구를 반영하여 놀이 영역을 구성하고 필요에 따라 조정해야 한다. 영유아의 놀이 흐름과 놀이자료 활용에 따라 유연하게 공간의 크기와 위치를 배치하는 것이 효과적이다.

실외 공간은 영유아가 자연과 계절의 변화를 경험하며 자유롭게 탐색할 수 있도록 구성해야 한다. 실외 자투리 공간, 텃밭, 인근 공원 등을 놀이공간으로 활용할 수 있으며, 영유아가 활발한 신체활동을 할 수 있도록 안전한 환경을 조성해야 한다.

영유아가 원하는 때에 편안하게 쉴 수 있도록 휴식을 위한 공간도 마련해야 해야 한다. 또한 벽면과 천장은 영유아의 놀이와 활동 기록을 게시하는 학습 공간으로 활용할 수 있다.

장애영유아를 위한 공간은 장애 유형과 특성에 맞게 조성되어야 하며, 이동과 의사소통을 지원하는 보조기구와 편의시설을 갖추어야 한다. 장애영유아가 독립적으로 활동하고 일과에 참여할 수 있도록 다양한 방법으로 지원해야 한다.

▶ 포인트

- 실내외 공간을 영유아가 주도하는 놀이 중심으로 구성해야 한다.
- 놀이 흐름과 자료 활용에 따라 공간의 크기와 배치를 유연하게 운영해야 한다.
- 영유아가 자연과 계절의 변화를 경험할 수 있도록 실내외 환경을 구성해야 한다.
- 실외 공간을 활용하여 영유아가 활발한 신체활동과 자유로운 탐색을 할 수 있도록 해야 한다.
- 영유아가 원하는 때에 편안하게 쉴 수 있도록 휴식 공간을 마련해야 한다.
- 장애영유아의 이동과 활동 참여를 지원하는 편의시설과 보조기구를 마련해야 한다.

▶ 평가제 준비 Check

- 놀이공간 구성: 영유아의 흥미와 요구를 반영하여 실내외 놀이공간 구성 및 운영
- 공간 배치 조정: 놀이 흐름과 자료 활용에 따라 공간 크기와 배치를 유연하게 운영
- 자연경험 제공: 영유아가 햇빛, 바람, 나무, 흙 등 자연 요소를 경험할 수 있도록 환경 구성
- 실외 공간 활용: 영유아가 자유롭게 뛰어놀고 탐색할 수 있도록 실외 공간을 안전하게 조성
- 휴식 공간 마련: 영유아가 원하는 때에 편안하게 쉴 수 있도록 휴식 공간 구성
- 놀이 활동 기록: 영유아의 놀이와 활동 기록을 벽면과 천장 등에 게시하여 학습 공간 활용
- 장애영유아 지원: 장애 유형과 특성에 적합한 공간, 편의시설, 보조기구 마련

▶ 교사의 역할

- 영유아가 주도적으로 놀이할 수 있도록 놀이 중심의 실내외 환경 구성
- 놀이 흐름과 놀이 자료 활용에 따라 공간을 유연하게 재배치
- 영유아가 자연과 계절의 변화를 경험할 수 있도록 실내외 환경 조성
- 실외 놀이공간을 안전하게 구성하여 활발한 신체 활동 지원
- 영유아가 편안하게 쉴 수 있도록 휴식 공간 마련 및 분위기 조성
- 놀이와 활동 기록을 활용하여 학습이 이루어지는 환경 조성
- 장애영유아가 독립적으로 이동하고 참여할 수 있도록 편의시설과 보조기구 제공

관찰 면담

적절한 수준
• 영유아의 놀이를 중심으로 공간을 구성 및 재구성한다. • 영유아가 실내외에서 자연 및 계절, 날씨의 변화를 경험할 수 있도록 지원한다. • 영유아가 휴식할 수 있는 공간이 있고, 편안하게 휴식할 수 있는 분위기가 조성되어 있다. • 영유아의 놀이 혹은 활동에 대한 기록을 활용하여 실내외 공간을 구성한다. • 장애영유아의 장애 유형과 특성, 발달수준에 적절한 시설, 보조기구 등이 마련되어 있다. (장애아전문 어린이집에 한하여 평정)

부적절한 수준
• 정해진 영역의 성격에 맞게 놀이하도록 강요한다. • 서로의 놀이에 방해를 받아 영유아 간에 갈등 상황이 발생하고 있으나, 이를 무시하고 공간을 재배치하지 않는다. • 편안하게 휴식할 수 있는 공간이 마련되어 있지 않다. • 장애영유아의 장애 유형과 특성, 발달수준에 적절한 시설, 보조기구 등이 마련되어 있지 않다. (장애아전문 어린이집에 한하여 평정)

지표 핵심_1

〈관찰, 면담〉 적절한 수준	〈관찰〉 부적절한 수준
• 영유아의 놀이를 중심으로 공간을 구성 및 재구성한다.	• 정해진 영역의 성격에 맞게 놀이하도록 강요한다.

핵심 Point

- 영유아를 흥미를 반영한 놀이공간
- 융통성 있는 환경 구성

1. 실내 공간 구성

- 영유아가 주도하는 놀이 중심으로 보육실을 구성함
- 친숙한 놀이 환경을 조성하여 자유롭고 즐겁게 탐색하도록 지원함

- 영유아의 흥미와 요구에 따라 새로운 놀이 영역을 구성할 수 있음
- 영유아가 흥미를 보이지 않는 영역은 다른 영역과 통합하거나 대체하여 운영함

2. 놀이공간 구성

- 영유아의 놀이가 방해받지 않을 정도로 충분한 크기의 공간을 마련함
- 영유아의 놀이의 흐름을 따라가며 다양한 크기와 형태의 놀이공간을 구성함
- 복도 등 안전이 확보된 실내 공간도 놀이공간으로 활용 가능함

3. 놀이공간의 융통성

- 놀이에 참여하는 영유아의 수, 놀이자료 활용도, 놀이 흐름에 따라 공간을 유연하게 재구성함
- 놀이자료장, 책상, 의자 등의 배치를 조정하여 편안한 놀이공간을 제공함
- 모든 공간을 동일한 크기로 고정 운영하기보다, 놀이 주제 및 영유아의 흥미에 따라 공간을 조정함

4. 영아를 위한 공간 구성

- 영아가 신체를 자유롭게 움직이며 탐색할 수 있도록 충분한 공간을 확보함
- 안전을 최우선으로 고려하여 놀이공간을 구성함

놀이공간 구성 예시

공룡 놀이영역

공룡 알찾기 놀이공간

공룡퍼즐 놀이공간

화산분출 과학 놀이공간

지구 지키미 놀이영역

그림책 놀이공간

분리수거 놀이공간

쓰레기 줍기 놀이공간

영아 놀이영역

신체놀이공간

유아 놀이영역

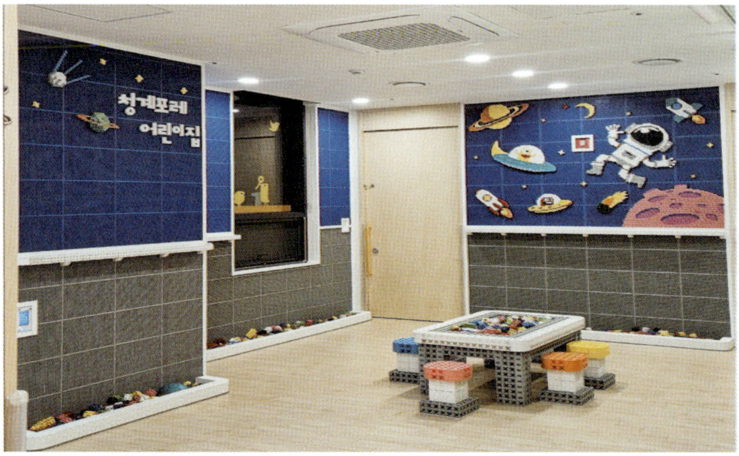

쌓기놀이공간

평가제 완벽 대비 Q&A

Q 보육실 내 필수적으로 마련해야 하는 놀이영역이 있나요?

A 교사는 영유아가 좋아하는 놀이를 중심으로 공간을 구성해야 하며, 흥미가 없는 영역은 다른 영역과 통합하거나 대체할 수 있습니다. 평가제에서는 필수 놀이영역을 제시하지 않고, 영유아가 주도하는 놀이영역이 잘 구성되어 있는지를 확인합니다. 또한, 영유아가 휴식할 수 있는 공간도 마련하여, 놀이와 휴식의 요구를 모두 지원하시기 바랍니다.

Q 어린이집 공간이 협소하여 지하공간을 유희실로 사용하려고 하는데 가능한가요?

A 2024 보육사업안내에 따르면, 2010년 1월 30일부터 지하층은 영유아 보육 용도로 사용할 수 없습니다. 어린이집 평가 시 이 사항은 확인되지 않지만, 어린이집에서는 관련 지침과 인허가 사항을 준수하여 관리해야 합니다.

지표 핵심_2

〈관찰〉 적절한 수준	〈관찰〉 부적절한 수준
• 영유아가 실내외에서 자연 및 계절, 날씨의 변화를 경험할 수 있도록 지원한다.	• 서로의 놀이에 방해를 받아 영유아 간에 갈등 상황이 발생하고 있으나, 이를 무시하고 공간을 재배치하지 않는다.

핵심 Point

- 자연을 경험하는 놀이 환경 지원
- 충분한 놀이공간 확보

1. 자연 및 기후 변화를 경험하도록 지원

- 실내외에서 햇빛, 바람, 나무, 꽃, 흙, 물, 모래 등 자연 요소와 계절, 날씨 변화를 경험할 수 있도록 환경을 지원함
- 장시간 어린이집 생활하는 영유아가 자연을 접하도록 다양한 놀이 기회를 제공함

2. 실외 놀이공간 구성

- 영유아가 자연과 계절의 변화를 탐색할 수 있도록 실외 놀이 환경을 마련함
- 안전한 놀이공간을 조성하여 활발한 신체 활동과 모험 · 도전이 가능한 환경을 제공함

3. 놀이공간의 다양화

- 공간의 특성과 안전을 고려하여 실외 자투리 공간, 텃밭, 통로, 작은 마당 등을 놀이환경으로 구성함
- 기관 상황에 따라 인근 공원 및 놀이터도 놀이공간으로 활용 가능함

실내 공간	– 자연 및 기후변화를 간접 경험하도록 환경 지원 • 자연 관찰 공간: 다양한 식물, 자연물 등을 배치 • 실내 정원: 식물의 성장 과정을 관찰하도록 구성 • 기후 변화 활동: 지구온난화, 재활용, 에너지 절약 등 기후 관련 활동 제공
실외 공간	– 자연 및 기후변화를 직접 경험하도록 놀이와 활동자료를 지원 • 정기적인 산책: 어린이집 주변 산책을 통해 자연의 변화경험 제공 • 날씨 체험: 다양한 날씨를 체험하는 놀이 지원 • 자연 놀이공간: 실외에 자연 놀이공간 및 텃밭 제공 (모래놀이터, 물놀이공간, 동물 관찰 공간, 텃밭, 화단 등)

자연 및 기후 변화 경험 실내외 환경 구성 예시

어린이집 주변 텃밭 실외 공간

4. 영유아의 놀이가 방해받지 않을 정도의 충분한 놀이공간 확보

충분한 공간 구성	– 영유아 간에 다툼이 일어나지 않을 정도의 면적으로 구성
교구장 및 책상 의자 수	– 영유아 수나 교실 크기 등을 고려하여 융통성 있게 구비 (주의) 교구장 및 책상과 의자를 지나치게 많이 구성하여 놀이에 방해되지 않도록 함
이동 통로	– 놀이공간이 이동 통로와 겹치지 않도록 구성
인기 있는 놀이 영역의 경우	– 교구장 및 책상과 의자를 재배치하여 유연성 있게 운영 – 놀이가 활발히 진행되는 경우 놀이 영역을 확장하여 구성

놀이공간 구성 예시

2세 놀이공간 구성

5세 놀이공간 구성

지표 핵심_3

〈관찰〉

적절한 수준
• 영유아가 휴식할 수 있는 공간이 있고, 편안하게 휴식할 수 있는 분위기가 조성되어 있다.

〈관찰〉

부적절한 수준
• 편안하게 휴식할 수 있는 공간이 마련되어 있지 않다.

핵심 Point

• 보육실에 휴식 공간 마련

1. 휴식을 지원하는 공간 구성

- 영유아가 혼자 있고 싶거나 쉬고 싶을 때 편안하게 이용할 수 있는 휴식 공간을 마련해야 함
- 공간이 협소한 어린이집은 영유아가 자유롭게 이용이 가능하다면 교실이 아닌 공간에 휴식 공간 마련 가능함(정원 20인 이하 소규모 어린이집)
  · 유희실에 휴식 공간을 마련하고 교실 문이 오픈되어 있어 영유아가 언제나 이용가능한 환경이어야 함
- 놀이공간과 휴식 공간을 별도로 구성하기 어려운 경우는 조용한 놀이공간과 통합하여 구성 가능함
  · 언어 및 도서 놀이공간에 휴식 영역을 통합하여 구성

2. 자율적 휴식 지원

- 영유아가 자유롭게 휴식할 수 있도록 배려함
- 영유아의 신체적·정서적 상태를 고려하여 적절한 휴식 시간을 가질 수 있도록 지원함

3. 장시간 어린이집을 이용하는 연장반 영유아의 휴식 공간

- 16시 이후 어린이집을 이용하는 영유아가 편안하게 이용하는 휴식 공간을 지원함

휴식 공간 예시

별도의 휴식 공간 구성

언어 놀이공간과 통합된 휴식 공간 구성

지표 핵심_4

〈관찰, 면담〉

적절한 수준	부적절한 수준
• 영유아의 놀이 혹은 활동에 대한 기록을 활용하여 실내외 공간을 구성한다.	-

핵심 Point

- 영유아의 놀이&활동 기록 전시
- 영유아가 자율적으로 전시할 수 있는 기회

1. 벽면을 배움의 공간으로 활용

- 벽면은 영유아의 놀이와 활동을 연계하여 학습 공간으로 활용함

2. 놀이와 활동 기록 전시

- 영유아가 만든 다양한 놀이와 활동 기록을 보육실, 복도, 실외 공간 등에 전시함
- 모든 영유아의 같은 작품이 아니라, 개별 영유아의 표현과 창의성이 반영된 작품을 자유롭게 게시함

3. 자율적 전시 경험 제공

- 영유아가 직접 자신의 그림, 작품 등을 전시할 기회를 제공함
- 벽면과 천장을 활용한 전시를 통해 영유아가 자신의 놀이를 되돌아보고, 또래의 놀이에도 관심을 가지도록 지원함

배움의 공간 예시 1

배움의 공간 예시 2

평가제 완벽 대비 Q&A

Q 영유아의 놀이 또는 활동 기록을 필수적으로 게시해야 하나요?

A 어린이집에서 영유아의 놀이와 활동 기록을 활용해 보육실, 복도, 실외 공간에 전시하면 이는 새로운 놀이를 촉진하고, 영유아가 자신의 활동을 돌아보며 또래의 놀이에 관심을 가지게 합니다. 평가 항목에서는 이러한 기록을 바탕으로 공간 구성이 이루어지고 있는지를 확인합니다. 또한, 교사가 게시할 수 있지만, 영유아가 자신의 작품을 자유롭게 전시하도록 지원할 수 있습니다.

지표 핵심_5

〈관찰, 면담〉 적절한 수준	〈관찰, 면담〉 부적절한 수준
• 장애영유아의 장애 유형과 특성, 발달 수준에 적절한 시설, 보조기구 등이 마련되어 있다.	• 장애영유아의 장애 유형과 특성, 발달 수준에 적절한 시설, 보조기구 등이 마련되어 있지 않다.*

* 장애아전문 어린이집에 한하여 평정

1. 장애영유아를 위한 공간 및 시설 구성

- 장애 유형과 특성에 적합한 공간과 시설을 마련함
- 이동을 돕는 보조기구 및 적절한 놀이·학습 도구를 제공하여 접근성을 높임

2. 자립적 참여 지원

- 이동, 활동 참여, 의사소통 등을 다양한 방법으로 지원하여 일과에 독립적으로 참여할 수 있도록 함
- 보조기구, 시각 자료, 대체 의사소통 도구 등을 활용하여 장애영유아의 활동을 촉진함

3. 의사소통 및 행동 지원

- 장애영유아가 자신의 요구를 적절한 방법으로 표현하도록 지원함
- 행동 문제가 발생할 경우, 감정을 수용하고 적절한 표현 방법을 익힐 수 있도록 다양한 자료를 활용하여 안내함

4. 장애영유아를 위한 시설 및 보조기구 마련

▸ 이동에 불편함을 겪는 장애영유아	➔	• 계단 외에 엘리베이터 또는 경사로가 마련
▸ 시각장애 영유아	➔	• 점자 유도 블록, 핸드 레일과 같은 편의시설을 갖춘 물리적 환경이 갖추어져 있음
▸ 화장실	➔	• 대 · 소변기의 높이가 다양한 것이 바람직 • 휠체어 사용이 가능할 만큼의 공간이 확보 • 접이식 기저귀 교환대 설치
▸ 장애 유형에 맞는 기구들과 설비	➔	• 피더시트, 기립보조 책상, 자세교정 의자, 앉아 있는 채로 이동이 용이한 의자 등 보조기구
▸ 활동 참여 및 의사소통을 위한 자료 구비	➔	• 비주얼타이머, 너트로 만든 쓰기 교구 등

평가제 완벽 대비 Q&A

Q 장애영유아 특성에 적절한 실내외 시설 및 설비 구비의 평정 대상은 어떻게 되나요?

A 어린이집은 장애영유아의 장애 유형과 특성에 맞는 공간, 시설, 보조기구를 마련해야 합니다. 이 평가는 장애아전문 어린이집에만 적용됩니다.

매뉴얼 사례 핵심

사례 1 놀이에 따라 바뀌는 공간 ① (0세, 실내놀이 시간)

상황 요약

영아들이 창밖을 보기 위해 좁은 공간에 모이는 모습을 관찰한 교사는, 영아들이 편안하게 창밖을 볼 수 있도록 놀이자료장을 이동하여 공간을 재구성하였다. 이후 우진이는 새롭게 확보된 공간에서 창밖을 바라보며 교사와 상호작용을 한다.

관련 평가제 지표 요구 사항

2-1. 영유아의 놀이를 위한 공간 구성 및 운영
영유아의 흥미 및 놀이 요구를 반영하여 공간을 조성하고 운영함
3-1. 교사와 영유아의 반응적 상호작용
영유아의 비언어적 표현을 이해하고 적극적으로 상호작용함

교사의 지원 포인트

- 놀이를 관찰하여 영유아의 반응에 따라 공간을 새롭게 구성
- 영유아의 흥미에 따라 놀이 주제와 관련된 상호작용을 이어 감
- 영유아의 놀이를 확장할 수 있도록 놀이자료를 활용하여 참여 유도

사례 2 놀이가 만들어지고 이어지는 공간 (1세, 바깥놀이 시간)

상황 요약

성은이와 정빈이는 분필을 활용하여 다양한 표면(바닥, 모래, 자동차 타이어 등)에 그림을 그리고 탐색하는 놀이를 하였다. 정빈이는 놀이 중 자동차 손잡이와 시소가 뜨겁다는 것을 발견하며 촉감을 탐색하는 활동으로 놀이를 확장하였다.

관련 평가제 지표 요구 사항

2-1. 영유아의 놀이를 위한 공간 구성 및 운영
영유아가 자유롭게 탐색하고 놀이할 수 있는 공간을 조성함
2-2. 배움을 위한 자료 제공
영유아가 놀이를 확장하도록 적절한 자료를 제공함
3-1. 교사와 영유아의 반응적 상호작용
영유아의 탐색과 발견을 언어로 확장하며 배움의 기회를 제공함

교사의 지원 포인트

- 놀잇감을 영유아가 쉽게 볼 수 있는 곳에 재배치하여 놀이 참여를 유도
- 영유아가 자유롭게 탐색하도록 다양한 자연(햇빛, 모래)을 경험하는 공간 제공
- 영유아의 촉감 탐색에 관심을 보이며 배움의 기회 지원

사례 3 놀이에 따라 바뀌는 공간 ② (3세, 실내놀이 시간)

상황 요약

유아들은 의자를 줄지어 놓고 놀이를 시작했으며, 교사는 공간을 확보하기 위해 책상을 벽면으로 이동하였다. 이후 유아들은 낮잠 매트를 활용하여 자동차, 텐트 등으로 변형하며 놀이를 확장하였다. 공간이 좁아 친구들과 갈등이 발생하자, 교사는 다른 공간을 만들어 놀이를 지속할 수 있도록 지원하였다.

관련 평가제 지표 요구 사항

2-1. 영유아의 놀이를 위한 공간 구성 및 운영
놀이상황에 따라 공간을 조정하고 놀이를 지속할 수 있도록 지원함
2-2. 배움을 위한 자료 제공
놀이 경험을 확장할 수 있도록 다양한 자료를 제공함
3-1. 교사와 영유아의 반응적 상호작용
놀이 상황을 이해하고 놀이 확장을 돕도록 상호작용함
3-2. 영유아 또래 간 상호작용 격려
유아들이 서로의 의견을 존중하며 상호작용할 수 있도록 지원함

교사의 지원 포인트

영유아의 놀이를 관찰하고 필요에 따라 융통성 있게 놀이공간을 조정
- 놀이 확장에 필요한 자료를 제공하여 다양한 놀이가 이루어지도록 지원
- 놀이공간으로 인한 갈등 상황에서 대안을 제시하여 놀이가 지속되도록 지원
- 영유아가 놀이공간을 다양하게 변형할 수 있도록 돕고, 놀이의 확장을 유도

사례 4 마음껏 상상하는 공간 (5세, 바깥놀이 시간)

상황 요약

유아들은 모래 놀이터에서 구덩이를 파기 시작했고, 교사는 유아들의 놀이 과정에 관심을 보이며 질문을 던졌다. 이후 유아들은 구덩이를 활용하여 함정, 죽 공장 등의 상상 놀이로 확장하며 다양한 놀이를 이어 갔다.

관련 평가제 지표 요구 사항

2-1. 영유아의 놀이를 위한 공간 구성 및 운영
자연 재료(모래, 물 등)를 활용하여 자유롭게 상상하며 놀이하도록 지원함

2-2. 배움을 위한 자료 제공
배움의 기회를 제공하기 위해 삽, 물뿌리개, 막대기 등 다양한 자료를 제공함

3-1. 교사와 영유아의 반응적 상호작용
유아가 놀이 맥락을 이해하고 적절한 질문과 반응을 통해 놀이를 확장하도록 지원함

교사의 지원 포인트

- 영유아가 신체를 자유롭게 움직이며 놀이하도록 실외 놀이 환경 구성
- 영유아가 필요로 하는 놀이 자료(삽, 물뿌리개, 막대기 등)를 제공하여 놀이가 자연스럽게 확장될 수 있도록 지원
- 영유아의 상상 놀이를 존중하며 적절한 질문과 반응을 통해 놀이가 심화되어 배움의 기회가 되도록 촉진

사례 5 장애영유아를 위한 놀이공간 구성 및 운영 (장애영유아/일과 및 활동)

사례 5-1 휴식을 위한 공간 (장애영유아, 일과 및 활동)

상황 요약

지원이는 시청각적 자극이 많을 때 스트레스를 받으며, 보육실 내 소음이 커지면 배회하거나 이탈하는 경향이 있었다. 교사는 지원이의 신체 리듬을 고려하여 조용한 공간을 마련하고, 필요시 이곳에서 쉴 수 있도록 미리 안내하였다.

관련 평가제 지표 요구 사항

2-1. 영유아의 놀이를 위한 공간 구성 및 운영
　　장애영유아의 개별 특성을 고려하여 편안한 놀이 및 휴식 공간을 지원함
1-2. 따뜻하고 편안한 일상생활 지원
　　장애영유아의 정서적 안정을 위한 환경을 제공해야 함

교사의 지원 포인트

- 시청각적 자극이 많은 환경에서 영유아의 스트레스를 줄일 수 있도록 조용한 휴식 공간 제공
- 영유아가 불안할 때 심리적 안정을 찾을 수 있도록 공간 사용을 안내
- 보육실 내 환경을 수시로 점검하여 영유아가 편안하게 머무를 수 있도록 배려

사례 5-2 장애 유형과 특성에 적합한 보조기구 활동 참여 (장애영유아, 일과 및 활동)

상황 요약

송아는 활동 전이가 어려워 정리 시간이 되면 놀잇감을 던지기도 했으나, 교사가 시각적 단서(비주얼 타이머)를 제공하며 전이 과정을 돕자 점차 적응해 갔다.
사랑이는 크레파스를 잡는 힘이 약해 색칠을 지속하기 어려웠으나, 교사가 크레파스에 너트와 고무줄을 활용하여 보조 도구를 제공하자 색칠하는 시간이 증가하였다.

관련 평가제 지표 요구 사항

2-1. 영유아의 놀이를 위한 공간 구성 및 운영
　　장애영유아의 특성을 고려하여 적절한 보조기구와 환경을 제공함
1-1. 일과의 충실한 운영
　　장애영유아가 원활하게 일과에 참여할 수 있도록 개별적으로 지원함

교사의 지원 포인트

- 영유아에게 시각적 단서(비주얼 타이머, 교사의 시범)를 제공하여 활동 전이를 원활하게 지원
- 영유아가 색칠 활동을 지속할 수 있도록 크레파스에 보조 도구(너트, 고무줄)를 활용하여 안정적인 그립감 제공
- 개별적인 특성에 맞는 지원 방안을 지속적으로 관찰하고 조정

사례 5-3 장애 유형과 특성에 적합한 보조기구 의사소통 (장애영유아, 일과 및 활동)

상황 요약

은진이는 언어적 의사소통이 어려워 원하는 것이 있을 때 책상을 두드리는 행동을 보였다. 교사는 은진이가 자주 요구하는 것(화장실, 물컵 등)을 사진으로 제작하여 특정 장소에 부착하고, 은진이가 이를 활용하여 의사소통할 수 있도록 도왔다.

관련 평가제 지표 요구 사항

2-1. 영유아의 놀이를 위한 공간 구성 및 운영
장애영유아가 원활하게 의사소통할 수 있도록 환경을 조성함

4-1. 관찰 및 실행 계획
장애영유아의 요구를 분석하고, 적절한 지원 계획을 실행함

교사의 지원 포인트

- 영유아가 원하는 것을 표현할 수 있도록 실물 사진(화장실, 물컵 등)을 활용한 의사소통 방법 제공
- 특정 장소(출입문 근처, 물 마시는 공간 등)에 사진을 부착하여 자연스럽게 사용할 수 있도록 유도
- 개별화교육계획(IEP)과 연계하여 필요한 어휘를 선정하고, 지속적인 관찰과 기록을 통해 지원 방법 조정

면담 준비하세요!

함께 생각해 보기

1. 우리반 영유아들은 어떤 놀이를 하고 있나요? 영유아들의 놀이 중심으로 공간이 구성되어 있나요?

Tip 교사는 영유아를 관찰하여 자유롭게 탐색하고 놀이할 수 있도록 공간 구성을 해야 합니다.

- **0세반 교사**
  다양한 공을 제공해 주고, 놀이방법에 대해 영아와 상호작용을 하였습니다. 신체놀이가 안전하고 활발하게 이루어지기 위해 공간을 확보한 후 던지기, 튕기기, 주고받고, 공굴리기 등에 대한 놀이 방법을 알려 주고 함께 놀이하였더니 흥미를 보이며 즐거워하였습니다.

- **2세반 교사**
  영아가 블록으로 동물원을 만들어 다양한 동물모형을 배치하며 역할놀이를 하였습니다. 또래와 놀이할 수 있는 공간이 충분하였습니다.

- **4세반 교사**
  유아가 동요에 맞춰 리듬악기와 리듬막대로 신체활동하는 모습이 보였습니다. 그러더니 유아가 MC가 되어 마이크를 잡고 친구들을 소개하는 모습이 보여 도화지로 무대공간을 만들어 주었습니다.

2. 영유아의 놀이에 따라 공간을 변형하며 지원하고 있나요?

Tip 교사는 영유아가 흥미를 보이지 않는 공간은 다른 영역과 통합하여 재구성하거나 다른 놀이가 진행되도록 대체하는 것도 좋습니다.

- **1세반 교사**
  네, 아이들의 놀이 반응을 관찰한 후 적절하게 공간을 조정하고 있습니다. 요즘 저희반 아이들은 벽돌블록에 관심이 많아서 놀이할 수 있는 공간을 충분히 마련해 주고 있습니다.

- **3세반 교사**
  아이스크림 가게 놀이공간을 구성해 주었는데 모형보다는 점토로 아이스크림을 만드는 놀이에 흥미가 높았습니다. 그래서 놀이 영역에 다양한 질감의 점토로 구성해 주었더니 영유아 간 다툼이 줄었고, 점토의 촉감을 느끼며 즐거워하는 모습이 보였습니다.

- **5세반 교사**
  유아가 우주에 관심을 보여서 그림책과 활동지를 제공하였는데 초반에만 흥미를 보였습니다. 그래서 박스로 우주공간을 만들어 다양한 행성 그림자료를 제공해 주자 관심을 보이며 놀이하는 모습이 보였습니다.

3. 영유아의 놀이를 지원하기 위해 보육실 공간 외에 공용 공간을 활용하는 것이 필요한가요? 어떤 공간을 어떻게 활용하고 싶은가요?

Tip 영유아의 다양한 놀이 및 요구를 충족하기 위해서 보육실 이외의 공용공간을 활용하는 것이 필요합니다.

- **0세반 교사**
  네, 저희 0세반은 신체발달이 급격하게 이루어지는 시기라서 넓은 유희실에서 다양한 신체놀이를 할 수 있도록 활용하고 있습니다.

- **3세반 교사**
  영유아의 놀이를 지원하기 위해 공용 공간을 활용하는 것이 필요합니다. 놀이 주제나 아이들이 흥미를 보이는 놀이에 대해 그림책 활동이 필요한 경우에는 도서공간에서 다양하게 책을 접할 수 있도록 지원하고 있습니다.

공용공간

유희실	– 대근육 활동을 할 수 있는 공간 – 대근육 활동 놀이기구 및 놀잇감 비치
도서 공간	– 그림책을 편안하게 볼 수 있는 공간 – 책꽂이와 의자(소파) 등이 비치
기타 공간	시청각실 등 기타 공간

4. 오늘 영유아는 햇빛, 나무, 꽃, 흙, 모래, 물 등과 같은 자연을 경험하였나요?

Tip 교사는 영유아가 실내외 공간에서 자연을 경험하도록 환경을 제공해야 합니다.

- **0세반 교사**
  창가에 봄 햇살이 들어와 영아가 봄을 느낄 수 있도록 상호작용하였습니다.

- **2세반 교사**
  우리반 텃밭을 마련하였습니다. 오늘은 영아와 함께 물을 주고 지난달에 비해 얼마나 자랐는지 사진으로도 보며 상호작용하였습니다.

- **3세반 교사**
  모래 놀이터가 있어서 놀이에 필요한 여러 놀잇감들을 제공해 주었습니다.

- **5세반 교사**
  어린이집에서 가까운 놀이터로 바깥놀이를 다녀왔습니다. 유아가 곤충을 관찰할 수 있도록 돋보기와 자연물로 소꿉놀이를 할 수 있는 놀잇감과 모래도구 등을 늘 챙겨서 나갑니다. 오늘도 다양한 자연 놀이가 진행되었습니다.

5. 영유아가 원하면 언제든지 편안하게 쉴 수 있는 공간이 있나요?

Tip 교실에는 영유아가 쉬고 싶을 때 언제든지 쉴 수 있는 휴식 공간이 마련되어 있어야 합니다.

- **교사**
  영유아가 쉬고 싶을 때 언제든지 쉴 수 있도록 휴식 공간을 마련하였습니다.

6. 영유아가 자신의 놀이나 활동 결과물을 자유롭게 게시하거나 전시할 수 있는 공간이 있나요?

Tip 영유아가 만든 작품이나 활동지 및 결과물을 벽면이나 영유아가 보기 좋은 곳에 게시하여 배움 및 공유의 공간으로 활용해야 합니다.

- **2세 교사**
  영아가 자신의 작품이나 놀이 결과물을 자유롭게 전시할 수 있도록 교구장 위에 [우리만의 공간]을 마련하였습니다.

- **4세반 교사**
  유아가 자신의 작품을 전시할 수 있도록 미술놀이 교구장 위에 공간을 마련하였고, 유아의 눈높이 벽면에 게시하여 또래와 이야기를 나눌 수 있거나, 자신의 작품을 다시 감상할 수 있도록 환경을 마련하였습니다.

7. (장애영유아를 담당하는 경우) 음성 언어로 말하기 어려운 영유아, 그림이나 글자로 의사소통을 하는 영유아, 몸짓으로 의사소통을 하는 영유아의 대안적 표현을 존중하고 있나요? 일과에 참여할 수 있도록 영유아에게 적절한 자료와 충분한 선택의 기회를 제공하고, 다양한 의사소통 방식을 존중하고 있나요?

Tip 장애영유아 교사는 장애영유아가 자신의 요구 및 감정을 미숙하게 표현하는 문제가 발생할 수 있음을 인지하여야 합니다. 장애영유아의 감정은 이해하지만 표현 방법이 적절하지 않은 부분에 대해 상호작용하고 다양한 자료를 활용하여 의사소통하는 방법을 안내해야 합니다.

- **2세 교사**
  영아의 다양한 의사소통 방식을 존중하는 것은 매우 중요합니다. 영아들은 모두 자신만의 방식으로 생각과 감정을 표현하기 때문에 이를 인정해야 합니다. 무엇보다 장애영유아에게 적절한 자료와 선택의 기회를 제공하는 것은 포용적인 교육환경을 조성합니다.

- **5세반 교사**
  다양한 의사소통 방식이 존중받는 환경에서 유아들은 서로의 다름을 이해하고 존중하는 방법을 배웁니다. 무엇보다 장애영유아에게 적절한 자료와 선택의 기회는 유아의 필요와 발달수준 및 능력에 맞춘 교육을 실현할 수 있다는 점에서 중요합니다.

2-2 배움을 위한 자료 제공

매뉴얼 핵심 요약

교사는 영유아가 놀이와 활동을 통해 배움을 확장할 수 있도록 다양한 놀이자료를 제공해야 한다. 놀이자료에는 놀잇감, 매체, 재료와 도구뿐만 아니라 자연물, 일상용품, 재활용품 등도 포함된다. 이러한 자료는 영유아가 감정과 생각을 표현하고 세상을 탐색하는 매개체가 된다.

놀이자료는 영유아가 자발적으로 활용할 수 있도록 구성해야 하며, 교사는 놀이의 맥락을 존중하면서 영유아가 필요로 하는 자료를 적절한 시점에 지원해야 한다. 영유아는 교사의 의도와 다르게 자료를 활용할 수도 있으므로, 교사는 특정한 방식으로 놀이를 유도하기보다 영유아가 자유롭게 탐색하고 창의적인 놀이를 이어 갈 수 있도록 도와야 한다.

또한, 교사는 성별, 신체적 특성, 장애, 종교, 문화적 배경을 고려한 놀이자료를 제공해야 한다. 영유아가 놀이자료를 자유롭게 선택하고 활용할 수 있도록 지원하며, 창의적인 놀이 방식을 존중하는 것이 중요하다.

▶ 포인트

- 영유아가 다양한 놀이자료를 통해 배움을 확장할 수 있도록 지원해야 한다.
- 놀이자료는 놀잇감, 자연물, 일상용품, 재활용품 등 다양한 형태로 제공해야 한다.
- 놀이의 맥락을 존중하면서 영유아가 필요로 하는 자료를 지원해야 한다.
- 영유아가 놀이자료를 자유롭게 선택하고 창의적으로 활용할 수 있도록 해야 한다.
- 특정한 놀이 방식을 강요하기보다 영유아의 자발적인 놀이를 존중해야 한다.
- 성별, 장애, 종교, 문화적 배경을 고려한 놀이자료를 제공해야 한다.
- 영유아가 놀이 중 새로운 자료를 발견하고 활용하는 과정을 인정하고 존중해야 한다.

▶ 평가제 준비 Check

- 놀이자료 제공: 영유아의 흥미와 발달 수준을 고려하여 다양한 놀이자료 제공
- 자연물 활용: 바깥놀이와 일상에서 발견할 수 있는 자연물을 놀이자료로 활용
- 자율적 선택: 영유아가 놀이자료를 자유롭게 선택하고 활용할 수 있도록 환경 조성
- 놀이 존중: 놀이자료를 활용하는 영유아의 방식을 존중하고 창의적 놀이를 지원
- 다양성 반영: 성평등, 장애 인식, 다문화 감수성을 고려한 놀이자료 제공

▶ 교사의 역할

- 놀이를 통해 다양한 경험을 할 수 있도록 풍부한 놀이자료 제공
- 영유아의 놀이 맥락을 관찰하고 필요에 따라 적절한 자료 지원
- 영유아가 놀이자료를 자유롭게 선택하고 활용할 수 있도록 환경 조성
- 특정한 놀이 방식을 강요하지 않고 영유아의 창의적인 놀이 방식 존중
- 성평등, 장애 인식, 다문화 감수성을 반영한 놀이자료 마련 및 제공
- 영유아가 새로운 놀이자료를 발견하고 창조적인 놀이를 펼칠 수 있도록 격려

관찰 면담

적절한 수준

- 영유아의 배움을 지원하는 풍부하고 매력적인 놀이 및 활동 자료를 제공한다.
- 영유아의 놀이 및 활동과 연계하여 자료를 제공한다.
- 영유아의 성, 신체적 특성, 장애, 종교, 가족 및 문화적 배경 등의 다름을 존중하는 놀이 및 활동 자료를 제공한다.
- 영유아가 놀이 및 활동 자료를 자유롭게 사용할 수 있도록 지원한다.

부적절한 수준

- 영유아가 놀이 및 활동 자료에 자유롭게 접근하거나 쉽게 꺼내어 사용하기 어렵다.
- 영유아의 성, 신체적 특성, 장애, 종교, 가족 및 문화적 배경 등을 차별하는 내용이 담긴 놀이 및 활동 자료가 있다.

지표 핵심_1

〈관찰〉 적절한 수준	〈관찰〉 부적절한 수준
• 영유아의 배움을 지원하는 풍부하고 매력적인 놀이 및 활동 자료를 제공한다.	• 영유아가 놀이 및 활동 자료에 자유롭게 접근하거나 쉽게 꺼내어 사용하기 어렵다.

핵심 Point

• 풍부하고 매력적인 놀이자료 제공

1. 풍부한 놀이자료 제공

- 영유아의 배움을 지원하는 다양한 놀잇감, 매체, 재료 및 도구를 제공함
- 자연물(빛, 그림자, 눈, 비, 구름 등)과 일상의 물건도 놀이자료로 활용함
- 세상을 이해하는 매개물로 영유아가 감정과 생각을 자유롭게 표현하도록 제공함

2. 적절한 자료 제공

- 계절, 행사 등에 맞는 놀이자료를 적절한 시기에 제공함
- 악기, 미술재료, 그림책, 재활용품 등 다양한 자료를 상황에 맞게 활용함

놀이 및 활동 자료 예시

놀잇감

쌓기 놀잇감

인형 놀잇감

역할 놀잇감

그림책

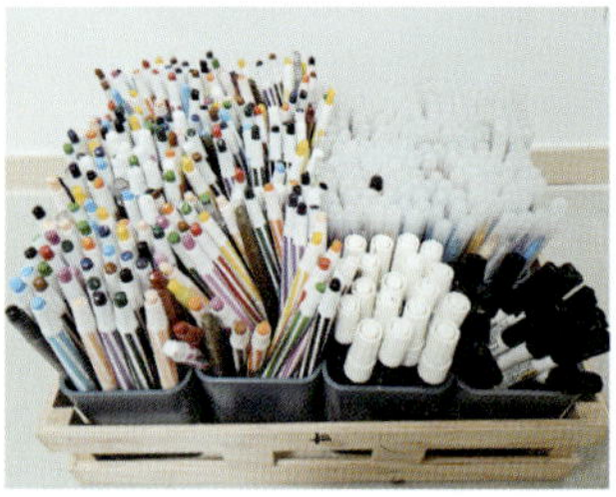

그리기 도구

종이류

물감

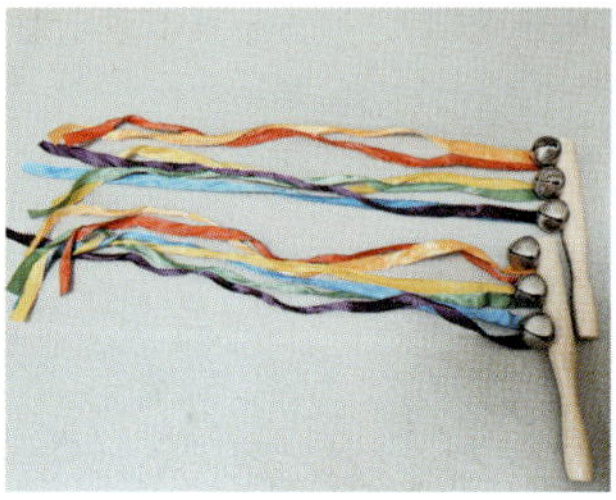

신체 놀잇감

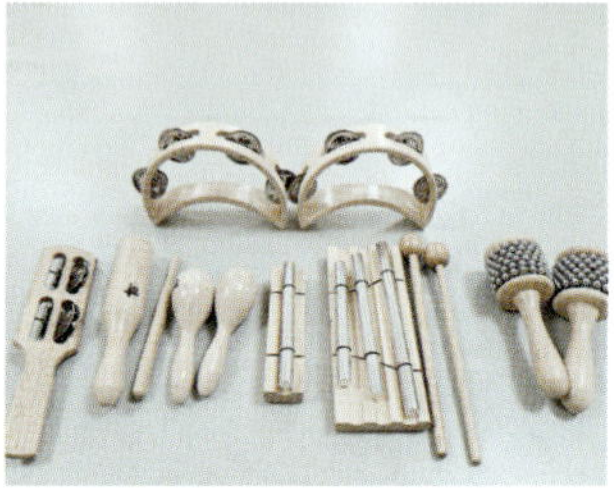

음률 놀잇감

평가제 완벽 대비 Q&A

Q 보육실에 상시적으로 비치해야 하는 자료가 있나요?

A 영유아의 놀이자료는 놀잇감, 매체, 재료와 도구, 자연물, 자연현상, 일상적인 물건 등 다양합니다. 어린이집에서는 영유아의 배움을 지원하기 위해 풍부하고 매력적인 놀이자료를 제공해야 하며, 상시 비치해야 할 놀이자료에 대한 별도의 규정은 없습니다. 보육실에는 침구, 놀이기구, 다양한 활동에 필요한 교재 · 교구를 갖추는 것이 바람직합니다.

Q 영유아에게 다양한 놀이자료를 주는 것이 왜 필요하나요?

A 놀이자료는 영유아가 감정과 생각을 표현하고 세상을 이해하는 데 중요한 역할을 합니다. 다양한 놀이자료를 통해 영유아는 탐색하고, 심미적 경험을 하며, 또래와의 상호작용을 통해 성취감을 느낍니다. 익숙한 물체와 새로운 물체의 만남이 영유아의 놀이 욕구를 자극하므로, 어린이집에서는 이를 고려한 다양한 자료를 제공하시기 바랍니다.

Q 영유아의 놀이나 활동 등을 지원하기 위해 어떤 종류의 자료를 제공해 주어야 하나요?

A 「영유아보육법 시행규칙」 별표 1 '어린이집의 설치기준'에 따라 보육실에는 침구, 놀이기구 및 쌓기놀이활동, 소꿉놀이활동, 미술활동, 언어활동, 수학·과학활동, 음률활동 등에 필요한 자료가 구비되어 있어야 합니다. 따라서 보육실에는 현재 진행되고 있는 놀이, 영유아의 흥미 등을 고려하여 놀이 및 활동자료를 다양하고 충분하게 구비하는 것이 바람직합니다. 즉, 영유아가 놀이 시 상시적으로 사용할 가능성이 있는 블록류, 인형류, 역할놀이 소품, 소꿉놀이류, 그림책, 종이류, 필기구류(크레파스, 색연필, 연필, 사인펜 등) 등의 자료를 충분히 마련하여 비치하도록 합니다.
특히, 영아의 경우 대소근육을 움직이면서 기본 운동을 포함한 다양한 신체 활동을 즐길 수 있는 경험을 지원해야 하므로, 영아가 상시적으로 활용할 수 있는 신체 활동자료를 제공해 주어야 합니다.

Q 영아반의 경우 안전상의 우려로 자연물을 제공하기 어려운 부분이 있습니다. 자연물을 꼭 마련해야 하나요?

A 영유아가 놀이에 사용할 수 있는 자료는 놀잇감, 매체, 재료와 도구, 자연물, 자연현상(빛, 그림자, 눈, 비 등), 그리고 일상적인 물건 등입니다. 이러한 다양한 놀이자료를 보육실에 비치할 수 있습니다. 그러나 영유아의 안전이 우려되는 경우, 자연물을 상시 비치하기 어려운 대신 실외놀이를 통해 영유아들이 자연을 탐색하고 경험할 수 있도록 지원할 수 있습니다.

지표 핵심_2

〈관찰, 면담〉

적절한 수준	부적절한 수준
• 영유아의 놀이 및 활동과 연계하여 자료를 제공한다.	–

핵심 Point

• 놀이 및 활동 연계 자료 제공

1. 영유아의 자발적 놀이 존중

- 놀이 상황과 맥락에 따라 새롭게 전개되는 영유아의 놀이를 존중함
- 영유아가 필요로 하는 놀이자료를 적절히 제공하여 놀이를 지원함

2. 놀이자료 활용 관찰 및 지원

- 지원한 놀이자료가 영유아의 놀이에서 어떻게 활용되는지 지속적으로 관찰함
- 놀이의 흐름에 따라 추가적인 지원이 필요한 자료를 적절히 제공함

3. 놀이 속 배움 지원

- 교사의 의도와 다르게 놀이자료를 활용하는 영유아의 자율성을 존중함
- 계획된 목표를 강조하기보다는 자료가 놀이의 매개가 되도록 지원함
- 영유아가 자발적으로 선택한 방법 속에서 배움이 일어나도록 촉진함

배움의 기회를 제공하는 비구조 놀이재료

• 정해진 사용 방법이나 목적이 없이 영유아가 자유롭게 탐색하고 창의적으로 활용할 수 있는 놀잇감

비구조 놀이재료의 특성
• 정해진 사용방법이 없음 • 변형과 조작이 가능함 • 다양한 놀이로 연계가 수월함
비구조 놀이재료의 종류
• 자연물, 천, 종이류, 상자, 포장재료, 끈과 줄, 물, 액체, 재활용품 등
비구조 놀이재료의 효과
• 창의적 사고 발달 → 정해진 방법이 아닌 영유아만의 방법으로 놀이 구성 • 문제 해결력 향상 → 놀이에 재료를 사용하며 스스로 문제를 해결 • 협력 및 사회성 발달 → 또래와 다양한 방식으로 놀이전개를 하며 상호작용 촉진 • 감각적 탐색 기회 제공 → 촉각, 시각, 청각 등 다양한 감각을 활용한 놀이 경험

참고 [평가제 매뉴얼 사례]에서 제시한 비구조 놀이로 배움을 위한 연계

- **열린 자료를 제공하여 필요한 자료를 자유롭게 꺼내어 사용하도록 제공**
  나무, 상자, 블록 등을 비구조적인 재료 지원하고 모양과 크기를 탐색하도록 함
- **실내외에서 영유아가 자유롭게 표현하는 즐거움을 경험할 수 있도록 자료 제공**
  자유롭게 끼적이는 공간, 호기심으로 탐색하는 공간, 햇빛, 모래 자연 공간 구성
- **영유아의 흥미가 높은 놀이에 대한 자료 제공**
  유아가 의자를 길게 줄지어 놀이를 하면서 놀이자료로 낮잠 매트를 요청하여 제공
- **물체의 특성과 변화를 여러 가지 방법으로 탐색하여 배울 수 있도록 제공**
  삽, 물뿌리개, 긴 막대기, 채, 주걱 등을 제공
- **여러 느낌을 탐색하고, 움직임에 따라 변하는 물체를 탐구하도록 제공**
  다양한 천과 놀이재료를 제공하여 영유아가 자유롭게 선택할 수 있는 놀이
- **주변의 익숙한 물체를 탐색하고, 신체를 조절할 수 있도록 지원**
  마스킹 테이프를 늘이거나 당기며 익숙한 물체를 다양한 방식으로 탐구
- **두 가지 색으로 혼합비율에 따라 다양한 색을 만들어 보도록 제공**
  스포이트, 주사기, 다양한 크기의 컵과 통을 제공
- **유아가 만든 색깔 물의 조합을 스스로 기록해 보도록 스티커 제공**
  습자지, 투명 플라스틱 통, 스포이트 등을 제공하여 색깔 물을 만들고 감상
- **장애영유아의 감각적 자극 정도를 파악하여 놀이 제공**
  통합반을 함께 운영하는 교사가 관찰 내용을 공유하고 조율하여 또래가 흥미 있어 하는 주제와 장애영유아의 관심이 연결되도록 지원
- **활동자료를 수월하게 선택하고 쉽게 꺼내어 활동에 참여하도록 제공**
  다양한 크기의 종이, 시트지, 색칠 도구 지원
- **다양한 자료를 제공하여 다양한 배움이 일어나도록 지원**
  물감 놀이 지원을 위해 다양한 종이, 붓, 물감을 제공하여 색을 만들어 보도록 지원
- **자신의 생각, 느낌, 경험을 자유롭게 표현할 수 있도록 제공**
  다양한 종이, 색칠 도구 제공

비구조적 열린 자료 예시

구조적 놀이자료:

• 자료의 형태나 기능이 명확하여 특정 놀이가 자연스럽게 이루어짐
• 영유아가 어릴수록 상징적 사고가 부족하여 구조성 높은 자료가 필요함

비구조적 놀이자료

• 특정한 형태나 사용방법이 정해져 있지 않은 놀이자료임
• 영유아가 자유롭게 탐색하고 상상력을 발휘하도록 돕는 놀이자료임

지표 핵심_3

〈관찰, 면담〉 적절한 수준	〈관찰, 면담〉 부적절한 수준
• 영유아의 성, 신체적 특성, 장애, 종교, 가족 및 문화적 배경 등의 다름을 존중하는 놀이 및 활동 자료를 제공한다.	• 영유아의 성, 신체적 특성, 장애, 종교, 가족 및 문화적 배경 등을 차별하는 내용이 담긴 놀이 및 활동 자료가 있다.

핵심 Point

• 다름을 존중하는 놀이자료 제공

1. 다름을 존중하는 놀이자료 제공

- 영유아의 성, 신체적 특성, 장애, 종교, 가족 및 문화적 배경을 존중하는 놀이 및 활동 자료를 마련함
- 영유아가 다양한 정체성과 문화를 자연스럽게 경험할 수 있도록 배려함

2. 문화를 경험하고 배우는 기회 제공

- 성평등을 반영한 다양한 역할놀이 자료 제공함
- 장애 인식을 위한 다양한 신체적 특성을 가진 인형과 보조기구 등을 활용함
- 다양한 피부색과 전통 의상을 입은 인형, 다국어 그림책 및 음악 자료를 제공함

다름을 존중하는 놀이 및 활동자료 제공 예시

세계 여러 나라의 사람들 퍼즐

세계 여러 나라의 집

장애인식 지역사회 활동

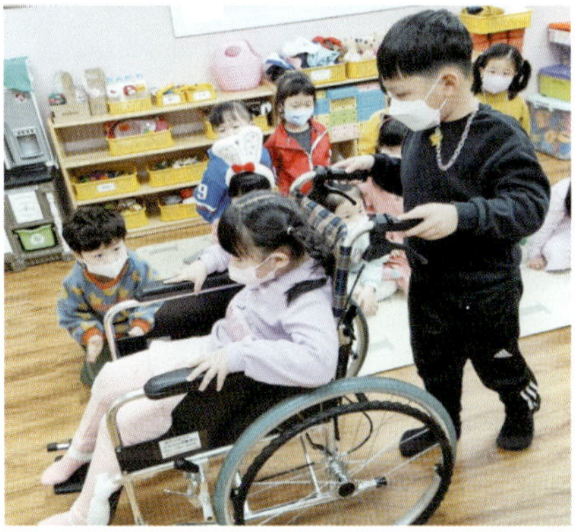
장애 체험

평가제 완벽 대비 Q&A

Q **다름을 존중하는 활동 자료(성, 신체적 특성, 종교 등)는 필수적으로 마련해야 하나요? 0,1세 영아반도 다름을 존중하는 활동 자료(성, 신체적 특성, 종교 등)를 필수적으로 마련해야 하나요?**

A 영유아가 다름을 틀린 것이 아니라 자신과 다른 것으로 인식할 수 있도록, 2세 이상 반부터 성, 신체적 특성, 장애, 종교, 가족 및 문화적 배경의 다양성을 존중하는 놀이 및 활동 자료를 제공하는지를 확인합니다. 만약 반별로 자료를 구비하기 어려운 경우, 공동놀이실에 비치하여 영유아들이 다름을 존중하는 경험을 할 수 있도록 지원할 수 있습니다.

지표 핵심_4

〈관찰〉 적절한 수준	〈관찰〉 부적절한 수준
• 영유아가 놀이 및 활동 자료를 자유롭게 사용할 수 있도록 지원한다.	• 영유아가 놀이 및 활동 자료에 자유롭게 접근하거나 쉽게 꺼내어 사용하기 어렵다.

핵심 Point

- 자율적으로 놀이재료를 사용할 수 있도록 구성
- 융통성 있는 환경 구성

1. 놀이재료를 수월하게 사용하도록 구성

- 영유아가 자유롭게 꺼내어 사용하도록 놀이재료를 개방된 교구장 또는 바구니 등에 보관함

2. 놀이재료의 종류별 배치

- 놀이재료는 종류별로 구분하여 영유아가 찾기 수월하도록 배치함
- 놀이재료는 영유아의 놀이 상황에 따라 바꾸어 배치할 수 있음

놀이 및 활동 재료 배치 예시

영유아의 자율성을 위한 놀이재료 배치

0세반 교실 예시

2세반 교실 예시

영유아의 자율성이 배재된 놀이재료 배치

만 1세반 교구 지퍼백 정리

원목교구 상단 위치: 영유아가 꺼내기에 무거워 안전사고 위험

평가제 완벽 대비 Q&A

Q 0, 1세반 영아들이 색연필이나 크레파스를 입에 넣으려고 해요. 안전을 위해 상부장에 올려 두었다가 영아들이 원할 때에만 제공해 주어도 될까요?

A 영아들도 흥미에 따라 자유롭게 끼적이기 경험을 하도록 영아의 손에 닿는 곳에 쓰기 자료를 상시 제공해 주어야 합니다. 단, 안전을 고려하여 독성 없는 색연필, 크레용, 자석그림판 등의 자료를 제공해 줄 수 있습니다.

매뉴얼 사례 핵심

사례 1 천으로 놀이해요 (1세, 실내 놀이시간)

상황 요약

영아들이 푸른색 천을 활용하여 다양한 방식으로 놀이하였다. 천 아래에서 뛰거나 흔들며 파도처럼 상상하고, 인형과 장난감을 활용하여 물속 놀이로 확장하였다.

관련 평가제 지표 요구 사항

2-2. 배움을 위한 자료 제공
감각을 탐색하도록 부드럽고 비치는 천과 다양한 인형 및 장난감 제공함
2-1. 영유아의 놀이를 위한 공간 구성 및 운영
천을 활용한 놀이가 자유롭게 이루어질 수 있도록 공간 재배치함
3-1. 교사와 영유아의 반응적 상호작용
영아들의 놀이 주도성을 존중하며, 놀이의 흐름을 이해하며 상호작용함

교사의 지원 포인트

- 다양하게 탐색하도록 관련 놀이자료를 풍부하게 제공
- 영유아가 상상하며 놀이할 수 있도록 놀이의 흐름을 깨지 않고 기다림
- 영유아가 표현하는 몸짓과 언어적 표현을 반영하여 놀이를 확장하도록 지원

사례 2 풀고 늘이고 당길 수 있어요 (2세, 실내 놀이시간)

상황 요약

영아들이 마스킹 테이프를 당기고 늘이며 놀이하였다. 이후 교사는 영아들이 놀이를 지속할 수 있도록 테이프를 끼운 봉을 창가에 설치하여 자유롭게 사용할 수 있도록 지원하였다.

관련 평가제 지표 요구 사항

2-2. 배움을 위한 자료 제공
 놀이자료를 풍부하게 제공하고, 영유아가 자유롭게 탐색하도록 지원
3-1. 교사와 영유아의 반응적 상호작용
 영유아가 놀이자료로 신체 조절을 경험하는 과정을 지켜보고 놀이 흐름을 존중
3-2. 영유아 또래 간 상호작용 격려
 영유아의 요구를 확인하고 또래가 함께 놀이할 수 있도록 유도
4-1. 관찰 및 실행 계획
 놀이의 흐름을 기록하고, 놀이가 지속되도록 확장 지원

교사의 지원 포인트

- 신체 조절을 경험할 수 있도록 충분한 놀이재료 제공
- 놀이자료를 쉽게 사용할 수 있도록 창가에 봉을 설치하여 자유롭게 활용하도록 배려
- 놀이 흐름을 존중하며 또래 간 협력을 유도

사례 3 이거 젤리! 이건 주스! (3세, 실내 놀이시간)

상황 요약

유아들이 색깔 물을 활용하여 젤리, 주스, 자동차 세차 등 다양한 놀이를 전개하였다. 교사는 놀이를 관찰하며 놀이의 흐름을 존중하고 반응적 상호작용을 하였다.

관련 평가제 지표 요구 사항

2-2. 배움을 위한 자료 제공
 유아가 색깔 물을 만들고 탐색할 수 있도록 다양한 도구(스포이트, 주사기, 컵 등) 제공
2-1. 영유아의 놀이를 위한 공간 구성 및 운영
 색깔 물 놀이공간을 교실 한쪽에 마련하여 안전하게 놀이할 수 있도록 지원
3-1. 교사와 영유아의 반응적 상호작용
 유아들이 놀이를 주도할 수 있도록 관찰하고, 놀이 속 상상 표현을 언어로 확장

교사의 지원 포인트

- 놀이자료에 대한 탐색 놀이가 충분히 이루어질 수 있도록 다양한 도구 제공
- 놀이 과정에서 또래들과의 상호작용을 유도하며 경험을 확장하도록 지원
- 상상놀이를 존중하며 반응적 상호작용

사례 4 신기해. 모두 다 색이 달라! (5세, 실내 놀이시간)

상황 요약

유아들이 빨간색, 파란색, 노란색 습자지를 활용하여 색을 만들고 비교하였다. 교사는 색의 조합을 기록할 수 있도록 스티커를 제공하며 놀이를 확장하였다.

관련 평가제 지표 요구 사항

2-2. 배움을 위한 자료 제공
 색 습자지, 투명 플라스틱 통, 스포이트 등 제공하여 색 조합 탐색을 지원
2-1. 영유아의 놀이를 위한 공간 구성 및 운영
 색깔 물을 만들며 비교할 수 있도록 창가에 놀이공간 마련
3-1. 교사와 영유아의 반응적 상호작용
 유아들의 색 조합 놀이를 지켜보며 비교하고 감상하는 경험을 지원

교사의 지원 포인트

- 영유아가 다양한 색을 만들어 탐색할 수 있도록 도구를 충분히 제공
- 색의 변화를 관찰하며 놀이에 몰입할 수 있도록 물감과 놀이공간 구성
- 놀이 과정에서 자연스럽게 색의 조합과 변화를 상호작용

사례 5 문어 다리가 좋아요! (장애영유아, 발달에 적합한 놀이자료 지원)

상황 요약

민수는 스카프나 긴 끈을 흔드는 것을 좋아하며, 교사는 이를 고려하여 바람에 흔들리는 신문지, 문어 모양 풍선 등을 활용한 놀이 환경을 마련하였다.

관련 평가제 지표 요구 사항

2-2. 배움을 위한 자료 제공
감각적 놀이를 지원할 수 있도록 긴 물체(신문지, 고무줄, 문어 풍선) 제공

교사의 지원 포인트

- 영유아의 감각 놀이 선호도를 고려하여 긴 물체를 활용한 놀이 제공
- 또래와의 놀이가 이루어지도록 흥미 요소(문어, 바다 등)를 포함하여 지원
- 놀이가 지속되도록 놀이 환경을 동료 교사와 협의하여 조성

사례 6 내가 원하는 재료가 있어요 (장애영유아, 발달에 적합한 놀이자료 지원)

상황 요약

주영이는 원하는 것이 잘 전달되지 않을 때 놀잇감이나 재료를 쏟는 행동을 보였다. 교사는 다양한 크기의 종이와 시트지를 정리하여 제공하며, 또래와 함께하는 놀이 기회를 마련하였다.

관련 평가제 지표 요구 사항

2-2. 배움을 위한 자료 제공
영유아가 원하는 자료를 쉽게 찾고 선택할 수 있도록 비치함
3-2. 영유아 또래 간 상호작용 격려
또래와의 놀이가 연계되도록 활동을 확장함

교사의 지원 포인트

- 영유아가 원하는 자료를 찾기 쉽도록 시각적으로 정리하여 배치
- 또래가 영유아의 놀이에 관심을 가질 수 있도록 활동 확장
- 영유아가 또래와 자연스럽게 교류할 수 있도록 지원

면담 준비하세요!

함께 생각해 보기

1. 우리 반에는 영유아들이 다양한 방식으로 놀이할 수 있는 놀이자료가 풍부하게 제공되어 있나요?

Tip 영유아가 놀이에 사용할 수 있는 놀잇감, 매체, 재료, 도구 등을 충분히 제공해야 합니다.

- **1세반 교사**
  영아가 흥미를 보이거나, 놀이에 의미 있는 경험이 필요한 경우 다양한 놀잇감을 준비하여 제공하고 있습니다. 요즘 영아가 공에 관심이 많아 다양한 종류의 공을 제공하고 있습니다.

- **3세반 교사**
  요즘 저희 반은 점토와 공룡놀이가 활발하게 진행되고 있습니다. 미술놀이 영역에 여러 종류의 점토를 제공하고 있고, 공룡놀이를 위해 그림책, 모형, 그림자료, 신체활동 놀잇감을 제공해 주고 있습니다.

2. 우리 반 영유아들은 비구조적인 열린 자료(물감, 블록, 점토, 물, 모래 등)로 어떻게 놀이하나요?

Tip 영유아는 비구조화된 놀잇감 및 재활물품으로 놀이하며 자신만의 방법으로 해석하고 사물을 더욱 깊이 탐색하기도 하며 창의적인 사고로 성취감을 경험합니다.

- **1세반 교사**
  네, 아이들의 놀이 반응을 관찰한 후 적절하게 공간을 조정하고 있습니다. 요즘 저희반 아이들은 벽돌블록에 관심이 많아서 놀이할 수 있는 공간을 충분히 마련해 주고 있습니다.

- **3세반 교사**
  요즘 아이들이 색깔에 대한 변화에 관심이 많습니다. 특히 물감과 점토의 색 변화에 흥미가 많아 물감과 물 스프레이, 크레파스, 점토 등으로 색의 변화를 탐색하며 놀이할 수 있도록 환경 구성을 해 주고 있습니다.

- **5세반 교사**
  바깥놀이를 가면 모래로 경주놀이가 자연스럽게 이루어지고 있습니다. 모래놀이공간의 특정 구역에 모래를 쌓거나, 모래를 퍼서 바구니에 담는 놀이를 합니다.

3. 우리 반 영유아들은 자연물을 가지고 어떻게 놀이하나요?

Tip 자연물, 빛과 그림자, 기후 변화를 느낄 수 있는 놀이 및 자료를 제공해 주어야 합니다.

- **1세반 교사**
  산책을 나갔는데 낙엽이 쌓여 있었습니다. 영아들이 자연스럽게 낙엽을 하나, 둘 주워 탐색하더니 또래와 낙엽비 놀이를 하였습니다. 요즘 가을 낙엽에 흥미를 느껴 산책 시 자주 놀이하고 있습니다.

• **2세반 교사**

요즘 영아들은 개미와 나비 등 곤충에 관심이 높습니다. 그래서 바깥놀이 나갈 때 항상 돋보기와 채집통을 가지고 나가 관찰할 수 있도록 지원하고 있습니다.

• **4세반 교사**

산책을 갔다가 유아들이 나뭇가지를 이용해 역할놀이를 하는 모습을 보았습니다. 그래서 여러 종류의 나뭇가지를 미술영역에 제공해 주었더니 인형을 만드는 모습도 보였고, 쌓기놀이를 하는 모습도 보였습니다.

• **5세반 교사**

요즘 저희반 유아들은 바깥놀이를 나가면 자연물로 보물찾기 놀이를 즐겨합니다. 솔방울과 돌멩이를 이용하여 보물찾기 게임을 합니다.

4. 영유아들이 일상의 자료를 가지고 다양한 놀이를 시도한 사례가 있나요? 영유아의 놀이 시도 과정을 보고 무엇을 느꼈나요? 영유아의 유능함을 발견하고 지원한 사례가 있나요?

Tip 일상의 자료로 놀이하는 것은 영유아의 상상력을 발휘하고 창의적으로 문제를 해결하는 데 도움을 줍니다. 그리고 자원의 소중함과 더불어 환경 보호의 중요성에 대한 배움의 기회가 되므로 놀이 및 자료를 지원하여야 합니다.

• **0세반 교사**

놀이사례	영아가 공에 관심이 많아 신문지의 질감을 탐색한 후 공을 만들어 주었습니다. 교사에게 신문지를 던지며 공놀이를 하였습니다.
느낀 점	영아가 신문지를 다양한 놀이로 흥미 있게 놀이하는 모습을 보니 교사가 모델링하며 지원하는 것이 중요함을 느꼈습니다.
유능함 지원 사례	뭉쳐 있던 신문지 공을 펴려는 시도가 보여 격려해 주었고, 다음 놀이에는 신문지 속에 소리 나는 공을 넣이 뭉쳐 주었더니 높은 흥미를 보였습니다.

• **2세반 교사**

놀이사례	영아들이 빈 상자로 자동차 놀이를 하는 모습이 보였습니다.
느낀 점	상상력을 발휘하여 자동차 놀이를 하는 과정에서 자신감이 보였습니다.
유능함 지원 사례	놀이를 하던 또래가 자동차에 스티커를 붙이는데 잘 되지 않자 영아가 도와주는 모습이 보여 격려하고 서로의 생각을 나누도록 지원하였습니다.

• **3세반 교사**

놀이사례	종이컵을 누가 높이 쌓는지 게임하는 모습이 보였습니다.
느낀 점	유아들이 놀이를 통해 협력과 경쟁이 동시에 이루어지고 있음이 느껴졌습니다. 그리고 컵이 무너졌을 때 다시 도전하는 모습이 인상적이었습니다.
유능함 지원 사례	또래의 컵이 무너져 울자 다시 쌓는 방법에 대해 대화를 나누는 모습이 보여 격려하였습니다.

• **5세반 교사**

놀이사례	신문지와 습자지를 활용해 패션쇼 놀이가 진행되었습니다.
느낀 점	자신만의 스타일을 표현하고, 또래의 작품을 감상하며 상호작용하는 모습을 보며 자신감과 사회성이 발달하고 있음이 느껴졌습니다.
유능함 지원 사례	워킹을 하며 즐거워하는 모습이 보여 골판지 양탄자를 만들어 주며 놀이를 촉진하였습니다.

5. 우리 반에는 성, 신체적 특성, 장애, 종교, 가족 및 문화적 배경의 차이를 다루거나 인정하는 놀이 및 활동 자료가 있나요?

Tip 영유아에게 성별, 신체적 특성, 장애, 문화적 배경을 반영한 놀이 및 자료를 지원하여 서로의 다름을 존중하도록 합니다.

• **0세반**
다양한 문화에서 사용하는 악기 소리를 들을 수 있는 놀잇감을 제공하고 있습니다.

• **1세반**
영아가 서로 다른 모습을 인식하도록 다양한 피부색과 신체적 특성이 있는 인형을 제공하고 있습니다.

• **4세반**
세계 여러나라의 국기를 만들어 게시하고, 관련 의상을 입고 다양한 음식을 맛보는 활동을 하였습니다.

• **5세반**
장애를 이해하고 존중할 수 있는 그림책을 배치하였고, 눈 가리기나 귀마개를 제공하여 장애 체험을 할 수 있도록 제공하고 있습니다.

6. 우리 반 영유아들은 놀이자료를 자유롭게 선택하고 수월하게 사용하고 있나요?

Tip 영유아가 놀이자료를 자유롭게 선택하고 수월하게 사용할 수 있는 환경을 제공하는 것인 매우 중요합니다. 영유아가 주도적으로 놀이하며 탐색하는 과정을 통해 긍정적인 배움의 기회를 통해 전인적 발달을 촉진하기 때문입니다.

• **교사**
네, 언제든지 놀이에 필요한 것을 수월하게 사용할 수 있도록 아이들의 눈높이에 맞춰 자료를 배치하고 있습니다.

7. (장애영유아를 담당하는 경우) 다양한 요구나 감각적 특성을 가진 영유아들이 놀이할 수 있는 다양한 자료가 구비되어 있나요?

Tip 장애영유아는 감각 정보를 처리하는 데 어려움이 있을 수 있습니다. 감각놀이를 지원하면 기본생활습관 형성에 도움이 되며 불안감을 줄이고 정서적 안정감을 높이는 데 긍정적 효과가 있습니다. 개별 영유아의 요구나 감각적 특성을 이해하고 지원하는 것이 중요합니다.

• **교사**
장애영유아의 개별적 특성과 요구를 파악하고 놀이할 수 있도록 다양한 자료를 구비하고 적극 제공하고 있습니다. 오감발달을 촉진하는 촉각, 청각, 후각, 미각, 시각 놀이 자료들을 다양하게 제공하고 있습니다.

영역 3
영유아 존중 상호작용 지원

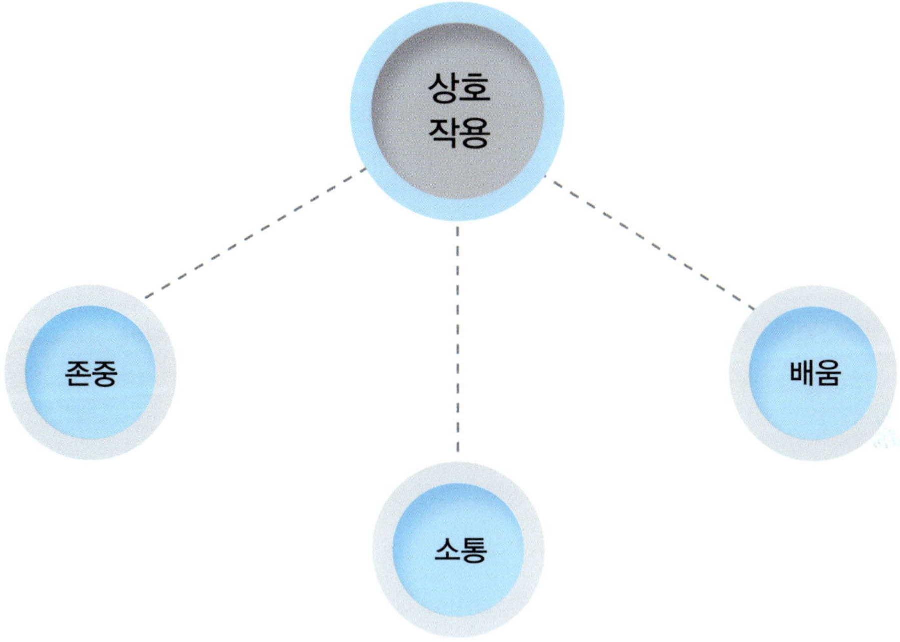

3영역 구성

3-1 교사와 영유아의 반응적 상호작용

3-2 영유아 또래 간 상호작용 격려

3영역 전체 보기

3-1. 교사와 영유아와의 반응적 상호작용	
적절한 수준	
관찰	• 비언어적·언어적 표현을 경청하고, 있는 그대로 존중한다.
관찰, 면담	• 영유아와 소통이 이루어지고 있는지를 확인한다.
관찰	• 놀이를 기다리고 지켜보며 지원한다.
관찰, 면담	• 함께 놀이하며 경험이나 배움을 지원하는 상호작용을 한다.
관찰	• 영유아의 성, 신체적 특성, 장애, 종교, 가족 및 문화적 배경 등을 존중한다.
부적절한 수준	
관찰	• 비언어적·언어적 표현을 하지 못하도록 억누르거나, 부정적으로 반응한다.
관찰	• 놀이를 강제로 멈추거나 놀잇감을 치운다.
관찰	• 전체 교실의 영유아를 살피지 않거나 혹은 무관심하게 바라만 보고 있다.
관찰	• 영유아의 성, 신체적 특성, 장애, 종교, 가족 및 문화적 배경 등을 부정적으로 평가하거나, 무시한다.
함께 생각하기	

- 영유아들의 비언어적 표현을 살피려고 노력하나요?
- 우리반 영아들이 자신을 표현하기 위하여 사용하는 다양한 소통 방식을 알고 있나요? 영아들과 소통하기 어려울 때가 언제인가요?
- 영아들이 떼를 쓰거나 울 때 주로 어떤 말을 하나요? 영아들의 마음, 생각 등을 그대로 존중할 때 영아들의 반응이 달라지나요?
- 영아들과 소통할 때 영아처럼 말을 하나요? 아니면 짧지만 분명한 문장 혹은 정확한 발음으로 말을 하나요?
- 유아들의 의사나 표현을 그대로 인정하고 존중하나요? 그럴 때 유아들은 어떠한 반응을 보이나요?
- 영유아들과 소통할 때 영유아들의 반응을 살피며 대화를 이어 가나요?
- 영유아들과 상호작용을 할 때 억양, 목소리의 톤을 상황에 맞게 조절하거나, 정확한 발음과 문장으로 말하려고 노력하나요?
- 영유아들이 놀이하며 스스로 배우는 유능한 존재라는 점에 동의하나요?

- 영유아의 놀이에 적절하게 개입(질문하기 등) 하나요? 그럴 때 영유아들의 놀이가 지속되나요? 아니면 영유아들의 놀이가 중단되나요?
- 영유아들에게 놀이 아이디어를 제안하거나 확장하는 편인가요? 영유아들은 교사와의 어떤 상호작용을 선호하나요?
- 영유아들의 다름을 존중하는 말과 행동을 할 때, 영유아들은 어떤 반응을 보이나요?

3-2. 영유아 또래 간 상호작용 격려	
적절한 수준	
관찰	• 영유아들이 서로의 관점을 있는 그대로 존중할 수 있도록 격려한다.
관찰	• 영유아 또래 간에 경험 또는 배움을 공유할 수 있도록 격려한다.
관찰, 면담	• 영유아 간 다툼이나 문제가 발생하면 긍정적으로 해결할 수 있도록 지원한다.
부적절한 수준	
관찰	• 영유아의 자유로운 대화가 허락되지 않는 엄격한 분위기 속에서 활동이 이루어진다.
관찰	• 영유아 간 다툼이나 문제가 발생해도 주의를 기울이지 않는다.
함께 생각하기	

- 영유아들이 서로의 관점을 인정하지 못하고 다툼을 할 때 선생님은 어떻게 하나요?
- 영유아들이 차별하는 말과 행동을 할 때 선생님은 어떻게 하나요?
- 영유아들이 함께 놀이하고, 활동하며 서로에게 배우는 것을 보았나요? 어떤 점이 인상 깊었나요?
- 우리 반 영유아들의 놀이나 활동 경험 혹은 배움을 반 영유아들과 나누나요? 영유아들의 경험과 배움을 나누는 것은 어떤 의미가 있나요?
- 영유아들이 다툼이나 문제가 있을 때 선생님은 어떻게 하나요? 영유아들에게 문제를 해결할 기회를 주나요? 아니면 선생님이 해결책을 제시하나요?

존중

영유아는 태어나면서부터 세상과 소통하고 배우는 존재이다. 교사는 영유아를 하나의 독립적이고 존중받아야 할 인격체로 바라보아야 한다. 영유아는 각자의 성, 신체적 특성, 장애 여부, 종교, 가족 및 문화적 배경을 가지고 있으며, 이러한 다양한 개별성을 인정하고 존중받을 권리가 있다. 따라서 교사는 영유아가 자신만의 방식으로 표현하는 감정과 의사를 존중하고, 이를 이해하려는 노력을 기울여야 한다.

소통

영유아는 자유로운 소통을 통해 세상을 이해하고 배운다. 어린이집은 영유아가 교사 및 또래와 자연스럽게 상호작용할 수 있도록 충분한 기회를 제공하는 공간이 되어야 한다. 교사는 영유아가 놀이와 일상생활을 통해 자신의 생각과 감정을 표현할 수 있도록 돕고, 의견을 주고받으며 소통하는 과정을 경험할 수 있도록 지원해야 한다. 또래와의 상호작용 역시 영유아에게 중요한 배움의 과정이므로, 교사는 영유아가 또래와 긍정적인 관계를 형성하고 협력하며 성장할 수 있도록 격려해야 한다.

배움

배움은 영유아가 세상과 관계를 맺으며 경험하는 모든 과정에서 이루어진다. 영유아는 단순히 지식을 전달받는 존재가 아니라, 놀이와 활동 속에서 스스로 탐색하고 배우는 유능한 존재이다. 교사는 영유아가 능동적으로 배우려는 욕구를 존중하고, 다양한 경험을 통해 자연스럽게 배움을 확장할 수 있도록 환경을 마련해야 한다. 또한, 영유아가 자신의 흥미와 관심에 따라 배움을 스스로 만들어 갈 수 있도록 개방적이고 유연한 태도로 지원하는 것이 중요하다.

이렇게 이해하세요!

아이들은 세상과 끊임없이 소통하며 배움을 만들어 가는 존재입니다. 어린이집에서 놀이하고, 활동하며, 일상생활을 경험하는 과정 속에서 자연스럽게 배움을 확장해 나가죠. 교사와 또래와의 관계 속에서 스스로 배우고 성장하기 때문에, 교사는 아이들이 능동적으로 상호작용하려는 자연스러운 욕구를 존중해야 해요. 또한, 아이들이 다양한 방식으로 의사를 표현하는 모습을 세심하게 살펴보는 것이 중요합니다. 아이들은 성별, 신체적 특성, 장애 여부, 문화적 배경 등에 따라 표현 방식이 다를 수 있어요. 그렇기 때문에 교사는 열린 마음으로 아이들의 표현을 이해하고 수용하는 태도를 가져야 합니다. 어떤 방식으로든 아이들이 자신을 표현하려 할 때, 교사가 관심을 가지고 반응해 주면 아이들은 더욱 자신감을 가지게 돼요.

아이들을 존중하는 상호작용은 단순히 말을 들어 주는 것만이 아니라, 아이들이 주체적으로 세상을 탐색하고 관계를 만들어 가는 과정을 인정하고 지지하는 것입니다. 교사의 작은 관심과 따뜻한 반응이 아이들에게 큰 배움의 기회가 될 수 있다는 점, 꼭 기억해야겠죠.

3-1

교사와 영유아의 반응적 상호작용

매뉴얼 핵심 요약

교사는 영유아와 적극적으로 상호작용하며 배움을 지원해야 한다. 영유아가 언어나 비언어적 표현을 통해 감정과 의사를 나타낼 때, 이를 존중하고 수용적인 태도로 반응하는 것이 중요하다. 특히 영아의 경우 눈빛, 손짓, 표정 등 비언어적 신호를 민감하게 파악하고 적절한 반응을 보여야 한다.

교사는 영유아가 자신의 방식대로 놀이를 주도할 수 있도록 기다리고 지켜보며 필요할 때 지원해야 한다. 영유아가 놀이에 몰입할 수 있도록 격려하고, 놀이자료나 아이디어를 제안하며 상호작용을 이어 가야 한다. 또한 영유아가 놀이 속에서 자유롭게 상상하고 상징화하는 표현을 존중하고 지지해야 한다.

영유아의 성별, 신체적 특성, 장애, 종교, 문화적 배경을 존중하는 언어와 행동을 사용해야 한다. 특정 성 역할을 강요하거나 차별적인 표현을 하지 않도록 주의해야 하며, 모든 영유아가 동등한 기회를 가질 수 있도록 배려해야 한다.

▶ 포인트

- 영유아의 언어 및 비언어적 표현을 존중하고 민감하게 반응해야 한다.
- 영유아의 표현을 경청하고 온정적이고 수용적인 태도로 상호작용해야 한다.
- 영유아가 말할 때 기다려 주고 개별적인 반응 속도를 고려해야 한다.
- 영유아의 놀이를 방해하지 않도록 지켜보고 필요할 때 지원해야 한다.
- 영유아가 놀이에 몰입할 수 있도록 긍정적인 반응과 격려를 제공해야 한다.
- 정해진 답을 요구하는 질문보다 영유아의 흥미와 관심에 공감하는 상호작용을 해야 한다.
- 성별, 신체적 특성, 장애, 종교, 문화적 배경의 다양성을 존중해야 한다.

▶ 평가제 준비 Check

- 상호작용 지원: 영유아의 언어 및 비언어적 표현을 존중하고 적극적으로 반응
- 놀이 지원: 영유아의 놀이를 관찰하고 필요할 때 놀이에 자연스럽게 개입
- 놀이 몰입 촉진: 영유아의 놀이를 존중하고 놀이 속에서 자연스럽게 상호작용 유도
- 개별적 배려: 영유아마다 표현 속도가 다름을 인식하고 충분한 기다림
- 감정 존중: 영유아가 자신의 감정을 자유롭게 표현할 수 있도록 수용적인 태도 유지
- 차별 금지: 성별, 장애, 종교, 문화적 배경을 고려한 존중하는 언어와 행동 실천

▶ 교사의 역할

- 영유아가 자신의 감정과 의사를 자유롭게 표현할 수 있도록 존중하는 태도 유지
- 영유아의 비언어적 신호를 민감하게 파악하고 적절한 반응 제공
- 영유아가 놀이를 주도할 수 있도록 기다리고 필요할 때 적절한 지원 제공
- 놀이 속에서 영유아의 창의적 표현과 상상력을 존중하고 격려하는 상호작용 실천
- 정해진 답을 요구하지 않고 영유아의 흥미와 관심에 맞춘 상호작용 진행
- 성별, 신체적 특성, 장애, 종교, 문화적 배경을 존중하는 언어와 행동 실천

관찰 면담

적절한 수준
• 비언어적 · 언어적 표현을 경청하고, 있는 그대로 존중한다. • 영유아와 소통이 이루어지고 있는지를 확인한다. • 놀이를 기다리고 지켜보며 지원한다. • 함께 놀이하며 경험이나 배움을 지원하는 상호작용을 한다. • 영유아의 성, 신체적 특성, 장애, 종교, 가족 및 문화적 배경 등을 존중한다.

부적절한 수준
• 비언어적·언어적 표현을 하지 못하도록 억누르거나, 부정적으로 반응한다. • 놀이를 강제로 멈추거나 놀잇감을 치운다. • 전체 교실의 영유아를 살피지 않거나 혹은 무관심하게 바라만 보고 있다. • 영유아의 성, 신체적 특성, 장애, 종교, 가족 및 문화적 배경 등을 부정적으로 평가하거나, 무시한다.

지표 핵심_1

〈관찰〉

적절한 수준	부적절한 수준
• 영유아의 비언어적·언어적 표현을 경청하고, 있는 그대로 존중한다.	• 영유아가 비언어적·언어적 표현을 하지 못하도록 억누르거나, 부정적으로 반응한다.

핵심 Point

- 영유아의 요구를 주의 깊게 듣는 상호작용
- 수용적이고 격려하는 지지 반응

1. 교사의 주의 깊은 경청과 적절한 반응

- 영유아가 개별적인 요구를 할 때 편안하게 말할 수 있는 기회를 줌
- 영유아의 요구에 대해 수용적인 따뜻한 상호작용을 함
- 영유아가 질문이나 요구를 할 때 시선을 마주치고 상황에 맞는 제스처로 반응하여 영유아의 의도를 파악할 수 있도록 주의 깊게 들음

1. 교사의 수용적 반응

▶ 영유아 자신을 긍정적으로 인식하는 기초가 돼요.

- 영유아의 말을 따라 하기
- 고개를 끄덕이기
- 추가적 질문하기
- 따뜻한 미소로 긍정적 반응하기
- 경청하며 상황에 맞는 표정 짓기
- 영유아가 알아들을 수 있는 수준으로 다시 표현해 주기

2. 교사의 자연스럽고 부드러운 억양 및 어조

▶ 영유아가 편안하게 자신의 요구를 표현할 수 있어요.

- 영아의 경우 더 천천히, 부드러운 톤으로 대화하기
- 놀이를 방해하지 않는 목소리 크기로 상호작용하기
- 음조는 보통에서 낮은 수준의 정도로 조절하기
  (높은 톤의 목소리는 놀이를 방해해요!)
- 영유아의 수를 고려하여 목소리 톤을 조절하기

> • 영유아의 수준에 맞지 않는 단어 사용 유의하세요!
> → 외래어 사용 금지
> • 아이의 이름을 불러 주세요.
> → '야'라고 부르지 않기
> • 불필요하게 길게 설명하지 마세요.
> • 교사가 지식과 정보를 일방적으로 제공하지 마세요.
> • 영유아의 부정적인 감정에 일축하지 마세요.

상호작용 예시

▌영유아의 요구를 들어 주고 있는데 다른 영유아가 요구를 할 때

- 선생님이 ○○ 기저귀를 갈고 풍선 불어 줄게.
- ○○이 이야기를 듣고 있으니까 잠시만 기다려 줄 수 있니?
- □□아, 네 차례가 곧 올 거야. 기다려 줘서 고마워!
- ○○이 이야기가 끝나면 □□이 차례야! 어떤 이야기인지 궁금하구나.
- 기다리는 동안 ○○이 이야기 들어 볼래? 그러면 네 차례가 왔을 때 친구들도 잘 들어 줄 거야.
- 선생님이 네 이야기도 꼭 들어 줄 거야. 조금만 기다려 볼까?

- 기다리는 동안 선생님 손잡고 있을래? 그러면 덜 답답할 수도 있어.
- 지금은 ○○이가 이야기하는 시간이야. □□이도 차례를 지켜 줄 수 있지?
- 기다려 줘서 정말 고마워! 이제 □□이 차례야. 선생님이 잘 들어 줄게.

▌몸짓이나 음성화로 된 표현을 주의 깊게 살펴 언어화로 적절하게 반응(영아)

- 영아: (손짓으로 가리키며) 으, 으~
  교사: (영아의 손끝을 보며) 아, 공놀이 하자고? 그래! 선생님이 굴려 볼게. 데굴데굴~

- 영아: (사물함의 도시락을 가져오며) 맘마, 맘마~
  교사: 배가 고프구나! 밥 먹고 싶어요?

- 영아: (입술을 실룩실룩 거리는 아이)
  교사: 엄마가 보고 싶구나! 엄마 지금 오고 계시대. 엄마, 빨리 오세요~(영아를 안아 주며) 선생님이 안아 줄게!

▌영유아가 이해할 수 있도록 간결하고 명료하게 상호작용하기

- 영아: 선생님, 이게 뭐예요?
  교사: 신기하지? 모래가 떨어지고 있어. (영아의 반응을 본 후) 이건 "모래시계"라고 해. 모래가 다 떨어지면, 시간이 끝났다는 거야. 재밌지?

- 유아: 선생님, 이것 봐요!
  교사: 이게 무엇일까?(유아의 반응을 본 후) 이건 "모래시계"라고 해. 시간이 얼마나 흘렀는지 보여 준단다. 위의 모래가 아래로 떨어지는 걸 보면서 시간의 흐름을 알 수 있어.

2. 영유아의 말과 행동, 생각, 감정을 교사의 인정과 격려로 지지

- 영유아를 존중한다는 것은 그들을 하나의 독립적인 인격체로 인정하고, 그들의 말과 행동, 생각과 감정을 온전히 수용하는 것을 의미함
- 자신감이 부족하거나 용기가 필요할 때 충분히 기다려 주고, 구체적 행동을 말로 표현해 주면서 격려함
- 각 영유아의 성향과 기질을 세심하게 파악하여, 개별적인 특성을 고려한 상호작용을 통해 영유아의 의견을 존중하고 격려함
- 영유아의 말과 행동에 대해 특이하다거나 이해할 수 없다는 등의 표현은 하지 않음

상호작용 예시

▌영유아의 말, 행동, 생각, 감정을 존중

- T. (그네 앞에서 망설이는 영유아에게) 그네를 타고 싶니?
  C. 무서워요.
  T. 무섭구나. 그럼 선생님과 함께 그네에 앉아 볼까? (반응을 지켜본 후) 조금 무서울 수 있지만, 재미있을 거야. (영유아가 용기를 내어 시도할 때) 잘했어! 이제 천천히 밀어 줄게. 준비됐니?

- T. (물놀이를 준비하는 영유아에게) 물에 들어가고 싶니?
  C. 물이 차가워요.
  T. 차갑구나. 그럼 발만 먼저 담가 볼까? (반응을 지켜본 후) 조금씩 적응할 수 있을 거야. (영유아가 시도할 때) 잘했어! 이제 조금 더 깊이 들어가 볼래?

- T. (끼적이판을 보며 망설이는 영아에게) 그림 그려 볼까?
  C. 싫어요.
  T. 하고 싶지 않구나. 그럼 선생님이랑 같이 손으로 그림을 그려 볼까? 재미있을 거야. (영아의 반응을 지켜본 후) 잘했어! 이제 그림도 그려 볼까?

3. 영유아의 감정에 공감

▌영유아의 부정적인 감정 표출

교사의 수용, 공감으로 안정감 형성

- 부정적인 감정의 원인이 무엇인지 교사가 예측 가능하더라도 영유아가 교사에게 표현할 수 있도록 질문하여 원인을 파악하도록 함

Yes: 많이 화가 났구나. 왜 화가 났는지 선생님에게 말해 줄 수 있니?
No: 또 시작이야. 울보야?

- 영유아가 불안하고 부정적인 감정을 표출할 때 비난이나 평가하지 않고 따뜻한 말로 현재 감정을 그대로 수용하여 안정감을 느끼도록 함

- 감정상태를 개별적으로 자연스럽게 상호작용

• 즐거워 보이는구나.
• 답답하구나.
• 부끄럽구나.
• 슬퍼서 눈물이 났어?

- 기분을 그대로 표현하여 따뜻하게 수용하는 상호작용

• 잠이 덜 깼구나. 조금 더 있다가 일어나도 돼.
• 지금은 조금 피곤해 보이네. 잠시 쉴까?
• 조립이 힘들구나. 조금 더 연습해 보면 좋을 것 같아. 선생님이랑 해 볼까?

- 표현하지 못하는 부분을 세심하게 살피는 상호작용

• ○○야, 오늘 어디가 불편하니?
• 혹시 오늘 친구랑 싸웠니?
• 점심 먹고 배가 아픈 건 아니니?
• 오늘은 어떤 놀이가 하고 싶어?
• 혹시 선생님한테 말하고 싶은 게 있어?

참고 영유아 존중 실천을 위해 교사가 알면 도움이 되는 '기질'

▌영유아의 다른 성향과 기질 존중

영유아의 기질은 선천적으로 타고나는 특성이지만, 환경적 요인의 영향을 받아 성격이 형성됩니다. 뉴욕 종단연구(NYLS)는 기질의 유형을 제시하며, 이에 따른 적절한 보육과 상호작용이 필요함을 강조합니다. 교사는 영유아의 기질을 이해하고, 이를 존중하는 환경을 조성함으로써 긍정적인 성격 발달을 도울 수 있습니다.

1. 기질과 환경의 상호작용

기질은 유전적 요인에 의해 결정되지만, 태내 환경과 출생 후 양육 환경에 따라 다르게 표현될 수 있습니다. 예를 들어, 임신 중 부모가 높은 수준의 스트레스를 경험한 경우, 영아는 감각적으로 민감하고 경계심이 높은 기질을 가질 가능성이 큽니다. 또한, 출생 후 부모의 양육태도, 교사의 반응성, 또래 관계와 같은 환경적 요인은 기질 표현을 조절하고 성격 형성에 영향을 미칩니다.

2. 기질과 발달 지원

- **순한 기질의 영유아**

  새로운 환경에 비교적 쉽게 적응하는 경향이 있으나, 교사는 이들의 자율성을 존중하면서도 충분한 정서적 교감을 제공해야 합니다. 영유아가 자신의 감정을 자유롭게 표현할 수 있도록 따뜻한 언어로 반응하고, 독립적인 놀이시간을 지원합니다.
- **까다로운 기질의 영유아**

  예측 가능한 일과 운영이 중요하며, 감정 조절을 돕는 따뜻한 상호작용이 필수적입니다. 정해진 루틴을 유지하면서도 영유아가 자기 조절 능력을 키울 수 있도록 감정 표현을 인정하고 수용하는 태도를 보입니다.
- **느린 기질의 영유아**

  환경 변화에 민감하여 적응하는 데 시간이 필요한 경우가 많습니다. 새로운 환경을 탐색할 충분한 시간을 제공하고, 점진적인 참여를 유도하여 심리적 안정감을 높입니다.

3. 반응적 상호작용의 중요성

반응적 상호작용이란 교사가 영유아의 행동과 감정에 세심하게 반응하며 상호작용하는 것을 의미합니다. 교사는 아이의 기질에 맞는 반응을 보이며 정서적 안정감을 제공해야 합니다.

기질이 성격 발달에 미치는 영향은 매우 크며, 특히 영유아 시기의 경험이 중요합니다. 기질이 특정한 방향성을 가지고 있다 하더라도, 교사와 부모의 적절한 지원을 통해 긍정적인 성격 형성이 가능합니다. 이를 위해서는 어린이집에서 개별 맞춤형 상호작용과 환경 조성이 필수적입니다.

▌순한 기질의 영유아 이해하기

순한 기질의 영유아는 수면, 식사, 배변 습관이 규칙적인 편이다. 타인에게 호기심을 느끼며, 새로운 변화에 대해 대체적으로 온순하고 유연한 편이다. 하지만 자신이 원하는 것을 적극적으로 표현하지 않아 부모나 교사가 아이의 요구를 놓칠 수 있다. 따라서 아이에게 먼저 관심을 보여 주고, 자신의 의견을 자유롭고 편안하게 표현할 수 있는 기회를 주는 것이 중요하다.

순한 기질 영유아 체크리스트

1. 생리적 리듬
   - □ 일정한 시간에 잠들고 깨며, 수면 패턴이 규칙적이다.
   - □ 식사와 배변 습관이 규칙적이며, 새로운 환경에서도 큰 거부감이 없다.

2. 사회적 반응
- □ 낯선 사람이나 새로운 환경에도 쉽게 적응하는 편이다.
- □ 또래나 교사에게 호기심을 보이며, 상호작용을 즐긴다.

3. 감정 표현과 요구
- □ 대체로 차분하고 온화하며, 감정 기복이 크지 않다.
- □ 자신의 요구를 적극적으로 표현하기보다는 기다리는 편이다.

- 그림을 그리며 어떤 기분이 드니?
- 네가 원하는 게 있으면 언제든지 이야기해 줘.
- 지금 더 하고 싶은 게 있니? 선생님이 도와줄 수 있어.
- 친구와 놀이하면서 불편한 점이 있었니? 이야기해 줄래?
- 네 생각이 궁금해. 어떻게 하면 좋겠니?
- 지금 이 활동이 재밌니? 아니면 다른 걸 해 보고 싶니?

▌까다로운 기질의 영유아 이해하기

까다로운 기질을 가진 영유아는 일상의 리듬이 불규칙하고 새로운 환경 적응에 어려움을 겪는다. 외부 자극에 대한 반응이 예민하며, 좌절감을 경험할 때 감정표현이 격렬하게 나타난다. 이러한 특성으로 인해 또래와의 상호작용에서 부적응 행동이 관찰되기도 한다. 따라서 고유한 기질 특성이 긍정적으로 발현될 수 있도록 민감한 성향을 섬세한 장점으로 승화시켜 성공 경험을 쌓을 수 있도록 이끌어 주는 것이 중요하다. 까다로운 기질의 영유아는 높은 불안감으로 편안하지 않기 때문에 새로운 환경에 대해 예측할 수 있도록 미리 상호작용을 해 주는 것도 좋다.

까다로운 기질 영유아 체크리스트

1. 생리적 리듬
- □ 수면, 식사, 배변 습관이 불규칙적이며, 변화에 민감하게 반응한다.
- □ 새로운 음식이나 환경에 거부감을 보이는 경우가 많다.

2. 사회적 반응
- □ 낯선 사람이나 환경에 적응하는 데 시간이 오래 걸린다.
- □ 또래 및 교사와 상호작용할 때 경계하거나 쉽게 예민해진다.

3. 감정 표현과 요구
- □ 기분 변화가 크고, 감정을 강하게 표현하는 편이다.
- □ 원하는 것이 있을 때 즉각적으로 요구하며, 좌절 시 쉽게 흥분하거나 울음을 보인다.

- 여기는 새로운 곳이라 낯설지? 우리 같이 둘러보면서 천천히 친해지는 시간을 가질까?
- 세 밤 자면 공룡 보러 박물관에 갈 거야. 어때?
- 이 모양이 마음에 안드는구나. 다른 색이나 모양으로 해 볼래? 선생님이 도와줄게.
- 속상하구나. 괜찮아, 선생님이 여기 있어.
- 불편해 보이는구나. 어떤 게 힘든지 이야기해 줄 수 있니?
- 친구들 앞에서 말하는 게 어렵구나. 천천히 해도 괜찮아.
- 엄마가 보고 싶구나. 선생님도 이해해.
- 불이 꺼지는 게 무섭구나! 이리와, 선생님이 손잡아 줄게.
- 조금씩 해도 괜찮아. 급하게 하지 않아도 돼. 선생님이 기다려 줄게.
- 친구들과 함께하는 게 때로는 힘들 수 있어. 네 마음을 잘 알고 있어.
- 조금씩 시도해 보는 게 어떨까? 선생님이 옆에서 응원할게!
- 친구들과 게임할 때 지는 게 정말 불편하구나.

▌느린 기질의 영유아 이해하기

느린 기질의 영유아는 전반적으로 새로운 환경이나 상황에서 조심스러운 모습을 보인다. 활동에 참여하거나 반응하는 속도가 더디며, 변화에 적응하는 데 상당한 시간이 필요하다. 처음에는 소극적인 태도를 보이지만, 충분한 시간이 주어지면 점차 관심을 나타내고 참여하려는 의지를 보인다. 까다로운 기질의 영유아와 마찬가지로 낯선 상황을 어려워하나, 그 반응의 강도가 훨씬 약하다는 특징이 있다. 부모나 교사가 이러한 특성을 이해하지 못하고 재촉하거나 압박을 가하면 아이는 더욱 의기소침해지고 심리적 부담을 느낄 수 있다. 따라서 아이의 속도를 존중하며 단계적으로 접근하는 것이 바람직하며, 성취 가능한 작은 목표부터 시작하여 자신감을 키워 주는 것이 효과적이다.

느린 기질 영유아 체크리스트

1. 생리적 리듬
   - □ 수면, 식사, 배변 습관이 비교적 규칙적이나 적응에 시간이 걸린다.
   - □ 새로운 음식이나 환경에 대한 반응이 느리고, 천천히 익숙해진다.
2. 사회적 반응
   - □ 낯선 사람이나 새로운 환경에 적응하는 데 시간이 필요하다.
   - □ 또래 활동에 쉽게 참여하지 않고, 혼자 있거나 관찰하는 경우가 많다.
3. 감정 표현과 요구
   - □ 감정을 강하게 드러내기보다 조용하고 신중한 태도를 보인다.
   - □ 변화에 대한 거부감이 크지는 않지만, 충분한 시간이 필요하다.

- 천천히 해도 괜찮아. 준비가 되면 서서히 시작해 보자.
- 어려운 부분이 있구나. 선생님이 함께 도와줄까?
- 우리 ○○이는 잘할 수 있는 사람이야. 함께해 보자!
- 지금 기분이 어떠니? 이야기해 주면 선생님이 도와줄 수 있어.
- 한 번에 다 하지 않아도 돼. 작은 것부터 하나씩 해 볼까?
- 오늘은 줄넘기 20개 도전 중 10개 먼저 해 보자. 선생님이 뒤에서 계속 응원하고 있을게.
- 정리를 도와줘서 고마워. 선생님이 바빴는데 ○○이가 도와주니 정말 큰 힘이 돼.

평가제 완벽 대비 Q&A

Q 언어 표현이 서툰 영아가 떼를 쓰거나 울 때 어떻게 해야 할까요?

A 교사는 영유아의 비언어적 및 언어적 표현을 이해하고 적절히 반응해야 합니다. 영유아가 존중받고 있다고 느끼게 하려면, 교사가 그들의 의사 표현에 경청하고 온정적인 태도로 반응하는 것이 중요합니다. 특히 영아는 비언어적 표현이 많으므로, 눈빛, 손짓, 표정에 민감하게 반응하고 지원하는 노력이 필요합니다.

Q 보조교사, 연장반 교사도 평가 당일 상호작용 관찰 시 평정 대상에 포함되나요?

A 현장평가 시에는 주로 담임교사를 평가하지만, 다른 교사나 원장이 영유아를 존중하지 않는 행동을 할 경우에도 평가에 반영될 수 있습니다.

지표 핵심_2

〈관찰〉 적절한 수준	〈관찰〉 부적절한 수준
• 영유아와 소통이 이루어지고 있는지를 확인한다.	–

핵심 Point

- 영유아의 반응을 살피며 소통이 잘 이루어지는지 확인

1. 영유아의 반응을 살피며 적절한 언어를 사용

- 영유아가 반응을 보일 때 말의 속도, 문장의 길이, 억양 등을 조절하며 상호작용함
- 이해하기 쉬운 단어나 문장을 선택해 반복하거나 설명을 덧붙임
- 교사의 언어가 영유아의 이해 수준에 맞는지 확인하며 유연하게 대화 방식을 조정함

2. 영유아와 소통이 이루어지는 확인

- 영유아의 말이나 행동에 교사가 관심을 가지고 반응하여 자연스럽게 소통을 확장함
- 영유아의 언어적 · 비언어적 표현을 격려하며 소통이 끊기지 않도록 유도함
- 놀이 중 또는 일상생활에서 영유아가 편안하게 말할 수 있는 환경을 제공함

지표 핵심_3

〈관찰〉 적절한 수준	〈관찰〉 부적절한 수준
• 영유아의 놀이를 기다리고 지켜보며 지원한다.	• 영유아의 놀이를 강제로 멈추거나 놀잇감을 치운다.

핵심 Point

- 영유아의 주도적인 놀이 환경 조성
- 영유아에게 놀이의 주도권을 주고 대집단 활동을 지양

1. 영유아가 놀이시간에 자유롭게 탐색하도록 지원

- 영유아의 흥미와 관심으로 놀이와 활동을 탐색할 수 있도록 충분한 시간을 마련해 주어야 함

- 놀이를 섬세하게 관찰하며 영유아가 자발적으로 선택하는 놀이와 시도에 대해 긍정적으로 반응함으로써 자신 있게 놀이할 수 있도록 함

> → 긍정적 반응:
> 비언어적 반응 – 미소, 끄덕거림, 따뜻한 시선
> 언어적 반응 – ~해 보고 싶구나, ~ ○○해 보니 재미있구나 등
> 예시. 동물원에 호랑이와 사자를 함께 살게 하고 싶었구나.
> 친구와 노래 부르니 즐겁구나.

- 교사는 영유아에게 다양한 놀이와 활동방법에 대해 안내할 수 있으나 특정 활동을 강요하거나 영유아가 선택한 놀이를 제한하지 않도록 함
- 영유아가 자발적으로 선택한 놀이와 활동에 몰입하고 있는 모습이 보임

2. 개별 영유아가 선호하는 놀이와 활동을 주도적으로 진행하도록 격려

- 영유아가 놀이를 할 때 흥미와 호기심, 내적인 동기가 지속되도록 적절한 질문 등으로 주도적인 놀이가 유지되도록 함

> → 영유아가 선호하는 놀이를 지속하고자 격려함
> – 어떤 색으로 그림을 그려 볼까? ○○이가 좋아하는 색으로 그려 보자.
> – 블록으로 어떤 건물을 만들고 싶니? 생각한 모양이 있어?
> – 음악에 맞춰 춤추고 싶구나. 선생님도 따라하게 재미있는 동작을 보여 줄래?
> – 친구와 함께 어떤 놀이를 하고 싶니? 모래로 더 재미있게 할 수 있는 놀이를 하려면 무엇이 필요할까?

- 놀이의 시작부터 마무리에 대한 결정의 주도권이 영유아에게 있으며 교사가 놀이를 주도적으로 이끌어 가지 않도록 함

평가제 완벽 대비 Q&A

Q 영아반에서 대집단 활동을 진행해도 되나요?

A 영아의 경우, 급속히 발달하는 시기로 개인 간 발달 차가 크고, 집중 시간이 짧으므로, 의도적인 대집단 활동은 실시하지 않아야 하며, 영아 스스로 선택한 놀이를 주도적으로 할 수 있도록 지원해야 합니다.

Q 영아반에서 일과 소개, 점심식사 전 손유희를 하는 등 전이를 위한 대집단 활동을 진행해도 되나요?

A 의도적인 대집단 활동은 교사가 특정 활동을 강요하거나 일방적으로 진행하는 경우를 의미하며, 화장실 다녀오기나 손 씻기 같은 전이 시간에 간단한 활동은 이에 해당하지 않습니다.

Q 영유아가 교사의 예상이나 계획과 다르게 놀이할 때에는 어떻게 해야 할까요?

A 영유아는 능동적으로 배울 수 있는 존재로, 교사는 그들의 놀이를 기다리고 지원하는 것이 중요합니다. 교사의 계획이 영유아의 놀이를 제한할 수 있으므로, 영유아가 주도하는 놀이를 존중하고 지켜보며 지원하시기 바랍니다.

Q 유아반의 경우 대집단 활동을 매일 10분씩 진행해도 되나요?

A 영유아는 스스로 선택한 놀이를 통해 성장하므로, 충분한 놀이시간을 제공해야 합니다. 대집단 활동은 최소한으로 진행하고, 특히 영아는 자발적으로 놀이를 할 수 있도록 지원해야 합니다. 유아의 경우 필요한 경우에 유아의 흥미를 고려하여 대집단 활동을 실시할 수 있습니다.

지표 핵심_4

〈관찰, 면담〉 적절한 수준	〈관찰〉 부적절한 수준
• 영유아와 함께 놀이하며 경험이나 배움을 지원하는 상호작용을 한다.	• 전체 교실의 영유아를 살피지 않거나 혹은 무관심하게 바라만 보고 있다.

핵심 Point

• 영유아를 관찰하며 배움을 지원하는 놀이 상호작용

1. 놀이에 참여하지 못하는 영유아가 놀이에 참여하도록 지원

- 영유아가 전체적으로 잘 보이는 위치에서 놀이 진행 과정을 수시로 확인함
- 배회하거나 방관하는 것이 아니라 휴식이 필요한 영유아는 놀이를 억지로 권하지 않음

▌배회하거나 방관하는 영유아에게 놀이를 촉진하기 위한 상호작용 예시

영아

• 영아가 호기심을 느낄 만한 놀이재료를 탐색하도록 권유
  "이거 만져 보니까 말랑말랑하네. ○○이도 만져 볼래?"
• 교사가 놀이 모델링을 하여 영아가 관심을 가질 수 있도록 함
• 또래에게 관심을 갖도록 또래의 놀이행동을 언어로 표현함

유아

• 유아에게 또래가 진행하고 있는 놀이나 활동에 대해 안내한 후 참여 의사를 확인함
• 또래가 하고 있는 놀이에 자연스럽게 참여하도록 필요한 역할을 제안함

1. 병원 놀이

교사: 선생님이 배가 아파요. 어디가 아픈지 진료해 줄 의사 선생님이 필요해요. ○○이가 의사 선생님이 되어 줄 수 있을까? 유아: 음... 교사: 여기 청진기가 있는데, 선생님 심장 소리를 들어 볼래요? 이렇게 하면 환자의 상태를 알 수 있대요!

2. 건물짓기

교사: 와~ 멋진 건물을 만들었구나! 그런데 여기에 문이 어디 있을까? 사람들이 오려면 문이 필요할 것 같은데 어떻게 하면 좋을까? 유아: 여기에 만들면 되겠어요. 교사: 아~저렇게 문을 만들면 되겠구나! 친구들도 편하게 들어갈 수 있겠어!

3. 그림 그리기

교사: 하늘을 파랗게 색칠했네! 그런데 저기 하얀 부분은 구름일까? 더 그려 넣고 싶은 게 있어?
유아: 그리고 싶은 게 생각났어요.
교사: 우와~ 새를 날게 해 줬구나! 새들이 기분 좋게 날고 있겠어!

4. 공놀이

교사: ○○이가 공을 정말 높이 찼네! 그런데 친구랑 같이 공을 주고받으며 놀 수도 있어. ○○이가 공을 패스하면 친구도 패스해 줄 거야. 한번 해 볼래?

2. 놀이를 관찰하며 경험이나 배움을 지원하는 상호작용

- 놀이를 주의 깊게 관찰하며 놀이가 유지되는 과정을 의미 있게 따라가며 지원함
- 따뜻한 표정과 끄덕임 등 비언어적 지원을 함
- 개입이 필요한 경우 교사가 놀이상대가 되어 다양한 경험을 촉진함 (과도한 교사의 개입은 놀이에 비효과적일 수도 있으므로 주의 깊게 관찰하고 개입함)
- 배움의 기회가 되는 경우 아이디어를 제안하도록 함

영유아의 경험 및 배움을 위한 적절한 놀이 개입

- 영유아가 교사에게 놀이에 참여하도록 요청할 때
- 놀이에 참여하지 못하는 영유아가 있을 때
- 놀이에 필요한 자료가 부족할 때
- 놀이의 아이디어를 확장하거나 새로운 아이디어를 제안할 때
- 학습을 위한 결정적 순간일 때

3. 개방적 질문으로 놀이 촉진

영유아가 다양하게 생각해 볼 수 있는 기회를 제공함

▌배움을 지원하는 상호작용 '개방적 질문'

– 영유아가 자신의 생각과 감정을 표현할 수 있도록 도와줌
– 선택권과 자신의 경험을 반영할 수 있는 기회를 제공함
– 창의력을 발휘하고, 질문에 영유아가 답을 하며 사고력을 증진시킬 수 있음
– 질문을 통한 사회적 경험을 통해 감정을 이해하는 기초를 형성할 수 있음
– 언어 발달과 사회적 상호작용을 촉진함

개방적 질문 상호작용 예시

- 지금 만들고 있는 게 뭐야?(대답을 들은 후) 어떤 재료를 사용하고 싶니?
- ○○는 친구와 함께 놀이를 하면서 제일 재미있는 일이 뭐였니? 그때 어떤 기분이었니?
- 오늘 바깥놀이에서 어떤 놀이가 가장 재미있었어? 왜 그렇게 생각했니?
- 이 그림을 보니까 무슨 일이 일어났을 것 같아? ○○이는 어떻게 이야기해 보고 싶어?
- 친구랑 블록 놀이할 때 어떤 걸 만들고 싶었어? 다음에는 어떤 모양으로 만들어 볼까?
- 오늘 읽은 그림책 속 주인공이 ○○이라면 어떻게 했을까?
- ○○이가 좋아하는 색깔은 뭐야? 왜 그 색을 좋아해?

폐쇄적 질문 상호작용 예시

- 오늘 바깥놀이 재미있었어? (네/아니오 답변 유도)
- 그림을 그렸구나! 나무 맞지? (정해진 답을 유도)
- 퍼즐, 재미있었지? (네/아니오 답변 유도)
- ○○이는 파란색이 제일 좋지? (답 강요)

4. 교사는 영유아의 놀이에 즐겁게 참여

- 놀이시간에 다른 업무를 하며 영유아에게 소홀히 하지 않도록 함
- 놀이를 통제하거나 감독하지 않고 영유아의 놀이상대가 되어 즐겁게 놀이함

영유아의 놀이에 참여하며 교사가 확인할 사항!

– 영유아가 어떤 놀이에 참여하며 무엇을 의미 있게 경험하고 있는가?
– 놀이 속에서 어려움은 없는가?
– 또래와의 관계는 원활하게 이루어지고 있는가?
– 놀이에 지원이 필요한 부분은 무엇인가?

평가제 완벽 대비 Q&A

Q 놀이에 참여하지 못하고 배회하거나 방관하는 영유아가 있을 경우 어떻게 지원해야 할까요?

A 교사는 영유아의 놀이 참여를 관찰하고, 참여하지 않는 경우에는 개별적으로 놀이를 안내할 수 있습니다. 예를 들어, 흥미를 유도하는 질문이나 역할을 제안하여 자발적인 참여를 이끌어 낼 수 있습니다. 영아에게는 흥미로운 놀잇감을 탐색하도록 권유하고, 놀이 모델링을 통해 관심을 유도해야 합니다. 단, 쉬고 싶어 하는 영유아에게는 억지로 놀이를 권하지 않고 편안히 쉴 수 있도록 지원하시기 바랍니다.

Q 교사가 영유아의 놀이에 언제 개입해야 할까요?

A 영유아의 놀이를 주의 깊게 관찰하고, 필요할 때 적절히 개입하여 놀이를 지원하는 것이 중요합니다. 교사는 놀이 상대 역할을 하거나 필요한 자료를 제공하여 영유아의 놀이를 지속시킬 수 있습니다.

지표 핵심_5

〈관찰〉 적절한 수준	〈관찰〉 부적절한 수준
• 영유아의 성, 신체적 특성, 장애, 종교, 가족 및 문화적 배경 등을 존중한다.	• 영유아의 성, 신체적 특성, 장애, 종교, 가족 및 문화적 배경 등을 부정적으로 평가하거나 무시한다.

핵심 Point

- 평등한 보육 과정 실천

1. 교사는 다름을 인정하고 평등하게 영유아를 존중

- 개별 영유아의 배경 차이를 인정하고 존중함
- 성별에 따라 다르게 반응하지 않고, 성차별적인 상호작용을 하지 않음

영유아 존중 실천

- 이름 부르기
- 영유아의 특정 행동 및 상황을 존중하고 이해하기
- 영유아의 의견을 지나치거나 무시하지 말고 수용하기
- 발달과정에서 나오는 실수를 이해하기

부적절한 상호작용 예시

- 남자니까 울지 말고 씩씩하게 일어나.
- 선생님은 여자라서 힘이 약해.
- 자동차는 남자 친구들 하라고 해.
- 이번에는 여자 친구들이 손을 씻어 볼까?

2. 영유아의 외모, 옷차림, 성격, 행동 등을 평가하지 않음

- 영유아의 개별적 다양성을 수용하지 못하여 비난하거나 무시하는 태도를 보이지 않음

▌부적절한 상호작용 예시

- 야, 친구 때리지 말라고.
- 아기반으로 보낸다.
- 말을 하라고. 너는 도대체 왜 우는 거야?
- 그 옷은 너랑 안 어울려.
- 쟤 엄마 안 닮은 것 같지? 누굴 닮아서 코가 낮을까?
- 얘는 늘 행동이 늦어.

매뉴얼 사례 핵심

사례 1 내가 원하는 것을 해 주세요 (0세, 실내 놀이시간)

상황 요약

정희는 교사에게 손짓과 단어로 원하는 바를 표현하며 노래를 요청하였다. 정희는 불을 끄고 미러볼을 켜는 등의 환경 조성을 요구하며 놀이를 확장해 갔다.

관련 평가제 지표 요구 사항

3-1. 교사와 영유아의 반응적 상호작용
영아의 비언어적·언어적 표현을 경청하고 상호작용을 지속함
1-2. 따뜻하고 편안한 일상생활 지원
안전한 환경 조성을 위해 놀잇감을 정리하며 영아들의 안전한 놀이를 지원함

교사의 지원 포인트

- 영유아의 표현을 수용하고 의미를 파악하며 상호작용
- 안전하게 놀이할 수 있도록 공간 정리 후 놀이를 이어 가도록 안내
- 영유아가 원하는 환경을 조성하여 놀이를 확장하도록 지원

사례 2 어! 어! 어! (1세, 바깥놀이 시간)

상황 요약

비행기가 낮게 날아가는 모습을 본 미소가 손짓과 단어로 교사에게 표현하며 자신의 경험(비행기 탑승)을 이야기했다.

관련 평가제 지표 요구 사항

3-1. 교사와 영유아의 반응적 상호작용
영아의 비언어적 표현을 이해하고 의미를 찾아 상호작용함

교사의 지원 포인트

- 영유아의 몸짓과 소리를 존중하며 의미를 유추하며 영유아의 반응을 살핌
- 영유아가 자신의 경험을 자연스럽게 표현할 수 있도록 기다려 주고 격려

사례 3 그림 그려 줄게요! (2세, 실내 놀이시간)

상황 요약

세민이는 물감 놀이에 참여하지 않다가 교사의 제안으로 교사의 팔에 그림을 그리며 놀이에 적극적으로 참여하게 되었다.

관련 평가제 지표 요구 사항

3-1. 교사와 영유아의 반응적 상호작용
영아의 놀이 방법을 존중하며 상호작용
2-1. 영유아의 놀이를 위한 공간 구성 및 운영
놀이를 자유롭게 할 수 있도록 공간 조성
2-2. 배움을 위한 자료 제공
다양한 자료를 제공하여 놀이 확장

교사의 지원 포인트

- 영유아의 놀이 참여 방법을 관찰하며 존중
- 영유아가 놀이에 자연스럽게 참여하도록 다양한 도구 활용 제안

사례 4 교실이 낯선 민현이! (3세, 실내 놀이시간)

상황 요약

중간 입소한 민현이가 교사와 함께 활동하며 교실 환경에 적응하는 과정을 경험했다.

관련 평가제 지표 요구 사항

3-1. 교사와 영유아의 반응적 상호작용
유아의 비언어적 표현을 관찰하며 상호작용함
3-2. 영유아 또래 간 상호작용 격려
또래에게 관심을 갖고 상호작용이 이루어지도록 촉진함
1-2. 따뜻하고 편안한 일상생활 지원
교실이 낯선 유아가 안정감을 느낄 수 있도록 세심하게 반응함

교사의 지원 포인트

- 영유아의 언어적 · 비언어적 표현에 반응
- 또래와 자연스럽게 소통할 수 있도록 적절한 상호작용
- 영유아의 감정 및 요구를 존중하며 하루일과를 예측할 수 있도록 지원

사례 5 선생님, 같이 놀아요! (4세, 실내 놀이시간)

상황 요약

유아들이 미용사 놀이를 하면서 교사와 함께 그림을 그리고 자른 후, 바다로 이야기를 확장하며 놀이를 이어 갔다.

관련 평가제 지표 요구 사항

3-1. 교사와 영유아의 반응적 상호작용
유아의 의견을 존중하며 놀이에 참여함
2-2. 배움을 위한 자료 제공
다양한 도구를 제공하여 놀이를 확장함

교사의 지원 포인트

- 영유아들의 놀이 흐름을 존중하며 도구사용을 어려워하는 영유아를 격려
- 놀이를 확장할 수 있도록 영유아들의 제안을 존중하고 의견을 나누며 놀이 참여
- 다양한 재료를 제공하여 풍부한 놀이 지원

사례 6 우리는 모두 달라! (4, 5세 혼합반, 실내 놀이시간)

상황 요약

주승이는 개구리를 접으려다 어려움을 느끼고 좌절했지만, 교사와 또래의 도움을 받아 다시 시도하고 성취감을 경험했다.

관련 평가제 지표 요구 사항

3-1. 교사와 영유아의 반응적 상호작용
유아의 감정을 존중하며 긍정적 상호작용을 지원함
3-2. 영유아 또래 간 상호작용 격려
서로 배우고 가르칠 기회를 제공하여 협력을 경험함

교사의 지원 포인트

- 영유아의 감정을 수용하며 좌절감을 자연스럽게 받아들이도록 상호작용
- 또래와의 상호작용이 이루어지도록 배움의 기회를 제공
- 교사도 배우는 자세를 보이며 영유아들이 자신감을 가질 수 있도록 격려

면담 준비하세요!

함께 생각해 보기

1. 영유아들의 비언어적 표현을 살피려고 노력하나요?

Tip 교사는 영유아는 자신의 감정, 느낌, 요구 등을 적극적으로 비언어적 · 언어적으로 의사소통을 하고 있다는 것을 명확하게 이해하고 있어야 합니다. 특히 영아가 어릴수록 표현언어가 발달하기 전이어서 눈빛, 시선, 손짓, 표정 등 비언어적 의사소통을 많이 하므로 교사의 반응이 중요한 시기입니다. 대부분의 영유아는 자신의 요구를 유창하게 표현하지 못하므로 비언어적 표현을 민감하게 읽고 반응하는 것이 필요합니다.

- **0세반 교사**
  영아들이 대부분 비언어적으로 소통하기 때문에 아이들의 감정, 요구 등을 읽어 주려고 노력하고 있습니다.

- **1세반 교사**
  요즘 놀잇감으로 자주 다툼이 일어나고 있습니다. 영아의 눈빛, 표정, 행동 등을 잘 살펴 요구사항이 있을 때 상호작용하고 있습니다.

- **4세반 교사**
  소극적인 유아가 의사표현을 잘 안 하는 경우가 많아 더 면밀히 살펴보고 있습니다.

2. 우리반 영아들이 자신을 표현하기 위하여 사용하는 다양한 소통 방식을 알고 있나요? 영아들과 소통하기 어려울 때가 언제인가요?

Tip 영아의 기질 및 특성에 따라 자신의 감정과 요구를 표현하는 방식이 모두 다릅니다. 교사는 영아가 자신만의 방식으로 표현하는 다양한 소통 방식을 알고 수용하며 상호작용을 하여야 합니다.

- **0세반 교사**
  아이들마다 원하는 것이 있을 때 자신만의 방법으로 교사에게 표현하고 있습니다. 교실 밖을 나가고 싶을 때는 손가락으로 문을 가리키거나 졸리거나 배고플 때 우는 방식으로 표현합니다. 소통하기 어려울 때는 가끔씩 있는데, 왜 우는지 원인을 모를 때입니다. 그럴 때는 불편한 부분이 무엇인지 파악하려고 다각적으로 노력합니다.

- **2세반 교사**
  영아들의 소통 방식을 파악하며 수용하고자 노력하고 있습니다. 영아가 친구를 때리는 행동이 자주 나올 때 소통의 어려움이 있지만 지속적으로 마음을 읽어 주고 아이가 알아들을 수 있는 수준으로 친구의 불편함에 대해 상호작용하고 있습니다.

3. 영아들이 떼를 쓰거나 울 때 주로 어떤 말을 하나요? 영아들의 마음, 생각 등을 그대로 존중할 때 영아들의 반응이 달라지나요?

Tip 영아는 언어표현이 제한적이기 때문에 영아의 요구나 불편한 감정을 존중하며 지원하는 것이 필요합니다. 교사의 세심한 상호작용은 영아의 긍정적 반응을 이끌어 내고, 감정조절능력을 발달시키는 데 도움을 줍니다.

상호작용 방법

1. 영아의 감정을 그대로 수용하며 읽어 주기
2. 안정감을 느낄 수 있도록 상호작용(부드러운 목소리, 스킨십 등)
3. 영아가 할 수 있는 수준의 대안 제시하기
4. 영아의 반응을 주의 깊게 살피며 상호작용하기(행동 변화, 눈 맞춤 등)

- **0세반 교사**

  떼를 쓰고 울 때는 "많이 속상하구나" 또는 "이게 싫었구나"라고 말하며 감정을 읽어 주면 진정되는 경우가 많습니다.

- **1세반 교사**

  떼쓰고 화가 나서 울 때 일단 마음을 읽어 주고 아이가 왜 그랬는지 상호작용으로 파악하려고 노력하면 서서히 진정되는 경우가 대부분입니다. 아이의 마음이 존중받는다는 것을 느낄 때 교사에게 신뢰를 느끼고 안도감으로 편안해지는 것을 볼 수 있습니다.

4. 영아들과 소통할 때 영아처럼 말을 하나요? 아니면 짧지만 분명한 문장 혹은 정확한 발음으로 말을 하나요?

Tip 교사는 발달수준에 맞게 영아가 알아들을 수 있도록 짧고 분명한 문장으로 이해하기 쉽게 상호작용하는 것이 좋습니다. 정확한 발음으로 말하는 것은 영아의 언어습득에 도움을 줍니다.

- **0세반 교사**

  영아의 언어발달을 위하여 영아가 알아들을 수 있는 수준으로 간단하게 소통하고 있습니다.

- **1세반 교사**

  한창 언어발달이 이루어지는 시기여서 정확한 발음으로 짧게 소통하여 영아가 이해할 수 있도록 상호작용을 하고 있습니다.

5. 유아들의 의사나 표현을 그대로 인정하고 존중하나요? 그럴 때 유아들은 어떠한 반응을 보이나요?

Tip 유아의 의사나 표현을 그대로 존중하고 인정해 주는 것은 자기표현능력 발달을 촉진하는 데 있어서 매우 중요합니다.

- **교사**

  네, 유아들의 의사나 표현을 그대로 존중하는 상호작용을 위해 노력하고 있습니다. 아이들이 자신의 요구나 의견을 존중받으면 자신의 감정을 조절하며 다양하게 의견을 표현하는 것을 볼 수 있었습니다.

6. 영유아들과 소통할 때 영유아들의 반응을 살피며 대화를 이어 가나요?

Tip 영유아는 교사가 자신의 반응을 존중하고 이해한다고 느끼면 신뢰를 느끼게 되며 이는 긍정적인 관계를 형성하는 데 도움이 됩니다. 특히 영유아가 불안할 때 반응을 살피며 상호작용을 하면 정서적 안정감이 형성됩니다.

- **영아반 교사**
  영아가 아직 자신의 의견을 충분하게 표현하지 못해서 상호작용하며 영아의 반응을 세심하게 살피고 있습니다.

- **유아반 교사**
  유아가 자신의 의견을 말할 때, 교사가 이해하는 것이 맞는지 확인하며 소통하고 있습니다.

7. 영유아들과 상호작용을 할 때 억양, 목소리의 톤을 상황에 맞게 조절하거나, 정확한 발음과 문장으로 말하려고 노력하나요?

Tip 정확한 발음과 문장은 영유아가 내용을 이해하는 데 도움이 되며, 억양과 목소리 톤은 아이들이 감정을 이해하고 표현하는 능력을 키우는 데 효과적입니다. 교사는 아이에게 언어 모델링입니다. 교사가 바른 언어를 사용하면 영유아도 자연스럽게 배우게 됩니다.

- **영아반 교사**
  영아가 언어발달이 잘 이루어질 수 있도록 정확한 발음과 문장으로 상호작용하고자 노력하고 있습니다.

- **유아반 교사**
  유아들의 감정이나 상황에 적절히 반응하고 있다는 것을 보여 주고자 목소리톤과 억양을 조절하며 소통하고 있습니다.

8. 영유아들이 놀이하며 스스로 배우는 유능한 존재라는 점에 동의하나요?

Tip 놀이를 통해 영유아는 주도적으로 주변 세계를 탐색하고 이해하며, 또래와의 상호작용을 통해 사회적 기술을 발전시켜 나갑니다.

- **교사**
  영유아는 놀이를 통해 스스로 배우고 성장하는 유능한 존재입니다.

9. 영유아의 놀이에 적절하게 개입(질문하기 등)하나요? 그럴 때 영유아들의 놀이가 지속되나요? 아니면 영유아들의 놀이가 중단되나요?

Tip 영유아의 다양한 놀이 경험 및 배움의 기회가 필요할 때 적절한 교사의 개입은 중요합니다. 영유아의 발달 수준 및 개별적 요구에 따라 개입함으로써 놀이가 지속되도록 지원하여야 합니다.

- **영아반 교사**
  영아에게 질문을 통해 놀이가 촉진되도록 상호작용하고 있습니다. 단조로운 놀이가 확장되는 모습을 볼 수 있었습니다.

• **유아반 교사**

놀이 중에 유아들 간의 상호작용을 관찰하고 필요한 경우 상호작용을 하며 사회적 기술을 발전시켜 놀이할 수 있도록 지원하고 있습니다. 갈등이 있는 경우, 적절한 개입이 이루어지면 서로의 마음을 이해하며 놀이가 지속되는 것을 볼 수 있습니다.

10. 영유아들에게 놀이 아이디어를 제안하거나 확장하는 편인가요? 영유아들은 교사와의 어떤 상호작용을 선호하나요?

Tip 새로운 아이디어를 제안함으로써 영유아의 상상력을 자극할 수 있습니다. 다양한 놀이를 통해 새로운 상황을 탐색하고, 문제해결능력을 발달시킬 수 있습니다.

• **영아반 교사**

영아가 처음 접하는 놀이의 경우 호기심과 탐구심을 자극하도록 다양한 놀이방법을 제안하고 있습니다. 교사와 함께 놀이하는 것을 선호하는 편이라 영아의 관심사에 맞게 놀이를 지원하고 있습니다.

• **유아반 교사**

놀이가 다양하게 활동적으로 이루어지는 편이라서 협동능력을 키울 수 있도록 상황에 따라 아이디어를 제안하기도 하고 놀이를 확장시키기도 합니다. 또래와 놀이가 적극적으로 이루어질 수 있도록 지원해 주는 것을 유아가 선호하는 편입니다.

11. 영유아들의 다름을 존중하는 말과 행동을 할 때, 영유아들은 어떤 반응을 보이나요?

Tip 다름을 존중하는 환경에서 영유아는 서로의 차이를 이해하고 받아들이는 방법을 배우게 됨으로써 사회적 상호작용과 협력 능력을 향상시킬 수 있습니다.

• **교사**

서로의 감정을 수용하고 서로 다른 입장에 대한 상호작용을 할 때 점차 수용하는 모습이 보입니다.

3-2

영유아 또래 간 상호작용 격려

매뉴얼 핵심 요약

영유아는 놀이를 중심으로 또래와 활발하게 상호작용하며 배움의 경험을 쌓는다. 놀이를 통해 감정과 생각을 표현하고 경험을 공유하며, 양보와 배려, 조절 능력을 익힌다. 교사는 영유아가 자유롭게 상호작용할 수 있도록 놀이 환경을 조성하고, 또래 간 의사 표현을 존중하도록 격려해야 한다.

또래 간 상호작용이 원활하도록 교사는 언어적 모델을 제공하고, 비언어적 소통 방식을 존중해야 한다. 영유아가 다른 생각과 관점을 편견 없이 받아들이도록 돕고, 놀이와 활동 속에서 배움을 나눌 수 있도록 지원해야 한다.

또래 간 갈등이 발생할 경우, 교사는 영유아가 스스로 문제를 해결할 수 있도록 기회를 제공해야 한다. 영유아가 해결 방법을 찾는 과정을 돕되, 일방적으로 결론을 내리지 않도록 주의해야 한다. 영아의 경우 언어 표현이 서툴러 신체적 행동이 나타날 수 있으므로 즉각적인 개입을 통해 안전을 확보하고, 긍정적인 행동을 모델링해야 한다.

▶ 포인트

- 영유아가 놀이를 통해 또래와 자연스럽게 상호작용할 수 있도록 환경을 조성해야 한다.
- 또래 간 의사 표현을 존중하고, 원활한 소통을 위해 언어적 모델을 제공해야 한다.
- 영유아가 다양한 관점을 편견 없이 받아들일 수 있도록 지원해야 한다.
- 놀이와 활동 속에서 영유아가 배움을 공유할 수 있도록 격려해야 한다.
- 또래 간 갈등 상황에서 영유아가 스스로 해결 방법을 찾도록 기회를 제공해야 한다.
- 영아의 신체적 표현이 갈등으로 이어질 경우 즉각 개입하여 안전을 확보해야 한다.
- 영유아가 갈등을 긍정적으로 해결할 수 있도록 다양한 해결 방법을 안내해야 한다.

▶ 평가제 준비 Check

- 또래 간 상호작용 지원: 영유아가 자유롭게 상호작용할 수 있도록 환경 조성 및 격려
- 의사표현 존중: 영유아가 자신의 감정과 생각을 또래에게 자유롭게 표현하도록 지원
- 언어적 모델 제공: 비언어적 소통을 존중하며 필요시 언어적 표현을 도울 수 있도록 지원
- 배움 공유 촉진: 놀이와 활동을 통해 영유아가 경험과 배움을 나눌 수 있도록 유도
- 문제 해결 기회 제공: 또래 간 갈등 발생 시 영유아가 해결 방법을 찾을 수 있도록 지원
- 안전 확보 및 행동 지도: 신체적 표현이 갈등으로 이어질 경우 즉각 개입하여 긍정적 행동 모델링

▶ 교사의 역할

- 영유아가 놀이를 통해 자연스럽게 또래와 상호작용할 수 있도록 환경 조성
- 영유아가 자신의 감정과 의사를 또래에게 자유롭게 표현할 수 있도록 격려
- 영유아 간 다양한 관점을 존중하고 편견 없이 받아들일 수 있도록 지원
- 놀이와 활동 속에서 영유아가 배움을 나누고 공유할 수 있도록 유도
- 또래 간 갈등 상황에서 영유아가 스스로 해결 방법을 찾을 수 있도록 기회 제공
- 영아의 신체적 행동이 갈등으로 이어질 경우 즉각 개입하여 안전 확보 및 긍정적 행동 모델링
- 영유아가 다양한 해결 방법(요청, 교환, 함께 쓰기, 기다리기, 번갈아 하기 등)을 활용할 수 있도록 안내

관찰 면담

적절한 수준
• 영유아들이 서로의 관점을 있는 그대로 존중할 수 있도록 격려한다. • 영유아 또래 간에 경험 또는 배움을 공유할 수 있도록 격려한다. • 영유아 간 다툼이나 문제가 발생하면 긍정적으로 해결할 수 있도록 지원한다.
부적절한 수준
• 영유아의 자유로운 대화가 허락되지 않는 엄격한 분위기 속에서 활동이 이루어진다. • 영유아 간 다툼이나 문제가 발생해도 주의를 기울이지 않는다.

지표 핵심_1

〈관찰〉

적절한 수준	부적절한 수준
• 영유아들이 서로의 관점을 있는 그대로 존중할 수 있도록 격려한다. • 영유아 또래 간에 경험 또는 배움을 공유할 수 있도록 격려한다.	• 영유아의 자유로운 대화가 허락되지 않는 엄격한 분위기 속에서 활동이 이루어진다.

핵심 Point

• 영유아 간 상호작용 촉진

1. 불안정하고 부정적 정서를 표현하는 영유아를 그대로 수용

- 영유아가 불안정하고 부정적 정서를 표현할 때 비난하거나 평가하지 않음
- 따뜻한 말로 현재 감정을 그대로 수용하고 공감하며 영유아가 안정감을 느끼도록 함

부적절한 상호작용 예시: 울면 안돼, 화내지 않아요.

적절한 상호작용 예시: 속상해서 우는구나, 화가 났구나, 답답했구나.

2. 영유아의 정서상태를 파악하여 언어 · 비언어적으로 반응

- 일상에서 영유아의 정서 및 기분 상태를 파악하기 위해 지속적으로 관찰함
- 영유아가 느끼고 있는 기분이나 감정 등을 언어로 표현함
- 안정감을 느끼도록 언어 · 비언어적으로 반응함(고개 끄덕이기, 미소, 안아 주기 등)

▌영유아의 자기조절능력 기초를 심어 주는 상호작용 예시

- 격려: 영유아가 감정이나 생각을 표현할 때 긍정적인 상호작용으로 자신감을 높일 수 있는 기회 제공
- 질문: 개방적인 질문을 통해 자신의 생각을 말할 수 있도록 격려
- 촉진: 또래 간 서로 대화할 수 있도록 환경 조성

격려 상호작용 예시

- 친구한테 ○○이의 생각을 말했구나! 아주 멋졌어.
- ○○이한테 "같이 놀자"라고 말했구나! 친구한테 용기를 냈더니 더 즐겁게 놀 수 있었지?
- 친구한테 말하니까 ○○이가 기뻐하는 것 같아! 계속 이렇게 이야기해 보면 좋겠어.
- 친구한테 하고 싶은 말을 용기 내서 해 줬구나! 네 마음을 표현해서 참 좋아.
- ○○이가 이야기할 때 친구들이 집중해서 듣고 있었어. 멋진 발표였어!

질문 상호작용 예시

- 친구에게 어떤 말을 해 주고 싶어?
- 친구가 속상해하는 것 같은데, ○○이라면 어떤 말을 해 주고 싶어?
- 놀이할 때 친구랑 다르게 생각한 점이 있었니? 어떤 점이 달랐어?
- 친구와 함께 만들기를 했을 때 제일 재미있었던 순간은 언제였어?

촉진 상호작용 예시

- ○○이가 말한 걸 □□이도 들어 볼까?
- ○○이가 무슨 이야기를 했는지 □□이가 한번 말해 줄 수 있어?
- 친구가 한 말에 ○○이는 어떻게 생각해? 같이 이야기 나눠 볼까?
- 둘이 같은 놀이를 하고 있네! 같이 놀이하면 더 재미있지 않을까?
- □□이가 이야기하고 싶은 게 있대. ○○이한테 이야기해 볼까?
- ○○이랑 □□이가 함께 놀이할 때는 어떤 규칙을 만들면 좋을까? 함께 이야기해 보자.

3. 영유아가 자신의 감정이나 생각을 또래에게 말로 표현하도록 격려

- 자신의 감정이나 생각을 또래에게 전하고 싶을 때 자유롭게 할 수 있도록 기회를 제공함
- 일방적인 지시가 아니라 서로가 자신의 생각과 감정을 말로 표현할 수 있는 기회를 자연스럽게 격려함
- 또래에게 언어로 표현하는 데 어려움을 느낄 경우 교사가 언어적 모델을 보임

영아

- 영아의 행동이나 말을 그대로 따라 하거나 묘사하여 또래에게 관심을 갖도록 함
- 특히 0~1세의 경우 또래에 흥미를 가질 수 있도록 영아 간에 긍정적인 상호작용 기회를 자주 제공하여 격려하도록 함
  → 바라보기, 미소 짓기, 가벼운 포옹, 함께 놀이, 이름 부르기, 옆에서 놀기 등
- 2세의 경우 또래 간에 관심이나 서로 간에 상호작용을 할 때마다 격려함

• ○○이가 블록을 쌓았네! □□이도 옆에서 같이 해 볼까?
• 방울을 흔들고 있구나! 선생님도 같이 해 볼게.
• □□이가 ○○이한테 공을 굴려 줬네! ○○이도 공을 받아 볼까?
• 와! ○○이가 손뼉을 쳤네! 선생님도 짝짝짝! □□이도 해 볼래?
• ○○이가 인형을 꼭 안고 있네. □□이도 인형을 좋아할까? 한번 같이 볼까?
• ○○이가 그림책을 보고 있네! □□이도 같이 볼까?
• ○○이가 자동차를 밀고 가네! 부르릉부르릉~ □□이도 자동차 같이 밀어 볼까?
• ○○이가 손을 흔드네! 안녕~ □□이도 같이 인사해 볼까?

유아

- 교사는 놀이나 활동 상황에서 또래 간의 놀이와 활동이 공유되도록 격려

• 무슨 놀이를 하고 있는지 친구들에게 말해 줄 수 있니?
• 모래성을 어떻게 만들었는지 친구에게 물어 볼까?
• 친구들에게 어떻게 만든 건지 알려 줄래?
• 친구가 장난감을 가지고 놀 때, "같이 놀자!"라고 해 보자. 친구와 함께 놀면 더 넓고 멋진 동물원을 만들 수 있을 거야.
• 경찰놀이를 하고 싶구나. ○○이는 경찰 역할을 하고 싶구나. 친구는 어떤 역할을 하고 싶어 하는지 들어 볼까?

– 개방적인 질문으로 학습이 일어나도록 격려하고 유아가 스스로 문제를 해결해 갈 수 있는 기회를 제공함

• 또래와 긍정적 정서를 자연스럽게 표현하는 경험에 대해 느껴지는 생각을 말과 행동으로 표현하도록 격려함

유아가 만든 작품이나 편지를 주고받기 등

• 오늘 그린 그림을 친구에게 보여 줄까? 이 그림을 보고 친구는 어떤 기분이 들었는지 말해 줄 수 있어?
• 지금 마음을 친구에게 편지로 써 볼까? ○○이의 마음을 알 수 있는 좋은 기회가 될 것 같아.
• 우와, 작품이 정말 멋져! 친구에게 이 작품을 보여 주며 어떤 점이 가장 마음에 드는지 이야기해 보자.
• 오늘 우리가 만든 쿠키를 경로당에 계신 할아버지와 할머니께 드리면 우리 친구들의 마음은 어떨 것 같아?
• 친구에게 미안한 마음을 표현하고 싶다면 어떤 방법이 좋을까?

• 유아 간 다양한 경험을 나누고 배우며, 배려하도록 기회를 자주 제공함

나누기, 기다리기, 도와주기, 도움받기, 함께 사용하기, 물어보기, 제안하기 등

• 친구와 골판지를 나누고 싶다면 어떻게 하면 좋을까? 먼저 친구에게 물어보면 좋겠어.
• "어떻게 도와줄까?"라고 물어보면 친구가 힘이 될 것 같아.
• 더 근사한 집을 만들기 위해서 "이렇게 해 보면 어때?"라고 물어보면 어떨까?

• 상호작용 격려를 위해 교사가 제안을 한다면, 일방적 지시가 아닌 행동의 결과에 대해 또래의 긍정적인 반응을 설명함

양보와 협력의 행동이 반복 실천되도록 격려함

• 친구에게 장난감을 나눠 줬구나. 친구가 "고마워!"라고 말했네. 잘했어.
• 과자를 나눠 주니, 친구가 기뻐 보이네.
• 도와주니 친구가 고마워하며 활짝 웃네. 이렇게 도와주니 기분이 참 좋지?
• 너희들 기분이 좋구나! 서로서로 힘을 합치니 근사한 우주선이 탄생했어.

지표 핵심_2

〈관찰, 면담〉

적절한 수준
• 영유아 간 다툼이나 문제가 발생하면 긍정적으로 해결하도록 지원한다.

〈관찰〉

부적절한 수준
• 영유아의 놀이를 강제로 멈추거나 놀잇감을 치운다.

핵심 Point

• 다양한 긍정적 해결방안을 사용하도록 격려함
(요청, 교환, 함께 쓰기, 번갈아 하기, 기다리기)

1. 다툼 및 문제 상황이 발생하지 않도록 놀잇감 및 공간을 충분히 확보

- 다양한 상황을 고려하여 놀이자료를 충분히 마련하여 갈등 및 다툼을 예방함
- 연령 및 놀이에 참여하는 영유아 수, 놀이자료의 선호도 등을 고려하여 준비함
- 영유아의 경우 영아 수만큼 모양, 색, 크기가 똑같은 것으로 구비함
- 영유아 수에 따라 공간을 유연하게 조정하여 놀이를 위한 공간을 충분히 마련함
- 한 영역에 영유아가 집중된다면 갈등이나 다툼이 예상되므로 교구장이나 책상(의자) 등의 위치를 옮겨 편안하게 놀이하도록 함

2. 다툼이나 문제 상황에 적절하게 개입

- 갈등이나 다툼을 교사가 일방적으로 정리하지 않도록 주의해야 함

• 상황을 잘 살펴서 적절하게 개입함
영아
– 상황에 적절히 개입하여 영아의 부정적인 감정을 수용한 후, 영아가 이해할 수 있는 수준으로 상호작용함 – 영아는 언어적 표현이 미숙하여 신체적으로 감정을 표현하여 공격적 행동이 나올 수 있으므로, 갈등 및 다툼이 발생한다면 즉시 개입하여 안전사고를 예방하여야 함

- 양쪽 영아의 감정을 모두 수용하고 긍정적 행동을 교사가 모델링하여 배움의 기회를 제공함

감정 수용 후, 영아가 알아들을 수 있는 수준으로 상호작용

- 상황 인식: 장난감 때문에 싸웠구나.
  감정 수용: 화났구나!
  서로의 입장: 무슨 일이야? ○○이는 마음이 어때?
  해결 제안: ○○이는 탬버린으로, △△이는 북을 쳐 보고 다시 바꿔서 하는 건 어때?
  같이 연주하면 더 재밌어! 함께 놀아 보자!
  격려: 우와. 같이 연주하니까 선생님이 노래를 부르고 싶네? 참 잘했어.

유아

- 스스로 해결할 수 있는 기회를 먼저 제공하고 필요하다면 대안을 제시하기도 함
- 갈등 및 다툼이 발생한 경우 유아의 양쪽 입장을 모두 들은 후 상황을 파악함
- 유아가 문제를 해결을 위해 어떻게 하면 좋을지에 대해 스스로 생각해 보도록 상호작용함
- 유아가 또래의 입장을 잘 이해하지 못한다면 상대방의 입장에서 다시 생각하고 표현을 해 보도록 개방적 질문을 함
- 신중히 유아의 이야기에 경청함

감정 수용 후, 유아가 알아들을 수 있는 수준으로 상호작용

- 상황 인식: 같이 놀다가 싸웠구나. 어떤 일이 있었는지 이야기해 볼까?
  감정 수용: 화가 났구나. 그런 기분이 드는 건 이해해. ○○이도 그럴 거야.
  서로의 입장: ○○이가 △△이라면 어떤 느낌이 들까?
  해결 제안: 서로 나누는 건 어떨까?
  격려: 이렇게 함께 이야기하면 친구의 마음을 알 수 있단다. 서로 나누는 건 잘한 결정이야.

- 교사가 직접 해결방안을 제시하는 것은 지양한다.
  누가 이 놀잇감을 먼저 갖고 놀았니? 그럼 ○○가 잠시 더 갖고 놀다가 △△에게 양보하자.

3. 긍정적 해결방안을 사용하도록 격려

- 또래 간 다양한 해결방법을 사용하도록 격려함
- 한 가지 방법이 또래에게 통하지 않는다면 다른 대안을 생각하고 표현할 수 있도록 격려함

• 요청하기

- 내가 그 공 가지고 놀아도 되니?
- 이 장난감 좀 빌려 줄래?
- 나도 그 블록 좀 써도 될까?
- 나한테 그 인형 줄 수 있니?
- 나도 그 과자 먹어도 될까?

• 교환하기

- 이 블록 줄게. 그 자동차 나한테 줄래?
- 색연필 줄 테니까 너는 나한테 스티커 줄래?

• 함께 쓰기

- 우리 함께 이 퍼즐 맞추자.
- 같이 블록으로 집 만들자.
- 같이 만들까?
- 힘을 합쳐서 모래성을 쌓아 보자.

• 번갈아 하기

- 네가 먼저 블록 쌓고 나면 내가 그 다음에 할게.
- 네가 다 하고 나한테 줄 수 있어?

• 기다리기

- 내가 다 하고 나면 네 차례야.
- 네가 끝나면 내가 할게.
- 내가 잠깐 기다리고 있을게.

평가제 완벽 대비 Q&A

Q 영아 간의 다툼이나 문제 상황이 발생할 경우 어떻게 해야 하나요?

A 영유아 간의 다툼이나 문제가 발생할 경우, 교사는 긍정적인 해결 방법을 지원해야 합니다. 상황을 자세히 살펴보고 즉시 개입하여 안전을 확보한 후, 영아의 감정을 수용하고 이해할 수 있도록 간단히 설명해야 합니다. 예를 들어, 감정을 이해하고 긍정적인 행동을 모델링하는 방식으로 접근해야 합니다.

(예) "○○이가 △△이의 놀잇감을 가져가서 화가 났구나. 다음번에는 '△△야, 이거 가져가도 돼?'라고 물어 볼 수 있겠니? 그러면 △△이도 화가 나지 않고 재미있게 놀이를 할 수 있을 것 같아" 등

Q 유아 간의 다툼이나 문제 상황이 발생할 경우 어떻게 해야 하나요?

A 영유아 간의 다툼이 발생하면, 교사는 긍정적인 해결 방법을 지원해야 합니다. 교사는 유아가 스스로 문제를 해결할 기회를 주고, 상대방의 입장을 이해하도록 도와야 합니다. 이후 긍정적인 해결 방안을 함께 생각해 보도록 지도해야 합니다.

(예) "○○이가 놀던 블록을 말없이 가져가면 △△이는 마음이 어때?"

(예) "○○가 △△와 함께 사용하기로 했구나!"

매뉴얼 사례 핵심

사례 1 서로 다른 방식! (1세, 실내 놀이시간)

상황 요약

영아들은 기존의 클레이 점토와는 다른 성질을 가진 유토를 제공받았다. 각자 다른 방식으로 유토를 탐색하며 놀이를 이어 갔다.

관련 평가제 지표 요구 사항

3-2. 영유아 또래 간 상호작용 격려
서로의 놀이를 인정하고, 또래 놀이를 관찰하며 상호작용하도록 지원함
2-2. 배움을 위한 자료 제공
영아들이 쉽게 놀이를 변형하며 놀이 재료의 특성을 파악하도록 제공함

교사의 지원 포인트

- 영유아가 놀이를 하며 언어와 행동으로 표현하도록 격려하며 서로의 놀이를 공유하도록 촉진
- 기존의 재료와 다른 성질을 가진 재료를 제공하여 새로운 촉감과 놀이를 경험하도록 지원

사례 2 함께 책을 보고 싶어요. (2세, 실내 놀이시간)

상황 요약

미연이는 종이 상자 안에서 혼자 놀이를 하고 싶었고, 준이는 함께 책을 보고 싶어 했다. 교사는 두 영아의 마음을 존중하며 자연스럽게 상호작용이 이루어지도록 지원했다.

관련 평가제 지표 요구 사항

3-2. 영유아 또래 간 상호작용 격려
서로의 감정을 존중하며 상호작용을 지원함
3-1. 교사와 영유아의 반응적 상호작용
언어 표현이 어려운 영아의 비언어적 표현을 경청하며 소통함
2-2. 배움을 위한 자료 제공
영아들이 좋아하는 종이 상자를 제공하여 놀이를 확장함

교사의 지원 포인트

- 영유아의 비언어적 표현을 수용하며 영유아의 감정을 교사가 언어로 표현
- 영유아 각자의 감정과 요구를 조율하며 자연스럽게 상호작용하도록 촉진

사례 3 높은 구슬 길과 튼튼한 구슬 길 (4세, 실내 놀이시간)

상황 요약

지혁이는 높은 곳에서 공을 굴리는 길을, 우석이는 튼튼한 길을 만들었다. 교사는 두 아이의 관점을 존중하며 함께 놀이하도록 지원했다.

관련 평가제 지표 요구 사항

3-2. 영유아 또래 간 상호작용 격려
서로 다른 생각을 존중하며 협력하는 경험을 제공함
2-1. 영유아의 놀이를 위한 공간 구성 및 운영
놀이를 충분히 할 수 있도록 놀이공간을 확보함

교사의 지원 포인트

- 영유아가 서로 다른 놀이 방식을 존중하며, 두 가지 방식이 모두 유용하다는 것을 알 수 있도록 지원
- 공이 잘 굴러가는 길을 함께 놀이하며 배움의 기회를 경험
- 영유아가 자신의 생각을 자유롭게 표현하고 공유하도록 촉진

사례 4 어떤 놀이를 했지? (3세, 이야기 나누기 시간)

상황 요약

유아들은 놀이했던 사진을 보며 자신의 경험을 공유하고, 놀이 속에서 있었던 이야기를 다시 떠올리며 소통했다.

관련 평가제 지표 요구 사항

3-2. 영유아 또래 간 상호작용 격려
 놀이 경험을 공유하며 또래와 상호작용하도록 촉진
3-1. 교사와 영유아의 반응적 상호작용
 유아가 놀이에 대한 경험을 언어로 표현할 수 있도록 격려

교사의 지원 포인트

- 놀이 사진을 활용하여 영유아가 자신의 경험을 표현할 수 있도록 지원
- 또래의 경험을 듣고 상호작용하도록 촉진

사례 5 친구와 사이좋게 놀 수 있어요. ① (3세, 장애유아, 실내 놀이시간)

상황 요약

연준이는 기찻길이 무너져 속상한 감정을 블록을 던지려는 행동으로 표현했다. 교사는 연준이의 감정을 존중하며 긍정적인 방식으로 감정을 조절하도록 유도했다.

관련 평가제 지표 요구 사항

3-2. 영유아 또래 간 상호작용 격려
 감정을 수용하고 상황에 맞게 적절한 표현을 할 수 있도록 지원함

교사의 지원 포인트

- 영유아의 감정을 공감하며, 공격적인 행동이 아닌 긍정적인 감정 표현 방법에 대해 지원
- 감정이 진정된 후, 속상한 마음을 표현할 기회를 제공
- 감정 조절을 도와주는 시각적 자료를 활용하여 지속적으로 지원

사례 6 친구와 사이좋게 놀 수 있어요. ② (4세, 장애유아, 실내 놀이시간)

상황 요약

승훈이는 친구의 놀잇감을 갑자기 가져가곤 했다. 교사는 승훈이가 또래와 적절한 방식으로 상호작용할 수 있도록 지도했다.

관련 평가제 지표 요구 사항

3-2. 영유아 또래 간 상호작용 격려
 또래와 상호작용하도록 적절한 방법을 지속적으로 지원함
3-1. 교사와 영유아의 반응적 상호작용
 상황에 맞는 행동을 안내함
2-1. 영유아의 놀이를 위한 공간 구성 및 운영
 또래와 상호작용할 수 있는 환경을 조성함

교사의 지원 포인트

- 또래에게 먼저 요청하는 방법을 자연스럽게 익히도록 촉진
- 또래와 협력할 수 있도록 긍정적인 상호작용 경험을 제공
- 행동이 반복되지 않도록 꾸준히 상황별 적절한 대처 방법을 상호작용

면담 준비하세요!

함께 생각해 보기

1. 영유아들이 서로의 관점을 인정하지 못하고 다툼을 할 때 선생님은 어떻게 하나요?

Tip 교사는 영유아가 각자의 입장에 대해 말할 수 있도록 경청하며, 감정을 표현할 수 있도록 도와야 합니다. 각자의 감정에 대해 공감한 후 해결할 수 있도록 상호작용을 합니다.

- **영아반 교사**
  영아의 감정을 수용해 주는 것이 가장 중요해서, 갈등이 일어나면 먼저 각자의 감정을 읽어 주고 수용합니다. 그리고 영아의 반응을 살피며 해결방법을 제안합니다.

- **유아반 교사**
  유아가 자신의 입장에 대해 말할 수 있도록 기회를 주고, 다양한 해결방법을 제시하여 유아가 문제를 해결할 수 있도록 지원하고 있습니다.

2. 영유아들이 차별하는 말과 행동을 할 때 선생님은 어떻게 하나요?

Tip 영유아가 차별하는 말과 행동을 하는 배경에 대해 분석한 후 차별적인 언행이 왜 문제인지 아이 수준에서 상호작용하며 차별적 행동 대신 사용할 수 있는 긍정적인 언어와 행동에 대한 배움의 기회를 제공하여야 합니다.

- **영아반 교사**
  역할놀이를 통해 다양한 관점을 이해하고 공감할 수 있도록 상호작용하고 있습니다.

- **유아반 교사**
  차별적인 행동으로 인해 어떤 문제가 생길 수 있는지 유아와 이야기를 나누고, 해결방안에 대해 상호작용을 합니다. 그리고 부모와의 소통을 통해 일관적인 지원이 이루어지도록 지원합니다.

3. 영유아들이 함께 놀이하고, 활동하며 서로에게 배우는 것을 보았나요? 어떤 점이 인상 깊었나요?

Tip 영유아는 또래와 놀이하며 서로 협력하고 역할을 나누며 협력의 중요성을 인식하게 됩니다. 놀이하며 친구의 다양한 감정을 경험함으로써 자신의 감정을 인식하고 조절하는 방법을 배우며 갈등이 생겼을 때 문제해결 능력을 발달시켜 나갑니다. 무엇보다 다양한 배경을 가진 또래와 놀이를 통해 문화적 다양성도 이해하게 됩니다.

- **영아반 교사**
  0세반 아이들이 함께 놀이하며 친구를 인식하며 사회성의 기초가 형성되는 것을 볼 수 있었습니다.

• **유아반 교사**

세계지도를 그릴 수 있도록 바닥에 대형도화지를 마련해 주었습니다. 유아들이 함께 세계지도를 그리며 서로의 스타일을 존중하며 협력하는 모습을 보았습니다. 생각이 나지 않을 때에는 서로 이야기를 나누며 완성해 가는 모습을 보며 협력과 소통이 적극적으로 이루어지고 있어 감동이었습니다.

4. 우리 반 영유아들의 놀이나 활동 경험 혹은 배움을 반 영유아들과 나누나요? 영유아들의 경험과 배움을 나누는 것은 어떤 의미가 있나요?

Tip 교사가 영유아의 놀이 및 경험에 대해 나누면 그 의미에 대해 더 깊이 이해하고 새로운 관점을 배울 수 있는 계기가 됩니다. 무엇보다 교사가 아이들의 놀이를 의미 있게 관찰하는 과정을 통해 아이들의 놀이가 존중되어 유대감을 더 강화시키고 배움의 환경을 더욱 긍정적으로 조성할 수 있습니다.

• **영아반 교사**

놀이 경험 또는 배움의 의미가 있을 때는 영아들과 나누는 기회를 자주 갖습니다. 이를 통해 영아는 놀이를 더 다양하게 만나 적극적으로 활동하는 모습을 볼 수 있습니다.

• **유아반 교사**

아이들과 나누는 과정을 통해 서로의 이야기를 듣고, 공감하기도 합니다. 아이들의 경험을 나누며 유아의 관심사나 요구를 더욱 깊게 이해할 수 있는 계기가 됩니다.

5. 영유아들이 다툼이나 문제가 있을 때 선생님은 어떻게 하나요? 영유아들에게 문제를 해결할 기회를 주나요? 아니면 선생님이 해결책을 제시하나요?

Tip 다툼이나 문제가 발생하면 영아의 경우 안전사고 발생의 위험이 있으므로 즉각 개입하여 영아가 알아들을 수 있는 수준으로 상호작용하며 문제해결을 하여야 합니다. 유아의 경우 각자의 입장에 대해 충분히 들은 후 다양한 해결책을 제시하여 유아가 선택할 수 있는 기회를 주는 것이 좋습니다.

제시: 요청하기 / 교환하기 / 함께 쓰기 / 번갈아 쓰기

• **영아반 교사**

즉시 개입하여 양쪽 영아의 다툼의 원인에 대해 파악하고자 영아의 행동 및 언어 표현에 집중합니다. 영아의 감정을 충분히 수용한 후 반응을 살피며 대안을 제시합니다.

• **유아반 교사**

각자의 입장에 대해 충분히 들은 후, 유아가 해결방법에 대해 스스로 먼저 얘기할 수 있는 기회를 준 후, 필요하다면 교사가 다양한 해결방법을 제시하여 자발적으로 선택하여 해결할 수 있는 기회를 제공합니다.

영역 4

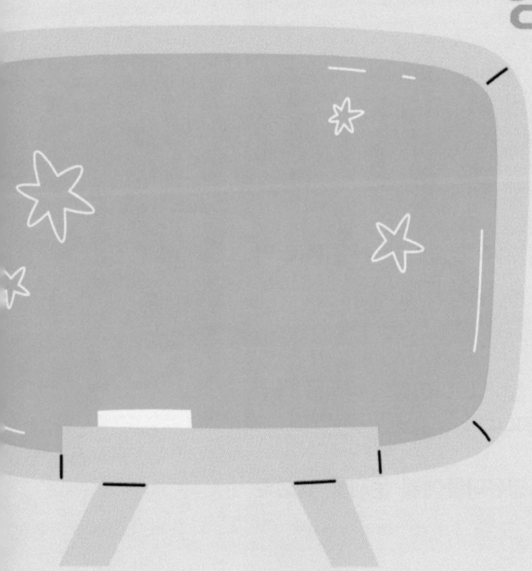

보육과정 실행과 평가

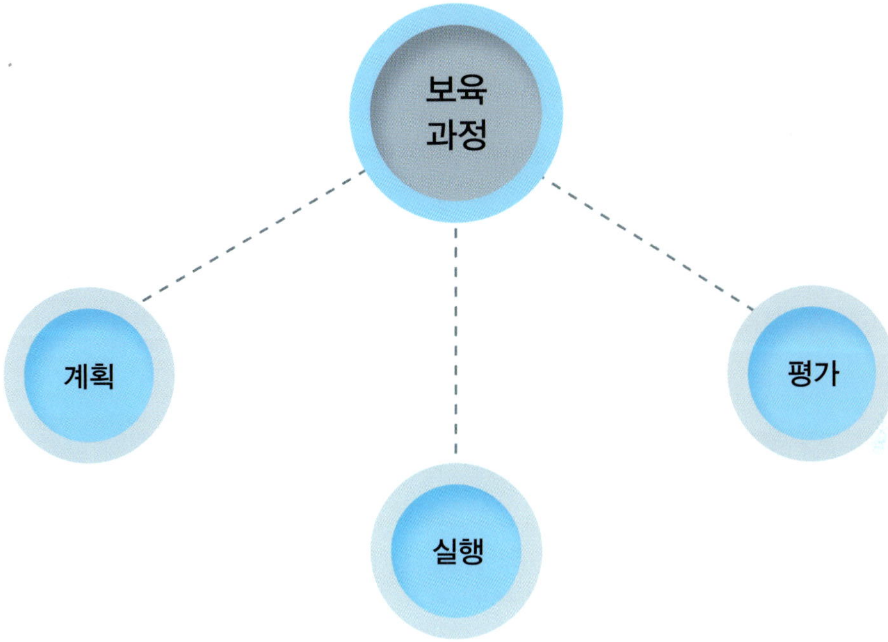

4영역 구성

4-1 관찰 및 실행 계획
4-2 보육과정 평가

4영역 전체 보기

4영역 전체 보기

검토서류

- 보육일지 ······ 현장평가월 기준 1개월 전
- 계획안(월간, 주간, 일일 중) ······ 현장평가월 기준 1개월 전
- 영유아 평가 기록(영유아 발달 평가) ······ 현장평가월 기준 1년 이내
- 장애영유아 개별화교육계획 ······ 현장평가월 기준 1개월 전

4-1. 관찰 및 실행 계획	
적절한 수준	
관찰, 기록	• 영유아의 놀이와 활동, 일상생활에 대한 관찰을 토대로 영유아의 경험이나 배움을 기록한다.
관찰, 기록, 면담	• 영유아의 놀이와 활동, 일상생활을 지원하기 위한 계획을 수립하여 실행하고, 기록한다.
관찰, 기록, 면담	• (5세 유아) 유아의 초등학교 전이를 지원하기 위한 놀이 혹은 활동을 계획하고 실행한다.
관찰, 기록, 면담	• 다양한 교육 진단을 통해 발달에 적합한 개별화교육계획을 수립하고, 장애 유형 및 특성, 발달수준을 고려하여 실행한다. (* 특수교사나 장애영유아를 위한 보육교사가 배치되어 있는 경우에 한하여 평정)
부적절한 수준	
기록	• 영유아의 놀이와 활동, 일상생활 지원 계획을 수립하지 않거나, 실행기록을 작성하지 않는다.
관찰, 면담	• (5세 유아) 유아의 초등학교 전이를 지원하기 위한 놀이 혹은 활동이 전혀 계획되어 있지 않고, 운영되지 않는다.
기록	• 개별화교육계획을 수립하지 않는다.
관찰, 기록, 면담	• 개별화교육계획이 포함된 보육과정을 운영하지 않고 장애 유형 및 특성, 발달수준을 고려하여 실행하지 않는다. (* 특수교사나 장애영유아를 위한 보육교사가 배치되어 있는 경우에 한하여 평정)

함께 생각하기

- 오늘 영유아들의 놀이와 활동, 일상생활 중에서 가장 인상적이었던 것은 무엇이었나요?
- 오늘 영유아들의 놀이와 활동, 일상생활을 기록하면서 영유아들이 여러 가지 영역을 통합적으로 경험하고 있음을 이해하였나요?
- 실행 계획은 영유아들의 놀이와 활동, 일상생활과 연계하여 수립되었나요?
- (5세 유아를 담당하는 경우) 유아들이 초등학교 진학을 편안하게 할 수 있도록 어떤 지원을 하고 있나요?
- (장애영유아를 담당하는 경우) 개별화교육계획을 수립하기 위해 관찰, 교육과정 중심 진단, 가족 및 기타 정보를 다양하게 수집하여 현행 수준(예. 현행 수준 요약서 또는 현재 수행 평가서 등)을 작성하였나요?
- (장애영유아를 담당하는 경우) 장애영유아의 현행 수준을 기반으로 장기 목표와 단기 목표를 작성하였나요?
- (장애영유아를 담당하는 경우) 장애영유아의 관심과 흥미에 따라 개별화교육계획을 연계하여 실행하는 과정에서 장애영유아의 개별적 요구를 반영한 다양한 교수전략을 사용하였나요?

4-2. 보육과정 평가	
적절한 수준	
기록, 면담	• 영유아 중심 · 놀이 중심 보육과정으로 운영되고 있는지를 평가한다.
관찰, 기록	• 관찰 기록 등을 활용하여 연 2회 이상 영유아의 특성과 변화 정도를 평가한다.
관찰, 기록	• 장애영유아에 대한 다양한 교육 진단과 일상적인 놀이 관찰 기록 등을 수집하여 연 2회 이상 영유아의 특성과 변화 정도를 평가한다. (* 특수교사나 장애영유아를 위한 보육교사가 배치되어 있는 경우에 한하여 평정)
면담	• 보육과정 운영 평가와 영유아 평가 결과는 보육과정 운영 개선, 실행 계획 수립, 영유아 이해, 부모 면담 등에 활용한다.
면담	• 장애영유아 평가 결과는 다음 학기 개별화교육계획 수립, 장애영유아 지원 방법 및 부모 면담 등에 활용한다. (* 특수교사나 장애영유아를 위한 보육교사가 배치되어 있는 경우에 한하여 평정)
부적절한 수준	
기록, 면담	• 보육과정 운영 평가를 하지 않으며, 계획되어 있지 않다.
관찰, 기록	• 영유아의 특성과 변화 정도를 평가하지 않는다.
면담	• 보육과정 운영 평가와 영유아 평가 결과를 활용하지 않는다.

함께 생각하기

- 보육과정 운영 평가가 왜 필요하다고 생각하나요?
- 영유아 중심 · 놀이 중심 보육과정 운영을 평가하기 위하여 어떤 계획을 수립하나요? 평가의 주기는 어떠한가요?
- 보육과정 운영 평가를 '계획–실행' 또는 '실행–계획' 중에서 어떤 것을 더 선호하나요? 영유아 중심 · 놀이 중심 보육과정 운영에서 더 의미 있는 평가는 어떠한 것이라고 생각하나요?
- 보육과정 운영 평가를 위하여 어린이집 동료 교사와 협의를 하나요? 동료 교사들은 어떤 내용을 중심으로 운영 평가를 하나요?
- 영유아의 특성과 변화를 평가하는 영유아 평가를 위해 어떤 자료를 수집하나요?
- 보육일지의 놀이 기록과 영유아 평가의 차이는 무엇일까요?
- 보육과정 평가 결과 활용은 어떻게 하고 있나요? 보육과정 운영 개선에 활용하고 있나요?
- (장애영유아를 담당하는 경우) 개별화교육계획 수행 정도를 정기적으로 평가하나요?

계획

어린이집은 표준보육과정을 기반으로 기관에 적합한 계획을 수립하여 운영하고, 계획안은 종류, 형식, 분량 등을 자율적으로 작성할 수 있다.

실행

영유아 · 놀이 중심의 보육과정 실행은 준비된 환경에서 영유아가 놀이하도록 지원하며, 교사는 영유아의 반응과 흥미도를 관찰하며 계획을 수립해 나간다.

평가

- 전체평가: 영유아 · 놀이 중심 보육과정을 전체적으로 평가하여 운영의 질을 진단하여 더 좋은 방향으로 개선하는 평가를 시행하여야 한다.
- 영유아평가: 놀이와 활동, 일상생활을 통한 경험이나 배움을 기록한 다양한 자료를 바탕으로 영유아의 특성과 변화정도를 평가하고 이 결과를 보육과정 운영 등에 반영하여야 한다.

이렇게 이해하세요!

어린이집의 보육과정 운영은 단순히 계획을 세우는 것이 아니라, 아이들의 놀이와 배움이 자연스럽게 연결될 수 있도록 돕는 과정이에요. 표준보육과정을 기반으로 하되, 각 기관의 특성과 반의 상황을 반영하여 적절한 계획을 세우는 것이 중요합니다. 계획은 꼭 정해진 형식이나 틀에 맞출 필요 없이, 교사가 아이들의 놀이와 활동을 지원하기 위해 미리 준비해야 할 모든 내용을 포함하면 됩니다.

또한, 계획은 아이들의 경험이 단순한 놀이로 끝나는 것이 아니라 교육적으로 확장될 수 있도록 구성해야 해요. 예를 들어, 특정 놀이에서 아이들이 반복적으로 관심을 보인다면, 그 흥미를 심화할 수 있는 환경을 마련하거나 적절한 자료를 제공하는 것이 좋습니다. 교사의 역할은 놀이를 주도하는 것이 아니라, 아이들이 자발적으로 놀이를 지속하고 확장할 수 있도록 옆에서 돕는 것이 핵심이에요.

보육과정은 '계획-실행-평가'가 순환되도록 운영해야 합니다. 계획한 내용을 실행한 후에는 운영의 질을 점검하고, 아이들의 반응과 배움의 변화를 평가해야 해요. 평가 결과를 바탕으로 계획을 수정 · 보완하면서 보다 나은 방향으로 보육과정을 발전시켜 나가는 것이 중요합니다. 이렇게 운영하면 표준보육과정이 궁극적으로 추구하는 영유아 중심 · 놀이 중심 보육이 자연스럽게 이루어질 수 있습니다.

4-1 관찰 및 실행 계획

매뉴얼 핵심 요약

교사는 영유아의 놀이와 활동을 관찰하고, 이를 기록하여 배움을 지원해야 한다. 놀이를 존중한다는 것은 단순히 지켜보는 것이 아니라, 놀이 속에서 영유아가 경험하는 배움의 과정을 이해하고 기록하는 것이다. 기록은 놀이 사진, 메모, 상세한 서술 등 다양한 방식으로 이루어질 수 있으며, 이를 통해 효과적인 놀이 지원 계획을 수립할 수 있다.

계획은 표준보육과정의 목표와 연계되어야 하며, 영유아의 주도적 놀이를 지원하도록 수립되어야 한다. 놀이의 흐름과 연계되는 활동을 제안하여 영유아가 배움을 확장할 수 있도록 돕고, 필요할 경우 지역사회 자원을 활용한 경험을 제공해야 한다.

또한, 5세 유아의 초등학교 전이를 돕기 위해 초등학교 관련 자료 제공, 학교 방문, 졸업생 초대 등과 같은 활동을 계획해야 한다. 장애영유아의 경우, 개별화교육계획을 수립하여 발달적 차이를 고려한 적절한 놀이와 활동을 지원해야 한다.

▶ **포인트**

- 영유아의 놀이를 관찰하고 기록하여 배움의 과정을 이해해야 한다.
- 놀이와 활동이 자연스럽게 연계되도록 계획을 수립해야 한다.
- 영유아의 주도적 놀이를 지원하기 위해 계획을 유연하게 운영해야 한다.
- 놀이 과정에서 영유아의 관심과 흥미를 반영하여 활동을 조정해야 한다.

- 놀이와 연계된 지역사회 자원을 활용하여 다양한 경험을 제공해야 한다.
- 5세 유아의 초등학교 전이를 지원하는 활동을 계획하고 실행해야 한다.
- 장애영유아의 발달 특성을 고려한 개별화교육계획을 수립해야 한다.

▶ 평가제 준비 Check

- 놀이 기록 반영: 영유아의 놀이 과정을 관찰하고 기록하여 배움 지원 계획 수립
- 놀이와 활동 연계: 놀이를 확장할 수 있도록 관련 활동을 자연스럽게 연계하여 운영
- 유연한 계획 운영: 영유아의 관심과 놀이 흐름에 따라 계획을 수정 및 조정하여 운영
- 지역사회 자원 활용: 놀이와 연계된 지역사회 경험을 제공하여 배움의 기회 확대
- 초등학교 전이 지원: 5세 유아의 경우, 초등학교 관련 자료 제공, 방문 활동 등 전이 과정 지원 계획 수립
- 장애영유아 개별 지원: 개별화교육계획을 통해 장애영유아의 적절한 놀이와 활동 지원

▶ 교사의 역할

- 영유아의 놀이를 관찰하고 배움을 기록하여 적절한 지원 제공
- 놀이와 활동이 자연스럽게 연결될 수 있도록 계획 수립 및 실행
- 영유아의 놀이 흐름과 흥미에 따라 활동 계획을 유연하게 조정
- 지역사회 자원을 활용하여 영유아가 다양한 경험을 할 수 있도록 지원
- 5세 유아의 초등학교 전이를 돕기 위한 활동 기획 및 운영
- 장애영유아의 발달 특성을 고려한 개별화교육계획 수립 및 실행

관찰 면담 기록

적절한 수준

- 영유아의 놀이와 활동, 일상생활에 대한 관찰을 토대로 영유아의 경험이나 배움을 기록한다.
- 영유아의 놀이와 활동, 일상생활을 지원하기 위한 계획을 수립하여 실행하고, 기록한다.
- (5세 유아) 유아의 초등학교 전이를 지원하기 위한 놀이 혹은 활동을 계획하고 실행한다.
- 다양한 교육 진단을 통해 발달에 적합한 개별화교육계획을 수립하고, 장애 유형 및 특성, 발달수준을 고려하여 실행한다. (* 특수교사나 장애영유아를 위한 보육교사가 배치되어 있는 경우에 한하여 평정)

부적절한 수준

- 영유아의 놀이와 활동, 일상생활 지원 계획을 수립하지 않거나, 실행기록을 작성하지 않는다.
- (5세 유아) 유아의 초등학교 전이를 지원하기 위한 놀이 혹은 활동이 전혀 계획되어 있지 않고, 운영되지 않는다.
- 개별화교육계획을 수립하지 않는다.
- 개별화교육계획이 포함된 보육과정을 운영하지 않고 장애 유형 및 특성, 발달수준을 고려하여 실행하지 않는다. (* 특수교사나 장애영유아를 위한 보육교사가 배치되어 있는 경우에 한하여 평정)

지표 핵심_1

〈관찰, 기록〉 적절한 수준	〈기록〉 부적절한 수준
• 영유아의 놀이와 활동, 일상생활에 대한 관찰을 토대로 영유아의 경험이나 배움을 기록한다.	• 실행기록을 작성하지 않는다.

평정서류: 보육일지

보육일지는 영유아의 일상생활, 놀이, 활동과 관련한 하루일과에 대한 계획을 한 후 실행하며 일어난 의미 있었던 순간을 기록 및 평가하여 다음 계획에 반영하는 반별 공식 문서이다.

핵심 Point

- 실행기록:
  놀이, 활동, 일상생활에 대한 관찰을 토대로 영유아의 경험, 배움 기록

1. 영유아의 하루일과와 놀이에 대한 기록

- 영유아의 하루일과가 기록되어 있음
- 단편적 에피소드보다는 전개된 놀이, 일상생활, 활동을 형평성 있게 기록하여 지원함
- 결과보다 과정에 초점을 두고 놀이와 경험을 기록함
- 놀이 및 활동기록은 영유아가 흥미를 보인 놀이 및 활동의 실행 기록, 주요 놀이에 대한 평가 또는 다음 놀이에 대한 지원 계획 등이 포함되어 있음

2. 표준보육과정에서의 의미하는 배움 기록

- 표준보육과정의 영역과 추구하는 인간상이 특정 영역에 치우치지 않도록 함

☺ 교사가 알아야 하는 표준보육과정

참고자료. 표준보육과정 구성(0~2세)

추구하는 인간상	• 건강한 사람, 자주적인 사람, 창의적인 사람, 감성이 풍부한 사람, 더불어 사는 사람
목적	• 놀이를 통해 심신의 건강과 조화로운 발달을 이루고 바른 인성과 민주 시민의 기초를 형성하는 데에 있다.
목표	• 자신의 소중함을 알고, 건강하고 안전한 환경에서 즐겁게 생활한다. • 자신의 일을 스스로 하고자 한다. • 호기심을 가지고 탐색하며 상상력을 기른다. • 일상에서 아름다움에 관심을 가지고 감성을 기른다. • 사람과 자연을 존중하고 소통하는 데 관심을 가진다.

누리과정 구성(3~5세)

추구하는 인간상	• 건강한 사람, 자주적인 사람, 창의적인 사람, 감성이 풍부한 사람, 더불어 사는 사람
목적	• 놀이를 통해 심신의 건강과 조화로운 발달을 이루고 바른 인성과 민주 시민의 기초를 형성하는 데에 있다.
목표	• 자신의 소중함을 알고, 건강하고 안전한 생활 습관을 기른다. • 자신의 일을 스스로 해결하는 기초능력을 기른다. • 호기심과 탐구심을 가지고 상상력과 창의력을 기른다. • 일상에서 아름다움을 느끼고 문화적 감수성을 기른다. • 사람과 자연을 존중하고 배려하며 소통하는 태도를 기른다.

⇧

놀이, 일상생활, 활동

영역	신체운동 · 건강	의사소통	사회관계	예술경험	자연탐구

표준보육과정에서 제시한 배움 지원
놀이와 연계한 활동을 통한 즐거운 배움 • 현재 영유아가 진행하고 있는 놀이 맥락에 맞는 동화 듣기, 노래 부르기, 요리, 게임 등을 제안하여 즐겁게 놀이하며 흥미 및 관심을 높이도록 지원함 • 영유아가 자신이 하고 있는 놀이를 또래에게 소개하기, 놀이 규칙 정하기 등 상황에 따라 이야기를 나누도록 지원함 • 영유아의 건강과 안전을 위해 필수적으로 요구되는 일상생활습관 활동 및 안전교육을 계획하여 운영함
교사의 자율성 강조
• 교사는 영유아가 놀이하며 배울 수 있도록 영유아의 특성, 안전, 놀이환경, 자료, 날씨, 기관의 상황 등을 고려하여 필요한 교육적 판단을 자율적으로 할 수 있어야 함 • 교사가 계획한 놀이 및 활동이 다르게 진행되더라도 영유아의 놀이를 존중하여 계획을 변경할 수 있어야 함

3. 배움 지원을 위한 교사의 역할

교육과정의 파트너
• 영유아의 놀이를 주의 깊게 바라보고 영유아가 경험하는 기쁨, 슬픔, 좌절과 감동을 함께 느끼고 공유하여야 함
아이를 이해하려는 민감성을 위해 노력하는 교사
• 영유아가 놀이를 통해 경험하고 스스로 배우는 것이 무엇인지 이해하려고 노력함 • 아이들이 구성하고 만들어 내는 총체적 의미를 충분히 읽어 내기 위해 노력함
정서적 지원을 하는 교사
• 놀이에 직접 참여하지 않고도 격려, 미소, 공감의 표정을 보이거나 칭찬과 격려를 함 • 놀이를 관찰하다가 배움이 일어나도록 질문이나 제안을 건네는 언어적 지원을 함 • 새로운 자료를 제공하거나 환경의 변화를 주는 환경적 지원을 함

계획안 수립 및 보육일지 작성을 위한 표준보육과정 완벽 이해

아이들을 어떻게 지원해야 할까?
교사가 존재하는 이유는 무엇일까?
하루일과를 잘 진행했는지의 여부를 어떤 근거로 평가할 것인가?

담임교사라면 계획안과 보육일지를 쓰며 이런 고민을 할 수밖에 없습니다.

영유아의 하루일과에 대한 계획을 수립하여 실행 후 보육과정에 대한 효과적인 평가를 하기 위해서는 표준보육과정에서 추구하는 인간상과 목적 및 목표에 대한 이해가 먼저 이루어져야 합니다.
표준보육과정은 '어린이집에서 어떤 아이를 성장시켜야 하는가?'라는 질문에 대한 큰 그림을 제시하고 있습니다. 표준보육과정에서 추구하는 인간상은 영유아에게 심어 주어야 하는 핵심 가치이고 방향입니다. 표준보육과정을 토대로 계획안과 보육일지를 작성하면 영유아를 어떤 방식으로 지원해야 할지 구체화되며, 보육과정에 대한 성찰이 효과적으로 이루어질 수 있습니다.

1. 표준보육과정에서 추구하는 인간상

표준보육과정에서 추구하는 인간상은 건강한 사람, 자주적인 사람, 창의적인 사람, 감성이 풍부한 사람, 더불어 사는 사람이다.

건강한 사람	• 몸과 마음이 고루 발달하여 스스로 건강함을 유지하며 안정적이고 안전한 생활을 하는 하는 사람 • **교사의 역할** 건강한 사람으로 성장해 갈 수 있도록 도움 – 튼튼한 몸과 안정된 정서를 바탕으로 자신을 소중히 여기도록 지원함 – 일상에서 건강한 생활을 실천할 수 있도록 도움 – 위험한 상황에서 자신을 보호하는 경험을 지원함
자주적인 사람	• 자신을 잘 알고 존중하며 자신감을 가지고 스스로 할 수 있는 일을 주도적으로 해 나가는 사람 • **교사의 역할** 스스로 노력하는 사람으로 성장할 수 있도록 도움

<table>
<tr><td></td><td>
- 자신이 하고 싶은 놀이나 일을 스스로 결정하도록 지원함
- 적극적으로 참여할 수 있도록 도움
- 자신에 대한 이해로 자신을 가치 있고 긍정적인 존재로 인식하도록 지원함
- 자신이 잘할 수 있는 일이 무엇인지 알도록 상호작용함
</td></tr>
<tr><td>창의적인 사람</td><td>
• 주변 세계에 열려 있고, 호기심이 많으며, 자기만의 방식으로 상상하고 느끼고 표현하고 탐구하는 가운데 새롭고 독창적 생각을 하는 사람
• 교사의 역할
영유아의 관심과 흥미에 따라 놀이로 자신의 세계를 탐색하고 도전하여 실험하는 과정에 적극적으로 참여하도록 도움
- 자연과 일상에서 만나는 다양한 사물과 문제에 호기심으로 탐색하도록 도움
- 상상력으로 궁금한 것을 적극적으로 탐구하면서 스스로 답을 찾아내도록 지원함
</td></tr>
<tr><td>감성이 풍부한 사람</td><td>
• 예술을 사랑하고 존중하며 자신을 둘러싼 주변 세계에 경이감과 아름다움을 느끼고 즐길 수 있는 풍부한 문화적 감수성을 지닌 사람
• 교사의 역할
일상과 놀이에서 아름다움을 발견하고 공감하며 이를 다양한 예술로 표현하면서 문화를 향유하는 사람으로 성장해 나가도록 도움
- 다양한 사물과 매체, 사람과 자연에 민감하도록 환경을 지원함
- 주변의 다양한 예술과 문화에 대한 관심으로 아름다움과 재미를 발견하도록 상호작용함
- 예술 및 문화에 대한 아름다움을 다양한 언어, 노래, 몸짓 등으로 표현하도록 지원함
</td></tr>
<tr><td>더불어 사는 사람</td><td>
• 자신이 속해 있는 사회에 소속감을 느끼고, 다른 사람과 생명을 존중하고 자연과 더불어 살아가며 보다 나은 사회를 만들기 위해 사회문제에 관심을 갖고 협력하는 민주 시민
• 교사의 역할
사회질서와 소통방식을 배우도록 도움
- 영유아가 가족, 이웃, 동식물과 주변 환경에 관심을 가지도록 지원함
- 서로 배려하는 마음과 태도, 책임 의식을 가진 사람으로 성장해 나가도록 도움
</td></tr>
</table>

2. 표준보육과정의 목적 및 목표

1) 표준보육과정의 목적

표준보육과정의 목적은 영유아가 놀이를 통해 심신의 건강 및 조화로운 발달과 함께 바른 인성과 민주 시민의 기초를 형성하는 것이다. 또한 '놀이를 통해'라는 표현을 제시하여 영유아기의 고유한 특성을 강조하였다.

2) 표준보육과정의 목표

(1) 0~2세 보육과정 목표

건강한 사람 ▶ 자신의 소중함을 알고, 건강하고 안전한 환경에서 즐겁게 생활한다

- **교사의 역할**
  - 놀이로 몸을 마음껏 움직이며 자신의 감정과 욕구에 귀를 기울여 조절하는 경험을 지원함
  - 환경의 변화에 적응하는 데 필요한 건강하고 안전한 생활을 지속적으로 경험하도록 도움
  - 자신의 몸과 마음에 대한 긍정적인 생각으로 자신을 소중히 인식하며 성장하도록 함
  - 신체 리듬에 맞게 생활하고, 위험한 상황에 대처하는 방법들을 배울 수 있도록 상호작용함

자주적인 사람 ▶ 자신의 일을 스스로 하고자 한다

- **교사의 역할**
  - 스스로 선택한 놀이에 적극적으로 참여하도록 도움
  - 다양한 시도로 영아가 좋아하고 잘할 수 있는 일에 대해 알 수 있도록 경험을 지원함
  - 영아가 자신을 이해하고 소중히 여기며 자신의 일을 스스로 하도록 환경을 지원함

창의적인 사람 ▶ 호기심을 가지고 탐색하며 상상력을 기른다

- **교사의 역할**
  - 놀이로 독특한 상상을 하고 새로운 생각을 만들어 가도록 지원함
  - 영아가 주변 세계에 대한 호기심을 가지고 자유롭게 상상하도록 상호작용을 함

감성이 풍부한 사람 ▶ 일상에서 아름다움에 관심을 가지고 감성을 기른다

- **교사의 역할**
  - 자신이 느낀 아름다움과 경이로움, 감성을 자유롭게 표현하는 과정을 즐기도록 도움
  - 자연과 주변 환경에 대해 열린 마음을 가지고 향유하는 경험을 지원함
  - 놀이를 통하여 심미적 감성을 키워 갈 수 있도록 환경지원을 함

더불어 사는 사람 ▶ 사람과 자연을 존중하고 소통하는 데 관심을 가진다

- **교사의 역할**
  - 가족과 친구, 이웃과 관계를 맺고 필요할 때 도움을 주고받으며 살아가도록 다양한 놀이 및 활동을 지원함
  - 영아가 갈등을 해결하는 경험을 할 수 있도록 정서적 지원 및 상호작용을 함
  - 놀이를 통하여 자연을 소중히 여기고 다른 사람과 소통하는 방법을 경험할 수 있는 기회를 제공함

(2) 3~5세 보육과정 목표

건강한 사람 ▶ 자신의 소중함을 알고, 건강하고 안전한 생활 습관을 기른다

- **교사의 역할**
  - 놀이로 몸을 마음껏 움직이며 자신의 감정과 욕구에 귀를 기울여 조절하는 경험을 지원함
  - 환경의 변화에 적응하는 데 필요한 건강하고 안전한 생활을 지속적으로 경험하도록 도움
  - 자신의 몸과 마음에 대한 긍정적인 생각으로 자신을 소중히 인식하며 성장하도록 함
  - 신체 리듬에 맞게 생활하고, 위험한 상황에 대처하는 방법들을 배울 수 있도록 상호작용함

자주적인 사람 ▶ 자신의 일을 스스로 해결하는 기초능력을 기른다

• **교사의 역할**
- 스스로 선택한 놀이에 적극적으로 참여하도록 도움
- 다양한 시도로 유아가 좋아하고 잘할 수 있는 일에 대해 알 수 있도록 경험을 지원함
- 유아가 자신을 이해하고 소중히 여기며 자신의 일을 스스로 하도록 환경을 지원함
- 다른 사람과 생활하며 자신의 생각을 자신 있게 표현하도록 기회를 제공함
- 책임감으로 자신의 일을 해결해 나갈 수 있도록 지원함

창의적인 사람 ▶ 호기심과 탐구심을 가지고 상상력과 창의력을 기른다

• **교사의 역할**
- 놀이로 독특한 상상을 하고 새로운 생각을 만들어 가도록 지원함
- 유아가 주변 세계에 대한 호기심을 가지고 자유롭게 상상하도록 상호작용을 함
- 융통성 있는 발상에 대한 전환을 도움
- 새로운 일에 대해 열린 태도와 도전 정신을 가지고 미래에 필요한 독창적 능력을 키울 수 있도록 지원함

감성이 풍부한 사람 ▶ 일상에서 아름다움을 느끼고 문화적 감수성을 기른다

• **교사의 역할**
- 자신이 느낀 아름다움과 경이로움, 감성을 자유롭게 표현하는 과정을 즐기도록 도움
- 자연과 문화에 대해 열린 마음을 가지고 향유하는 경험을 지원함
- 놀이를 통하여 문화적 공감능력과 심미적 감수성이 자랄 수 있도록 기회를 제공함

더불어 사는 사람 ▶ 사람과 자연을 존중하고 소통하는 태도를 기른다

• **교사의 역할**
- 가족과 친구, 이웃과 관계를 맺고 필요할 때 도움을 주고받으며 살아가도록 다양한 놀이 및 활동을 지원함
- 유아가 갈등을 해결해 보는 기회를 제공함
- 놀이를 통하여 자연을 소중히 여기고 다른 사람과 소통하는 방법을 경험할 수 있도록 도움
- 공동체 의식과 민주 시민의 역량이 성장할 수 있도록 상호작용함

3. 편성 및 운영

영아

- 어린이집의 운영 시간에 맞추어 편성함
- 표준보육과정을 바탕으로 각 기관의 실정에 적합한 계획을 수립하여 운영함
- 바깥놀이를 포함하여 영아의 놀이가 충분히 이루어지도록 편성하여 운영함
- 성, 신체적 특성, 장애, 종교, 가족 및 문화적 배경 등에 따른 차별이 없도록 운영함
- 영아의 발달과 장애 정도에 따라 조정하여 운영함
- 가정과 지역사회와의 협력과 참여에 기반하여 운영함
- 교사 연수를 통해 표준보육과정의 운영을 개선할 수 있도록 함

유아

- 1일 4~5시간을 기준으로 편성함
- 일과 운영에 따라 확장하여 편성할 수 있음

- 누리과정을 바탕으로 각 기관의 실정에 적합한 계획을 수립하여 운영함
- 바깥놀이를 포함하여 유아의 놀이가 충분히 이루어지도록 편성하여 운영함
- 성, 신체적 특성, 장애, 종교, 가족 및 문화적 배경 등에 따른 차별이 없도록 운영함
- 유아의 발달과 장애 정도에 따라 조정하여 운영함
- 가정과 지역사회와의 협력과 참여에 기반하여 운영함
- 교사 연수를 통해 누리과정의 운영을 개선할 수 있도록 함

1) 운영 시간 편성

- 종일제를 기반으로 각 기관의 일과 운영 시간에 따라 조정 가능
- 영유아가 편안하고 즐겁게 하루일과를 경험할 수 있도록 구성
- 일상생활, 바깥놀이 등을 포함하여 운영
- 영유아 중심, 놀이 중심의 보육과정을 실현
- 놀이가 살아나는 보육과정 운영 강조
- 공통 교육과정인 누리과정을 1일 4~5시간 운영해야 함
- 필요에 따라 확장하여 편성 가능

2) 융통성 있는 계획안 수립 및 운영

계획안	• 영유아의 놀이를 지원하기 위해 필요한 사항을 준비하는 모든 과정 • 기관과 교사의 자율성이 중요함 • 영유아의 경험이 교육적 가치가 있도록 놀이 중심으로 수립해야 함 • 교사의 지원 방안을 계획안에 기술할 필요가 있음

자율적 수립
• 보육철학, 가정과 지역사회 특성, 영유아 요구 등을 반영하여 자율적 계획을 수립함 • 계획안의 종류, 형식, 분량 등을 자율적으로 조정하여 작성할 수 있음 • 계획안은 영유아가 활동할 내용을 미리 계획하여 안내하는 방식 ▶ 영유아가 실제 놀이한 내용과 배움에 대한 기록을 공유하는 방식도 가능함
놀이 지원 계획안 작성
• 미리 계획하여 운영하는 것은 영유아가 주도하는 놀이에 적합하지 않으므로 영유아가 놀이하며 경험한 내용을 중심으로 수립함 • 사전 계획을 최소화함 (계획안을 작성하지 않거나 단순히 업무를 줄이는 것이 아님) • 필요시 안전 관련 사항, 영유아 특성에 따라 개별적 지원 사항 등을 계획함

3) 충분한 놀이 편성 및 운영

- 영유아의 하루일과에서는 놀이, 일상생활, 활동 등으로 다양한 경험을 하도록 지원함
- 놀이는 바깥놀이를 포함하여 하루일과에서 가장 길게 편성해야 함
- 놀이는 우선적으로 편성 · 운영해야 함

일과의 융통성 있는 운영
• 일상생활은 영유아의 신체적 리듬을 반영하여 편성 · 운영함 (등원, 손 씻기, 화장실 다녀오기, 간식, 점심, 낮잠, 휴식 등) • 영유아가 놀이를 통한 배움을 확장해 갈 수 있도록 필요에 따라 활동을 지원함 • 영유아가 주도하는 놀이 흐름에 따라 융통성 있는 일과를 운영하도록 함 (계획한 활동을 의무적으로 실행하거나 순서대로 일과운영을 하기보다 영유아의 흥미 및 관심사에 따른 융통성 있는 운영이 필요함)
충분한 놀이시간 운영
• 영유아가 충분히 놀이하고 몰입할 수 있도록 편성함 • 교사는 바깥놀이를 포함하여 놀이시간을 2시간~3시간 시간 이상 확보하여야 함 • 날씨와 계절, 기관의 상황, 영유아의 관심사와 놀이 특성 등을 고려하여 융통성 있게 편성 · 운영함 • 바깥놀이는 미세먼지, 날씨 등을 고려하여 실내놀이로 편성 운영할 수 있고, 다음에 바깥놀이를 길게 편성할 수도 있음

4) 차별 없는 편성 및 운영

- 영유아가 성, 신체적 특성, 장애, 종교, 가족 및 문화적 배경 등으로 차별받지 않도록 편성 · 운영하여야 함
- 영유아가 타인을 틀린 것이 아닌 다른 특성으로 인식하며 편견 없이 대하도록 지원함
- 성별, 신체적 특징 및 장애 유무에 따라 영유아를 비교 · 평가하거나 불이익을 주지 않아야 함
- 교사는 영유아에게 고정적인 성 역할과 특정 종교를 강요해서는 안 됨
- 영유아가 다양한 가족 형태 및 문화적 배경을 이해할 수 있는 경험을 제공해야 함
- 영유아의 다양성을 존중하고 배려할 수 있도록 지원해야 함

5) 발달 및 장애 정도에 따른 운영

- 영유아의 놀이는 연령 및 발달적 특성에 따라 다양한 모습으로 나타남
- 영유아의 흥미, 관심, 경험, 발달, 가정문화를 고려하여 보육과정을 조정하여 운영함
- 발달 지연 또는 장애영유아도 또래와의 경험이 필요함
- 특별한 요구를 가진 영유아가 차별 없이 또래와 함께 생활하고 놀이하도록 지원함
- 모든 영유아가 보편적 환경에서 접근하고 참여할 수 있도록 보육 환경, 내용, 방법을 조정하여 운영함
- 통합반 운영 시 장애영유아의 특성과 요구를 파악하여 개별화교육계획을 수립함
- 개별 장애영유아의 교육적 요구에 적합한 보육이 이루어지도록 해야 함
- 보육과정 운영을 위해 부모, 특수교사, 사회복지사, 의료진 등의 전문가 및 가족과 협력해야 함
- 필요에 따라 보조기구, 자료 등을 활용하여 장애로 인한 불편함을 최소화해야 함

6) 가정 및 지역사회 연계 편성 및 운영

- 영유아의 전인적 발달 지원을 위해 가정, 기관, 지역사회가 상호 연계하고 협력함
- 부모는 영유아의 놀 권리와 놀이의 가치를 이해하고 가정에서 놀이를 지원해야 함
- 지역사회는 영유아의 다양한 경험을 지원하는 풍부한 자원임
- 영유아가 지역사회를 직접 경험하며 관심을 가질 수 있도록 지원함

7) 연수를 통한 운영 개선

- 교사는 영유아의 놀이와 배움을 지원하는 중요한 존재이며, 영유아와 함께 배우고 성장하는 전문가임을 인식하도록 함
- 놀이 · 영유아 중심의 지속적인 놀이 지원을 위해 교사 연수가 필수적임
- 다양한 형태의 교사 연수를 마련해야 함
- 교사가 자율적으로 연수에 참여할 수 있는 기회를 제공해야 함
- 교사 연수에는 다양한 유형의 교육, 배움 공동체, 소모임 등이 포함됨

4. 보육일지 작성 근거

보육일지는 영유아가 하루를 어떻게 보내고, 어떤 놀이와 활동을 어떻게 하였는지에 대한 내용이 반별로 기록되어 있어야 하며 「영유아보육법 시행규칙」 제23조 별표 8에 의해 비치 및 관리가 이루어지고 있어야 한다.

보육일지 및 보육계획안은 「공공기록물 관리에 관한 법률 시행령」 제26조 제1항에 준하여 3년 동안 보존하여야 한다.

보육일지 작성 CHECK

보육일지는 하루일과가 기록되어 있으며, 영유아가 실제 경험한 놀이 및 활동의 기록이 있어야 한다. 특히 놀이, 활동, 일상생활에 대한 관찰을 토대로 영유아의 경험이나 배움을 기록한다.

보육일지 기본 핵심

1. 놀이, 활동, 일상생활 → 관찰
2. 관찰을 토대로 영유아의 경험이나 배움 기록
3. 다음 놀이 계획 반영

TIPS

보육일지 중요 포인트 Check List

- 일상생활을 실행했나요?
- 실내놀이가 2시간 이상 배정되었나요?
- 바깥놀이 실행기록이 있나요?
- 주요 놀이에 대한 영유아의 경험이 기록되었나요?
- 영유아의 배움의 의미가 기록되어 있나요?
- 영유아의 흥미와 관심을 반영하여 다음 놀이에 계획하여 진행한 놀이에 대한 기록이 있나요?

❍ **별도 문서로 작성하고 있지 않다면**
보육일지에 작성해야 하는 것
- 안전교육 실행 기록
- 지역사회 연계 활동 기록
- 특별활동 대체 기록 등
(평가사항은 아니지만 관련된 규정에 의해 기록 · 관리되고 있어야 함)

보육일지 예시

<table>
<tr><th colspan="7">보 육 일 지</th></tr>
<tr><td colspan="2">기 간</td><td colspan="5">20xx. xx. xx ~ 20xx. xx. xx</td></tr>
<tr><td colspan="2">교사의 기대</td><td colspan="5">영유아가 우리 반의 다양한 물건에 대해 호기심을 가지고 탐색하여
용도와 기능에 대해 표현할 수 있음</td></tr>
<tr><td rowspan="6">일상생활</td><td>등원
(09:00~09:30)</td><td colspan="5">· 건강상태 확인 및 투약의뢰서 유무를 확인
· 개별 소지품 정리</td></tr>
<tr><td>간식
(09:30~10:00)
(15:00~15:30)</td><td colspan="5">· 식재료에 대해 관심을 갖고 섭취하며 편안한 경험을 지원</td></tr>
<tr><td>점심식사
(12:00~13:00)</td><td colspan="5">· 식재료에 관심을 갖고 필요시 건강&영양교육을 지원
· 새로운 음식에 관심을 갖고 먹으려고 시도할 때마다 격려</td></tr>
<tr><td>낮잠 및 휴식
(13:00~15:00)</td><td colspan="5">· 낮잠 잘 수 있는 분위기 조성
· 낮잠을 자거나 편안한 휴식</td></tr>
<tr><td>배변 및 손씻기</td><td colspan="5">· 개별 수준에 따른 배변 지원
· 급, 간식 · 바깥놀이 · 배변 활동 후 손씻기(필요시 상시)</td></tr>
<tr><td>귀가 및
연장보육
(16:30~19:30)</td><td colspan="5">· 자유 놀이 후 순차적 귀가
· 연장반 이동</td></tr>
<tr><th colspan="2">구 분</th><th>월</th><th>화</th><th>수</th><th>목</th><th>금</th></tr>
<tr><td rowspan="5">놀이</td><td rowspan="4">바깥놀이
(11:20~12:00)</td><td colspan="5">놀이명: 씨앗과 모종 심기</td></tr>
<tr><td>○</td><td>○</td><td></td><td>○</td><td>○</td></tr>
<tr><td colspan="5">대체놀이명: 터널놀이</td></tr>
<tr><td></td><td></td><td>○
(미세먼지)</td><td></td><td></td></tr>
<tr><td>실내놀이
(10:00~11:00)
(15:30~16:30)</td><td colspan="5">• 색깔 탐험해요
• 모양 맞추기 해요
• 음악과 함께 소리를 내요
• 재활용품으로 우리 집을 만들어요</td></tr>
<tr><td colspan="2" rowspan="2">특별활동</td><td>체육</td><td>–</td><td>영어</td><td>–</td><td>뮤직</td></tr>
<tr><td>(12:30~
13:00)</td><td></td><td>(15:30~
16:00)</td><td></td><td>(12:30~
13:00)</td></tr>
<tr><td colspan="2" rowspan="2">안전교육</td><td colspan="5">[감염병 및 약물오남용] 먹을 수 있는 것과 먹을 수 없는 것</td></tr>
<tr><td colspan="5">세수 후 로션을 먹으려고 하는 유아에게 안전교육과 연계하여 상호작용을 하였다. 보육실 내에 음식모형이나 손 세정제 등 여러 물건을 보며 먹을 수 있는 것과 먹을 수 없는 것에 대해 이야기를 나누었고 하원 시 가정에 전달하여 가정과 안전교육이 연계되도록 하였다.</td></tr>
</table>

구 분	놀이 및 실행 기록
월요일	유아가 색종이로 비행기를 접었다. 비행기를 접은 후 "우리 같이 비행기를 날려 보자!"라고 말하며 또래와 같은 곳에 서서 비행기를 날리며 놀이하였다. 유아가 '비행기' 동요를 부르며 놀이하자 아이들도 같이 따라 부르는 모습이 보였다. **[지원계획]** 비행기를 꾸며서 날려 볼 수 있도록 미술 놀이공간에 꾸미기 재료를 다양하게 제공해 주어야겠다.
화요일	**[반영]** 미술 놀이공간에 스티커, 유성매직 등 꾸미기 재료를 제공해 주었더니 유아들은 비행기를 접은 후 흥미를 보이며 꾸미는 모습이 보였다. 설날을 맞이하여 민속놀이공간을 마련하여 제공하였다. 놀이 안내를 하며 교사가 먼저 제기차기 하는 모습을 보여 주었다. 유아가 흥미를 보이며 제기 막대를 들고 발로 제기를 차 보며 친구랑 게임을 하기도 하였다. 유아들은 딱지에도 큰 관심을 보였는데 딱지를 머리 위로 올려 모델놀이를 하는 유아도 있었다. 유아들의 요구로 교사와 함께 줄다리기를 하였다. 유아들이 힘을 합쳐 줄다리기하며 즐겁게 민속놀이를 하였다.
수요일	유아가 우드블록을 이용하여 교사에게 "친구네 집 만들 거예요!"라고 말하자 옆에 있던 또래가 "나도 같이 만들자!"라고 말하였다. 유아가 집을 만들다 공간이 좁자 "집이 너무 좁다. 어떻게 넓게 만들지?"라고 말하자 또래가 "이렇게 넓게 해 봐!"라고 말하며 블록을 이동하여 넓혀 나갔다. **[지원계획]** 집을 만들며 놀이하던 중 공간이 좁은 모습을 보여 책상이나 교구장을 옮겨 놀이공간을 확보해 주어야겠다. **[건강 · 영양]** 유아가 시금치나물을 포크로 찍으며 "저 시금치 좋아해요"라고 말하자 유아들이 관심을 보였다. 시금치에는 칼슘이 많이 들어 있어서 뼈를 튼튼하게 해 주는 좋은 음식이라고 유아들과 상호작용하였다.
목요일	**[반영]** 쌓기 놀이공간의 책상을 뒤로 밀어 주었더니 유아들이 넓게 집을 만들어 자유롭게 놀이하였다. 쌀튀밥으로 쌀강정을 만드는 활동을 지원하였다. 큰 볼에 쌀튀밥과 시리얼을 넣은 후 쌀엿과 함께 섞어 보았다. 유아들은 종이 그릇에 숟가락으로 튀밥을 담아 보며 어떤 음식이 나올지 호기심을 보였다. 담은 쌀강정을 굳힌 후 유아들은 맛있게 먹었다. **[지역사회]** 유아가 만든 쌀강정을 소방관, 경비원, 관리사무소 직원분들께 전달해 드렸다.
금요일	미술 놀이공간에 설날을 맞이하여 복주머니를 꾸밀 수 있도록 놀이자료를 다양하게 제공해 주었더니 유아가 관심을 보이며 놀이를 시작하였다. 유아가 습자지의 질감을 느껴 보더니 자유롭게 찢으며 풀을 이용하여 복주머니 활동지에 붙였다. **[안전]** 유아가 안전교육 자료에 관심을 보였다. 눈이 올 때 필요한 물건에 대한 그림을 보고 교사에게 "이건 뭐지?"라고 질문을 하여 "눈이 올 때는 차가 미끄러워서 사고가 날 수 있거든. 그래서 차가 미끄러지지 않도록 설치하는 거야."라고 상호작용을 하였다.

주간 보육 과정 평가		
내 용	예	아니오
• 활동과 자료는 영유아의 발달과 학습에 적절한 수준이었는가?	○	
• 영유아의 신체리듬과 특성 등을 고려하여 하루일과를 계획하고 실행되었는가?	○	
• 하루일과(또는 주간)의 활동 종류, 시간 배정은 적절하였는가?	○	
• 영유아의 개별적인 발달수준과 관심사를 반영하였는가?	○	
• 영유아 전체가 보이는 곳에 위치하여 놀이를 관찰하고 지원하였는가?	○	
• 사전경험 및 흥미를 반영하여 다음 놀이에 반영하여 지원하였는가?	○	
• 교수학습방법은 영유아의 흥미와 활동 특성에 적합하였는가?	○	
• 놀이에 소극적인 영유아를 위해 적절한 상호작용을 하였는가?	○	
• 배움의 기회를 위해 놀이환경을 의미 있게 구성하였는가?	○	
유아들은 민속놀이공간에서 제기차기, 줄다리기, 딱지놀이 등을 하며 전통 놀이에 대한 흥미를 보였으며, 놀이를 통해 신체 활동과 또래와의 협력을 경험하였다. 민속놀이는 전통 문화를 자연스럽게 접할 수 있는 기회가 되었으며, 신체 조절과 사회적 기술을 익히는 데도 도움이 되었다. 그러나 민속놀이 활동 중 일부 유아들은 특정 놀이(줄다리기)에만 집중하고, 다투는 등 다양한 놀이를 충분히 경험하지 못하는 모습이 보였다. 다음 시간에는 다른 종류의 민속놀이에 대해 흥미를 느끼도록 놀이방법에 대해 안내한 후 다양한 민속놀이를 제공해야겠다.		

보육일지 작성 방법

1. 교사의 기대

교사의 기대는 표준보육과정에 기초한 인간상, 목표 등을 기반으로 영유아의 성장 및 발달에 대해 바라는 목표나 희망사항을 기록한다.

기 간	20xx. xx. xx. ~ 20xx. xx. xx.
교사의 기대	영유아가 우리 반의 다양한 물건에 대해 호기심을 가지고 탐색하여 용도와 기능에 대해 표현할 수 있음

표준보육과정에서 추구하는 인간상을 기반으로 교사의 기대를 작성하는 방법

추구하는 인간상	• 건강한 사람, 자주적인 사람, 창의적인 사람, 감성이 풍부한 사람, 더불어 사는 사람

예시: 우리반 물건

- 다양한 물건을 탐색하며 신체를 움직이고, 안전한 환경에서 활동하며 건강한 신체발달이 기초를 형성하기를 기대함 (→ 건강한 사람)
- 스스로 물건을 선택하고 탐색하는 과정에 주도적인 태도와 문제해결 능력의 기초가 이루어지기를 기대함(→ 자주적인 사람)
- 물건을 다양하게 조합하여 새로운 놀이를 시도할 수 있는 창의적 사고를 성장시킬 수 있음 (→ 창의적인 사람)
- 물건의 질감, 색, 소리 등의 특성을 탐색하여 감각의 자극으로 자신의 느낌을 표현할 수 있기를 기대함(→ 감성이 풍부한 사람)
- 또래와 함께 물건을 탐색하고 공유하는 과정을 통해 협력의 중요성을 배워 사회성 향상이 기대됨 (→ 더불어 사는 사람)

표준보육과정 목표를 기반으로 교사의 기대를 작성하는 방법

목표	① 자신의 소중함을 알고, 건강하고 안전한 환경에서 즐겁게 생활한다. ② 자신의 일을 스스로 하고자 한다. ③ 호기심을 가지고 탐색하며 상상력을 기른다. ④ 일상에서 아름다움에 관심을 가지고 감성을 기른다. ⑤ 사람과 자연을 존중하고 소통하는 데 관심을 가진다.

예시: 봄의 식물과 곤충

- 봄의 식물과 곤충을 탐색하며 자연의 소중함을 느끼고, 안전한 환경에서 신체활동을 통해 건강한 생활 습관 형성을 기대함(→ ⑤+①)
- 다양한 식물과 곤충에 대한 호기심으로 탐색을 통해 상상력으로 창의적 사고를 발달시킬 수 있음 (→ ③)
- 봄의 식물과 곤충을 관찰하여 계절의 특성을 이해하며 자연의 아름다움에 대한 감성 능력을 성장시킬 수 있음 (→ ④+⑤)

2. 일상생활

등원, 손 씻기, 화장실 다녀오기, 간식, 점심, 낮잠, 휴식 등 일상생활은 영유아의 신체적 리듬을 반영하여 운영하여야 한다.

보육일지 일상생활 기록 예시 1

일상생활	등원 (09:00~09:30)	• 건강상태 확인 및 투약의뢰서 유무를 확인 • 개별 소지품 정리
	간식 (09:30~10:00) (15:00~15:30)	• 식재료에 대해 관심을 갖고 섭취하며 편안한 경험을 지원
	점심식사 (12:00~13:00)	• 식재료에 관심을 갖고 필요시 건강&영양교육을 지원 • 새로운 음식에 관심을 갖고 먹으려고 시도할 때마다 격려
	낮잠 및 휴식 (13:00~15:00)	• 낮잠 잘 수 있는 분위기 조성 • 낮잠을 자거나 편안한 휴식
	배변 및 손씻기 (필요시 상시)	• 개별 수준에 따른 배변 지원 • 급, 간식 · 바깥놀이 · 배변 활동 후 손씻기(필요시 상시)
	귀가 및 연장보육 (16:30~19:30)	• 자유 놀이 후 순차적 귀가 • 연장반 이동

보육일지 일상생활 기록 예시 2

07:30~09:20	등원 및 통합보육	11:30~11:50	손씻기 및 화장실
09:20~09:50	화장실(기저귀갈이)/오전간식	11:50~12:50	점심 및 양치
09:50~10:50	오전 실내놀이(1시간)	12:50~14:30	낮잠
10:50~11:00	정리정돈 및 화장실(기저귀갈이)	14:30~15:00	화장실(기저귀갈이)/오후간식
11:00~11:30	바깥놀이	15:00~16:00	오후 실내놀이(1시간)
특별활동	체육(수) 15:00~15:30 오감(목) 12:00~12:30	16:00~19:30	하원 및 연장 보육

보육일지 일상생활 기록 예시 3

등원	07:30~09:20	간식 (놀이 중 자유간식)	9:20~10:00 / 15:00~15:30
실내놀이	10:00~11:00 / 14:30~16:00	바깥놀이	11:20~12:20
점심시간	12:30~13:30	활동 및 휴식	13:30~14:30
전이활동	필요시 수시 진행 (손씻기, 정리정돈, 바깥놀이 준비, 배변활동 등)		
특별활동	영어(월) 12:00~12:30 / 체육(수) 15:00~15:30 / 뮤직(목) 14:30~15:00		
기본 반 하원	16:00~	연장 반 보육	16:00~

반복적으로 이루어지는 일상생활은 실행 평가 기록을 매일 작성하지 않아도 됩니다. 그러나 보육일지에 일상생활에 대한 기록은 직관적으로 드러나야 합니다.

평가제 완벽 대비 Q&A

Q 보육일지에는 일과별 시간순으로 기재되어야 하나요?

A 평가항목에서는 영유아의 놀이와 일상생활에 대한 관찰 기록이 있는지, 이러한 기록이 다음 놀이 지원 계획에 반영되는지를 확인합니다. 보육일지는 실내 및 바깥놀이 시간, 일상생활 등을 포함해 작성해야 하며, 하루일과를 반드시 시간순으로 기재할 필요는 없습니다.

3. 실내놀이

실내놀이 Check List

- 하루일과 중 놀이시간을 우선 편성함
- 짧게 여러 번 편성하기보다는 긴 시간으로 편성하여 놀이의 몰입도를 높이도록 함 (놀이시간은 2시간 이상 편성하며, 오전에 1시간 이상 연속으로 놀이할 수 있도록 편성하는 것이 효과적임)
- 오후 실내놀이는 연장보육 시간이 4시부터 진행이나 1시간을 탄력적으로 적용하고 있으므로 5시 이내로 편성 가능함
- 영유아의 관심사 및 흥미에 따라 다양한 놀이 지원이 이루어지고 있어야 함
- 전이시간은 별도로 운영하도록 함(실내놀이 시간에 포함되지 않음)

연령별 놀이시간 편성
0세: 실 · 내외에서 매일 2시간 ~ 2시간 30분 이상(바깥놀이 주 3회, 30분 포함)
1~2세: 실 · 내외에서 매일 2시간 30분 이상(바깥놀이 30분 포함)
3~5세: 실 · 내외에서 매일 3시간 이상(바깥놀이 1시간 포함)
장애아전문: 실 · 내외에서 매일 2시간 이상
(바깥놀이 주 1회 이상 장애유형, 장애정도, 발달수준에 따라 융통성 있게 운영)

보육일지 놀이 기록 예시 1.

실내놀이 (10:00~11:00) (15:30~16:30)	• 색깔 탐험해요 • 모양 맞추기 해요 • 음악과 함께 소리를 내요 • 재활용품으로 우리 집을 만들어요

보육일지 놀이 기록 예시 2.

구 분	월	화	수	목	금
실내놀이 (10:00~11:00) (15:00~16:00)	친구와 비행기를 날려요			친구와 번갈아 쌓아요	복주머니를 꾸며요
		친구와 놀이해요			

영유아의 관심과 흥미를 관찰하여 일지의 놀이명은 자율적으로 융통성 있게 수립한다. 놀이를 몇 개 구성하는지에 따른 것은 교사가 영유아의 적절한 놀이 지원에 따라 반영하면 된다. 정해진 놀이 주제의 개수는 없다.

4차 표준보육과정과 맞지 않은 보육일지 기록 예시

실내놀이 (10:00~11:00) (15:30~16:30)	• 언어: 누구 목소리일까요? 내 이름은? • 탐색: 여름 퍼즐 맞추기, 물부채로 꾸미기 • 음률: PET병 분수 꾸미기 • 신체: 튜브로 놀이하기

현장의 일지를 살펴보면 여전히 흥미영역 기준으로 기록하는 경우가 있다. 교사가 놀이를 주도하는 흥미영역은 2차 표준보육과정에서 중요했지만 영유아 · 놀이 중심의 4차 표준보육과정에서는 중요하지 않다. 교사는 아이들을 관찰하고 놀이를 따라가며 흥미에 따라 놀이를 지원하는 것이 중요하다는 것을 잊지 말아야 한다.

보육일지 놀이 기록 예시 3.

실내놀이 (10:00~10:30) (15:00~16:30)	• **함께 살고 싶은 집 구성하기** 함께 살고 싶은 집에 대하여 이야기를 나눈 뒤 그림으로 표상하도록 지원 다양한 블록으로 우리 집을 만들어, 친구를 초대하여 역할놀이 지원 • **우리 가족 그래프** 가족의 구성원을 소개하고 가족 구성원의 수를 그래프로 표현하도록 구성 • **기쁨을 선물하는 기타** 기타를 만들어 음악을 들려 주고 싶은 사람을 생각하며 연주하도록 다양한 재료 지원 • **옹기종기 숟가락 가족** 숟가락 활동지 및 표정 스티커 등을 제공

위의 보육일지에 의하면 오전 실내놀이가 30분, 오후 실내놀이가 1시간 30분이 진행되었다. 오전에 1시간 이상 연속으로 놀이시간이 운영되어야 하므로 위의 보육일지는 표준보육과정 근거에 의해 적합하지 않다.

▌보육일지 놀이 주제 기록 예시 4.

구 분	월	화	수	목	금
실내놀이 (11:00~12:00) (15:00~16:00)	추운 겨울			몸을 웅크린 거북이	
		우리 집은 이글루		겨울바람을 스카프로 휙~휙~	
			메리 크리스마스		블록 썰매

위의 보육일지를 살펴보면 교사는 [추운 겨울, 우리 집은 이글루, 메리 크리스마스, 몸을 웅크린 거북이]를 계획하여 실행하였다. 그러나 교사가 계획하지 않았지만 아이들이 겨울놀이를 하며 자연스럽게 [겨울바람을 스카프로 휙~휙~, 블록썰매]로 확장되어 교사가 관찰하며 의미 있는 놀이를 기록하였다.

아이들에게 놀이는 삶 자체예요. 놀이는 모든 언어가 되고, 세상을 배우는 중요한 매개체예요. 영유아는 놀이를 통해 성장하고, 즐거움과 실패, 성공을 경험하며 자라요. 또한 놀이를 통해 아이들의 개별적인 특성을 알 수 있고, 기질과 성향도 파악할 수 있습니다.
놀이 속에서는 영유아가 주도적으로 선택하고 자유롭게 몰입할 수 있어야 해요. 특히 실내놀이 시간에는 아이들이 놀이에 집중하면서 자신만의 방법으로 상호작용하고, 사회성을 키워 나가도록 지원하는 것이 중요합니다. 놀이의 흐름이 끊어지지 않도록 운영하세요.

4. 바깥놀이

바깥놀이 Check List
• 바깥놀이 시간을 매일 충분히 배정하여 운영함 만 0세: 주 3회, 30분 이상 / 만 1~2세: 매일 30분 이상 / 3~5세: 매일 1시간 이상 장애아 전문: 주 1회 이상 장애유형, 장애정도, 발달수준에 따라 융통성 있게 운영 • 전이시간은 별도로 운영하도록 함 • 기후상태(황사 및 미세먼지, 폭염과 한파주의 등)로 바깥놀이가 불가능하다면 대체놀이 진행

보육일지 바깥놀이 예시

구 분		월	화	수	목	금
놀이	바깥놀이 (11:20~12:00)	놀이명: 씨앗과 모종 심기				
		○	○		○	○
		대체놀이명: 터널놀이				
				○ (미세먼지)		

날씨(한파, 폭염) 및 기후 이상(황사, 미세먼지 등)으로 바깥놀이를 진행할 수 없는 경우라면, 융통성 있게 실내 대체활동을 수립한 내용이 기록되어 있어야 한다. 다만, 왜 대체활동을 했는지에 대해서 알 수 있도록 간단하게 표기해 주는 것이 좋다. 실내 대체활동은 대근육 신체 활동으로 진행하되, 영유아가 대근육 활동에 관심이 없다면 영유아의 흥미에 의해 진행한 정적인 놀이도 가능하다.

영유아의 건강 컨디션이 좋지 않을 경우에는 바깥놀이 시간을 짧게 운영하거나 실외에서 정적인 놀이를 지원하여야 한다.

5. 놀이 실행 기록

놀이 및 활동 기록 Check List
– 영유아가 실제로 경험한 놀이 또는 활동 내용이 기록되어 있음 – 영유아가 흥미를 보인 놀이나 활동의 실행 기록 또는 주요 놀이에 관한 평가나 다음 놀이 지원 계획 등이 포함되어 있음 – 영유아의 일과 및 놀이실행을 기록 및 평가 후 다음 보육을 계획할 때 반드시 반영함

TIPS

놀이 및 활동 기록으로 좋은 내용

- 영유아의 요청에 따라 즉시 놀이에 제공한 사항
- 영유아의 놀이가 변형된 과정
- 또래 간의 갈등 상황에서 긍정적 관계 증진을 위해 상호작용한 내용 [요청하기, 교환하기, 함께 사용하기, 번갈아 쓰기, 기다리기 등을 적용한 사항]
- 놀이 평가 후 다음 놀이에 지원할 계획 및 반영한 사항

보육일지 작성 예시

• 영유아의 실제 놀이 기록 예시

- 놀이를 하다가 ~로 자연스럽게 확장되었다.
- 자유롭게 탐색하며 또래와 함께 블록으로 세계 나라 여러 집을 만들어 연결하여 항공로를 만들었다.
- 관심을 보이며 주도적으로 놀이하였다.
- 영유아의 요구를 주의 깊게 듣고 반응하였다.
- 놀이가 지속될 수 있도록 ~를 지원하였다.
- 놀이에 참여하지 못한 영유아가 놀이에 흥미를 가질 수 있도록 교사가 여러 가지 놀이를 제안하여 함께 놀이하였다.
- 영유아가 안전하게 놀이할 수 있도록 상호작용하였다.
- 놀이에 더욱 집중할 수 있도록 격려하였다.
- 안전수칙을 지킬 수 있도록 격려하였다.
- 어려워하여 ~를 할 수 있도록 지원하고 격려하였다.

• 놀이를 배움의 기회 지원 예시

- 블록 놀이에 몰입하는 모습을 보여 다양한 구조물을 만들 수 있도록 여러 형태의 블록을 추가로 제공하였다.
- 또래와 역할놀이를 하는 과정에서 의견 조율이 필요해 함께 해결할 수 있도록 적절한 질문으로 상호작용을 지원하였다.
- 색깔과 모양에 관심을 보이며 탐색하는 모습을 보여 다양한 색상의 도구와 재료를 제공하여 창의적으로 표현할 수 있도록 지원하였다.
- 바깥놀이 중 개미를 관찰하며 궁금해하는 모습을 보여 돋보기와 도감 자료를 제공하여 탐구할 기회를 제공하였다.
- 이야기 나누기 시간에 자신의 경험을 적극적으로 이야기하는 모습을 보여 관련 그림책을 제공하여 경험을 확장하고 공감하는 기회를 가질 수 있도록 하였다.

• 지원계획 예시

- 영유아의 흥미를 반영해서 즉시 제공하였다.
- 수준에 비해 놀이의 어려움이 있어서 다음 놀이에서 ~를 마련해 주어야겠다.
- 관심을 보여 ~를 제공하여야겠다.
- 놀이에 관심이 많아 놀이에 더 많이 참여할 수 있도록 협소한 공간을 재배치하여 공간을 확보하여야겠다.
- 영유아의 요청에 따라 내일은 ~을 지원 예정이다.

• 반영 예시

- 화요일의 놀이를 반영하여 제공하였더니 + 영유아 반응
- 지난주 영유아의 요구를 반영하여 ~를 제공하였더니 + 영유아 반응
- 놀이재료를 수월하게 꺼내 다양하게 놀이할 때 사용하도록 재배치하였더니 + 영유아 반응

보육일지 놀이 및 실행 기록 예시

월요일	유아가 색종이로 비행기를 접었다. 비행기를 접은 후 "우리 같이 비행기를 날려 보자!"라고 말하며 또래와 같은 곳에 서서 비행기를 날리며 놀이하였다. 유아가 '비행기' 동요를 부르며 놀이하자 아이들도 같이 따라 부르는 모습이 보였다. **[지원계획]** 비행기를 꾸며서 날려 볼 수 있도록 미술 놀이공간에 꾸미기 재료를 다양하게 제공해 주어야겠다.
화요일	**[반영]** 미술 놀이공간에 스티커, 유성매직 등 꾸미기 재료를 제공해 주었더니 유아들은 비행기를 접은 후 흥미를 보이며 꾸미는 모습이 보였다. 설날을 맞이하여 민속놀이공간을 마련하여 제공하였다. 놀이 안내를 하며 교사가 먼저 제기차기 하는 모습을 보여 주었다. 유아가 흥미를 보이며 제기 막대를 들고 발로 제기를 차 보며 친구랑 게임을 하기도 하였다. 유아들은 딱지에도 큰 관심을 보였는데 딱지를 머리 위로 올려 모델놀이를 하는 유아도 있었다. 유아들의 요구로 교사와 함께 줄다리기를 하였다. 유아들이 힘을 합쳐 줄다리기하며 즐겁게 민속놀이를 하였다.
수요일	유아가 우드블록을 이용하여 교사에게 "친구네 집 만들 거예요!"라고 말하자 옆에 있던 또래가 "나도 같이 만들자!"라고 말하였다. 유아가 집을 만들다 공간이 좁자 "집이 너무 좁다. 어떻게 넓게 만들지?"라고 말하자 또래가 "이렇게 넓게 해 봐!"라고 말하며 블록을 이동하여 넓혀 나갔다. **[지원계획]** 집을 만들며 놀이하던 중 공간이 좁은 모습을 보여 책상이나 교구장을 옮겨 놀이공간을 확보해 주어야겠다. **[건강 · 영양]** 유아가 시금치나물을 포크로 찍으며 "저 시금치 좋아해요"라고 말하자 유아들이 관심을 보였다. 시금치에는 칼슘이 많이 들어 있어서 뼈를 튼튼하게 해 주는 좋은 음식이라고 유아들과 상호작용하였다.
목요일	**[반영]** 쌓기 놀이공간의 책상을 뒤로 밀어 주었더니 유아들이 넓게 집을 만들어 자유롭게 놀이하였다. 쌀튀밥으로 쌀강정을 만드는 활동을 지원하였다. 큰 볼에 쌀튀밥과 시리얼을 넣은 후 쌀엿과 함께 섞어 보았다. 유아들은 종이 그릇에 숟가락으로 튀밥을 담아 보며 어떤 음식이 나올지 호기심을 보였다. 담은 쌀강정을 굳힌 후 유아들은 맛있게 먹었다. **[지역사회]** 유아가 만든 쌀강정을 소방관, 경비원, 관리사무소 직원분들께 전달해 드렸다.
금요일	미술 놀이공간에 설날을 맞이하여 복주머니를 꾸밀 수 있도록 놀이자료를 다양하게 제공해 주었더니 유아가 관심을 보이며 놀이를 시작하였다. 유아가 습자지의 질감을 느껴보더니 자유롭게 찢으며 풀을 이용하여 복주머니 활동지에 붙였다. **[안전]** 유아가 안전교육 자료에 관심을 보였다. 눈이 올 때 필요한 물건에 대한 그림을 보고 교사에게 "이건 뭐지?"라고 질문을 하여 "눈이 올 때는 차가 미끄러워서 사고가 날 수 있거든. 그래서 차가 미끄러지지 않도록 설치하는 거야."라고 상호작용을 하였다.

보육일지 전자문서 작성 및 활용

보육 현장이 디지털화되면서 일상적인 기록 관리 방식에도 변화가 일어나고 있습니다. 그 중심에는 전자문서를 활용한 보육일지 작성이 있습니다. 특히 키즈노트의 플랫폼을 통해 보육일지를 전자문서로 작성하면, 교사와 원장 간의 소통은 물론, 업무 피드백이 더욱 신속하고 원활하게 이루어질 수 있습니다.

무엇보다 전자문서를 사용하면 기록의 효율성이 크게 향상됩니다. 반복적인 항목은 손쉽게 입력할 수 있으며, 수기 작성이나 문서 보관의 번거로움 없이 언제 어디서든 작성과 열람이 가능합니다. 그러므로 교사는 일지 작성에 소요되는 시간을 줄이고, 영유아의 놀이를 관찰하고 상호작용하는 데 더 많은 시간을 집중할 수 있게 되었습니다.

또한 보육일지 전자문서를 통해 기록의 체계성과 지속성도 높아졌습니다. 매일의 놀이 기록이 누적되면서 유아의 놀이 흐름과 관심의 변화를 한눈에 파악할 수 있으며, 특정 놀이가 어떻게 확장되거나 심화되었는지를 시기별로 살펴볼 수 있는 기반이 마련되었습니다. 이러한 기록은 교사가 놀이를 깊이 있게 이해하고, 적절하게 지원하는 데 실질적인 도움이 되며, 어린이집 평가제에서 강조하는 놀이 중심 보육과정 운영의 신뢰성을 높이는 요소로 작용하고 있습니다.

전자문서를 기반으로 기록한 보육일지는 단순한 디지털 도구를 넘어, 보육의 질을 한층 더 끌어올리는 실천적이고 효과적인 방법으로 활용할 수 있으니 현장에서 활용해 보시기를 바랍니다.

평가제 완벽 대비 Q&A

Q 평가제에서 키즈노트로 기록한 전자문서가 인정이 되나요?

A 네, 인정됩니다. 전자문서로 작성한 보육일지가 어린이집 평가제에서 인정되는지에 대한 현장의 궁금증이 많습니다. 이미 다수의 어린이집이 키즈노트의 보육일지 전자문서로 보육일지를 작성하여 해당 문서로 평가를 받아 문제없이 평정된 사례가 많습니다. 이는 평가제에서 기관의 특성과 운영 방식을 존중하며, 보육일지의 형식보다는 실제 운영의 충실도와 교육·보육의 질을 더욱 중요하게 본다는 점을 보여 줍니다.

특히 평가제에서는 표준보육과정 및 누리과정의 방향에 따라 영유아·놀이 중심의 보육과정을 얼마나 충실히 운영하고 있는지를 핵심적으로 평가하고 있습니다. 따라서 보육일지가 전자문서로 작성되었는지 여부보다는, 하루일과 속에서 교사가 유아의 놀이와 발달을 어떻게 관찰하고 지원하였는지, 그리고 그 내용이 표준보육과정의 철학과 일관성을 가지는지가 더 중요한 판단 기준이 됩니다.

키즈노트 전자문서+ 보육일지 작성 및 활용 가이드

활용 Tip

키즈노트에서 작성한 월간 및 주간계획안뿐만 아니라 알림장, 앨범, 식단표, 지난 보육일지 등을 연동하여 훨씬 효과적으로 보육일지를 작성할 수 있어요!

전자문서+ PC 버전

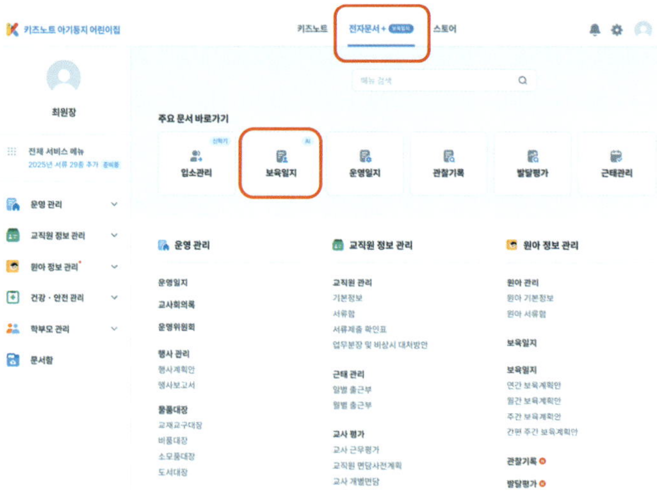

전자문서+ 모바일 버전

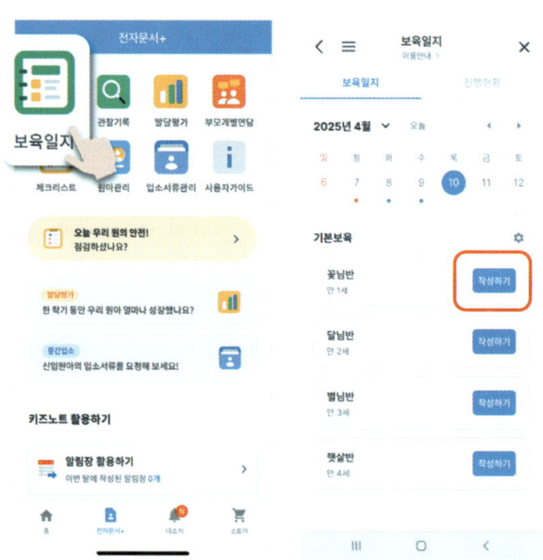

키즈노트 전자문서+ 보육일지 실제 작성 Tip

계획 및 실행내용을 기록합니다.

놀이 기록을 작성합니다.

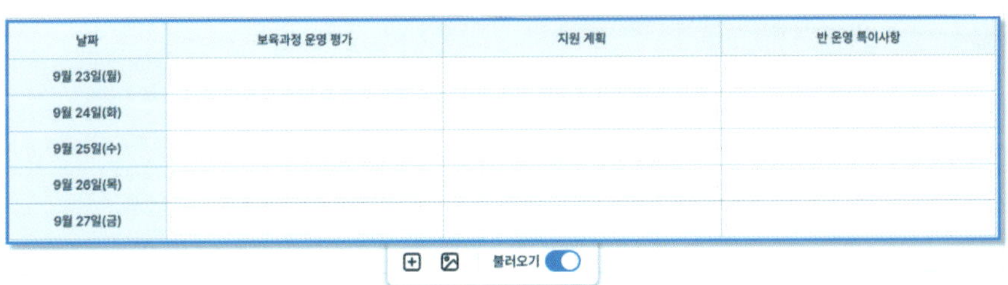

키즈노트 전자문서+ 보육일지 작성 예시 1

키즈노트 어린이집

담당	원장
이교사	최원장

보육일지

병아리반 / 1세

2025년 3월 31일 ~ 2025년 4월 4일					
날짜	3월 31일(월)	4월 1일(화)	4월 2일(수)	4월 3일(목)	4월 4일(금)
날씨	맑음	맑음	흐림	맑음	맑음
교사의 기대	영유아가 우리 반의 다양한 물건에 대해 호기심을 가지고 탐색하여 용도와 기능에 대해 표현할 수 있음				

일과		계획 및 실행
일상생활	등원 및 통합보육 (7:30 ~ 9:30)	· 영아의 건강상태를 확인함. · 투약의뢰서 유무를 확인하고 개별 소지품을 정리함.
	오전 간식 (9:30 ~ 10:00)	· 식재료에 대해 관심을 갖도록 상호작용함. · 그릇에 있는 음식을 먹어 봄.
	점심 식사 (12:00 ~ 13:00)	· 새로운 식재료에 관심을 갖도록 상호작용 지원함. · 편식 예방을 위하여 건강 영양교육 필요시 지원하고 교사가 먼저 모델링 보여 줌. · 새로운 음식에 관심을 갖고 먹으려고 시도할 때마다 격려함.
	낮잠 및 휴식 (13:00 ~ 15:00)	· 편안하게 낮잠 잘 수 있도록 분위기를 조성함. · 자장가를 들으며 편안하게 휴식을 취하거나 낮잠을 자도록 배려함. · 낮잠에서 깬 영아들은 교사와 함께 매트와 이불을 정리해 봄.
	오후 간식 (15:00 ~ 15:30) 배변 및 손 씻기 (상시)	· 영유아의 개별 수준에 맞는 배변 지원을 함. · 급 간식 후, 바깥놀이 후, 배변 활동 후 등 손을 깨끗하게 씻도록 함. · 간식을 포크로 집어 먹어 보고, 스스로 음식을 먹으려는 시도에 대해 격려함. · 간식을 다 먹고 난 후 교사의 도움을 받아 사용한 그릇과 컵을 정리해 봄.
	하원 및 통합보육 (16:30 ~ 19:30)	· 자유롭게 놀이 후 순차적으로 귀가하도록 함. (연장반 영아는 해당 반으로 이동함.)
놀이	실내놀이 (10:00 ~ 11:00) 15:30~16:30	[실내놀이] · 공을 굴리고 던지기 놀이, 공 주고받기 놀이 · 블록으로 나만의 공간 만들기 · 손가락 인형 역할놀이 · 친구 얼굴 꾸미기 · 그림자 탐색 놀이
		[안전교육] · 감염병 및 약물오남용 예방교육: 먹을 수 있는 것과 먹을 수 없는 것 세수 후 로션을 먹으려고 하는 영아에게 안전교육과 연계하여 상호작용을 함. 보육실 내에 음식모형이나 손 세정제 등 여러 물건을 보며 먹을 수 있는 것과 먹을 수 없는 것에 대해 이야기를 나누었고 하원 시 가정에 전달하여 가정과 안전교육이 연계되도록 함.
		[정리정돈 및 전이시간] · 놀이 후 교사가 정리하는 모습을 모델링 보여 주며 자연스럽게 영아들이 정리에 참여하도록 도움.
	바깥놀이 (11:20 ~ 12:00)	· 바깥놀이: 씨앗과 모종 심기 · 대체놀이: 터널놀이 (4/2 미세먼지 나쁨으로 대체활동 실시)

날짜	보육과정 운영 평가	지원 계획
4월 7일(월)	유아들이 지난주 경험한 동물원 놀이에서 공룡에 관심을 보였기에, 교실 내 공룡놀이 영역을 구성하여 놀이를 시작함. 유아들은 쌓기 놀잇감을 활용해 공룡 동물원을 구성하며 놀이를 확장하는 모습을 보였고, 벽에 게시된 공룡 사진을 보며 자발적으로 퀴즈 놀이를 진행하는 모습이 관찰됨.	유아들이 놀이를 확장할 수 있도록 공룡 관련 자료를 추가 제공하고, 특히 퀴즈놀이가 자연스럽게 이루어질 수 있도록 다양한 공룡 카드와 사진 자료를 준비하여 놀이 영역에 배치할 계획임.
4월 8일(화)	공룡 이름 맞추기 퀴즈놀이에 관심을 보이는 유아들을 위해 다양한 공룡 사진을 카드 형태로 제공하였더니, 유아들이 또래와 함께 게임 규칙을 정하며 놀이를 확장하는 모습이 나타남. 공룡 카드의 특징을 살펴보며 각 공룡의 이름과 특징을 이야기하는 모습도 보였음.	퀴즈놀이가 더욱 풍부하게 이루어질 수 있도록 공룡의 특징을 정리한 자료를 함께 제공하고, 유아들이 새로운 게임 규칙을 만들어 갈 수 있도록 놀이를 지원할 예정임. 또한, 공룡의 특징을 그림으로 표현하거나, 공룡 스티커를 활용한 놀이 자료를 추가할 계획임.
4월 9일(수)	박물관 견학 후, 유아들이 3D로 시청한 화산폭발에 큰 흥미를 보임. 화산이 왜 생기고 어떻게 폭발하는지 궁금해 하는 모습이 많아, 놀이 영역에 화산 폭발과 관련된 사진과 영상을 제공함. 유아들은 화산의 생성 과정과 특징을 관찰하며 놀이에 몰입하는 모습을 보였고, 전분을 활용한 화산 폭발 실험을 함께 진행하였음. 실험을 보며 신기해 하고, 과정에 대해 친구들과 이야기를 나누는 모습이 관찰됨.	화산 폭발 놀이를 가정에서도 경험할 수 있도록 부모와 함께 할 수 있는 활동 자료를 제공할 계획임. 또한, 유아들이 화산 폭발에 대한 궁금증을 확장할 수 있도록 관련 그림책과 추가 실험 자료를 놀이 영역에 배치할 예정임.
4월 10일(목)	유아들이 공룡 관련 자료를 활용한 놀이를 지속하며 놀이가 확장됨. 바깥놀이 시간에는 화석 발굴 놀이를 지원하였더니, 유아들이 공룡 화석을 찾아보며 적극적으로 탐색하는 모습을 보였음. 또한, 놀이 영역에서 제공한 게임카드와 사진자료를 활용하여 '내가 좋아하는 공룡' 수첩을 만들며 자신이 선호하는 공룡을 친구들에게 소개하는 놀이를 진행함.	유아들이 만든 공룡 수첩을 교실 내 게시할 수 있도록 공간을 마련하고, 더 다양한 공룡 정보를 탐색할 수 있도록 공룡 도감 및 활동 자료를 추가 제공할 계획임. 또한, 바깥놀이에서의 화석 발굴 놀이를 더 재미있게 경험할 수 있도록 발굴 도구와 관련 자료를 확장하여 제공할 예정임.
4월 11일(금)	유아들이 공룡 수첩을 완성하며, 친구들과 서로 공유하는 모습을 보임. 개방형 질문을 통해 공룡의 특징을 깊이 탐색하고, 이를 설명하며 놀이가 더욱 의미 있게 확장됨. 완성된 수첩을 교실에 전시하거나 가정으로 가져가 부모님에게 설명하는 모습이 관찰됨.	다음 주에는 유아들이 지속적으로 흥미를 보이고 있는 공룡과 화산 폭발 놀이를 더욱 확장할 수 있도록 탐구 중심의 활동을 계획할 예정임. 또한, 유아들이 실내에서뿐만 아니라 실외에서도 공룡 탐색 놀이를 할 수 있도록 바깥놀이 환경을 조성하고, 역할놀이를 통해 유아들이 공룡 탐험가로 활동할 수 있는 기회를 제공할 계획임.

키즈노트 전자문서+ 보육일지 작성 예시 2

키즈노트 어린이집

담당	원장
김교사	최원장

보육일지

사슴반 / 4세

2025년 4월 7일 ~ 2025년 4월 11일					
날짜	4월 7일(월)	4월 8일(화)	4월 9일(수)	4월 10일(목)	4월 11일(금)
날씨	맑음	맑음	맑음	맑음	맑음
교사의 기대	공룡의 특성에 대해 관심을 가지며, 다양한 놀잇감과 재료를 활용하여 공룡이 살았던 세상에 대해 놀이로 탐색해봄.				

일과	계획 및 실행
등원 및 통합보육 (7:30 ~ 9:10)	· 등원한 유아와 반갑게 인사를 나누며 맞이하기 · 유아의 기분 또는 건강 상태 살피기 · 유아 스스로 옷과 가방 정리하기
오전 간식 (9:10 ~ 9:40)	· 오전 간식 먹기 · 간식 먹은 후 스스로 정리정돈 하기 · 간식 후 환기하기
실내놀이 (9:40~10:40)	· 공룡 동물원 놀이 · 공룡 퀴즈놀이 / 공룡 이름 맞추기 놀이 · 화산 폭발 실험 놀이 · 내가 좋아하는 공룡 수첩 만들기 놀이
활동 (10:00 ~ 12:00)	· 4/8(화) 지역사회 연계활동: 지역 내 자연사 박물관 견학
바깥 놀이 (11:00 ~ 12:00)	· 그림자를 보며 움직여요 · 화석 발굴 놀이 · [대체활동] 줄을 넘어가요
점심 식사 (12:10 ~ 13:00)	· 즐거운 점심 시간을 경험하고, 스스로 정리해 볼 수 있도록 지원하기 · 점심 식사 후 환기하기
특별 활동 (13:00 ~ 13:40)	· 월: 영어 · 목: 체육 · 금: 바둑
낮잠 및 휴식 (13:40 ~ 14:30)	· 유아가 휴식을 취하고, 자유롭게 놀이함.
오후 간식 (14:30 ~ 15:00)	· 배변 활동 후 손 씻기 / [건강위생교육] 손 세정제로 손 씻기 · 오후 간식 먹은 후 스스로 정리정돈 하기 · 간식 후 환기하기
실내 놀이 (15:00 ~ 16:00)	· 오전에 진행한 놀이를 연계하여 실내 놀이를 진행함.
하원 및 통합보육 (16:00 ~ 19:30)	· 자유롭게 놀이 후 귀가함. · 연장반은 해당 보육실로 이동하도록 함.

일과		계획 및 실행
활동	특별 활동	· 월: 체육 (12:30~13:00) · 수: 영어 (15:30~16:00) · 금: 뮤직 (12:30~13:00)

날짜	보육과정 운영 평가	지원 계획
3월 31일(월)	영아들이 바닥에 놓인 공을 굴리거나 던지며 탐색하는 모습을 보임. 친구와 공을 주고받는 간단한 놀이를 시도하며 공의 움직임에 흥미를 느끼는 모습임. 공 놀이를 낯설어 하는 영아들은 교사가 함께 공을 굴리며 놀이 참여를 격려함. 영아들은 공의 움직임을 따라가며 신체를 자유롭게 움직이는 즐거움을 경험함.	공 놀이 공간을 넓히고 다양한 크기와 색상의 공을 제공하여 영아들이 놀이를 자유롭게 확장할 수 있도록 지원할 예정임.
4월 1일(화)	영아들이 블록을 활용해 자신만의 공간을 만들어 보는 놀이를 시작함. 블록을 쌓거나 긴 줄 모양으로 나열하면서, 친구와 자연스럽게 함께 놀이하며 상호작용함. 놀이 중 필요시 도움을 제공하며 영아들이 주도적으로 놀이를 이어 갈 수 있도록 지원함.	블록 놀이를 확장할 수 있도록 다양한 색상과 모양의 블록을 추가 제공하고, 놀이가 역할놀이로 연결될 수 있도록 관련 소품을 함께 배치할 예정임.
4월 2일(수)	블록으로 만든 공간에서 놀이가 확장되며 영아들이 친구와 역할놀이를 시도함. 손가락 인형을 활용해 서로 대화를 하거나 동작을 따라하며 상상력을 발휘함. 놀이 중 친구의 표현을 관찰하고 흉내 내며 자연스럽게 의사소통을 이어 가는 모습이 관찰됨.	손가락 인형 외에도 다양한 역할놀이 도구를 제공하여 영아들이 창의적으로 놀이를 이어 갈 수 있도록 지원할 예정임.
4월 3일(목)	친구 얼굴을 꾸미는 활동을 통해 영아들이 서로의 특징을 관찰하고, 꾸민 얼굴 그림을 공유하며 긍정적인 반응을 보임. 영아들은 서로의 결과물을 보며 웃음을 나누고 놀이가 확장됨. 이를 통해 또래 간의 상호작용과 협력하는 경험을 해 봄.	그리기 도구 외에도 꾸미기 놀이를 확장할 수 있는 다양한 재료를 제공하고, 꾸민 결과물을 전시하거나 이야기 나눌 기회를 마련할 예정임.
4월 4일(금)	벽에 비친 그림자를 활용한 놀이를 통해 영아들이 자신의 움직임을 관찰하고 친구의 그림자와 비교하며 흥미를 보임. 그림자를 손으로 잡으려 하거나 크기와 모양을 바꾸는 활동을 시도하며 신체를 다양하게 활용함. 놀이를 통해 관찰과 탐구의 즐거움을 경험하며 한 주 동안의 놀이를 마무리함.	영아들이 그림자 놀이를 확장할 수 있도록 조명과 다양한 소품을 활용한 환경을 제공하고자 함. 다음 주에도 놀이를 통해 영아들이 주도적으로 참여할 수 있는 기회를 제공하고, 다양한 놀이 재료를 탐색하며 감각 경험을 확장할 수 있도록 지원 예정임.

Ai 컨설팅으로 보육일지 점검하기

보육일지는 교사의 관찰과 해석이 평가제 기준에 부합하도록 기록되어야 하며, 이는 유아 · 놀이 중심 보육과정 운영의 근거가 됩니다. 그러나 실제 보육 현장에서는 업무의 특성상 모든 내용을 꼼꼼히 점검하고 기록하기 어려운 경우가 많아, 중요한 항목이 누락되는 일이 발생하기도 합니다.

이러한 현장의 어려움을 해소하기 위해 키즈노트에서는 보육일지 AI 컨설팅 기능을 제공하고 있습니다. 이 기능은 보육일지의 주요 항목을 자동으로 분석하여, 평가 기준에 적합하게 작성되었는지를 체계적으로 점검합니다.

특히 AI는 기록에서 누락되었거나 보완이 필요한 부분에 대해 구체적인 피드백을 제공하며, 교사가 일지의 내용 충실도를 향상시킬 수 있도록 지원합니다. 컨설팅 결과는 보육일지 작성 시 확인해야 할 중요 항목들을 체크리스트 형식으로 제시하여, 교사는 이를 기반으로 일지의 누락 항목을 점검하고, 보다 신뢰도 높은 기록을 완성할 수 있습니다.

이처럼 키즈노트 AI 컨설팅은 단순한 기술 기능을 넘어, 교사의 전문성을 지원하고 평가제 준비에 실질적인 도움을 주는 디지털 도구로 자리매김하고 있습니다. 보육의 질을 향상시키는 스마트한 기록 관리 방법으로, 현장 교사에게 실질적인 실천 도구로 활용되고 있습니다.

키즈노트 AI 컨설팅을 사용하면 좋은 점!

- 평가제 평정기준에 부합한지 AI가 신속하게 분석을 합니다.
- 작성된 각 반 보육일지마다 개별 피드백을 해 줍니다.
- 피드백의 근거 및 보완되면 좋은 사항에 대해 제시되어 있습니다.
- 담임교사가 AI 피드백을 반영하여 질 높은 보육과정 운영을 돕습니다.

키즈노트 '보육일지 전자문서 작성 후' AI 컨설팅 활용 가이드

키즈노트 보육일지 AI 컨설팅 실제 활용 Tip

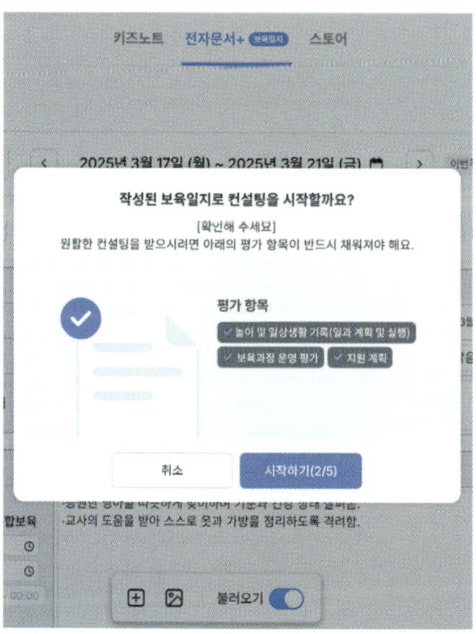

보육일지 AI 컨설팅_시작

보육일지 분석 중

본 컨설팅 결과는 베타 서비스로 제공되며,
참고 자료로만 사용하시길 권장합니다.

컨설팅 종합 결과

보육일지는 영유아의 놀이와 일상생활을 잘 통합하여 기록하고 있습니다. 영유아의 놀이 시간을 충분히 확보하여 몰입할 수 있는 환경을 조성한 점이 특히 인상적입니다. 교사의 지원 계획도 영유아의 창의성과 사회성을 발달시키기 위한 다양한 전략을 포함하고 있어 긍정적입니다. 추가적으로 관찰, 평가, 계획의 순환 구조를 명확히 하고, 영유아의 개별적 반응과 성장을 기록함으로써 보육과정의 일관성과 맞춤형 지원을 강화할 수 있습니다. 교사들이 영유아의 놀이를 지원하는 구체적인 방법들, 그리고 그것이 영유아의 발달에 어떻게 기여했는지를 더 세부적으로 기록한다면, 보육일지가 더욱 풍성해질 것입니다. 이러한 세부 사항들은 영유아의 발달 상태를 더욱 면밀히 파악하는 데에 도움을 줄 것입니다.

AI 컨설팅 결과

② 영유아의 놀이를 통한 경험 좋아요

근거 보육일지 내에서는 다양한 놀이 활동이 기록되어 있으며, 이를 통해 영유아가 놀이에서 어떤 경험을 했는지 잘 나타나 있습니다. 특히, '너 하나 나 하나' 동화를 통해 나눔과 배려를 배우고, 블록 놀이를 통해 협력과 공간 구성의 즐거움을 경험한 점이 돋보입니다.

보완사항 영유아의 개별적인 놀이 경험을 더욱더 세밀하게 기록하여, 각 아이가 어떠한 구체적인 반응을 보였는지 추가적으로 작성하면 좋습니다. 예를 들면, '아이들이 블록 놀이를 하며 서로 도움을 주고받는 모습이 자주 나타났습니다'와 같이 기록할 수 있습니다.

근거와 보완사항 피드백

키즈노트 보육일지 AI 컨설팅 결과 예시

AI 컨설팅 Beta

보육일지 이력 2세반 2025. 4. 7. ~ 2025. 4. 11.

키즈노트 어린이집

보육일지

2세반 / 만 2세

담당	원장
강교사	최원장

2025년 4월 7일 ~ 2025년 4월 11일					
날짜	4월 7일(월)	4월 8일(화)	4월 9일(수)	4월 10일(목)	4월 11일(금)
날씨	맑음	흐림	맑음	맑음	흐림
교사의 기대	영아들이 다양한 감각적 경험을 통해 놀이에 주도적으로 참여하며, 탐색과 상호작용을 확장해 나가는 모습을 기대함.				

일과		계획 및 실행
일상생활	등원 및 통합보육 (7:30 ~ 9:10)	· 등원한 영아와 반갑게 인사를 나누며 맞이하기 · 영아의 기분 또는 건강 상태 살피기 · 교사의 도움을 받아 옷과 가방 정리해보기
	오전 간식 (9:10 ~ 9:40)	· 오전 간식 먹기 · 간식 먹은 후 교사의 도움을 받아 정리해보기
	점심 식사 (12:20 ~ 13:20)	· 교사의 도움을 받아 손을 씻고 자리에 앉아 식사함. · 다양한 음식을 맛보며 골고루 먹는 습관을 기름.
	낮잠 및 휴식 (13:20 ~ 14:20)	· 영아가 낮잠을 통해 편안하게 휴식을 취하고, 자유롭게 놀이함.
	오후 간식 (15:40 ~ 16:00)	· 배변 활동 후 손 씻기 / [건강위생교육] 손 세정제로 손 씻기 · 오후 간식 먹은 후 교사의 도움을 받아 정리해보기
	하원 및 통합보육 (16:00 ~ 17:00)	· 자유롭게 놀이 후 귀가함. · 연장반은 해당 보육실로 이동하도록 함.
놀이	실내 놀이 (9:40~10:40)	· 종이 탐색 놀이, 손가락 물감 놀이, 블록으로 텃밭 만들기, 텃밭 역할놀이
	바깥 놀이 (11:00 ~ 12:20)	· 선생님 손 잡고 산책하기, 함께 자연을 탐색해요(다양한 잎사귀 모으기) · [대체활동] 터널 통과하기, 스텝박스 오르내리기
	실내 놀이	

본 컨설팅 결과는 베타 서비스로 제공되며,
참고 자료로만 사용하시길 권장합니다.

컨설팅 종합 결과

전체적인 보육일지는 영유아의 발달을 지원하기 위한 다양한 놀이와 일상생활의 기록이 잘 이루어져 있습니다. 보육일지의 기록을 더욱 풍성하고 구체적으로 만들기 위해 각 활동의 목표와 기대 효과를 명확히 기재하고, 영유아의 반응과 배움을 세부적으로 기록하는 것이 좋겠습니다. 또한, 교사가 영유아의 놀이와 일상생활을 어떻게 지원하고 있는지에 대한 구체적인 사례를 추가한다면, 보육과정의 순환 과정이 더욱 명확히 드러날 것입니다. 이러한 기록을 통해 영유아의 발달을 지속적으로 모니터링하고, 맞춤형 교육 과정을 제공할 수 있을 것입니다. 이 모든 과정은 영유아의 자주성과 창의성을 지원하며, 놀이를 통한 배움이 일상 속에서 자연스럽게 이루어질 수 있도록 도울 것입니다.

① 연령별 놀이시간 편성

근거 개정 어린이집 평가 매뉴얼에 따르면, 1~2세의 경우 바깥놀이 매일 30분 이상을 포함하여, 실내·외 놀이시간 총 2시간 30분 (150분) 이상을 충족해야 합니다. 작성하신 보육일지에 따르면, 실내놀이 시간은 120분 이며, 바깥놀이 시간은 80분으로, 총 놀이시간은 200분 입니다. 놀이시간은 짧게 나누기보다 길게 편성하여 영유아가 놀이에 몰입할 수 있는 환경을 제공하는 것이 중요합니다. 이를 위해, 일과에서는 놀이시간을 우선적으로 배치하여 영유아 주도 놀이가 충분히 이루어질 수 있도록 계획해 보시길 권장드립니다. 또한, 미세먼지나 날씨와 같은 환경적 요인으로 인해 바깥놀이가 어려울 경우, 실내놀이로 대체하여 운영할 수 있음을 참고해 주세요.

② 영유아의 놀이를 통한 경험 좋아요

근거 보육일지에서 영유아가 종이 탐색 놀이, 손가락 물감 놀이, 블록으로 텃밭 만들기와 같은 활동을 통해 다양한 경험을 하고 있는 모습이 잘 기록되어 있습니다. 예를 들어, '손가락 물감 놀이'를 통해 영유아들이 손으로 직접 물감을 만지고 종이에 찍으며 흥미를 보이는 모습이 관찰되었습니다.

개선 영유아의 놀이를 보다 깊이있게 이해하기 위해, 각 놀이 활동의 구체적

출력 및 다운로드 | 체험 후기 작성하기

평가제 완벽 대비 Q&A

Q 하루 동안에 이루어진 모든 놀이 및 활동에 대한 평가를 모두 기록해야 하나요?

A 보육일지 작성 시 모든 놀이와 활동에 대한 평가를 기록할 필요는 없으며, 중점적으로 진행된 놀이를 중심으로 기록할 수 있습니다.

Q 보육일지에 작성한 놀이 기록은 개별 영유아 관찰 기록으로 인정되나요?

A 보육일지 작성 시 개별 영유아의 놀이 진행 상황 및 반응과 행동 등에 대하여 기재한 경우 개별 영유아의 관찰 기록으로도 인정 가능합니다.

Q 보육일지에는 어떠한 내용을 작성해야 하나요?

A 어린이집에서는 매일 보육일지에 하루일과, 영유아의 놀이 내용, 교사의 지원, 평가 및 다음 놀이 지원 계획 등을 기록·관리해야 합니다. '개정 어린이집 평가지표'에서는 이러한 기록이 다음 놀이 지원 계획에 반영되는지를 확인하고, 실내 및 바깥놀이 시간, 일상생활이 포함되어야 합니다. 또한, 영유아 중심의 보육과정 운영 평가 결과도 보육과정 개선에 반영하고 있는지를 확인합니다.

Q 보육일지의 검토 기간 설명해 주세요.

A 보육일지는 현장평가월 기준 1개월 전부터 확인합니다. 예를 들어, 2025년 10월 평가의 경우 9월 1일부터 평가 전일까지의 기록을 확인합니다.

Q 보육일지는 정해진 서식이 있나요?

A 평가에서 별도로 규정한 보육일지 양식이 있는 것은 아니므로, 어린이집의 특성에 적합한 양식으로 사용하되, 지표 및 항목에서 확인하고 있는 사항이 누락되지 않도록 작성해야 합니다.

Q 동일 연령 2개 반이 한 보육실에서 보육되는 경우, 각 반별로 보육일지를 작성해야 하나요?

A 영유아의 놀이 실행 기록은 보육과정 운영평가에 중요한 자료로 활용됩니다. 보육일지에는 하루일과, 영유아의 놀이 내용, 교사의 지원 내용, 놀이 평가 및 다음 놀이 지원 계획 등을 포함해야 합니다. 동일 연령의 2개 반이 같은 일과를 진행할 경우, 보육일지는 한 반으로 작성할 수 있지만, 일부 일과를 분리할 경우 각 반별로 작성해야 합니다.

Q 연장보육 전담교사가 배치되어 있지 않고, 담임교사가 연장보육까지 담당하는 경우에도 연장보육일지를 별도로 작성해야 하나요?

A 담임교사가 연장보육까지 담당하는 경우 각 반별 보육일지에 연장보육 시 이루어진 일과 운영, 전달, 사항 등을 추가하여 작성할 수 있습니다.

참고 활동 기록

활동은 영유아가 놀이를 통한 배움을 확장해 나가도록 돕는 교사의 지원이다. 영유아의 효과적인 발달 및 놀이를 지원하기 위해 필요에 따라 활동을 계획하여 운영할 수 있다. 별도로 문서를 기록하고 있지 않다면 보육일지에 안전교육, 지역사회 연계 활동, 특별활동 대체활동에 관련된 사항이 기록되어 있어야 한다. 평가제에서는 평정대상이 아니지만 관련 지침에 의해 기록 및 관리되고 있어야 한다.

1) 영유아 안전교육

(1) 영유아 의무 안전교육

영유아가 스스로 자신의 안전을 보호할 수 있도록 필요한 기초능력과 기술이 형성될 수 있도록 지원하여야 한다. 영유아의 연령을 고려하여 영유아복지령의 안전교육 기준에 의해 매년 안전교육계획을 수립하여 교육을 실시하고, 계획 및 교육 실시 결과를 기록하여야 한다. 안전교육은 일상생활, 놀이 등 다양한 방식으로 실시하며 영아의 경우에는 개별 또는 소집단으로 안전교육을 실시하여야 한다. 그리고 영유아에게 「지능정보화기본법」 제54조 제2항 및 같은 법 시행규칙 제11조 제1항에 따라 인터넷중독 예방 및 해소 관련 교육을 연 1회 실시하고, 기록하여야 한다.

TIPS

안전교육 실시

- 지식 전달보다는 영유아의 대처행동 능력을 직접적으로 키워 줄 수 있도록 다양한 방법으로 진행함
- 영아반 안전교육: 0~2세 영아 역시 안전교육을 실시하여야 하며, 특히 0~1세의 경우 발달수준을 고려하여 일상생활이나 기본생활과 관련된 활동으로 안전교육을 진행할 수 있음
- 영아의 발달수준을 고려하여 일상생활, 놀이, 그림책, 이야기 나누기 등의 방법으로 보육과정 내에 자연스러운 경험이 이루어지도록 진행하는 것이 좋음 (예. 블록으로 횡단보도를 구성하여 안전하게 횡단보도를 건너는 놀이)
- 참고: 어린이집 안전공제회 (http://www.csia.or.kr)

「영유아복지법」 제31조 및 같은 법 시행령 제28조

구분	성폭력 예방 교육	아동학대 예방 교육	실종·유괴의 예방·방지 교육	감염병 및 약물의 오용·남용 예방 등 보건위생관리 교육	재난대비 안전 교육	교통안전 교육
실시 주기 (총 시간)	6개월에 1회 이상 (연간 4시간 이상)	6개월에 1회 이상 (연간 4시간 이상)	3개월에 1회 이상 (연간 10시간 이상)	3개월에 1회 이상 (연간 10시간 이상)	6개월에 1회 이상 (연간 6시간 이상)	2개월에 1회 이상 (연간 10시간 이상)
교육 내용	1. 내 몸의 소중함 2. 내 몸의 정확한 명칭 3. 좋은 느낌과 싫은 느낌 4. 성폭력 예방법과 대처법 5. 성폭력의 개념 및 성폭력의 주체에 대한 교육	1. 나의 권리 찾기 (소중한 나) 2. 아동학대 및 아동학대행위자 개념 3. 자기감정 표현하기 및 도움 요청하기 4. 신고 이후 도움 받는 방법	1. 길을 잃을 수 있는 상황 이해하기 2. 미아 및 유괴 발생 시 대처방법 3. 유괴범에 대한 개념 4. 유인·유괴 행동에 대한 이해 및 유괴 예방법	1. 감염병 예방을 위한 개인위생 실천 습관 2. 예방접종의 이해 3. 몸에 해로운 약물 위험성 알기 4. 생활 주변의 해로운 약물·화학제품 그림으로 구별하기 5. 모르면 먼저 어른에게 물어보기 6. 가정용 화학제품 만지거나 먹지 않기 7. 어린이 약도 함부로 많이 먹지 않기	1. 화재의 원인과 예방법 2. 뜨거운 물건 이해하기 3. 옷에 불이 붙었을 때 대처법 4. 화재 시 대처법 5. 자연재난의 개념과 안전한 행동 알기	1. 차도, 보도 및 신호등의 의미 알기 2. 안전한 도로 횡단법 3. 안전한 통학버스 이용법 4. 바퀴 달린 탈것의 안전한 이용법 5. 날씨와 보행안전 6. 어른과 손잡고 걷기
교육 방법	1. 전문가 또는 담당자 강의 2. 장소·상황별 역할극 실시 3. 시청각 교육 4. 사례 분석	1. 전문가 또는 담당자 강의 2. 장소·상황별 역할극 실시 3. 시청각 교육 4. 사례 분석	1. 전문가 또는 담당자 강의 2. 장소·상황별 역할극 실시 3. 시청각 교육 4. 사례 분석	1. 전문가 또는 담당자 강의 2. 시청각 교육 3. 사례 분석	1. 전문가 또는 담당자 강의 2. 시청각 교육 3. 실습교육 또는 현장학습 4. 사례 분석	1. 전문가 또는 담당자 강의 2. 시청각 교육 3. 실습교육 또는 현장학습 4. 일상생활을 통한 반복 지도 및 부모 교육

〈출처: 2025년 보육사업안내〉

보육일지 안전교육 실행 기록 예시 1.

안전교육	[감염병 및 약물오남용] 먹을 수 있는 것과 먹을 수 없는 것
	세수 후 로션을 먹으려고 하는 영아에게 안전교육과 연계하여 상호작용을 하였다. 보육실 내에 음식 모형이나 손 세정제 등 여러 물건을 보며 먹을 수 있는 것과 먹을 수 없는 것에 대해 이야기를 나누었고 하원 시 가정에 전달하여 가정과 안전교육이 연계되도록 하였다.

보육일지 안전교육 실행 기록 예시 2.

금요일	미술놀이영역에 설날을 맞이하여 복주머니를 꾸밀 수 있도록 놀이자료를 다양하게 제공해 주었더니 유아가 관심을 보이며 놀이를 시작하였다. 유아가 습자지의 질감을 느껴 보더니 자유롭게 찢으며 풀을 이용하여 복주머니 활동지에 붙였다. **[안전]** 유아가 안전교육 자료에 관심을 보였다. 눈이 올 때 필요한 물건에 대한 그림을 보고 교사에게 "이건 뭐지?"라고 질문을 하여 "눈이 올 때는 차가 미끄러워서 사고가 날 수 있거든. 그래서 차가 미끄러지지 않도록 설치하는 거야."라고 상호작용을 하였다.

(2) 비상대응 및 훈련

비상대응계획을 작성하여 소방대피, 지진 대피, 폭설 대비 훈련을 포함한 다양한 유형의 재난 대비 훈련을 월 1회 실시하여야 한다. 비상대응계획이란 소방, 지진, 폭설, 수해, 영유아 돌연사 등 어린이집에서 일어날 수 있는 다양한 유형의 비상사태와 재난에 대비하기 위해 세우는 계획이다.

TIPS

소방대피훈련

- 영유아가 소방대피훈련(지진 및 재난대비훈련 등 포함)을 월 1회 이상 참여하여야 함
- 소방대피훈련은 비상사태를 대비하여 교직원과 영유아의 대피능력을 키우기 위하여 실제 비상 상황과 동일하게 건물 외부로 대피하는 훈련을 실시하여야 함

보육일지 소방교육 실행 기록 예시

안전교육	[소방대피훈련] 조리실에서 불이 났어요
	조리실의 누수로 인해 전기 배선으로 물이 침투하여 약 11시경에 조리실에서 화재가 발생되어 화재경보기가 울려서 신속하게 건물 외부 최종집결지로 대피하였음

2) 지역사회 연계 활동

영유아의 건강한 발달지원을 위해 지역사회를 연계한 활동이 진행되었다면 기록한다.

TIPS

지역사회 연계 활동 예시

- 인근 노인정 및 경비실 방문
- 바자회로 얻은 수익금을 지역사회에 기부
- 영유아의 활동 결과물을 활용해 거리에서 캠페인 활동
- 지역 내 시니어가 영유아 기관에 방문하여 놀이 및 활동 지원
- 공원 산책 및 도서관 방문

지역사회 자원 활용 예시

일상생활 관련	• 공원, 산책로
일반적 자원	• 마트, 도서관, 학교, 경로당, 복지관 등을 방문
특별 자원	• 생태습지, 박물관, 기념관 등 방문
기관 방문	• 지구대, 소방서, 급식지원센터 등의 직원이 영유아기관에 방문하여 영유아에게 관련 놀이 및 활동 지원

평가제 완벽 대비 Q&A

Q 지역사회 연계활동을 실시하지 않아도 되나요?

A 어린이집은 영유아에게 지역사회의 주요 공간에서 의미 있는 경험을 제공하여 지역사회를 이해하고 지원받을 수 있도록 해야 합니다. 이를 위해 지역사회의 자원을 활용한 연계활동을 계획하고 실행하는 것이 필요합니다.

Q 이야기할머니가 오셔서 그림책을 읽어 주십니다. 특별활동에 해당되나요?

A 이야기할머니가 오셔서 그림책을 읽어 주시는 활동의 경우 지역사회연계 활동에 해당하며, 특별활동에 해당하지 않습니다.

3) 특별활동

특별활동은 24개월 이상 영유아를 대상으로 부모에게 동의서를 받은 영유아에 한해서만 별도로 제공하도록 한다. 단, 18~24개월 이상의 영유아가 24개월 이상의 영유아와 반편성이 되었다면 부모동의와 운영위원회 심의를 거쳐 예외적으로 실시할 수 있다.

보육일지 특별활동 적절한 기록 예시

특별활동	체육 (12:30~13:00)	–	영어 (15:30~16:00)	–	뮤직 (12:30~13:00)

보육일지 특별활동 부적절한 기록 예시

특별활동	체육 (12:30~13:00)	–	영어 (16:00~16:30)	–	뮤직 (12:30~13:00)

특별활동은 반드시 오후에 운영되어야 하며, 보강이 진행되는 경우도 마찬가지다. 연장반이 4시부터 진행되므로, 특별활동은 4시 이후에 진행하지 않도록 해야 한다. 부득이하게 3시 50분에 시작한 것은 문제가 없으나, 4시에 시작된다면 지침에 어긋나므로 유의하여야 한다.

평가제 완벽 대비 Q&A

Q 특별활동 강사의 사정으로 오전에 보강을 실시해도 되나요?

A 특별활동은 보육과정 외에 진행되는 활동 프로그램으로 일과 중 오후 시간대에 운영해야 합니다. 따라서 특별활동 강사의 사정으로 보강을 실시할 경우에도 오후에 실시하시기 바랍니다.

Q 지역사회 시민단체, 지자체 사업(노인일자리 등)으로 진행하는 영어, 한자, 악기(장구 등) 배우기 등도 특별활동에 해당되나요?

A 특별활동은 보육과정 외에 진행되는 활동 프로그램으로 어린이집 원장·보육교사 등 보육교직원이 아닌 외부 강사에 의해 어린이집 내·외에서 이루어지는 프로그램을 말하며, 영어, 한자 등과 같이 기술연마, 지식습득을 목적으로 분절된 내용을 가르치는 것이 이에 해당합니다. 따라서 이와 같은 활동은 실시 주체 및 비용 수납 여부와 상관없이 특별활동 운영규정에 따라 24개월 이상 영유아를 대상으로 부모동의서를 구비하여 오후에 실시하시기 바랍니다.

지표 핵심_2

〈관찰, 기록, 면담〉

적절한 수준	부적절한 수준
• 영유아의 놀이와 활동, 일상생활을 지원하기 위한 계획을 수립하여 실행하고, 기록한다.	

평정서류: 보육계획안

핵심 Point

- 계획 수립:
  놀이, 활동, 일상생활 지원을 위한 계획안 수립

1. 보육과정 계획

- 놀이를 지원하기 위해 필요한 사항을 준비하는 모든 과정 포함함
- 놀이, 활동, 일상생활 등을 지원할 수 있는 계획을 일일, 주간, 월간에서 선택하여 수립함

2. 놀이 지원을 위한 활동 계획

- 활동은 영유아가 놀이를 통한 배움을 확장해 갈 수 있도록 돕는 교사의 지원임
- 영유아가 주도하는 놀이와 연계되도록 지원함
- 활동: 지역사회 연계, 건강 · 영양교육, 안전교육, 놀이규칙 정하기, 놀이와 관련된 활동(노래 부르기, 동화 듣기, 요리하기, 게임 등 제안) 등

3. 일상생활 계획

- 영유아의 신체적 리듬을 반영하여 일상생활(등원, 손 씻기, 화장실 다녀오기, 간식, 점심, 낮잠, 휴식 등)을 편성 및 운영함

4. 영유아의 흥미를 반영한 융통성 있는 계획안

- 교사는 다양한 놀이를 계획했더라도 영유아의 흥미와 관심에 따라 언제든지 수정하여 영유아의 자발적 놀이를 지원하여야 함

평가제 완벽 대비 Q&A

Q 월간, 주간, 일일 보육계획안 중 반별로 한 가지만 사용해도 되나요?

A 교사는 영유아의 놀이와 활동을 지원하기 위한 계획을 일일, 주간, 또는 월간으로 수립하고, 영유아가 자발적으로 참여할 수 있도록 실행해야 합니다. 따라서 반별로 월간, 주간, 일일보육계획 중 하나가 수립되어 있는지를 확인합니다.

보육계획안 예시_1

<table>
<tr><th colspan="7">만 2세 월간 놀이 계획안</th></tr>
<tr><td colspan="2">생활주제</td><td colspan="5">어린이집</td></tr>
<tr><td colspan="2">영아의 흥미</td><td colspan="5">원 → 교실 → 놀잇감</td></tr>
<tr><td colspan="2">목표</td><td colspan="5">우리 반 교사와 친구에게 관심을 가지고 교사, 친구와 친밀감을 형성한다.
다양한 놀잇감을 탐색하고 놀잇감으로 다양한 놀이를 경험한다.
어린이집에서 편안한 일과를 경험하고 안전하게 놀이하고 생활한다.</td></tr>
<tr><td colspan="2">적용기간</td><td>1주</td><td>2주</td><td>3주</td><td>4주</td><td>5주</td></tr>
<tr><td colspan="2">등원 및 맞이하기</td><td>부모에게 ‘다녀오세요’ 인사해요</td><td colspan="4">선생님과 인사를 나누어요</td></tr>
<tr><td rowspan="3">일상생활</td><td>점심</td><td colspan="5">즐겁게 먹어요 / 스스로 점심을 먹을 수 있어요</td></tr>
<tr><td>낮잠</td><td colspan="5">내 이불과 베개를 찾아요 / 친구에게 ‘잘자’라고 인사해요</td></tr>
<tr><td>배변</td><td colspan="5">‘쉬 마려워요’라고 표현해요 / 배변 후 ‘응가했어요’라고 표현해요</td></tr>
<tr><td colspan="2">놀이</td><td colspan="5">• 패러슈트로 놀아요 / 뚝딱뚝딱 망치 놀이를 해요
• 우리 교실에 내 물건이 있어요 / 동화: 와글바글 무슨 소리지?
• 요리사가 되었어요 / 친구와 장난감 가게놀이를 해요
• 플레이콘을 길게 붙여요 / ‘꼭꼭 약속해’ 부르며 율동해요</td></tr>
<tr><td colspan="2">바깥놀이</td><td colspan="5">• 하늘을 봐요 / (실내대체) 사진 풍선을 던져요</td></tr>
<tr><td colspan="2">기본생활습관</td><td colspan="5">• 안녕! 안녕하세요 / 신발을 스스로 정리해요</td></tr>
<tr><td colspan="2">안전교육</td><td colspan="5">• (실종유괴)선생님과 손을 잡아요 / (감염/약물)먹을 수 있는 것과 없는 것
• 비상대응 / (재난)불이야! 불이야! / (교통)빵빵 자동차 신호 / (생활)장난감은 먹는 게 아니야!</td></tr>
</table>

▍보육계획안 예시_2

열매반 12월 월간 놀이 계획안

<table>
<tr><td>기간</td><td>2024.12.02.~12.27.</td><td>연령</td><td>5세</td><td>담임교사</td><td>유미정</td></tr>
<tr><td>놀이 주제</td><td colspan="5">겨울: 차가운 겨울 날씨 / 건강한 겨울 생활과 안전 / 이웃과 함께 보내는 겨울</td></tr>
<tr><td>목 표</td><td colspan="5">• 겨울철 날씨의 변화를 느끼며 겨울에 볼 수 있는 여러 가지 생활 모습을 안다.
• 도움이 필요한 이웃에 대해 알고, 나눔의 의미를 이해하며 더불어 살아가는 태도를 기른다.
• 크리스마스를 경험한다.</td></tr>
<tr><td rowspan="4">실내놀이</td><td>1주</td><td colspan="4">• 붕어빵 가게를 구성해요.
• 붕어빵 사세요!
• 이글루를 지어요.
• 소금물로 눈 결정체 그리기
• 양팔저울
• 핀란드의 오로라</td></tr>
<tr><td>2주</td><td colspan="4">• 눈을 치우는 제설차
• 크리스마스 무드등
• 소원 편지를 써요.
• 얼음낚시
• 두뇌퍼즐
• 크리스마스 가방</td></tr>
<tr><td>3주</td><td colspan="4">• 트리 만들기
• 이곳은 겨울 왕국
• 트리 장식품을 만들어요.
• 색종이로 전구 꾸미기
• 무한 반사 거울
• 눈사람 크리스마스카드</td></tr>
<tr><td>4주</td><td colspan="4">• 즐거웠던 2024년 놀이 구성
• 즐거웠던 2024년 놀이
• 크리스마스카드를 만들어요.
• 크리스마스카드를 써요.
• 괴물의 집
• 루돌프 귀마개</td></tr>
<tr><td rowspan="2">바 깥 놀 이</td><td>대체</td><td colspan="4">귤로 놀이해요. / 몸으로 글자 만들기 / 색 얼음으로 놀이해요.</td></tr>
<tr><td>놀이</td><td colspan="4">겨울 바람을 느껴 봐요. / 나무의 겨울 눈 관찰하기 / 얼음이 얼어요.</td></tr>
<tr><td>활 동</td><td colspan="5">[이야기 나누기] 겨울 풍경
[이야기 나누기] 그린 북데이 ‘세계 산의 날’ 산불에서 구한 아기 코알라
[이야기 나누기] 도움이 필요한 친구들이 있어요.
[이야기 나누기] 졸업여행을 가요.</td></tr>
<tr><td>특성화 활동</td><td colspan="5">플레이팩토 / 사이언스 데이 / 정답 없는 미술 / 코딩</td></tr>
<tr><td>특 별 활 동</td><td colspan="5">뮤직카토(월) / 영어(화, 목) / 체육(수) / 원어민 영어(금)</td></tr>
<tr><td>안전교육</td><td colspan="5">[성폭력 예방] 함부로 만지지 마세요.
[실종 · 유괴의 예방 · 방지] 개인정보를 함부로 알려 주지 않아요.
[감염병 및 약물의 오용 · 남용 등 보건위생관리] 간접흡연도 싫어요.
[교통안전] 사각지대를 조심해요.
[소방대피훈련] 새싹반 텔레비전 전선 누전으로 인한 화재 발생</td></tr>
<tr><td>기본생활습관</td><td colspan="5">[존중] 겨울철 소중한 내 몸을 지켜요. / [청결] 기침이 나올 땐 어떻게 해야 할까요?
[책임] 물건을 아껴 써요. / [배려] 도움이 필요한 이웃을 도와요.</td></tr>
<tr><td>월 간 활 동</td><td colspan="5">1주: 생일 잔치, 버블쇼 관람 / 4주: 크리스마스 행사, 졸업 여행</td></tr>
<tr><td>지역사회연계</td><td colspan="5">홍릉 숲을 가요.</td></tr>
</table>

보육계획안 예시_3

<table>
<tr><th colspan="2">4월 1주</th><th colspan="5">만 1세 쑥쑥반 놀이소식지</th></tr>
<tr><td colspan="7">▸ 놀이 예상안(4월 5일~ 4월 9일) – 4월 1주</td></tr>
<tr><td colspan="7">• 놀이 주제: 새로운 환경을 만나요 / 우리 반에 무엇이 있을까요 1</td></tr>
<tr><td colspan="7">• 놀이경험의 가치: 우리 반에 있는 물건에 관심을 가지고 탐색할 수 있다.</td></tr>
<tr><td colspan="2">등원</td><td colspan="5">놀잇감 사진을 따라 교실로 들어가요</td></tr>
<tr><td rowspan="3">일상
생활</td><td>간식 및 점심</td><td colspan="5">도움을 받아 숟가락으로 먹어요</td></tr>
<tr><td>기저귀갈이</td><td colspan="5">기저귀 가는 장소를 알아요</td></tr>
<tr><td>낮잠 및 휴식</td><td colspan="5">선생님의 도움을 받아 낮잠을 자요</td></tr>
<tr><td colspan="2">기본생활</td><td colspan="5">내 이불에 누워요</td></tr>
<tr><td colspan="2">안전교육</td><td colspan="5">(감염병 및 약물 오남용) 먹을 수 있는 것과 먹을 수 없는 것</td></tr>
<tr><td colspan="2" rowspan="8">놀이 계획</td><td colspan="5">실내놀이</td></tr>
<tr><td>기차놀이
해요</td><td>긴 터널을
통과해요</td><td>친구 이름을
들어요</td><td>좋아하는
그림카드를
찾아봐요</td><td>블록으로 우리
반을 만들어요</td></tr>
<tr><td>어느 컵에
놀잇감이
있을까요?</td><td></td><td>놀잇감 사진
위에 끼적여요</td><td></td><td>놀잇감 블록을
쌓아요</td></tr>
<tr><td>놀잇감의
자리를 찾아요</td><td>그림 풍선을
터치해요</td><td>스펀지로 콕콕
찍어요</td><td>찰칵!
사진을 찍어요</td><td></td></tr>
<tr><td colspan="5">바깥놀이</td></tr>
<tr><td colspan="5">놀이명: 색깔 안경을 끼고 산책해요
대체활동: 놀이기구 그림 볼링놀이를 해요</td></tr>
<tr><td>○</td><td>미세먼지
(대체)</td><td>우천
(대체)</td><td>○</td><td>○</td></tr>
<tr><td colspan="5"></td></tr>
<tr><td colspan="2">주간 소식 및
가정 연계</td><td colspan="5">▸ 4/5(월) 식목일 행사
식목일을 맞이하여 우리 쑥쑥이들과 함께 '방울토마토 심기'를 진행할 예정입니다. 이 날은 활동하기 편한 옷으로 입혀 보내 주시고, 우리 아이들이 심은 방울토마토 화분을 가정에서 함께 물을 주며 길러 보세요. 열매가 달리면 예쁘게 사진 찍어 보내 주세요. 소정의 선물을 드립니다.

▸ 4/8(목) 김○○ 생일잔치
4/8은 쑥쑥반 이○○ 친구의 생일입니다.
예쁜 옷을 입고 등원한 ○○이의 생일을 쑥쑥반 친구들이 마음 모아 축하해 줄 거예요.</td></tr>
</table>

지표 핵심_3

〈관찰, 기록, 면담〉 적절한 수준	〈관찰, 면담〉 부적절한 수준
• (5세 유아) 유아의 초등학교 전이를 지원하기 위한 놀이 혹은 활동을 계획하고 실행한다.	• (5세 유아) 유아의 초등학교 전이를 지원하기 위한 놀이 혹은 활동이 전혀 계획되어 있지 않고 운영되지 않는다.

평정서류: 보육일지

핵심 Point

- 초등학교 전이를 위한 활동 지원

초등학교 생활에 대한 이해를 돕는 활동 지원

- 유아가 초등학교에 입학 전에 심리적 안정을 가질 수 있도록 다양한 기회를 제공함

- 누리과정-초등 교육과정의 주제나 배움을 연계한 놀이와 활동
- 어린이집과 초등학교 교사 간 교류 활동:
  유아의 원활한 적응을 돕기 위해 초등학교 교사와 협력하여 교육 방법과 전이 과정에 대한 정보를 공유
- 졸업생 초대 및 경험 나누기 활동
  졸업생을 초대하여 학교생활을 직접 소개하며 상호 교류
- 초등학교 관련 자료의 교실 비치
  초등학교 생활과 관련된 자료를 교실에 배치하여 친숙해질 수 있는 기회 제공
  (학교 관련 도서 제공, 물품, 교육 공간 재구성 등)
- 초등학교 둘러보기 활동 진행
  유아가 직접 초등학교를 방문하여 교실, 운동장, 급식실 등을 탐색하며 새로운 환경에 대한 기초 이해 형성
- 초등학교 적응을 위한 사전 경험 활동
  (초등학교와 어린이집의 다른 점 알아보기, 학교 생활 적응을 위한 생활습관 기르기 등)

실행기록 예시 1

실내놀이 (11:00~12:00) (15:00~16:00)	• 초등학교 탐험대 • 학교 가는 길 • 솔방울 놀이터 • 허수아비와 함께 춤을 • 바스락 낙엽 그림 • 방송국 아나운서
수요일	유아들은 초등학교 탐험대 놀이를 통해 초등학교 생활에 대한 흥미를 보였다. 먼저 초등학교에 대해 알고 있는 것을 이야기하며 기대감과 궁금증을 표현하였다. 교사의 안내에 따라 준비한 초등학교 사진과 교실 모형을 살펴보며, 책상과 의자, 칠판 등 새로운 환경에 대해 탐색하였다. 이어 초등학교 역할 놀이를 진행하며, 교사와 유아가 선생님과 학생 역할을 맡아 교실 생활을 경험해 보았다. 출석 부르기, 책 읽기, 쉬는 시간 활동 등을 체험하며 즐거워하는 모습을 보였다. 특히 "초등학교 가면 밥도 먹어요?" 등의 질문을 하며 실제 학교생활에 대한 궁금증을 나타냈다. 활동 후, 유아들은 "학교에 가면 재미있을 것 같아요!", "형아, 누나들처럼 해 보고 싶어요!" 등의 반응을 보이며 초등학교에 대한 기대감을 나타냈다.

실행기록 예시 2

금요일	**〈지역사회연계, 초등학교 전이활동〉** 유아들은 동네 초등학교를 직접 방문하며 초등학교 생활에 대한 흥미를 보였다. 먼저 초등학교에 대해 알고 있는 내용을 떠올리며, 교실 · 운동장 · 급식실 등 학교 시설에 대해 기대와 궁금증을 나타내었다. 교사의 안내에 따라 교실을 둘러보고 책상과 의자, 칠판 등 새로운 환경을 살펴보면서 낯선 공간을 자연스럽게 탐색하였다. 운동장에서 잠시 자유롭게 움직이며 실제 학교생활과 비슷한 상황을 경험해 보기도 하였다. 활동 후, 유아들은 초등학교 입학을 더욱 긍정적으로 바라보며, 앞으로의 학교생활에 대한 기대감을 한층 높이는 모습을 보였다.

인근 초등학교 방문

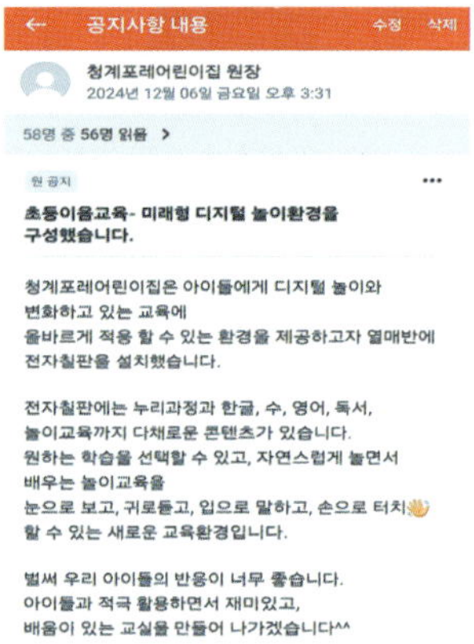

← 공지사항 내용 수정 삭제

청계포레어린이집 원장
2024년 12월 06일 금요일 오후 3:31

58명 중 56명 읽음 >

원 공지

초등이음교육- 미래형 디지털 놀이환경을 구성했습니다.

청계포레어린이집은 아이들에게 디지털 놀이와
변화하고 있는 교육에
올바르게 적용 할 수 있는 환경을 제공하고자 열매반에
전자칠판을 설치했습니다.

전자칠판에는 누리과정과 한글, 수, 영어, 독서,
놀이교육까지 다채로운 콘텐츠가 있습니다.
원하는 학습을 선택할 수 있고, 자연스럽게 놀면서
배우는 놀이교육을
눈으로 보고, 귀로듣고, 입으로 말하고, 손으로 터치👋
할 수 있는 새로운 교육환경입니다.

벌써 우리 아이들의 반응이 너무 좋습니다.
아이들과 적극 활용하면서 재미있고,
배움이 있는 교실을 만들어 나가겠습니다^^

초등학교 수업 환경 제공

지표 핵심_4

〈관찰, 기록, 면담〉 적절한 수준	〈관찰, 기록, 면담〉 부적절한 수준
• 다양한 교육 진단을 통해 발달에 적합한 개별화교육계획을 수립하고, 장애유형 및 특성, 발달수준을 고려하여 실행한다.	• 개별화교육계획을 수립하지 않는다. • 개별화교육계획이 포함된 보육과정을 운영하지 않고 장애 유형 및 특성, 발달수준을 고려하여 실행하지 않는다.

✤ 특수교사나 장애영유아를 위한 보육교사가 배치되어 있는 경우에 한하여 평정

평정서류: 개별화교육계획안

핵심 Point

• 장애유형 및 정도, 발달수준에 따른 개별화교육 계획안 수립

1. 개별화교육계획안 수립

- 영유아의 장애유형, 장애 정도, 발달 수준에 따른 개별적 · 교육적 요구를 반영한 개별화교육계획안이 마련되어 있어야 함

개별화교육 계획안	• 기본사항: 영유아 성명, 생년월일, 교육기간, 작성자 및 부모 성명(서명) • 장애영유아의 현행 수준 • 장 · 단기 교육목표 • 평가에 대한 계획 등이 포함

2. 개별화교육 실행

- 장애유형, 장애정도, 발달수준을 고려한 개별화교육 목표가 포함된 보육과정을 운영하여야 함

개별화보육계획안_1

<table>
<tr><th>이름</th><td>김 ○ ○</td><th>생년
월일</th><td>20xx.xx.xx.</td><th>장애
유형</th><td>언어 발달 지연</td></tr>
<tr><th>영역</th><th>현 행 수 준</th><th colspan="2">장 기 목 표</th><th colspan="2">단 기 목 표</th></tr>
<tr><th rowspan="3">신체
운동
·
건강</th><td rowspan="3">• 장애물을 뛰어서 넘을 수 있음
• 스스로 겉옷을 입고 단추를 채울 수 있음</td><td colspan="2" rowspan="3">• 건강하고 안전한 생활습관을 기른다.</td><td colspan="2">• 또래와 함께 달리기하기</td></tr>
<tr><td colspan="2">• 달리다가 장애물을 보면 멈추기</td></tr>
<tr><td colspan="2">• 가위를 바르게 잡고 종이를 자르기</td></tr>
<tr><th rowspan="3">의사
소통</th><td rowspan="3">• 교사가 하는 말에 귀를 기울임
• 교사의 이야기를 듣고 문장으로 표현을 함
• 교사가 반복해서 이야기를 들려 주면 자신의 언어로 표현하고자 노력함</td><td colspan="2" rowspan="3">• 일상생활에 필요한 의사소통 능력과 상상력을 기른다</td><td colspan="2">• 교사가 물건을 4개 이상 보여 준 후 질문하면 답하기</td></tr>
<tr><td colspan="2">• 이야기 카드 보며 또래의 이야기 들은 후 이야기카드 순서대로 놓아 보기(3장 이상)</td></tr>
<tr><td colspan="2">• 교사의 도움 없이 문장으로 이야기하기</td></tr>
<tr><th rowspan="3">사회
관계</th><td rowspan="3">• 또래에게 관심을 가지고 있음
• 놀이를 먼저 제안하기도 하고, 또래와 갈등 상황이 생기면 교사에게 도와달라고 요청하기도 함</td><td colspan="2" rowspan="3">• 자신을 존중하고 더불어 생활하는 태도를 가진다.</td><td colspan="2">• 실외놀이 시 주변 어른에게 인사하기</td></tr>
<tr><td colspan="2">• 공원으로 이동 시 또래와 손잡고 줄 서서 이동하기</td></tr>
<tr><td colspan="2">• 또래와 놀잇감을 공유하며 놀이하기</td></tr>
<tr><th rowspan="3">예술
경험</th><td rowspan="3">• 색연필을 잡고 자신의 이름을 비슷하게 그림
• 다양한 재료를 이용하여 만들기를 함
• 노래가 나오면 신체를 움직이고 흥얼거리며 반응하는 속도가 빠름</td><td colspan="2" rowspan="3">• 아름다움과 예술에 관심을 가지고 창의적 표현을 즐긴다.</td><td colspan="2">• 신문지 악기 연주: 또래와 함께 신문지 두드리며 연주하기</td></tr>
<tr><td colspan="2">• 가을의 소리 찾기: 녹음기 소리(바람, 귀뚜라미 등) 듣고 그림 카드 찾기</td></tr>
<tr><td colspan="2">• 사과가 쿵: 음악치료 지원</td></tr>
<tr><th rowspan="3">자연
탐구</th><td rowspan="3">• 자연물에 관심이 많은 편임
• 계절의 변화에 관심을 갖고 특성을 알고 있음</td><td colspan="2" rowspan="3">• 탐구하는 과정을 즐기고, 자연과 더불어 살아가는 태도를 가진다.</td><td colspan="2">• 공원 산책: 또래와 손잡고 공원으로 이동하기</td></tr>
<tr><td colspan="2">• 또래와 함께 2가지 이상 놀이기구 이용하기(구름사다리, 그네)</td></tr>
<tr><td colspan="2">• 일상에서 모은 자료를 기준에 따라 분류할 수 있음</td></tr>
<tr><th>Tip</th><td colspan="5">• 장애유아의 현행 수준에 대한 진단을 통해 특성 및 개별화보육계획목표(IEP목표)를 결정하고 연간보육계획안, 월간보육계획안, 주간보육계획안, 개별화보육일지를 연계하여 계획안 작성
• 장애유아의 현행 수준 등을 고려하여 장기 목표를 세우고, 이를 세분화하여 단기 목표 설정
※ 한국보육진흥원(2012). 「장애아보육운영매뉴얼Ⅱ 교사실무」 참고</td></tr>
</table>

▌개별화보육계획안_2

개별화보육계획안

Individualized Education Plan

원아정보

어린이집명	원아명	생년월일	성 별	해당반
○○	○○○	20xx.xx.xx.	남/여	○○반

개별화교육지원팀

직 위	성 명	동 의
원 장	○○○	❑ 개별화교육계획에 찬성합니다. (서명)
주 임	○○○	❑ 개별화교육계획에 찬성합니다. (서명)
교 사	○○○	❑ 개별화교육계획에 찬성합니다. (서명)
부 모	○○○	❑ 개별화교육계획에 찬성합니다. (서명)

유아기본정보

<table>
<tr><td rowspan="2">주 소</td><td colspan="3" rowspan="2">○○시 ○○구 ○○동</td><td colspan="2" rowspan="2">장애등록</td><td>유 형</td><td colspan="3">언어장애</td></tr>
<tr><td>등록기관</td><td></td><td>발급일
(검사일)</td><td></td></tr>
<tr><td rowspan="3">가족
관계</td><td>관계</td><td>성 명</td><td>연 령</td><td>직 업</td><td>관계</td><td>성 명</td><td>연 령</td><td colspan="2">관계</td></tr>
<tr><td>부</td><td></td><td></td><td></td><td></td><td></td><td></td><td colspan="2"></td></tr>
<tr><td>모</td><td></td><td></td><td></td><td></td><td></td><td></td><td colspan="2"></td></tr>
<tr><td rowspan="5">특수
교육
관련
서비스</td><td colspan="4">관련 서비스</td><td>기간 및
횟수</td><td colspan="2">내 용</td><td colspan="2">치 료 사</td></tr>
<tr><td colspan="4">언어치료〈○○○ 아동발달센터〉</td><td>주 1회</td><td colspan="2">언어 지연 치료</td><td colspan="2">○○○</td></tr>
<tr><td colspan="4">감각통합치료〈○○○ 동발달센터〉</td><td>주 1회</td><td colspan="2">분산된 감각 통합</td><td colspan="2">○○○</td></tr>
<tr><td colspan="4">놀이치료〈○○○ 아동발달센터〉</td><td>주 1회</td><td colspan="2">사회성 증진</td><td colspan="2">○○○</td></tr>
<tr><td colspan="4"></td><td></td><td colspan="2"></td><td colspan="2"></td></tr>
</table>

<table>
<tr><th colspan="6">진단 · 평가 내용</th></tr>
<tr><th>검 사 일</th><th>검 사 명</th><th>평가자</th><th colspan="3">진단 · 평가 결과</th></tr>
<tr><td>20xx.xx.xx.</td><td>K-CDI</td><td>모</td><td colspan="3">• 대근육 발달 수준은 또래와 유사
• 소근육 발달이 다소 미흡하여 쓰기 및 도구 활용 시 어려움이 관찰됨
• 신체 협응 능력 강화가 필요</td></tr>
<tr><td>20xx.xx.xx.</td><td>케롤라이나</td><td></td><td colspan="3">• 발달진전도표 뒷면 첨부</td></tr>
<tr><th>구 분</th><th>기록날짜</th><th colspan="4">내 용</th></tr>
<tr><td>행동특성</td><td></td><td colspan="4">• 교사가 말하는 단어를 따라 말할 수 있음</td></tr>
<tr><td>가족지원</td><td></td><td colspan="4">• 가족은 유아가 원하는 바를 존중하며 실천하려 애쓰고, 놀이치료 센터를 꾸준히 이용해 발달 지원을 하고 있음</td></tr>
<tr><td>시작 및
종결기간</td><td colspan="3">20xx.xx.xx. ~ 20xx.xx.xx.</td><td>IEP
작성자</td><td>○○○</td></tr>
<tr><td colspan="6">☑ 학부모, 특수교사, 통합반 교사가 합의하여 평가 및 재사정을 통해 IEP를 수정 및 보완할 수 있음</td></tr>
</table>

유아 현행 수준 요약 및 발달 상황

<table>
<tr><th colspan="2">원 아 명</th><td>○○○</td><th>성 별</th><td>남/여</td><th>생년월일</th><td>20xx.xx.xx.</td><th>작성일</th><td>20xx.xx.xx.</td></tr>
<tr><th colspan="2">구 분</th><th colspan="3">현 재 발 달 상 황</th><th colspan="4">필요한 지도 사항</th></tr>
<tr><td colspan="2">적응 행동</td><td colspan="3">• 등 · 하원 시 교사를 보면 "안녕하세요." 인사를 할 수 있음
• 이름표를 영역판에 붙이고 있음
• 배식을 받으러 나올 수 있으며, 스스로 도시락 정리를 하고자 노력하고 있음
• 스스로 양치를 하고자 노력하고 있음</td><td colspan="4">• 수저를 사용하여 좋아하는 반찬은 잘 먹지만 밥이나 다른 반찬은 교사의 도움을 대부분 필요로 함. 스스로 밥과 반찬을 먹을 수 있도록 격려가 필요함
• 양치질을 한 후 물로 헹구고 뱉는 연습이 필요함</td></tr>
<tr><td rowspan="2">운동성</td><td>대근육</td><td colspan="3">• 장애물을 보면 주저하는 모습을 보이고, 시도하려고 하지 않음</td><td colspan="4">• 장애물에 대해 이해할 수 있음을 말과 행동으로 설명해 주고, 스스로 넘을 수 있음을 이해할 수 있도록 교사가 행동할 때 언어로 지속적으로 표현함</td></tr>
<tr><td>소근육</td><td colspan="3">• 스스로 겉옷을 입는 것을 하려고 시도하지 않음
• 색연필을 이용해서 글씨를 쓰고자 시도함</td><td colspan="4">• 스스로 지퍼 및 단추를 채우지 못해 화를 내는 경우가 있어, 교사의 모델링이 필요함
• 손가락 힘이 약해 소근육 힘을 기르도록 지원하여야 함</td></tr>
<tr><td>의사
소통</td><td>수용
언어</td><td colspan="3">• 교사의 이야기를 듣고 말을 따라 하려고 하며, 교사의 말에 관심을 기울이는 편임</td><td colspan="4">• 교사의 말을 듣고 따라 하지 못하는 경우가 많으나 교사와 눈이 마주치면 손짓과 몸짓을 보며 말소리에 귀를 기울이려고 함</td></tr>
</table>

	표현 언어	• 반복해서 알려 준 것을 말로 표현할 수 있음 • 교사를 입 모양을 보고 단어를 따라하려고 함	• 교사를 모방할 수 있도록 교사의 입 모양이 보이도록 지원하고, 정확하게 발음하며 지원하여야 함
인 지		• 자신의 이름 부르면 쳐다봄 • 한글을 보고 아는 글자가 나오면 관심을 보임 • 물건의 위치 및 특성에 대하여 관심이 많음	• 이름을 자주 불러 줌 • 그림과 글씨 카드를 자주 보여 줌 • 인지활동이 다양하게 이루어지도록 지원이 필요함
사 회 성		• 또래에게 관심을 보이며 인사를 함 • 또래가 하는 놀이에 관심을 보이고 함께 참여하고자 함	• 등하원 시간에 또래에게 인사를 해 볼 수 있도록 교사가 지속적으로 모델링을 함 • 또래와 갈등상황 속에서 소극적인 모습이 자주 보여 문제해결 능력이 향상되도록 교사가 관심을 가지고 관찰하여야 함
학부모 요구사항		• 또래의 수준만큼 향상되기를 원함	

개별화 목표

영 역	평 가 목 적	단 기 목 표			평 가	
		목 표 행 동		지도 상황	성취 여부	비 고
적응 행동	1. 자발적으로 식사를 할 수 있다.	1-1	식사 도구를 이용해서 스스로 음식물을 떠서 먹을 수 있다.	식사 간식		
		1-2	음식물을 흘렸거나 손에 묻었을 때 휴지로 닦을 수 있다.	식사 간식		
	2. 놀이를 선택해서 놀이할 수 있다.	2-1	실내 놀이 시 놀잇감에 관심을 가진다.	실내 놀이		
		2-2	또래에게 먼저 다가간다.	실내 놀이		
		2-3	함께 놀이하기를 시도한다.	실내 놀이		
	3. 양치질을 할 수 있다.	3-1	교사의 도움을 받아 칫솔질을 할 수 있다.	양치질		
		3-2	교사를 모방하여 칫솔질을 한다.	양치질		

운동성	1. 대근육을 자유롭게 사용할 수 있다.	1-1	교사를 따라서 신체를 움직일 수 있다.	실내 놀이		
		1-2	또래와 함께 달리기를 할 수 있다.	일과 중		
		1-3	달리다가 장애물을 보면 멈출 수 있다.	일과 중		
		1-4	달리다가 방향을 바꾸어 뛸 수 있다.	일과 중		
	2. 다양한 소근육 활동에 참여 할 수 있다.	2-1	세 손가락을 사용하여 쓰기 도구를 잡을 수 있다.	실내 놀이		
		2-2	한 손으로 종이를 잡고 한 손으로 가위를 잡을 수 있다.	실내 놀이		
		2-3	가위로 종이를 자를 수 있다.	실내 놀이		
		2-4	옷의 지퍼를 스스로 채울 수 있다.	일과 중		
		2-5	단추를 채울 수 있다.	일과 중		
의사 소통	1. 지시를 듣고 수행할 수 있다.	1-1	교사가 개별적으로 이야기하는 지시 사항을 듣고 5초 이내에 수행할 수 있다.	실내 놀이		
		1-2	순서가 있는 2단계 지시를 따를 수 있다. (ex. 쉬 하고 손을 씻어요. 손뼉 치고 둥글게 돌아요)	일과 중		
	2. 타인의 말에 이야기로 표현할 수 있다.	2-1	교사를 따라서 단어를 말할 수 있다.	일과 중		
		2-2	교사가 물건을 보여 주고 이름을 물어보면 답할 수 있다.	일과 중		
		2-3	교사를 따라서 간단한 문장을 말할 수 있다. (ex. 선생님, 도와주세요, 더 주세요 등)	일과 중		
		2-4	교사의 도움 없이 문장으로 말할 수 있다.	일과 중		

인 지	1. 이름을 쓸 수 있다.	1-1	자신의 이름을 따라 쓸 수 있다.	일과 중		
		1-2	이름을 혼자서 쓸 수 있다.	일과 중		
	2. 한글을 보고 읽을 수 있다.	2-1	받침이 하나만 있는 단어 카드를 보고 읽을 수 있다.	일과 중		
		2-2	받침이 있는 단어 카드를 보고 읽을 수 있다.	일과 중		
	3. 놀잇감 사용법에 맞춰 놀이를 할 수 있다.	3-1	2개 이상 블록을 사용하여 구조물을 만들 수 있다.	실내놀이		
		3-2	교사 혹은 또래와 함께 역할극을 함께할 수 있다.	실내 놀이		
		3-3	놀잇감 사용법에 맞춰 놀이할 수 있다.	실내 놀이		
사회성	1. 또래와 상호작용을 할 수 있다.	1-1	또래에게 '안녕' 하고 인사할 수 있다.	등·하원 시		
		1-2	또래의 이름을 알고 맞게 부를 수 있다.	일과 중		
		1-3	또래와 함께 놀이할 수 있다.	실내 놀이		
		1-4	또래와 함께 놀잇감을 공유하며 놀이할 수 있다.	실내 놀이		
	2. 차례를 기다릴 수 있다.	2-1	자신의 이름이 호명되기 전까지 자리에 앉아서 기다릴 수 있다.	일과 중		
		2-2	줄을 서서 기다릴 수 있다.	일과 중		
예술 경험	1. 예술을 통해 창의적으로 표현하는 과정을 즐긴다.	1-1	생각이나 느낌을 흥얼거리며 노래로 표현한다.	실내 놀이		
		1-2	다양한 재료와 도구를 사용하여 예술 활동에 참여한다.	실내 놀이		
		1-3	끼적거리기, 종이 찢기, 스티커 붙이기 등 소근육을 사용하는 미술 활동을 할 수 있다.	실내 놀이		
	2. 다양한 예술표현을 즐긴다.	2-1	다양한 재료와 도구를 사용하여 미술 활동에 참여한다.	실내 놀이		

		2-2	움직임과 춤 요소에 대하여 자발적이고 지속적으로 관심을 갖는다.	실내 놀이		
		2-3	자신과 타인의 예술표현을 존중한다.	실내 놀이		
자연 탐구	1. 주변 사물과 자연 세계에 호기심을 갖는다.	1-1	주변의 여러 가지 자극에 반응한다.	실내 놀이		
		1-2	세어 보기, 모양 끼우기, 점토 놀이, 비교해 보기 등 수학적 활동을 한다.	실내 놀이		
		1-3	산책하면서 바람, 햇빛, 비, 눈 등의 자연 현상을 느끼고 즐길 수 있다.	실외 놀이		
	2. 생활 속에서 물체의 특성과 변화를 여러 가지 방법으로 탐색한다.	2-1	위치와 방향을 여러 가지 방법으로 나타낼 수 있다.	실내 놀이		
		2-2	자신의 출생과 성장이나 관심 있는 동식물의 특성을 알아본다.	실내 놀이		
		2-3	자연물의 특성과 변화를 알아 보고 자연 현상의 변화에 관심을 가진다.	실내 놀이		
		2-4	간단한 도구와 기계의 편리함에 관심을 갖고 활용한다.	실내 놀이		

문제행동 및 지원방안

협력자	• 교사 및 부모
문제행동	• 교실에서 생활하는 시간에 교실문이 열리면 무조건 문밖으로 나가는 행동을 보일 때가 있음
지원방안	• 교실 밖으로 나가고 싶은 이유를 파악한 후 원아의 마음을 읽어 주도록 노력하는 것이 필요 • 교실에서 친구들과 함께 생활하는 시간에 대해 원아가 인지할 수 있도록 지속적으로 알려 줌 • 교실에 있는 놀잇감 등 원아가 교실 내에서 관심을 갖도록 상호작용 필요
가정연계방안	• 가정에서도 혼자서 문밖으로 나가려 할 때의 문제점에 대해 원아에게 인지할 수 있도록 상호작용하기 • 교실에 머무르는 시간이 많아지면 격려와 칭찬이 필요

평가제 완벽 대비 Q&A

Q 장애영유아가 재원하고 있다면, 개별화교육계획을 꼭 수립해야 하나요?

A 장애영유아를 보육할 때는 발달에 적합한 개별화교육계획을 수립해야 하며, 장애 유형과 특성, 발달 수준을 고려하여 보육과정을 실행해야 합니다. 개별화교육계획에는 기본 인적 사항, 현재 수행 수준, 장단기 교육 목표, 평가 계획, 지원 방법, 부모의 서명 등이 포함되어야 합니다. 또한, '2024 개정 어린이집 평가지표'에서는 특수교사나 장애영유아를 위한 보육교사가 배치된 경우에만 장애영유아 관련 지표에 의해 평정합니다.

Q 특수교사나 장애영유아를 위한 보육교사가 배치되어 있지 않다면, 장애영유아의 개별화교육계획 관련 평가항목을 평정하지 않나요?

A '2024 개정 어린이집 평가지표'에서 장애영유아 관련 지표는 특수교사나 장애영유아 전담 보육교사가 배치된 경우에만 평가됩니다. 만약 이들이 배치되지 않았다면 해당 항목은 평가되지 않습니다. 또한, 「장애아동복지지원법 시행령」에 따라 장애영유아 수가 2명 이하일 경우 특수교사를 배치하지 않을 수 있지만, 3명 이상인 경우에는 전담교사를 배치하고 장애아통합어린이집으로 지정받아 운영해야 합니다.(2024 보육사업안내, p.380)

Q 장애영유아 놀이 시 개별화보육계획(IEP)을 어떻게 실행해야 하나요?

A 교사는 장애영유아가 자연스럽게 놀이하는 상황에서 발달에 적합한 개별화교육계획(IEP)을 연계하여 지원해야 합니다. 예를 들어, '색칠하기' 목표가 있을 때, 현재 놀이하고 있는 자동차와 관련된 색칠 활동으로 연결하는 것이 바람직합니다. 이를 위해 다양한 환경적 및 교수적 수정을 통해 장애영유아가 선호하는 놀이를 선택할 수 있도록 해야 하며, 교사의 지원은 장애유형과 발달수준에 적합해야 합니다.

면담 준비하세요!

함께 생각해 보기

1. 오늘 영유아들의 놀이와 활동, 일상생활 중에서 가장 인상적이었던 것은 무엇이었나요?

Tip 교사는 영유아의 놀이를 관찰하며 영유아가 흥미를 느끼거나, 놀이를 통해 스스로 경험하고 배우는 것이 무엇인지 이해하는 것이 필요합니다.

- **0세반 교사**
  영아가 입소한 지 4일째입니다. 신체조절이 아직 미숙해 개인 빨대컵을 던지거나 물을 바닥에 떨어뜨리며 장난을 쳤습니다. 또래가 물을 먹을 때 칭찬하며 영아에게도 개인 빨대컵의 역할에 대해 상호작용하며 격려하니 오늘은 물을 먹고 제자리에 놓는 모습이 보였습니다. 아이들에게는 지속적인 격려와 상호작용이 필요하다는 것을 다시 한번 느꼈습니다.

- **1세반 교사**
  벽돌블록으로 영아가 길게 도로를 만들자 또래가 관심을 보이니 영아가 건드리지 못하게 화를 냈습니다. 아이들의 요구를 읽어 주고 함께 놀이할 수 있도록 도로매트와 여러 종류의 자동차를 제공해 주니 즐겁게 놀이를 하였습니다. 사회성의 기초를 형성하며 친구와 사이좋게 놀이하는 모습을 보았습니다.

- **4세반 교사**
  바깥놀이에서 아이들이 자연 탐험 특공대 놀이를 하며 식물과 곤충을 관찰도 하고 흉내도 냈습니다. 유아가 나비를 발견하자 친구들이 모여 관심을 보였습니다. 아이들은 나비에 대해 자신이 알고 있는 정보를 나누며 자연에 대한 호기심을 키우는 모습이 보였습니다. 유아들이 놀이를 하며 스스로 발견하고 배우고 있습니다.

2. 오늘 영유아들의 놀이와 활동, 일상생활을 기록하면서 영유아들이 여러 가지 영역을 통합적으로 경험하고 있음을 이해하였나요?

Tip 영유아는 놀이, 활동, 일상생활을 통해 표준보육과정의 영역을 통합적으로 경험하고 있으며, 놀이를 지원하기 위해 공간, 자료, 상호작용, 안전 등에 대한 지원도 적절하게 지원되고 있어야 합니다.

- **2세반 교사**
  병원놀이에 관심이 많아 치과놀이공간을 구성해 주었는데 영아가 놀이를 하며 기본생활, 사회관계, 의사소통 등 여러 영역을 통합적으로 경험하고 있었습니다. 자료와 교사의 상호작용을 통해 놀이가 적극적으로 이루어지도록 지원했습니다.

- **4세반 교사**
  요리활동으로 떡을 만들어서 유아들과 단지 내 경로당에 다녀왔습니다. 아이들은 이 활동을 통해 사회관계와 의사소통을 경험할 수 있었습니다.

• **5세반 교사**
공원으로 산책을 갔는데 떨어져 있는 여러 꽃잎을 유아가 발견을 했습니다. 유아들이 꽃잎을 돌로 빻아 소꿉놀이를 하였습니다. 자연의 아름다움과 협력을 경험하며 다양한 영역을 통합적으로 경험하였습니다.

3. 실행 계획은 영유아들의 놀이와 활동, 일상생활과 연계하여 수립되었나요?

Tip 교사는 놀이 실행 계획을 위하여 영유아의 놀이, 활동, 일상생활을 연계하여 수립하여야 합니다.

• **교사**
네. 연계하여 수립하고 있습니다.

4. (5세 유아를 담당하는 경우) 유아들이 초등학교 진학을 편안하게 할 수 있도록 어떤 지원을 하고 있나요?

Tip 5세 유아를 담당하는 교사는 유아의 초등학교 전이를 지원하기 위한 놀이 및 활동을 지원하여야 합니다. 초등학교 관련 자료 제공, 초등학교 견학, 어린이집과 초등학교 교사 간 교류, 졸업생 초대 등의 활동을 계획하고 실행하여 유아의 삶의 연속성을 위한 지원이 이루어져야 합니다.

• **5세반 교사1**
유아의 기초 학습 능력을 위하여 읽기, 쓰기, 수 세기 등 놀이를 통해 배움의 기회를 제공하고 있습니다.

• **5세반 교사2**
초등학교를 학기별 2회 견학을 계획하였습니다. 초등학교를 둘러보며 새로운 환경에 대한 호기심과 관심을 높여 친숙함을 느끼도록 지원하고 있습니다.

5. (장애영유아를 담당하는 경우) 개별화교육계획을 수립하기 위해 관찰, 교육과정 중심 진단, 가족 및 기타 정보를 다양하게 수집하여 현행 수준(예. 현행 수준 요약서 또는 현재 수행 평가서 등)을 작성하였나요?

Tip 장애영유아의 효과적인 지원을 위해 개별화교육계획(IEP)을 수립하기 위해서는 다양한 정보를 수집하여 객관적으로 현행 수준 요약서나 현재 수행 평가서를 작성하는 것이 중요합니다. 개별화교육계획을 통해 발달적 차이에 초점을 두는 것이 아니라 놀이, 활동, 일상생활에서 장애영유아의 발달에 적합하도록 다양한 경험을 지원할 수 있어야 합니다.

• **교사**
효과적인 개별적 지원을 위해 표준화된 평가 도구 및 체크리스트를 사용하여 발달 수준을 측정하고, 부모와의 면담, 설문지, 가족의견 및 연계된 전문가의 협력을 통해 얻은 정보로 개별화교육계획을 수립하여 요약 및 평가를 진행하고 있습니다.

6. (장애영유아를 담당하는 경우) 장애영유아의 현행 수준을 기반으로 장기 목표과 단기 목표를 작성하였나요?

Tip 장애영유아의 현행 수준 등을 고려하여 1년 이내에 달성해야 할 장기목표를 세운 후 이를 세분화하여 1~3개월 이내 달성할 수 있는 단기목표를 설정하여야 합니다.

- **교사**

  현행 수준을 기반으로 1년 내로 달성할 장기목표와 구체적인 단기목표를 수립하였습니다.

7. (장애영유아를 담당하는 경우) 장애영유아의 관심과 흥미에 따라 개별화교육계획을 연계하여 실행하는 과정에서 장애영유아의 개별적 요구를 반영한 다양한 교수전략을 사용하였나요?

Tip 장애영유아의 관심과 흥미를 반영하여 다양한 교수 전략을 사용하는 것은 발달과업에 매우 중요합니다.

- **교사1**

  영유아가 흥미를 느끼는 관심사에 따라 놀이계획을 합니다. 일상생활과 관련하여 시각, 청각, 촉각 등 다양한 감각을 활용한 교수법을 적용하며 색종이, 물감, 색깔블록 등을 제공하여 직접 만지고 경험하며 흥미를 높일 수 있도록 지원합니다.

- **교사2**

  각 영유아의 발달수준과 요구에 맞춘 개별 목표를 설정하고 적합한 교수전략을 개발합니다. 언어발달이 필요한 아이에게는 언어자극이 풍부한 환경을 제공하고, 사회성이 필요한 아이에게는 또래와의 상호작용 기회를 다양하게 제공하고 있습니다.

4-2

보육과정 평가

매뉴얼 핵심 요약

보육과정 평가는 표준보육과정에 따라 영유아 중심·놀이 중심으로 운영되고 있는지를 점검하고 개선하는 과정이다. 평가의 목적은 보육과정 운영의 질을 진단하고 더 나은 방향으로 개선하는 데 있으며, 각 어린이집은 자율적으로 평가 계획을 수립할 수 있다. 평가의 내용과 방법은 반별로 민주적으로 협의를 통해 결정할 수 있다.

평가는 운영 평가와 영유아 평가로 나뉜다. 운영 평가는 놀이시간 운영, 영유아 주도적 놀이, 놀이 지원의 적절성을 점검하며, 영유아 평가는 놀이와 활동 속에서 영유아의 특성과 변화를 이해하는 데 중점을 둔다. 영유아의 놀이를 영역별로 분절하여 평가하는 것이 아니라, 놀이 과정 속에서 자연스럽게 나타나는 배움의 의미를 종합적으로 관찰해야 한다.

평가 결과는 보육과정 운영 개선, 실행 계획 수립, 영유아 이해, 부모 면담 등에 활용하는 것이 중요하다. 장애영유아의 경우 개별화교육계획의 수행 정도를 주기적으로 점검하고, 자연스러운 놀이와 활동 속에서 의미 있는 변화를 관찰하여 평가하는 것이 필요하다.

> "아이들 중심으로 놀이가 살아나는
> 보육과정을 운영하였는지
> 보육과정에 대한 질을 진단하고
> 더 나은 방향으로 개선하기 위한 과정"

▶ 포인트

- 보육과정 평가를 통해 영유아 중심 · 놀이 중심으로 운영되는지를 점검해야 한다.
- 어린이집의 특성과 요구를 반영하여 자율적으로 평가 계획을 수립해야 한다.
- 운영 평가는 놀이시간 운영과 영유아의 주도적 놀이 실현 여부를 중심으로 진행해야 한다.
- 영유아 평가는 놀이와 활동 속에서 영유아의 특성과 변화를 관찰하는 방식으로 이루어져야 한다.
- 영역별 내용 성취 여부를 확인하는 방식이 아니라, 놀이 속에서 나타나는 배움을 종합적으로 평가해야 한다.
- 평가 결과를 보육과정 개선, 실행 계획 수립, 부모 면담 등에 활용해야 한다.
- 장애영유아의 개별화교육계획 수행 정도를 점검하고 자연스러운 상황에서 관찰을 통해 평가해야 한다.

▶ 평가제 준비 Check

- 보육과정 평가 계획: 어린이집의 특성과 요구를 반영하여 평가 계획 수립 및 실행
- 운영 평가: 놀이시간 운영, 영유아 주도적 놀이, 놀이 지원의 적절성 점검
- 영유아 평가: 놀이와 활동 속에서 영유아의 특성과 변화를 종합적으로 관찰 및 기록
- 평가 방식 조정: 영역별 성취 여부를 점검하는 방식이 아닌 자연스러운 놀이 상황 속 평가
- 평가 결과 활용: 보육과정 운영 개선, 실행 계획 수립, 부모 면담 등에 평가 결과 반영
- 장애영유아 평가: 개별화교육계획 수행 정도 점검 및 자연스러운 상황 속 발달 변화 관찰

운영 평가	영유아 평가
영유아 · 놀이 중심 보육과정 운영 평가 ☑ 충분한 놀이시간 운영 ☑ 영유아의 주도적 놀이 ☑ 배움의 기회 제공 ☑ 적절한 놀이지원	**영유아의 행복과 전인적 발달 지원을 위한 평가** ☑ 연 2회 발달평가 – 영유아의 특성과 변화를 파악 – 영유아에게 배움의 의미가 있는 놀이 및 활동 – 영유아가 가장 즐기고 잘하는 것 – 흥미와 관심 – 놀이 특성 및 또래 관계 – 놀이 결과물 및 작품 수집하여 분석

▶ 교사의 역할

- 보육과정이 영유아 중심 · 놀이 중심으로 운영되는지를 점검
- 놀이시간과 영유아 주도적 놀이 실현 여부를 평가하는 운영 평가 진행
- 영유아의 놀이와 활동 속에서 특성과 변화를 종합적으로 관찰하며 평가 진행
- 놀이 속 배움을 자연스럽게 평가하고 영역별 성취 기준으로 평가하지 않도록 지도
- 평가 결과를 보육과정 운영 개선, 실행 계획 수립, 부모 면담 등에 활용하는 과정 지원
- 장애영유아의 개별화교육계획 수행 정도를 점검하고 자연스러운 상황 속 평가 진행

관찰 면담 기록

적절한 수준

- 영유아 중심 · 놀이 중심 보육과정으로 운영되고 있는지를 평가한다.
- 관찰 기록 등을 활용하여 연 2회 이상 영유아의 특성과 변화 정도를 평가한다.
  - 장애영유아에 대한 다양한 교육 진단과 일상적인 놀이 관찰 기록 등을 수집하여 연 2회 이상 영유아의 특성과 변화 정도를 평가한다. (* 특수교사나 장애영유아를 위한 보육교사가 배치되어 있는 경우에 한하여 평정)
- 보육과정 운영 평가와 영유아 평가 결과는 보육과정 운영 개선, 실행 계획 수립, 영유아 이해, 부모 면담 등에 활용한다.
  - 장애영유아 평가 결과는 다음 학기 개별화교육계획 수립, 장애영유아 지원 방법 및 부모 면담 등에 활용한다. (* 특수교사나 장애영유아를 위한 보육교사가 배치되어 있는 경우에 한하여 평정)

부적절한 수준

- 보육과정 운영 평가를 하지 않으며, 계획되어 있지 않다.
- 영유아의 특성과 변화 정도를 평가하지 않는다.
- 보육과정 운영 평가와 영유아 평가 결과를 활용하지 않는다.

지표 핵심_1

〈기록, 면담〉 적절한 수준	〈기록, 면담〉 부적절한 수준
• 영유아 · 놀이 중심 보육과정으로 운영되고 있는지를 평가한다.	• 보육과정 운영 평가를 하지 않으며, 계획되어 있지 않다.

평정서류: 보육일지

핵심 Point

• 보육과정 운영 평가

다양한 관점으로 보육과정 평가

놀이시간	영유아의 관심 및 개별적 요구를 반영한 충분한 놀이시간 제공에 대한 평가
환경	편안한 일상생활 경험과 주도적인 놀이지원을 위한 다양한 환경 구성에 대한 평가
안전교육	안전교육 진행에 대한 평가
놀이자료	자발적인 놀이가 이루어지도록 다양한 놀이자료 지원에 대한 평가
표준보육과정 통합적 영역	영역별로 분절하여 놀이 및 활동을 지원하지 않고 통합적으로 지원한 부분에 대한 평가

보육과정 평가 예시

주간 보육과정 평가		
내 용	예	아니오
• 활동과 자료는 영유아의 발달과 학습에 적절한 수준이었는가?	○	
• 영유아의 신체리듬과 특성 등을 고려하여 하루일과를 계획하고 실행되었는가?	○	
• 하루일과(또는 주간)의 활동 종류, 시간 배정은 적절하였는가?	○	
• 영유아의 개별적인 발달수준과 관심사를 반영하였는가?	○	
• 영유아 전체가 보이는 곳에 위치하여 놀이를 관찰하고 지원하였는가?	○	
• 사전경험 및 흥미를 반영하여 다음 놀이에 반영하여 지원하였는가?	○	
• 교수학습방법은 영유아의 흥미와 활동 특성에 적합하였는가?	○	
• 놀이에 소극적인 영유아를 위해 적절한 상호작용을 하였는가?	○	
• 배움의 기회를 위해 놀이환경을 의미 있게 구성하였는가?	○	

유아들은 민속놀이공간에서 제기차기, 줄다리기, 딱지놀이 등을 하며 전통 놀이에 대한 흥미를 보였으며, 놀이를 통해 신체 활동과 또래와의 협력을 경험하였다. 민속놀이는 전통 문화를 자연스럽게 접할 수 있는 기회가 되었으며, 신체 조절과 사회적 기술을 익히는 데도 도움이 되었다. 그러나 민속놀이 활동 중 일부 유아들은 특정 놀이(줄다리기)에만 집중하고, 다투는 등 다양한 놀이를 충분히 경험하지 못하는 모습이 보였다. 다음 시간에는 다른 종류의 민속놀이에 대해 흥미를 느끼도록 놀이방법에 대해 안내한 후 다양한 민속놀이를 제공해야겠다.

평가제 완벽 대비 Q&A

Q 보육과정 운영 평가는 별도 문서로 작성해야 하나요?

A 어린이집은 표준보육과정을 기반으로 영유아 중심 및 놀이 중심으로 운영되는지를 평가하고 개선해야 합니다. 보육과정 평가 기록은 별도의 서식이나 보육일지에 포함하여 작성할 수 있으며, 원 운영 상황에 맞추어 계획하고 실시해야 합니다.

Q 보육일지에 주 단위 또는 월 단위로 보육과정 운영 평가를 기재해야 하나요?

A 보육과정 운영 평가는 민주적 협의로 결정되며, 평가 주기와 방법은 일일, 주 단위, 월 단위로 설정할 수 있습니다. 운영 상황에 맞추어 계획하고 기록해야 합니다.

Q 보육과정 운영 평가를 체크리스트 형식으로 진행해도 되나요?

A 별도의 서식은 없지만, 체크리스트 형식으로 평가하는 경우, 운영 개선이나 다음 보육계획에 반영할 사항을 명확히 기록하는 것이 중요합니다. 잘 운영된 점과 개선이 필요한 점을 서술하여 평가 자료를 작성하는 것이 바람직합니다.

Q 보육과정 운영 평가 계획 문서를 마련해야 하나요?

A 평가 계획은 원장과 교사와의 면담을 통해 확인되며, 별도의 문서로 제출할 필요는 없습니다. 그러나 보육과정 운영 여부는 보육일지나 기록을 통해 영유아 중심과 놀이 중심으로 운영되었는지 확인하여 평가하니, 이를 참고하시기 바랍니다.

Q 보육과정 평가 계획에 운영 평가와 영유아 평가를 각각 계획(평가 주기, 평가 방법 등)해야 하나요?

A 보육과정 평가는 운영 평가와 영유아 평가로 이루어집니다. 운영 평가는 보육과정이 영유아 중심과 놀이 중심으로 잘 운영되었는지를 평가하고, 영유아 평가는 영유아의 특성과 변화를 관찰하여 그들의 배움과 성장을 지원합니다. 이 평가는 관찰 기록과 놀이 결과물 등을 바탕으로 연 2회 이상 실시됩니다. 운영 평가와 영유아 평가는 목적과 방법이 다르므로, 평가 주기와 방법도 다르게 적용할 수 있습니다. 평가 계획은 어린이집 구성원들과 민주적으로 협의하여 결정해야 하며, 현장 평가 시에는 원장과 교사와의 면담을 통해 확인합니다. 별도의 문서로는 확인하지 않습니다.

Q 매일 작성하는 보육일지의 평가가 보육과정 운영 평가로 인정되나요?

A 보육일지에 매일 작성된 운영 평가 내용도 기록으로 인정됩니다.

지표 핵심_2

〈기록〉

적절한 수준	부적절한 수준
• 관찰 기록 등을 활용하여 연 2회 이상 영유아의 특성과 변화 정도를 평가한다. • 장애영유아에 대한 다양한 교육 진단과 일상적인 놀이 관찰 기록 등을 수집하여 연 2회 이상 영유아의 특성과 변화 정도를 평가한다. (특수교사나 장애영유아를 위한 교사가 배치되어 있는 경우에 한하여 평정)	• 영유아의 특성과 변화 정도를 평가하지 않는다.

평정서류: 영유아 발달평가

핵심 Point

• 영유아 발달평가 연 2회 실시

1. 영유아 관찰 기록 활용

관찰	• 영유아가 나타내는 반응이나 행동의 전반적인 내용을 기록 [놀이, 활동, 일상생활, 또래 간 상호작용 등]
효율적 관찰	• 영유아의 반응과 행동을 중심으로 객관적 관찰 • 발달과 변화에 초점을 둔 관찰 • 주기적인 관찰 • 영유아를 깊이 이해하기 위해 다양한 시간, 영역, 활동, 상황에서 관찰 • 보고 들은 것을 그대로 관찰 • 교사의 추측이나 편견이 들어가지 않은 관찰

2. 영유아 발달평가 대상

- 입소 후 6개월 이상 경과한 영유아(현장 평가일 기준)
- 입소 후 6개월이 경과했으나 1년 미만인 원아의 경우 연 1회 이상 평가기록 확인

3. 영유아 발달평가 총평 연 2회 진행

- 영유아 관찰 기록 등을 종합하여 영유아 개인별로 발달에 대한 특성과 변화에 대해 총평을 연 2회 이상 기록하여야 함
- 표준보육과정을 근거로 특정 영역에 치우지지 않도록 작성하며, 영역별로 내용을 구분하여 작성할 수도 있으나 영역별로 종합적으로 작성할 수도 있음
- 현장평가월 기준 1년 이내 기록

발달평가 영역별 작성 방법

1. 연령별 영역별 목표 및 내용에 기준하여 평가

교사는 영유아가 놀이를 통해 표준보육과정에 명시된 신체·건강, 의사소통, 사회관계, 예술경험, 자연탐구의 다섯 개 영역을 통합적으로 경험하는 것에 대한 이해가 필수이다. 이러한 놀이 경험은 영유아의 발달에 있어 매우 중요한 의미를 지니며, 이 과정에서 자연스럽게 다양한 경험을 쌓고 배울 수 있다. 따라서 교사는 이 모든 요소를 고려하여 영유아의 발달평가를 실시해야 한다.

영유아의 효율적인 평가는 표준보육과정의 인간상 및 각 영역별 목적과 목표에 부합하여 이루어져야 한다. 이를 통해 교사는 영유아의 개별적 특성과 발달 변화를 더 깊이 이해하고, 영유아가 배우고 성장하는 데 실질적으로 도움이 되는 평가를 진행해야 한다. 따라서 교사는 이러한 기준을 잘 활용하여 평가를 실시해야 하며, 이는 영유아의 전반적인 발달에 긍정적인 영향을 미친다.

하지만 현장에서 교사가 영유아 발달평가를 기준에 따라 작성하는 데 어려움을 겪는 경우가 종종 있다. 때때로 발달평가를 수행한 후에도 교사가 작성한 결과에 대한 의구심을 느끼기도 한다. 그러므로 영유아의 발달평가는 교사의 주요 업무 중 하나이므로, 명확하고 정확한 기준을 토대로 수행되어야 한다. 이러한 평가가 이루어질 때, 교사는 영유아의 발달을 더욱 체계적으로 지원할 수 있다.

표준보육과정에의 다섯 개의 영역을 토대로 영유아 발달평가를 작성하는 방법

TIPS

1. 표준보육과정과 누리과정의 해설서에 제시된 영역별 목표와 내용을 영유아 발달평가의 기준 근거로 함

표준보육과정 영역별 목표 및 내용(0~1세)

신체운동 · 건강

➤ **실내외에서 신체활동을 즐기고, 건강하고 안전한 일상생활을 경험한다.**

구분	내용 범주	내용
목표		1) 감각 경험과 신체활동을 즐긴다. 2) 건강한 일상생활을 경험한다. 3) 안전한 일상생활을 경험한다.
내용	신체활동 즐기기	• 다양한 감각을 경험한다. • 신체와 주변을 탐색한다. • 기본 운동을 시도한다. • 실내외 신체활동을 즐긴다.
	안전하게 생활하기	• 안전한 상황에서 놀이하고 생활한다. • 안전한 상황에서 교통수단을 이용해 본다. • 위험하다는 말에 주의한다.

의사소통

➤ **일상생활에서 의사소통능력을 기른다.**

구분	내용 범주	내용
목표		1) 일상생활에서 듣기와 말하기를 즐긴다. 2) 읽기와 쓰기에 관심을 가진다. 3) 책과 이야기에 재미를 느낀다.
내용	듣기와 말하기	• 표정, 몸짓, 말과 주변의 소리에 주의를 기울인다. • 상대방의 이야기를 들으면서 말소리를 낸다. • 표정, 몸짓, 말소리로 의사를 표현한다.
	읽기와 쓰기에 관심 가지기	• 주변의 그림과 상징에 관심을 가진다. • 끼적이기에 관심을 가진다.
	책과 이야기 즐기기	• 책에 관심을 가진다. • 말놀이와 이야기에 재미를 느낀다.

사회관계

➢ **나를 알아 가며, 더불어 생활하는 경험을 한다.**

목표	1) 나를 알고 긍정적으로 여긴다. 2) 함께 지내는 즐거움을 경험한다.

내용 범주	내 용
나를 알고 존중하기	• 나의 고유함을 알아 간다. • 나의 욕구와 감정을 표현한다. • 나에게 친숙한 것을 안다.
더불어 생활하기	• 안정적인 애착을 형성한다. • 또래에게 관심을 가진다. • 다른 사람의 감정과 행동에 관심을 가진다. • 반에서 편안하게 지낸다.

예술경험

➢ **아름다움을 느끼고 즐긴다.**

목표	1) 자연과 생활에서 아름다움을 경험한다. 2) 자유롭게 예술 표현을 한다.

내용 범주	내 용
아름다움 찾아보기	• 자연과 생활에서 아름다움을 느끼고 즐긴다. • 예술에서 아름다움을 느낀다.
창의적으로 표현하기	• 소리와 리듬, 노래로 표현한다. • 움직임으로 표현한다. • 다양한 미술재료를 경험한다. • 모방하기를 즐긴다.

자연탐구

➢ **주변 환경과 자연을 탐색하는 과정을 즐긴다.**

목표	1) 일상에서 탐색하는 과정을 즐긴다. 2) 주변 환경에 관심을 가지고 탐색한다. 3) 생명과 자연에 관심을 가진다.

내용 범주	내 용
탐구과정 즐기기	• 주변 환경과 자연에 대해 호기심을 가진다. • 사물과 자연 탐색하기를 즐긴다.
생활 속에서 탐구하기	• 친숙한 물체를 감각으로 탐색한다. • 일상에서 수에 관심을 가진다. • 공간모양을 탐색한다. • 규칙성을 경험한다.
자연과 더불어 살기	• 주변의 동식물에 관심을 가진다. • 날씨의 변화를 느낀다.

표준보육과정 영역별 목표 및 내용(2세)

신체운동 · 건강

➢ 실내외에서 신체활동을 즐기고, 건강하고 안전한 일상생활을 경험한다.

목표

1) 감각 경험과 신체활동을 즐긴다.
2) 건강한 일상생활을 경험한다.
3) 안전한 일상생활을 경험한다.

내용

내용 범주	내 용
신체활동 즐기기	• 다양한 감각을 경험한다. • 신체를 인식하고 움직인다. • 대소근육을 조절한다. • 기본 운동을 즐긴다. • 실내외 신체활동을 즐긴다.
건강하게 생활하기	• 자신의 몸과 주변을 깨끗이 해 본다. • 음식을 즐겁게 먹는다. • 하루일과를 즐겁게 경험한다. • 건강한 배변습관을 갖는다.
안전하게 생활하기	• 안전하게 놀이하고 생활한다. • 안전한 상황에서 교통수단을 이용해 본다. • 위험한 상황에서 대처하는 방법을 경험한다.

의사소통

➢ 일상생활에서 의사소통 능력을 기른다.

목표

1) 일상생활에서 듣기와 말하기를 즐긴다.
2) 읽기와 쓰기에 관심을 가진다.
3) 책과 이야기에 재미를 느낀다.

내용

내용 범주	내 용
듣기와 말하기	• 표정, 몸짓, 말에 관심을 갖고 듣는다. • 표정, 몸짓, 단어로 의사를 표현한다. • 상대방의 이야기를 듣고 말한다. • 자신의 요구와 느낌을 말한다.
읽기와 쓰기에 관심 가지기	• 주변의 그림과 상징에 관심을 가진다. • 끼적이며 표현하기를 즐긴다.
책과 이야기 즐기기	• 책에 관심을 가지고 상상한다. • 말놀이와 이야기에 재미를 느낀다.

사회관계

➢ 나를 알아 가며, 더불어 생활하는 경험을 한다.

목표

1) 나를 알고 긍정적으로 여긴다.
2) 함께 지내는 즐거움을 경험한다.

내용	<table><tr><th>내용 범주</th><th>내 용</th></tr><tr><td>나를 알고 존중하기</td><td>• 나의 고유함을 알아 간다. • 나의 욕구와 감정을 표현한다. • 내가 좋아하는 것을 해 본다.</td></tr><tr><td>더불어 생활하기</td><td>• 가족에게 관심을 가진다. • 또래와 함께 놀이한다. • 다른 사람의 감정과 행동에 관심을 가진다. • 지켜야 할 약속이 있음을 안다.</td></tr></table>

예술경험

➤ **아름다움을 느끼고 즐긴다.**

목표	1) 자연과 생활에서 아름다움을 경험한다. 2) 자유롭게 예술 표현을 한다.
내용	<table><tr><th>내용 범주</th><th>내 용</th></tr><tr><td>아름다움 찾아보기</td><td>• 자연과 생활에서 아름다움을 느끼고 즐긴다. • 예술에서 아름다움을 느낀다.</td></tr><tr><td>창의적으로 표현하기</td><td>• 익숙한 노래와 리듬을 표현한다. • 움직임과 춤으로 표현한다. • 다양한 미술재료와 도구로 경험한다. • 상상놀이를 한다.</td></tr></table>

자연탐구

➤ **주변 환경과 자연을 탐색하는 과정을 즐긴다.**

목표	1) 일상에서 탐색하는 과정을 즐긴다. 2) 주변 환경에 관심을 가지고 탐색한다. 3) 생명과 자연에 관심을 가진다.
내용	<table><tr><th>내용 범주</th><th>내 용</th></tr><tr><td>탐구과정 즐기기</td><td>• 주변 환경과 자연에 대해 호기심을 가진다. • 사물과 자연 탐색하기를 즐긴다.</td></tr><tr><td>생활 속에서 탐구하기</td><td>• 친숙한 물체를 감각으로 탐색한다. • 일상에서 수에 관심을 가진다. • 공간모양을 탐색한다. • 규칙성에 관심을 가진다. • 사물을 같고 다름에 따라 구분한다. • 생활도구에 관심을 가진다.</td></tr><tr><td>자연과 더불어 살기</td><td>• 주변의 동식물에 관심을 가진다. • 날씨의 변화를 느낀다.</td></tr></table>

누리과정 영역별 목표 및 내용(3~5세)

신체운동 · 건강

➤ **실내외에서 신체활동을 즐기고, 건강하고 안전한 생활을 한다.**

목표	1) 신체활동에 즐겁게 참여한다. 2) 건강한 생활습관을 기른다. 3) 안전한 생활습관을 기른다.

내용 범주	내 용
신체활동 즐기기	• 신체를 인식하고 움직인다. • 신체 움직임을 조절한다. • 기초적인 이동운동, 제자리 운동, 도구를 이용한 운동을 한다. • 실내외 신체활동에 자발적으로 참여한다.
건강하게 생활하기	• 자신의 몸과 주변을 깨끗이 한다. • 몸에 좋은 음식에 관심을 가지고 바른 태도로 즐겁게 먹는다. • 하루일과에서 적당한 휴식을 취한다. • 질병을 예방하는 방법을 알고 실천한다.
안전하게 생활하기	• 일상에서 안전하게 놀이하고 생활한다. • TV, 컴퓨터, 스마트폰 등을 바르게 사용한다. • 교통안전 규칙을 지킨다. • 안전사고, 화재, 재난, 학대, 유괴 등에 대처하는 방법을 경험한다.

의사소통

➤ **일상생활에서 필요한 의사소통 능력과 상상력을 기른다.**

목표	1) 일상생활에서 듣고 말하기를 즐긴다. 2) 읽기와 쓰기에 관심을 가진다. 3) 책이나 이야기를 통해 상상하기를 즐긴다.

내용 범주	내 용
듣기와 말하기	• 말이나 이야기를 관심 있게 듣는다. • 자신의 경험, 느낌, 생각을 말한다. • 상황에 적절한 단어를 사용하여 말한다. • 상대방이 하는 이야기를 듣고 관련해서 말한다. • 바른 태도로 듣고 말한다. • 고운 말을 사용한다.
읽기와 쓰기에 관심 가지기	• 말과 글의 관계에 관심을 가진다. • 주변의 상징, 글자 등의 읽기에 관심을 가진다. • 자신의 생각을 글자와 비슷한 형태로 표현한다.
책과 이야기 즐기기	• 책에 관심을 가지고 상상하기를 즐긴다. • 동화, 동시에서 말의 재미를 느낀다. • 말놀이와 이야기 짓기를 즐긴다.

사회관계

➢ **자신을 존중하고 더불어 생활하는 태도를 가진다.**

목표	1) 자신을 이해하고 존중한다. 2) 다른 사람과 사이좋게 지낸다. 3) 우리가 사는 사회와 다양한 문화에 관심을 가진다.

내용

내용 범주	내 용
나를 알고 존중하기	• 나를 알고 소중히 여긴다. • 나의 감정을 알고 상황에 맞게 표현한다. • 내가 할 수 있는 것을 스스로 한다.
더불어 생활하기	• 가족의 의미를 알고 화목하게 지낸다. • 친구와 서로 도우며 사이좋게 지낸다. • 친구와의 갈등을 긍정적인 방법으로 해결한다. • 서로 다른 감정, 생각, 행동을 존중한다. • 친구와 어른께 예의 바르게 행동한다. • 약속과 규칙의 필요성을 알고 지킨다.
사회에 관심 가지기	• 우리나라에 대해 자부심을 가진다. • 다양한 문화에 관심을 가진다.

예술경험

➢ **아름다움과 예술에 관심을 가지고 창의적 표현을 즐긴다.**

목표	1) 자연과 생활 및 예술에서 아름다움을 느낀다. 2) 예술을 통해 창의적으로 표현하는 과정을 즐긴다. 3) 다양한 예술 표현을 존중한다.

내용

내용 범주	내 용
아름다움 찾아보기	• 자연과 생활에서 아름다움을 느끼고 즐긴다. • 예술적 요소에 관심을 갖고 찾아본다.
창의적으로 표현하기	• 노래를 즐겨 부른다. • 신체, 사물, 악기로 간단한 소리와 리듬을 만들어 본다. • 신체나 도구를 활용하여 움직임과 춤으로 자유롭게 표현한다. • 극놀이로 경험이나 이야기를 표현한다.
예술 감상하기	• 다양한 예술을 감상하며 상상하기를 즐긴다. • 서로 다른 예술 표현을 존중한다. • 우리나라 전통 예술에 관심을 갖고 친숙해진다.

자연탐구

➢ **탐구하는 과정을 즐기고, 자연과 더불어 살아가는 태도를 가진다.**

목표	1) 일상에서 호기심을 가지고 탐구하는 과정을 즐긴다. 2) 생활 속의 문제를 수학적, 과학적으로 탐구한다. 3) 생명과 자연을 존중한다.

구분	내용 범주	내 용
내용	탐구과정 즐기기	• 주변 세계와 자연에 대해 지속적으로 호기심을 가진다. • 궁금한 것을 탐구하는 과정에 즐겁게 참여한다. • 탐구과정에서 서로 다른 생각에 관심을 가진다.
	생활 속에서 탐구하기	• 물체의 특성과 변화를 여러 가지 방법으로 탐색한다. • 물체를 세어 수량을 알아본다. • 물체의 위치와 방향, 모양을 알고 구별한다. • 일상에서 길이, 무게 등의 속성을 비교한다. • 주변에서 반복되는 규칙을 찾는다. • 일상에서 모은 자료를 기준에 따라 분류한다. • 도구와 기계에 대해 관심을 가진다.
	자연과 더불어 살기	• 주변의 동식물에 관심을 가진다. • 생명과 자연환경을 소중히 여긴다. • 날씨와 계절의 변화를 생활과 관련짓는다.

2. 발달평가 작성 예시

1) 표준보육과정에 제시된 의사소통 영역의 목표와 내용을 참고한다.
2) 평가대상 영유아의 평가 내용을 선정한다.
3) 발달수준을 평가하여 작성한다.

0~1세 신체운동 · 건강 발달평가

<table>
<tr><th colspan="2">신체운동 · 건강
➢ 실내외에서 신체활동을 즐기고, 건강하고 안전한 일상생활을 경험한다.</th></tr>
<tr><td>목표</td><td>1) 감각 경험과 신체활동을 즐긴다.
2) 건강한 일상생활을 경험한다.
3) 안전한 일상생활을 경험한다.</td></tr>
<tr><td>내용</td><td><table>
<tr><th>내용 범주</th><th>내 용</th></tr>
<tr><td>신체활동 즐기기</td><td>• 다양한 감각을 경험한다.
• 신체와 주변을 탐색한다.
• 기본 운동을 시도한다.
• 실내외 신체활동을 즐긴다.</td></tr>
<tr><td>안전하게
생활하기</td><td>• 안전한 상황에서 놀이하고 생활한다.
• 안전한 상황에서 교통수단을 이용해 본다.
• 위험하다는 말에 주의한다.</td></tr>
</table></td></tr>
</table>

교사가 표준보육과정 영역 세부 내용에서 선택한 평가 내용

1. 신체와 주변을 탐색한다.
2. 실내외 신체활동을 즐긴다.
3. 안전한 상황에서 놀이하고 생활한다.
4. 위험하다는 말에 주의한다.

↓

○○는 자신의 신체와 주변을 탐색하고, 실내외에서 신체활동을 즐길 수 있다. 안전한 상황에서 놀이하고 생활하며 교사의 위험하다는 말에 주의를 기울인다.	**우수한 발달 수준**

0~1세 예술경험 발달평가

예술경험

➤ **아름다움을 느끼고 즐긴다.**

목표	1) 자연과 생활에서 아름다움을 경험한다. 2) 자유롭게 예술 표현을 한다.

내용

내용 범주	내 용
아름다움 찾아보기	• 자연과 생활에서 아름다움을 느끼고 즐긴다. • 예술에서 아름다움을 느낀다.
창의적으로 표현하기	• 소리와 리듬, 노래로 표현한다. • 움직임으로 표현한다. • 다양한 미술재료를 경험한다. • 모방하기를 즐긴다.

교사가 표준보육과정 영역 세부 내용에서 선택한 평가 내용

1. 자연과 생활에서 아름다움을 느끼고 즐긴다.
2. 소리와 리듬, 노래로 표현한다.
3. 다양한 미술재료를 경험한다.
4. 모방하기를 즐긴다.

↓

○○는 자연과 생활에 대해 관심을 보이고, 소리, 리듬, 노래로 표현하는 것을 즐긴다. 다양한 미술재료에 대해서는 관심을 보이지 않고, 모방하기에 관심을 보이지 않는다.	**지원이 필요한 발달 수준**

2세 의사소통 발달평가

의사소통 ➤ 의사소통 능력과 상상력의 기초를 기른다.	
목표	1) 일상생활에서 듣기와 말하기를 즐긴다. 2) 읽기와 쓰기에 관심을 가진다. 3) 책과 이야기에 재미를 느낀다.
내용	(아래 표)

내용 범주	내 용
듣기와 말하기	• 표정, 몸짓, 말에 관심을 갖고 듣는다. • 상대방의 이야기를 듣고 말한다. • 표정, 몸짓, 단어로 의사를 표현한다. • 자신의 요구와 느낌을 말한다.
읽기와 쓰기에 관심 가지기	• 주변의 그림과 상징, 글자에 관심을 가진다. • 끼적이며 표현하기를 즐긴다.
책과 이야기 즐기기	• 책에 관심을 가지고 상상한다. • 말놀이와 이야기에 재미를 느낀다.

교사가 표준보육과정 영역 세부 내용에서 선택한 평가 내용
1. 상대방의 이야기를 듣고 말한다. 2. 자신의 요구와 느낌을 말한다. 3. 주변의 그림과 상징, 글자에 관심을 가진다. 4. 책에 관심을 가지고 상상한다.

↓

○○이는 친구나 교사의 이야기를 듣고 말할 줄 알고 자신의 요구와 느낌을 적극적으로 표현할 줄 안다. 주변의 그림과 상징, 글자에 관심을 가지고 있으며, 그림책에 적극적인 관심을 가지고 상상할 수 있다.	우수한 발달 수준

2세 사회관계 영역 발달평가

<table>
<tr><td colspan="2">사회관계
➢ 나를 알고, 다른 사람과 더불어 생활하는 경험을 한다.</td></tr>
<tr><td>목표</td><td>1) 나를 알고 긍정적으로 여긴다.
2) 다른 사람과 즐겁게 지내기 위한 태도를 기른다.</td></tr>
<tr><td>내용</td><td>
<table>
<tr><th>내용 범주</th><th>내 용</th></tr>
<tr><td>나를 알고
존중하기</td><td>• 나와 다른 사람을 구별한다.
• 나의 감정을 표현한다.
• 내가 좋아하는 것을 한다.</td></tr>
<tr><td>더불어 생활하기</td><td>• 가족에게 관심을 가진다.
• 또래와 함께 놀이한다.
• 다른 사람의 감정과 행동에 반응한다.
• 반에서의 규칙과 약속을 알고 지킨다.</td></tr>
</table>
</td></tr>
</table>

교사가 표준보육과정 영역 세부 내용에서 선택한 평가 내용

1. 나의 감정을 표현한다.
2. 또래와 함께 놀이한다.
3. 다른 사람의 감정과 행동에 반응한다.
4. 반에서의 규칙과 약속을 알고 지킨다.

↓

○○이는 자신의 감정을 표현하는 데 어려움을 느끼고 있으나 또래와 함께 놀이하는 것에 대해 적극적이다. 그러나 교사나 또래 간의 관계에서 다른 사람의 감정과 행동에 반응하는 것이 미숙한 편이며, 반에서의 규칙과 약속을 알고 있으나 지키는 데 어려움을 느끼고 있다.	**지원이 필요한 발달 수준**

3세 신체운동 · 건강 영역 발달평가

<table>
<tr><th colspan="2">신체운동 · 건강
➢ 실내외에서 신체활동을 즐기고, 건강하고 안전한 생활을 한다.</th></tr>
<tr><td>목표</td><td>1) 신체활동에 즐겁게 참여한다.
2) 건강한 생활습관을 기른다.
3) 안전한 생활습관을 기른다.</td></tr>
<tr><td>내용</td><td>
<table>
<tr><th>내용 범주</th><th>내 용</th></tr>
<tr><td>신체활동 즐기기</td><td>• 신체를 인식하고 움직인다.
• 신체 움직임을 조절한다.
• 기초적인 이동운동, 제자리 운동, 도구를 이용한 운동을 한다.
• 실내외 신체활동에 자발적으로 참여한다.</td></tr>
<tr><td>건강하게 생활하기</td><td>• 자신의 몸과 주변을 깨끗이 한다.
• 몸에 좋은 음식에 관심을 가지고 바른 태도로 즐겁게 먹는다.
• 하루일과에서 적당한 휴식을 취한다.
• 질병을 예방하는 방법을 알고 실천한다.</td></tr>
<tr><td>안전하게 생활하기</td><td>• 일상에서 안전하게 놀이하고 생활한다.
• TV, 컴퓨터, 스마트폰 등을 바르게 사용한다.
• 교통안전 규칙을 지킨다.
• 안전사고, 화재, 재난, 학대, 유괴 등에 대처하는 방법을 경험한다.</td></tr>
</table>
</td></tr>
</table>

교사가 표준보육과정 영역 세부 내용에서 선택한 평가 내용

1. 기초적인 이동운동, 제자리 운동, 도구를 이용한 운동을 한다.
2. 실내외 신체활동에 자발적으로 참여한다.
3. 몸에 좋은 음식에 관심을 가지고 바른 태도로 즐겁게 먹는다.
4. 일상에서 안전하게 놀이하고 생활한다.
5. 안전사고, 화재, 재난, 학대, 유괴 등에 대처하는 방법을 경험한다.

↓

○○이는 기초적인 이동운동, 제자리 운동, 도구를 이용한 운동을 매우 적극적으로 참여하며, 실내외 신체활동에 자발적이다. 그러나 편식이 심하여 몸에 좋은 음식에 관심이 적은 편이어서 지속적인 관심이 필요한 편이다. 일상에서 안전하게 놀이하고 생활하는 편이며, 안전사고, 화재, 재난, 학대, 유괴 등에 대처하는 방법에 대해 적극적으로 활동하는 편이다.	**우수한 발달 수준 + 발달이 미흡한 수준**

5세 신체운동 · 건강 영역 발달평가

<table>
<tr><th colspan="2">예술경험
➤ 아름다움과 예술에 관심을 가지고 창의적 표현을 즐긴다.</th></tr>
<tr><td>목표</td><td>1) 자연과 생활 및 예술에서 아름다움을 느낀다.
2) 예술을 통해 창의적으로 표현하는 과정을 즐긴다.
3) 다양한 예술 표현을 존중한다.</td></tr>
<tr><td>내용</td><td>

내용 범주	내 용
아름다움 찾아보기	• 자연과 생활에서 아름다움을 느끼고 즐긴다. • 예술적 요소에 관심을 갖고 찾아본다.
창의적으로 표현하기	• 노래를 즐겨 부른다. • 신체, 사물, 악기로 간단한 소리와 리듬을 만들어 본다. • 다양한 미술 재료와 도구로 자신의 생각과 느낌을 표현한다. • 극놀이로 경험이나 이야기를 표현한다.
예술 감상하기	• 다양한 예술을 감상하며 상상하기를 즐긴다. • 서로 다른 예술 표현을 존중한다. • 우리나라 전통 예술에 관심을 갖고 친숙해진다.

</td></tr>
</table>

교사가 표준보육과정 영역 세부 내용에서 선택한 평가 내용

1. 예술적 요소에 관심을 갖고 찾아본다.
2. 노래를 즐겨 부른다.
3. 다양한 미술 재료와 도구로 자신의 생각과 느낌을 표현한다.
4. 다양한 예술을 감상하며 상상하기를 즐긴다.

↓

○○이는 예술적 요소에 매우 관심이 높아 적극적으로 탐색하는 편이며 노래를 즐겨 부른다. 또한 다양한 미술재료와 도구로 자신의 생각과 느낌을 잘 표현하고 다양한 예술을 감상하며 상상하는 것을 적극적으로 즐긴다.	**우수한 발달 수준**

영아 발달평가 예시

담임교사	원장

영아발달평가					
이 름		생년월일	20XX. XX. XX.	성 별	남 / 여
기 간	20XX년 3월 ~ 8월	기록자	이 ○ ○	반 명	씩씩반
구 분	평 가 내 용				
신체운동 · 건강	• 신체를 인식하고 활발하게 움직이는 편이며 실내외 신체활동에 자발적으로 참여한다. 하루일과를 보내며 적절한 휴식을 취하는 편이다. 그러나 교구장 위에 올라가거나, 뜻대로 되지 않으면 교사와 친구를 때리는 등 안전에 위험한 행동을 하여 관심과 따뜻한 지원이 지속적으로 필요하다.				
의사소통	• 표정, 몸짓, 말에 관심을 갖고 듣는 편이며, 자신의 의견을 다양한 방법으로 표현할 줄 안다. 그림책에 관심을 가지고 상상하는 것을 즐겨 하고, 말놀이와 이야기에 재미를 느낀다.				
사회관계	• 나를 인지하며 나와 다른 사람을 구별할 줄 알며 자신을 긍정적으로 인지하고 있다. 그러나 또래와 함께 놀이를 하며 관심을 보이지만 내가 좋아하는 놀잇감을 다른 친구가 관심을 보이면 친구를 때리는 공격적인 행동이 보여 지속적인 관심과 지원이 필요하다.				
예술경험	• 자연과 일상생활에서 호기심으로 아름다움을 느끼고 적극적으로 즐긴다. 특히 익숙한 노래와 리듬이 인지되면 다양한 움직임과 춤으로 매우 표현을 잘하는 편이다. 무엇보다 일상생활에서의 경험을 또래와 상상놀이로 주도적으로 표현한다.				
자연탐구	• 주변의 사물과 자연을 반복하여 탐색하기를 즐기며, 특히 생활 도구에 다양한 흥미를 보이고 있으며, 응용하여 놀이하는 것을 즐거워하는 편이다. 바깥놀이나 외부활동 시 주변의 동물과 식물에 적극적인 관심과 함께 변하는 날씨를 감각적으로 탐색한다.				

유아 발달평가 예시

담임교사	원장

유 아 발 달 평 가					
이 름		생년월일	20XX. XX. XX.	성 별	남 / 여
기 간	20XX년 9월 ~ 2월	기록자	이 ○ ○	반 명	씩씩반
구 분	평 가 내 용				
신체운동 · 건강	• 신체 움직임을 조절하는 대근육활동에 매우 적극적으로 참여하고, 기초적인 이동운동, 제자리 운동, 도구를 이용한 운동을 즐겨 한다. 자신의 몸과 주변을 깨끗하게 할 줄 알고, 편식 없이 몸에 좋은 음식에 전반적인 관심으로 바른 태도로 먹는다. 교통안전 규칙을 잘 지키는 편이며, 안전사고, 화재, 재난, 학대, 유괴 등에 대처하는 방법에 대해 적극적으로 참여하며 경험하는 편이다. 그러나 활동적인 에너지에 비해 휴식이 부족한 편이어서 관심을 가지고 충분한 휴식을 취하도록 지원할 필요가 있다.				
의사소통	• 또래의 말이나 이야기를 관심 있게 듣고, 주변의 상징, 글자 등의 읽기에 흥미를 보이고 배우고자 적극적으로 노력한다. 자신의 생각을 글자와 그림 등으로 표현을 하지만 또래에게 자신의 경험과 생각을 소극적으로 표현하여 적극적인 지지와 격려가 필요하다.				
사회관계	• 놀잇감을 정리하거나 스스로 할 수 있는 것에 대해 주도적으로 하는 편이며, 인사를 잘하며 예의 바르게 행동하는 편이다. 그러나 친구와의 갈등이 생기면 위축되어 울음으로 표현하여 자신의 감정을 알고 상황에 맞게 표현하도록 격려하는 것이 필요하다. 우리 나라 문화뿐만 아니라 다양한 문화에 관심을 가지고 적극적으로 놀이에 참여하고 있다.				
예술경험	• 다양한 예술을 감상하고 상상하기를 즐기며 예술적 요소에 관심을 갖고 아름다움을 표현할 줄 안다. 신체, 사물, 악기 등으로 간단한 소리와 리듬을 응용하며, 또래의 예술적 표현을 존중하며 협력하여 창의적으로 표현하는 것을 주도하는 편이다.				
자연탐구	• 궁금한 것을 탐구하는 과정에 즐겁게 참여하고, 탐구과정에서 서로 다른 생각에 관심을 가진다. 물체의 위치와 방향, 모양을 알고 구별하는 것에 대해 어려워하는 편이며, 길이, 무게 등의 속성을 비교하는 것에 대한 기초적인 배움의 기회가 필요하다. 주변의 동식물에 관심을 가지고, 생명과 자연환경을 소중히 여긴다.				

키즈노트 전자문서+ 영유아 발달평가 작성 및 활용 가이드

활용 Tip

키즈노트에서 작성한 관찰일지 및 알림장을 연동하여 편리하게 영유아 발달평가를 전자문서로 작성할 수 있습니다.

전자문서+ PC 버전

전자문서+ 모바일 버전

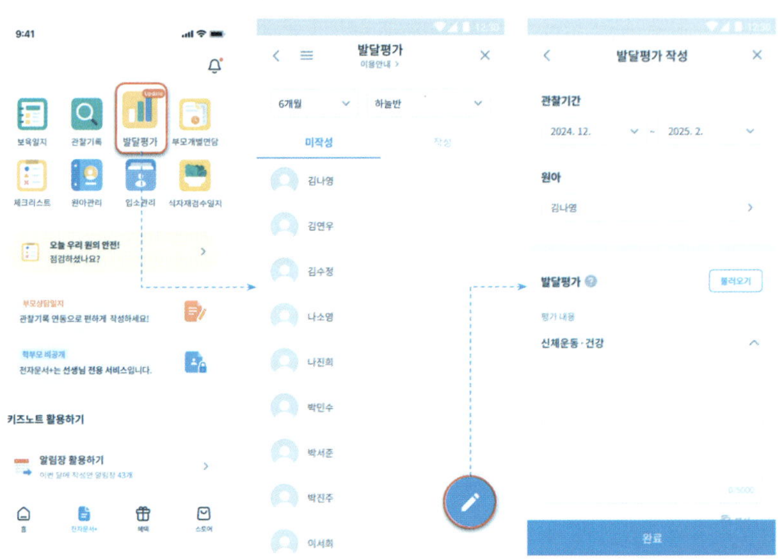

키즈노트 전자문서+ 영유아 발달평가 작성 예시 1

키즈노트 어린이집

담당	원장
강교사	최원장

발달평가

하솜 / 병아리반 / 1세

관찰 기간	2025. 3. ~ 2025. 8.	기록자	강교사
발달 영역	평가 내용		
신체운동 · 건강	자신의 신체를 인식하고 활발하게 움직이며, 실내외 신체활동에 자발적으로 참여하는 모습을 보임. 하루일과 중 적절한 휴식을 취하는 편이며, 다양한 신체 놀이에 흥미를 보임. 그러나 교구장 위로 올라가려 하거나, 원하는 대로 되지 않을 때 교사나 친구를 때리는 등의 위험한 행동을 보이는 경우가 간혹 있음. 이에 따라 안전한 놀이 환경을 조성하고, 감정을 조절할 수 있도록 지속적인 관심과 따뜻한 지원이 필요함.		
의사소통	표정, 몸짓, 말에 관심을 가지며, 다양한 방법으로 자신의 의견을 표현함. 그림책을 보며 상상하는 것을 즐기고, 이야기나 말 놀이에도 적극적으로 참여하는 모습을 보임. 새로운 단어나 문장을 들으면 반복하며 흥미를 가지며, 이야기 속 등장인물의 감정을 따라 하거나 동물 흉내를 내며 몰입하는 모습을 보이기도 함. 자신의 경험을 말로 표현하려는 시도가 증가하고 있으며, 언어적 표현을 확장 할 수 있도록 다양한 상호작용이 필요함.		
사회관계	자기 인식이 발달하며, 자신과 타인을 구별하는 능력이 발달하고 있음. 또래에게 관심을 가지며 함께 놀이를 하려고 하나, 자신이 선호하는 놀잇감을 친구가 관심을 보이면 양보하기 어려워하는 모습을 보이며, 때때로 친구를 때리는 행동을 보이기도 함. 이러한 행동은 또래와의 관계 속에서 자신의 감정을 조절하고 표현하는 과정에서 나타나는 것으로, 지속적인 관심과 긍정적인 관계 형성을 위한 지원이 필요함. 교사와의 상호작용에서는 웃으며 긍정적으로 반응하는 모습을 보이며, 애착을 형성하는 과정이 안정적으로 진행되고 있음.		
예술경험	자연과 일상생활에서 아름다움을 느끼고 적극적으로 표현하는 모습을 보임. 익숙한 노래가 나오면 다양한 움직임과 춤으로 반응하며, 리듬을 따라 몸을 흔들거나 손뼉을 치며 표현하는 모습이 자주 관찰됨. 특히 일상생활에서의 경험을 놀이로 확장하여 표현하는 경향이 있으며, 인형이나 블록을 활용한 상상놀이에 흥미를 보임. 또한, 물감이나 크레용 등 다양한 미술 도구를 활용한 활동에도 관심을 가지며, 자유롭게 색칠하고 그리는 과정을 즐김.		
자연탐구	주변 환경에 대한 호기심이 많으며, 반복적인 탐색을 즐김. 생활 도구에 대한 흥미가 높아, 도구를 활용하여 놀이하는 모습을 자주 보임. 실외 활동 중에는 동물과 식물에 관심을 가지며, 변화하는 날씨를 감각적으로 탐색하려는 경향이 있음. 예를 들어, 바람이 불면 손을 흔들어 바람의 움직임을 느끼거나, 나뭇잎을 만지며 질감과 색깔의 변화를 관찰함. 탐구 활동을 통해 다양한 감각 경험을 할 수 있도록 지원이 필요함.		
구분	평가 활용		
보육과정 반영	신체활동과 탐색 놀이에 적극적으로 참여할 수 있도록 실내외에서 움직이며 탐색하는 환경을 조성하고, 다양한 감각 경험을 지원할 계획임. 또래와의 상호작용이 원활해질 수 있도록 협력 놀이와 역할 놀이 기회를 확대하며, 감정 조절과 표현을 돕는 활동을 추가함. 언어 표현이 확장될 수 있도록 그림책과 관련된 놀이를 제공하고, 상호작용이 촉진될 수 있는 놀이 환경을 구성하여 언어적 소통과 사회적 상호작용을 지원할 예정임.		
가정과의 연계	활발하고 탐색 활동을 좋아하는 경향이 있으며, 가정에서도 다양한 감각 놀이를 통해 신체 활동과 탐색 활동을 지원하는 것이 필요함. 예를 들어, 촉감 놀이나 바람을 느끼는 활동을 통해 감각 경험을 확장할 수 있음. 또래와의 놀이에서 감정을 조절하는 연습이 필요하므로, 가정에서도 역할 놀이를 통해 감정 표현과 조절을 자연스럽게 익힐 수 있도록 돕는 것이 바람직함. 또한, 새로운 단어나 문장을 익히는 것에 흥미를 보이므로, 부모님과의 대화를 통해 다양한 어휘를 접할 기회를 제공하는 것이 중요함.		

키즈노트 전자문서+ 영유아 발달평가 작성 예시 2

키즈노트 어린이집

담당	원장
박교사	최원장

발달평가

지수 / 사슴반 / 3세

관찰 기간	2025. 3. ~ 2025. 8.	기록자	박교사
발달 영역	평가 내용		
신체운동 · 건강	신체를 활발하게 움직이며, 대근육 활동과 기초적인 이동 운동, 제자리 운동, 도구를 활용한 신체 놀이에 적극적으로 참여함. 스스로 몸과 주변을 깨끗하게 관리하려는 태도를 보이며, 식사 시간에도 바른 자세로 편식 없이 식사를 하는 모습을 보임. 교통안전 규칙을 잘 따르며, 안전사고 예방과 관련된 활동에도 적극적으로 참여함. 다만, 활동량이 많아 충분한 휴식이 필요하지만 이를 조절하는 데 어려움을 보이는 경우가 있어, 적절한 휴식 시간을 가질 수 있도록 지원이 필요함.		
의사소통	주변에서 들리는 또래의 말과 이야기에 관심을 보이며 경청하는 태도를 가짐. 글자와 상징에 흥미를 보이고 이를 인지하려는 시도를 하며, 자신의 생각을 그림이나 간단한 글자로 표현하려는 모습을 보임. 그러나 또래와의 상호작용에서 자신의 경험이나 생각을 적극적으로 이야기하는 데 다소 소극적인 모습을 보이므로, 다양한 언어적 표현을 자연스럽게 시도할 수 있도록 격려와 지원이 필요함.		
사회관계	자신이 사용하는 놀잇감을 스스로 정리하는 습관을 기르며, 기본적인 생활 예절을 익혀 인사를 자연스럽게 나누는 모습을 보임. 친구와 함께 놀이하는 것을 좋아하지만, 갈등 상황에서는 위축되어 울음으로 감정을 표현하는 경우가 있음. 감정을 이해하고 표현하는 방법을 자연스럽게 익히도록 감정 단어를 활용한 상호작용을 지원하고, 협력 놀이를 통해 긍정적인 사회적 관계를 형성할 수 있도록 도울 필요가 있음. 다양한 문화에 대한 관심을 보이며, 여러 문화적 요소가 포함된 놀이에도 흥미를 보이며 참여함.		
예술경험	자연과 일상생활에서 아름다움을 발견하고 이를 감상하는 경험을 즐김. 신체, 사물, 악기를 활용하여 간단한 소리와 리듬을 만들어 보는 것을 좋아하며, 자유롭게 움직이며 창의적인 표현을 시도함. 또래의 예술적 표현을 존중하며 협력하여 활동하는 모습을 보이며, 자신만의 독창적인 방식으로 상상 놀이를 확장해 나가는 모습을 보임.		
자연탐구	자연과 주변 사물에 대한 호기심이 많으며, 탐구하는 과정에서 적극적인 태도를 보임. 다른 친구들의 생각과 탐구 과정에도 관심을 가지며, 다양한 시각에서 관찰하려는 모습을 보임. 그러나 물체의 위치, 방향, 크기 비교 등의 개념을 이해하는 데 어려움을 보일 때가 있어, 이를 자연스럽게 익힐 수 있도록 놀이 경험을 점진적으로 확대할 필요가 있음.		
구분	평가 활용		
보육과정 반영	활발한 신체 활동 후 충분한 휴식을 취할 수 있도록 일과를 균형 있게 구성함. 또래와의 상호작용을 확대하기 위해 협력 놀이 환경을 조성하고, 감정 표현을 자연스럽게 익힐 수 있도록 감정 카드와 그림책을 활용한 활동을 지원함. 언어적 표현 기회를 늘리기 위해 역할 놀이와 이야기 나누기를 적극적으로 활용하고, 크기 비교나 위치 관계 등의 개념을 익힐 수 있도록 다양한 탐구 놀이를 제공함.		
가정과의 연계	활동량이 많아 가정에서도 충분한 휴식 시간을 가질 수 있도록 도움을 주는 것이 필요함. 또래 관계에서 감정을 표현하는 연습이 필요하므로, 가정에서도 역할 놀이를 활용해 다양한 감정 표현을 경험해 볼 수 있도록 지원하면 좋음. 글자와 상징에 대한 관심이 높아 그림책을 함께 읽으며 자연스럽게 언어적 표현을 지원하는 것이 효과적임. 자연 탐구 활동을 즐기는 편이므로, 산책하면서 동식물 관찰이나 탐구 활동을 함께하는 것도 좋은 경험이 될 수 있음.		

평가제 완벽 대비 Q&A

Q 영유아 관찰 기록은 월 1회 작성해야 하나요?

A 관찰 기록과 놀이 결과물을 누적하여 연 2회 이상 영유아의 특성과 변화를 평가해야 하며, 월 1회 이상 작성 여부는 별도 평가 항목은 아닙니다. 원 운영상황에 따라 관찰 기록을 수집하여 평가 자료로 활용할 수 있습니다.

Q 영유아 관찰 기록을 별도로 작성하지 않고 사진이나 활동 결과물, 발달 체크리스트 등을 활용하여 영유아 발달평가를 실시해도 되나요?

A 관찰기록이 아닌 놀이 사진, 메모, 발달 체크리스트 등도 평가 자료로 사용할 수 있지만, 이러한 자료가 영유아의 경험이나 특성을 파악하는 데 적합한지 점검해야 합니다.

Q 퇴소한 원아의 영유아 평가 기록도 확인하나요?

A 현장평가일 이전에 퇴소한 영유아의 평가 기록은 확인하지 않습니다.

Q 영유아 평가 기록은 표준보육과정의 영역별로 작성해야 하나요?

A 교사는 영유아의 놀이와 활동에서 고유한 특성이나 변화를 발견하고, 이를 바탕으로 영유아의 배움과 성장을 돕기 위해 평가를 실시해야 합니다. 연 2회 이상 관찰 기록과 놀이 결과물을 바탕으로 영유아의 특성과 변화를 평가해야 하며, 놀이를 통해 여러 영역이 통합적으로 경험된다는 점을 이해해야 합니다. 표준보육과정에 따라 통합적으로 기술하는 것이 바람직하며, 영역별 내용이 나타나는지 여부만을 체크해서는 안 됩니다.

Q 입소한 지 6개월 미만의 영유아의 경우, 영유아 평가 기록 평정 대상인가요?

A 영유아 평가 기록은 현장평가 기준 1년 이내의 기록을 확인하며, 입소 후 6개월 이상 경과한 영유아를 대상으로 평가합니다. 입소 6개월 미만인 영유아는 평가 대상에서 제외됩니다. 입소 후 6개월이 경과한 경우 연 1회, 12개월이 경과한 경우 연 2회 평가 기록을 확인합니다.

Q 입소한 지 6개월 이상이나, 1년 미만의 영유아의 경우, 영유아 평가 기록이 2회 있어야 하나요?

A 입소 후 1년 미만인 경우 연 1회 평가 기록을 확인합니다.

Q 생활기록부에 작성된 영유아 발달 평가 기록도 영유아 평가 기록으로 인정되나요?

A 관찰 기록과 놀이 결과물을 누적하여 종합적으로 평가하며, 평가 기록은 별도의 문서(2024 보육사업안내 부록 p.368 「서식Ⅱ-10-영유아 관찰 · 평가 및 개별면담 기록」 참고)나 생활기록부에 포함하여 작성할 수 있습니다. 이때 3~6개월간의 관찰을 통해 종합적인 평가가 이루어져야 합니다.

Q 영유아 평가 기록의 검토 기간을 설명해 주세요.

A 교사는 영유아의 놀이와 활동에서 고유한 특성과 변화를 발견하고, 이를 바탕으로 연 2회 이상 평가해야 합니다. 평가 자료는 관찰 기록과 놀이 결과물 등을 누적하여 사용합니다. 영유아 평가 기록은 현장 평가 기준으로 1년 이내의 자료를 확인하며, 평가 당일 기준으로 어린이집에 입소한 지 6개월 이상 된 원아를 대상으로 합니다. 예를 들어, 2024년 10월의 현장 평가를 위해 2023년 10월 1일부터 2024년 10월 평가 전일까지의 기록을 확인합니다.

Q 영유아 평가 작성 시 발달평가 체크리스트를 사용해도 되나요?

A 체크리스트를 활용할 수 있지만, 이 경우 평가 결과와 관찰 기록을 종합하여 영유아의 발달특성과 변화를 파악한 후 총평을 작성해야 합니다.

부록_관찰일지 작성법

관찰일지 왜 작성할까요?

관찰일지란 영유아의 발달과 행동을 기록하는 중요한 도구입니다.
영유아의 놀이나 활동, 일상생활, 실내외 공간, 견학이나 행사, 또래 간 상호작용 등 일과 속에서 아이가 나타내는 반응이나 행동을 관찰하여 기록합니다. 이 기록은 영유아의 발달과 성장을 이해하는 중요한 단서가 됩니다.

관찰일지 어떻게 작성해야 할까요?

관찰일지는 영유아의 발달을 이해하고 지원하는 데 중요한 역할을 하므로 객관적인 기록이 이루어져야 합니다.
첫째, 관찰은 보육 일과 속에서 영유아의 다양한 반응과 행동을 객관적으로 기록하여야 합니다.
둘째, 주의 깊게 영유아의 행동, 감정, 상호작용 등을 관찰하여 구체적이고 명확하게 서술합니다.
셋째, 관찰 후에는 표준보육과정에 기준하여 평가가 필요하며, 아이의 발달 수준과 필요에 대한 이해를 바탕으로 발달평가가 진행되어야 합니다.

관찰일지 작성 핵심!

- 영유아의 놀이 및 일상생활을 관찰하며 반응과 행동을 기록함
- 영유아 관찰은 월 1회 이상 주기적으로 이루어지도록 함
- 관찰은 특정 활동이나 한 영역에 치우치지 않도록 함
- 놀이와 일생생활이 골고루 기록되어 있도록 함

관찰일지 예시_1

영아 관찰일지_1세

담 임	원 장
김○○	

<table>
<tr><th>원아명</th><td>이 하 온</td><th>성 별</th><td>남아</td><th>생년월일</th><td colspan="2">20xx.09.21.</td></tr>
<tr><th>구 분</th><th colspan="6">관 찰 내 용</th></tr>
<tr><td rowspan="2">3월</td><th>관찰 날짜</th><th>3월 5일</th><th>시간</th><td colspan="2">☐ 놀이</td><td>☐ 일상</td></tr>
<tr><td colspan="6">산책 준비 시간 “하온이 신발 어디 있어요?”라는 교사의 질문에 손가락으로 자신의 신발을 가리킨다. 의자에 앉아 있는 하온이에게 교사가 신발을 신겨 주자 일어나서 현관문을 손으로 밀어 스스로 열고자 한다. 그러다가 창 너머로 비행기가 지나가자 왼손 검지 손가락을 펴고 왼팔을 길게 뻗어 창문을 가리키며 “에~ 앵~”이라고 말한다.</td></tr>
<tr><td rowspan="2">4월</td><th>관찰 날짜</th><th>4월 10일</th><th>시간</th><td colspan="2">☐ 놀이</td><td>☐ 일상</td></tr>
<tr><td colspan="6">여러 가지 모양 블록을 쌓다가 하온이가 교사를 바라본다. “뭐 만든 거야?”라고 물어보자 하온이는 “빠방이”라고 말한다. 그러더니 모양 블록을 종이블록 위에 올려놓고 “삐뽀, 삐뽀”라고 혼잣말을 한다. 시언이가 하온이 옆으로 와서 아무 말 없이 블록을 가지고 가자 “내 거, 내 거~”라고 이야기하며 시언이의 옷을 잡아당기며 눈물을 보인다. 교사가 속상한 마음에 대해 공감해 주며 안아 주자 금세 안정을 되찾고 놀이에 집중한다.</td></tr>
<tr><td rowspan="2">5월</td><th>관찰 날짜</th><th>5월 10일</th><th>시간</th><td colspan="2">☐ 놀이</td><td>☐ 일상</td></tr>
<tr><td colspan="6">교사가 손목 딸랑이를 손목에 차고 ‘반짝반짝’ 동요를 부르자, 하온이가 다가와 손목 딸랑이를 손으로 가리킨다. 교사가 손목에 착용할 수 있도록 도와주자, 하온이는 교사를 바라보며 동요 리듬에 맞춰 신체를 움직이고 노래를 흥얼거린다. 이때 민준이가 하온이 옆에서 제자리 뛰기를 시작하자, 하온이도 함께 제자리 뛰기를 하며 큰 소리로 웃는다. 하온이는 주변 친구들이 함께 노래를 부르는 것을 보고 신나서 더 큰 소리로 따라 부른다. 동요가 끝나자 하온이는 “또, 또!”라고 요청하며 다시 시작하길 기대한다.</td></tr>
<tr><td rowspan="2">6월</td><th>관찰 날짜</th><th>6월 20일</th><th>시간</th><td colspan="2">☐ 놀이</td><td>☐ 일상</td></tr>
<tr><td colspan="6">점심시간에 하온이가 표고버섯을 안 먹겠다고 숟가락을 던지며 울기 시작한다. 교사가 “먹기 싫구나! 안 먹어도 돼”라고 말하자 하온이는 서서히 진정한다. 이후 친구가 표고버섯을 먹는 모습을 보며 교사가 칭찬을 하자, 하온이도 표고버섯을 먹겠다고 말한다. 하온이는 “나도 먹어 볼래”라고 말하며 호기심을 보인다. 교사가 아주 작게 입자를 잘라 주며 격려하자, 하온이는 표고버섯을 먹기 시작한다. 하온이는 조심스럽게 한 입 먹고는 “맛있어!”라고 밝은 표정을 지으며 이야기한다.</td></tr>
</table>

관찰일지 예시_2

영아 관찰일지_2세

담 임	원 장
김○○	

원아명	박 하 솜	성 별	여아	생년월일	20xx.09.21.
구 분	관 찰 내 용				
3월	관찰 날짜	3월 25일	시간	□ 놀이 □ 일상	
	하솜이가 병원놀이 영역에서 주사기를 가져와 교사에게 주사를 맞고 싶다고 말한다. 교사가 어떤 주사냐고 묻자, 하솜이는 "감기가 걸렸어요. 열이 많이 나서 빨리 주사를 맞아야 친구들과 놀 수 있어요"라고 대답한다. 교사가 "꾸욱~, 주사를 잘 참는구나. 잘했어"라고 칭찬하자, 하솜이는 "안 아파요. 나는 원래 주사 잘 맞아요"라고 자신 있게 말한다. 이후 하솜이는 친구들에게 병원놀이를 하자고 제안하며, 놀이를 이어 가는 모습이 보인다. 하온이는 주사 놀이를 하면서 친구들에게 "여기 아픈 사람 들어오세요!"라고 외치며 놀이에 몰입하는 모습이 관찰되었다.				
4월	관찰 날짜	4월 7일	시간	□ 놀이 □ 일상	
	친구들과 함께 손 씻는 시간에 세면대에 가서 비누를 짜고 "얘들아, 비누로 거품 내자!"라고 말하며 친구들에게 손을 흔든다. 친구가 비누 거품을 만들자, "우와, 거품이 정말 많아!"라고 놀라며 함께 손을 씻기 시작한다. 두 친구가 서로의 손을 닦아 주며 "깨끗해! 이제 다 씻었어!"라고 이야기하며 웃으며 "우리 손이 반짝반짝해!"라고 말한다.				
5월	관찰 날짜	5월 24일	시간	□ 놀이 □ 일상	
	산책 중 꽃을 발견하고 "와, 얘들아, 꽃이 정말 예뻐!"라고 소리친다. 꽃에 가까이 가서 손가락으로 꽃잎을 만지며 "향기도 나!"라고 말하며 즐거워한다. 그러다가 개미를 발견하고 개미를 유심히 관찰한다. 친구에게 "개미가 뭐 하고 있어?"라고 궁금해하며 눈을 크게 뜨고 지켜본다. 개미들이 줄을 지어 이동하는 모습을 지켜보다가 "개미가 친구랑 같이 여행 가고 있어!"라고 말하며 신기해한다.				
6월	관찰 날짜	6월 13일	시간	놀이 일상	
	그림책 『수박』의 그림을 가리키며 "이거 내가 좋아하는 수박이야!"라고 소리친다. 친구들도 함께 그림을 보며 "수박 맛있겠다!"라며 상호작용을 한다. 하솜이는 수박이 있는 페이지를 넘기며 "여기서 수박이 점점 커지고 있어!"라고 말한다. 그리고 손으로 수박을 가르는 흉내를 내며 "수박을 잘라서 먹자!"라고 말하였다. 수박 모형을 가져와 친구들에게 보여 주며 "수박 맛있어!"라고 말한 후 놀이를 계속하였다.				

관찰일지 예시_3

영아 관찰일지_4세

담 임	원 장
김○○	

원아명	윤 지 니	성 별	여아	생년월일	20xx.09.21.
구 분	관 찰 내 용				
3월	관찰 날짜	3월 28일	시간	□ 놀이 □ 일상	
	지니가 미술놀이 영역에서 친구들과 함께 그림을 그리고 있다. 지니는 “나는 하늘을 그릴 거야!”라고 말하며 그리기 시작하고, “구름도 그려야지!”라고 혼잣말을 한다. 그러다가 흰색 크레파스로 구름을 그리며 “구름이 솜사탕 같아!”라고 친구에게 말하며 웃는 모습이 보인다. 지니는 자신의 그림을 친구에게 자랑하며 “이것 봐! 내가 그린 하늘이 정말 예쁘지?”라고 말하고, 친구가 “별로 안 예뻐”라고 대답하자 지니는 속상해서 소리 내어 울기 시작했다. 주변의 친구들이 지니를 걱정하며 “괜찮아, 지니야! 나는 너의 그림이 정말 예뻐!”라고 위로해 준다. 지니는 친구들의 위로에 점점 진정되는 모습이 보였다.				
4월	관찰 날짜	4월 16일	시간	□ 놀이 □ 일상	
	등원하여 교실에 들어서자마자 가방을 자신의 사물함에 정리하기 시작한다. 가방에서 그림책을 꺼내며 “이거 내가 집에서 가져온 괴물 책이야!”라고 친구들에게 외친다. 그리고 도시락통을 꺼내 지정된 장소에 놓고 다시 괴물 그림책을 들고 친구들에게 같이 보자고 제안하였다.				
5월	관찰 날짜	5월 28일	시간	□ 놀이 □ 일상	
	가족 프로젝트 놀이활동에 지니는 친구들에게 가족에 대한 그림을 그리자고 제안하였고, 가족 구성원을 그리기 시작한다. 지니는 부모님과 동생의 모습을 그리며, 색연필과 사인펜을 사용해 가족의 특징을 세심하게 표현하였다. 그림을 그리는 동안 지니는 친구들에게 자신의 가족에 대한 이야기를 들려 주었다. 아빠는 보드게임으로 재미있게 놀아주시고, 엄마는 음식을 아주 잘한다고 하며, 동생은 자주 울어서 귀가 시끄럽다고 표현하였다. 지니는 그림이 완성되자 사물함 위에 전시하며 자랑스러운 표정을 짓는다.				
6월	관찰 날짜	6월 18일	시간	□ 놀이 □ 일상	
	모래놀이터에서 삽을 들고 “여기서 성을 만들 거야!”라고 말하며 열심히 모래를 퍼 낸다. 친구들과 함께 모래를 쌓아 성을 만들고 난 후, 다양한 모양틀을 사용해 모래 조각을 만들고, “우리 이걸로 너구리 굴을 만들어 보자!”라고 말한다. 모래가 어떻게 해야 잘 뭉쳐지는지 물을 사용해 농도를 조절하여 유심히 관찰하는 모습이 보인다.				

키즈노트 전자문서+ 관찰기록 작성 및 활용 가이드

활용 Tip

키즈노트에서 작성한 알림장을 연동하여 편리하게 관찰일지를 전자문서로 작성할 수 있습니다.

전자문서+ PC 버전

전자문서+ 모바일 버전

키즈노트 전자문서+ 관찰기록 작성 예시 1

키즈노트 어린이집

담당	원장
이교사	최원장

관찰기록

하온 / 부엉이반 / 1세

기록일	2025. 3. 17.	기록자	이교사
구분	일상생활		
관찰내용	점심시간이 되자 하온이는 숟가락을 들고 식사를 시작한다. 밥과 반찬을 먹던 중, 표고버섯을 발견하자 손을 멈추고 한참 바라본다. 곧 숟가락을 내려놓고 고개를 흔든다. 교사가 "먹기 싫구나? 먹지 않아도 괜찮아"라고 말하자, 하온이는 눈물을 글썽이다가 점차 진정한다. 이때 옆에 앉은 친구가 표고버섯을 먹는 모습을 바라보며 관심을 보인다. 교사가 친구에게 "와, 표고버섯을 먹었구나! 잘 먹네"라고 말하자, 하온이는 친구의 반응을 살피며 "나도 먹어 볼래"라고 말한다. 교사는 하온이에게 작은 크기로 잘라 준 표고버섯을 건네며 "조금씩 먹어 봐도 좋아"라고 격려한다. 하온이는 조심스럽게 표고버섯을 한 입 먹고 씹어 본다. 몇 번 씹은 후, 눈을 크게 뜨며 "맛있어!"라고 말하며 환하게 미소 짓는다. 이후 남은 표고버섯을 교사를 바라보며 다시 한 입씩 먹기 시작한다.		
해석 및 평가	[신체운동·건강, 의사소통, 사회관계] 자신이 원하지 않는 음식을 표현하며 감정을 조절하는 모습을 보였다. 처음에는 표고버섯을 거부했지만, 친구의 행동을 관찰하며 식사 태도에 변화를 보였다. 이는 또래를 통한 사회적 학습과 모방 행동이 이루어지고 있음을 시사한다. 또한 새로운 식재료를 경험하는 과정이 관찰되었다. 교사의 격려와 긍정적인 분위기 속에서 하온이는 스스로 시도하고 맛을 경험하며 식습관을 확장했다. 앞으로도 다양한 식재료를 친숙하게 접할 수 있도록 식사 시간을 긍정적인 경험으로 만들어 나가는 것이 중요하다.		

기록일	2025. 4. 18.	기록자	이교사
관찰내용	교사가 손목 딸랑이를 착용한 채로 '반짝반짝' 동요를 부르자, 하온이가 교사에게 다가와 손목 딸랑이를 가리킨다. 교사가 하온이의 손목에 딸랑이를 착용하도록 도와주자, 하온이는 교사를 바라보며 동요 리듬에 맞춰 몸을 앞뒤로 움직인다. 입을 오물거리며 짧은 음절로 노래를 흥얼거린다. 이때 민준이가 하온이 옆에서 제자리 뛰기를 시작하자, 하온이도 민준이를 바라보며 같은 동작을 따라 한다. 두 손을 들어 올린 채 몸을 위아래로 움직이며 함께 제자리 뛰기를 하다가, 민준이와 눈이 마주치자 크게 웃는다. 하온이는 주변 친구들이 동요를 따라 부르는 것을 보며 더욱 신이 난 듯, 더 큰 소리로 노래를 흉내 낸다. 동요가 끝나자 손목 딸랑이를 흔들며 "또, 또!"라고 말하며 교사를 바라본다. 교사가 "다시 할까?"라고 묻자 하온이는 고개를 끄덕이며 기다린다.		
해석 및 평가	[신체운동·건강, 의사소통, 사회관계, 예술경험] 동요 가사를 흉내 내며 자신의 의사를 표현하고, "또, 또!"라고 말하며 반복적인 놀이에 대한 기대감을 드러냈다. 이는 언어적 표현력이 확장되고 있으며, 반복을 통한 언어 습득 과정이 활발하게 이루어지고 있음을 보여 준다. 또한 동요의 리듬에 맞춰 신체를 자연스럽게 움직이며 대근육 조절 능력을 발달시키고 있다. 친구의 동작을 관찰하고 따라 하는 모습을 보이며 또래와 함께하는 놀이를 경험하고 있음을 확인할 수 있다. 앞으로도 다양한 음악 활동을 통해 언어 표현을 확장하고, 친구와의 상호작용을 자연스럽게 경험할 수 있도록 지원할 필요가 있다.		

기록일	2025. 5. 20.	기록자	이교사
구분	놀이		
관찰내용	하온이는 여러 가지 모양 블록을 차례로 쌓아 올리며 놀이에 집중하고 있다. 블록을 몇 개 더 쌓은 후, 교사를 바라보며 손을 멈춘다. 교사가 "뭐 만든 거야?"라고 묻자, 하온이는 쌓아 둔 블록을 가리키며 "빠방이"라고 말한다. 그러더니 종이 블록 위에 모양 블록을 올려놓고 "삐뽀, 삐뽀"라고 소리를 내며 손으로 블록을 움직인다. 잠시 후 시언이가 하온이 옆으로 다가와 아무 말 없이 블록 하나를 집어 간다. 하온이는 시언이를 바라보더니 "내 거, 내 거~"라고 말하며 손을 뻗어 시언이의 옷을 잡아당긴다. 하온이는 입을 삐죽이며 눈물을 보인다. 교사가 다가가 "하온이가 만든 빠방이가 갖고 싶었나 봐. 속상했구나."라고 말하며 하온이를 안아 주자, 하온이는 교사의 품에 잠시 기대 있다가 금세 진정된다. 이후 교사가 "우리 다른 블록도 찾아볼까?"라고 제안하자, 하온이는 고개를 끄덕이며 다시 블록을 쌓기 시작한다.		
해석 및 평가	[의사소통, 사회관계] 자신의 놀이 내용을 언어로 표현하며, 블록을 '빠방이'라고 말하고 구체적인 소리를 내며 놀이를 확장하는 모습을 보였다. 이는 상징적 놀이와 함께 언어 발달 과정에서 단어를 의미에 맞게 사용하는 과정으로 볼 수 있다. 또한, 또래와 놀이 공간을 공유하는 과정에서 자신의 물건을 지키려는 행동을 보였으며, 놀이 중 갈등을 경험하고 교사의 도움을 통해 감정을 조절하는 모습을 보였다. 앞으로 놀이 속에서 순서를 기다리는 경험을 쌓고, 친구와의 상호 작용을 통해 감정을 조절할 수 있도록 도와주는 것이 필요하다.		

기록일	2025. 6. 17.	기록자	이교사
구분	일상생활		
관찰내용	교사가 "하온이 신발 어디 있어요?"라고 묻자, 하온이는 주위를 둘러본 후 손가락으로 자신의 신발을 가리킨다. 교사가 신발을 신겨 주려 다가가자, 하온이는 의자에 앉아 한쪽 발을 앞으로 내밀며 기다린다. 교사가 신발을 신겨 주자 하온이는 의자에서 일어나 현관 쪽으로 걸어간다. 현관문 앞에 도착한 하온이는 두 손을 사용해 문을 밀어 보려 한다. 교사가 "문을 열고 싶어요?"라고 묻자, 하온이는 고개를 끄덕인다. 이때 창 너머로 비행기가 지나가자 하온이는 갑자기 손을 멈추고 왼손 검지를 펴서 창문을 가리킨다. 팔을 길게 뻗으며 "에~ 앵~" 하고 소리를 낸다. 교사가 "비행기가 지나가고 있어요?"라고 묻자, 하온이는 계속 손가락으로 비행기를 따라가며 같은 소리를 반복한다. 잠시 비행기를 바라보던 하온이는 다시 문을 향해 다가가 손을 뻗어 문을 밀어 보려고 한다. 교사가 "도와줄까?"라고 묻자, 하온이는 교사를 바라보며 손을 문에 올려둔 채 기다린다. 교사가 문을 살짝 열어 주자 스스로 문을 조금 더 밀며 바깥으로 한 걸음 내디딘다.		
해석 및 평가	[신체운동·건강, 의사소통, 자연탐구] 교사의 질문을 이해하고, 손짓을 통해 자신의 신발 위치를 표현하며, 말과 행동으로 관심 있는 대상을 나타내는 모습을 보였다. 또한, 창문 너머의 비행기를 발견한 후 소리를 내며 손짓하는 행동은 주변 환경을 인식하고, 자신의 방식으로 이를 표현하는 과정으로 볼 수 있다. 또한, 신발을 신기 위해 발을 내밀거나, 문을 직접 밀어 보며 조작하는 시도를 한 점이 관찰되었다. 앞으로도 일상적인 상황에서 질문을 통해 자신의 의사를 표현할 기회를 늘리고, 스스로 할 수 있는 활동을 격려하며 자율적인 신체 활동을 확장할 수 있도록 도와주는 것이 필요하다.		

키즈노트 전자문서+ 관찰기록 작성 예시 2

키즈노트 어린이집

관찰기록

지수 / 토끼반 / 2세

담당	원장
김교사	최원장

기록일	2025. 3. 24.	기록자	김교사
관찰내용	지수가 병원놀이 영역에서 주사기를 손에 들고 교사에게 다가온다. "선생님, 주사 맞고 싶어요!"라고 말하며 주사기를 교사를 향해 내민다. 교사가 "어떤 주사니?"라고 묻자, 지수는 "감기 걸렸어요. 열이 많이 나서 빨리 주사를 맞아야 친구들이랑 놀 수 있어요."라고 말한다. 교사가 "그럼 선생님이 주사를 놓아줄게. 꾸욱~" 하고 주사를 놓는 시늉을 하자, 지수는 "안 아파요. 나는 원래 주사 잘 맞아요."라고 말하며 고개를 끄덕인다. 이후 지수는 주변을 둘러보며 "친구들도 주사 맞아야 해요!"라고 말한 뒤, 병원놀이 영역에 있는 청진기와 약병을 챙긴다. 곧이어 하람이가 병원놀이에 참여하자, 지수는 "여기 아픈 사람 들어오세요! 주사 맞으면 나아요."라고 말하며 놀이에 몰입한다. 친구들에게 직접 다가가 주사를 놓는 시늉을 하며 "꾸욱~, 다 나았어요!"라고 말하는 모습이 보인다.		
해석 및 평가	[의사소통, 사회관계] 역할놀이를 통해 자신의 경험을 언어로 표현하며 상상 놀이 상황을 만들어 가고 있다. 또한, 친구들과의 상호작용을 주도적으로 이끌며 또래놀이를 확장하는 모습을 보였다. 병원놀이를 통해 상상력을 발휘하며 또래와 자연스럽게 역할을 나누고 협력하는 경험을 하고 있다. 앞으로도 다양한 역할놀이를 통해 언어적 표현과 사회적 관계 형성을 지원하고, 보다 풍부한 상호작용이 이루어질 수 있도록 다양한 놀이자료를 제공하는 것이 필요하다.		

기록일	2025. 4. 16.	기록자	김교사
관찰내용	지수가 손 씻는 시간에 세면대로 가서 비누를 짠다. "얘들아, 비누로 거품 내자!"라고 말하며 주변 친구들에게 손을 흔든다. 친구들이 세면대로 다가오자, 지수는 손바닥을 문지르며 풍성한 거품을 만든다. 친구가 거품을 크게 만들자, 지수는 "우와, 거품이 정말 많아!"라고 말하며 손을 맞대어 함께 거품을 문지른다. 곧이어 친구와 서로의 손을 닦아 주며 "깨끗해! 이제 다 씻었어!"라고 말한 후, 흐르는 물에 손을 헹군다. 손을 닦고 난 후, 지수는 "우리 손이 반짝반짝해!"라고 말하며 손을 펼쳐 친구들에게 보여준다. 친구들과 함께 손을 내밀고 비교하며 보다가, 손을 털며 교사를 바라본다.		
해석 및 평가	[신체운동·건강, 의사소통, 사회관계] 손 씻기를 통해 기본적인 위생습관을 익히고 있으며, 친구들과 함께 손 씻기 활동을 하며 상호작용을 시도하는 모습을 보였다. 또한, 친구와의 대화를 통해 자연스럽게 의사소통 능력을 확장해 나가고 있다. 손 씻기와 같은 일상 활동 속에서 지수는 친구들과 협력하며 놀이처럼 즐기는 모습을 보였다. 앞으로도 놀이를 활용한 위생교육을 통해 손 씻기와 같은 생활습관을 긍정적인 경험으로 인식할 수 있도록 지원하는 것이 필요하다.		

기록일	2025. 5. 20.	기록자	김교사
구분	놀이		
관찰내용	지수가 산책을 하던 중 꽃을 발견하고 "와, 얘들아, 꽃이 정말 예뻐!"라고 말하며 친구들을 바라본다. 꽃에 가까이 다가가 손가락으로 꽃잎을 만지며 "향기도 나!"라고 말한 후, 코를 가져다 대고 깊게 들이마신다. 주변을 둘러보던 지수는 바닥에서 움직이는 개미를 발견하고 몸을 숙여 개미를 유심히 관찰한다. 곧 친구에게 "개미가 뭐 하고 있어?"라고 묻더니 개미들이 줄을 맞춰 이동하는 모습을 보며 눈을 크게 뜨고 따라간다. 한동안 개미의 움직임을 관찰하던 지수는 "개미가 친구랑 같이 여행 가고 있어!"라고 말하며 친구들에게 개미를 가리킨다. 지수는 개미의 이동 경로를 손가락으로 따라가며 가만히 지켜본 후, 친구와 함께 개미를 향해 몸을 기울이며 관심을 보인다.		
해석 및 평가	[의사소통, 사회관계, 자연탐구] 주변 환경에 관심을 가지고 꽃과 개미를 직접 관찰하며 탐색하는 태도를 보였다. 또한, 자신의 생각을 적극적으로 표현하고 친구와 대화를 나누며 자연 속에서 상상력을 확장하는 모습을 보였다. 산책 활동을 통해 자연을 탐색하고 관찰하는 기회를 지속적으로 제공하면, 영아의 관찰력과 표현력이 더욱 풍부해질 것으로 보인다. 앞으로도 자연물과 생명체를 직접 경험하며 탐구할 수 있는 환경을 마련하고, 영아의 관심을 확장할 수 있도록 다양한 질문과 상호작용을 유도하는 것이 필요하다.		

기록일	2025. 6. 17.	기록자	김교사
구분	놀이		
관찰내용	지수가 그림책 『수박』을 펼쳐 그림 속 수박을 가리키며 "이거 내가 좋아하는 수박이야!"라고 말한다. 옆에 있던 친구들도 그림을 함께 바라보며 "수박 맛있겠다!"라고 말하며 반응한다. 지수는 수박이 나오는 페이지를 넘기며 그림 속 수박이 점점 커지는 모습을 가리키며 "여기서 수박이 점점 커지고 있어!"라고 말한다. 그림을 유심히 살펴보던 지수는 손으로 수박을 자르는 듯한 동작을 하며 "수박을 잘라서 먹자!"라고 말한다. 이후 교실에 있는 수박 모형을 가져와 친구들에게 보여 주며 "수박 맛있어!"라고 말한 후, 수박 모형을 자르는 시늉을 하며 놀이를 이어간다. 친구들도 함께 모여 수박 모형을 나누는 동작을 하며 수박을 먹는 모습을 흉내 내며 놀이에 참여한다.		
해석 및 평가	[의사소통, 사회관계] 그림책을 활용하여 자신의 경험과 연결하여 표현하고, 친구들과 적극적으로 상호작용하는 모습을 보였다. 또한 친구들과 함께 놀이를 확장해 가며 상호작용을 지속하는 모습을 보였다. 그림책을 매개로 한 놀이가 영아의 상상력과 언어 표현력을 자연스럽게 확장하는 데 영향을 주는 것으로 보인다. 앞으로도 그림책과 연계된 역할 놀이와 다양한 자료를 제공하여 영아가 더욱 풍부한 표현을 경험할 수 있도록 지원하는 것이 필요하다.		

키즈노트 전자문서+ 관찰기록 작성 예시 3

키즈노트 어린이집

담당	원장
김교사	최원장

관찰기록

수지/ 여우반 /3세

기록일	2025. 3. 28.	기록자	김교사
구분	놀이		
관찰내용	수지가 모래놀이터에서 삽을 들고 모래를 퍼내며 "여기서 성을 만들 거야!"라고 말한다. 친구들이 다가오자 "같이 만들자!"라고 제안하며 역할을 나눈다. 한 친구는 모래를 퍼고, 다른 친구는 물을 떠오며 협력하는 모습이 보인다. 모래성을 만들고 나서 수지는 다양한 모양틀을 이용해 모래 조각을 만든다. 동그라미 틀을 이용해 작은 모래덩이를 만들며 "우리 이걸로 너구리 굴을 만들어 보자!"라고 말한다. 수지는 모래를 손으로 조물조물 만지며 "물이 조금 있어야 잘 뭉쳐져!"라고 이야기하며 친구들과 함께 물을 추가해 보며 변화를 관찰한다. 이후 모래가 단단하게 뭉쳐지는 것을 보며 "이제 굴을 만들 수 있어!"라고 말하며 친구들과 함께 놀이를 이어 간다.		
해석 및 평가	[의사소통, 사회관계, 자연탐구] 물과 모래의 성질을 탐색하며 변화를 관찰하고 문제를 해결하는 태도를 보였다. 또한 친구들과 역할을 나누어 협력하며 놀이를 진행하는 모습을 보였으며, 자신의 의견을 말로 표현하며 또래와 소통하는 능력을 길러 나갔다. 앞으로도 자연물 탐색과 창의적인 놀이를 유도할 수 있도록 다양한 모래 놀이 도구를 제공하고, 친구들과 협력할 수 있는 놀이 환경을 조성하여 또래 간 상호작용을 더욱 촉진할 필요가 있다.		

기록일	2025. 4. 16.	기록자	김교사
구분	놀이		
관찰내용	수지가 미술 영역에서 색연필과 사인펜을 꺼내어 그림을 그린다. "우리 가족을 그려야지!"라고 말하며 종이에 가족 구성원을 하나씩 그려 나간다. 먼저 아빠를 그리면서 "아빠는 보드게임을 잘해!"라고 말하고, 엄마를 그리며 "엄마는 요리를 정말 잘해!"라고 친구들에게 이야기한다. 동생을 그릴 차례가 되자 "내 동생은 자주 울어. 그래서 귀가 시끄러워!"라고 말하며 작은 동그라미를 그린 후, 동생의 입 부분에 선을 여러 개 그린다. 그림이 완성되자 "완성했어!"라고 말하며 주변 친구들에게 그림을 보여 준다. 친구들이 그림을 구경하며 "수지야, 너희 가족 진짜 멋지다!"라고 말하자, 수지는 고개를 끄덕이며 미소 짓는다. 이후 사물함 위에 그림을 올려놓고 "이건 우리 가족 그림이야!"라고 말하며 자랑스럽게 바라본다.		
해석 및 평가	[의사소통, 사회관계, 예술경험] 가족의 특징을 그림으로 표현하며 창의적인 사고를 발휘하는 모습을 보였다. 색연필과 사인펜을 적절히 활용하여 가족 구성원의 특징을 세밀하게 묘사하며, 친구들에게 가족에 대한 이야기를 들려주며 상호작용하는 모습을 보였다. 또한, 가족에 대한 경험과 감정을 자연스럽게 말로 표현하며 또래와 경험을 공유하고 공감대를 형성하는 모습을 보였다. 앞으로도 유아가 자신의 감정을 다양한 방법으로 표현할 수 있도록 이야기 나누기, 그림 그리기, 역할 놀이 등의 활동을 제공하여 자기 표현력과 사회적 상호작용을 촉진할 필요가 있다.		

기록일	2025. 5. 20.	기록자	김교사
구분	일상생활		
관찰내용	수지가 등원하여 교실 문을 열고 들어온다. 가방을 벗어 사물함에 넣고 가방 안을 살펴보며 그림책을 꺼낸다. "이거 내가 집에서 가져온 괴물 책이야!"라고 큰 소리로 말하며 주변 친구들의 시선을 끈다. 몇몇 친구들이 수지에게 다가오자 수지는 그림책을 펼치며 "같이 보자!"라고 제안한다. 도시락통을 꺼내어 정해진 장소에 놓고 나서 다시 그림책을 들고 친구들 사이로 돌아와 자리를 잡는다. 책을 펼친 후 "이 괴물은 엄청 커!"라고 말하며 책 속 그림을 가리킨다. 친구들도 그림을 바라보며 수지에게 "이거 무서운 괴물이야?"라고 묻자, 수지는 "아니야! 착한 괴물이야!"라고 답한다. 친구들과 그림책을 한 장씩 넘기며 서로 이야기를 나누고 책의 내용을 따라 손짓으로 괴물 흉내를 내기도 한다.		
해석 및 평가	[의사소통, 사회관계] 자신의 경험을 또래에게 적극적으로 이야기하며 그림책을 매개로 상호작용을 시도하는 모습을 보였다. 친구들에게 함께 보자고 제안하며 또래와 협력하여 활동을 이어 가는 모습을 보였다. 또래와 함께 책을 보며 자신의 의견을 표현하고 상대의 반응에 적절히 대답하는 등 자연스러운 언어적 상호작용이 이루어졌다. 앞으로도 또래 간 상호작용을 촉진할 수 있는 다양한 활동을 제공하여 유아가 자발적으로 참여하고 협력할 기회를 확대하는 것이 중요하다.		

기록일	2025. 6. 19.	기록자	김교사
구분	놀이		
관찰내용	수지가 미술놀이 영역에서 크레파스를 들고 그림을 그리고 있다. "나는 하늘을 그릴 거야!"라고 말하며 파란색 크레파스로 하늘을 색칠한 후, "구름도 그려야지!"라고 혼잣말을 하며 흰색 크레파스로 구름을 그린다. 구름을 그리던 수지는 친구를 바라보며 "구름이 솜사탕 같아!"라고 말하며 웃는다. 그림을 완성한 수지는 옆에 있던 친구에게 자신의 그림을 보여 주며 "이것 봐! 내가 그린 하늘이 정말 예쁘지?"라고 말한다. 친구가 그림을 보며 "별로 안 예뻐"라고 대답하자, 수지는 순간 멈칫하더니 입을 삐죽이며 소리 내어 울기 시작한다. 이를 본 다른 친구들이 수지 곁으로 다가와 "괜찮아, 수지야! 나는 네 그림이 정말 예뻐!"라고 말하며 위로한다. 친구들의 말을 들은 수지는 점차 울음을 그치고 눈물을 닦으며 그림을 다시 바라본다.		
해석 및 평가	[의사소통, 사회관계, 예술경험] 자신의 생각을 말로 표현하며, 그림을 통해 창의적으로 자신을 표현하는 모습을 보였다. 또한 친구들과 의견을 나누는 과정에서 감정을 조절하는 경험을 하였다. 자신의 그림을 친구들에게 자랑하며 칭찬받고 싶어 했던 유아는 친구의 부정적인 반응에 속상한 감정을 보였다. 그러나 주변 친구들의 따뜻한 위로를 통해 감정을 점차 조절하고 다시 안정된 모습을 보이는 등 사회적 상호작용을 통해 감정을 조절하는 방법을 배워 가는 과정이 관찰되었다. 앞으로도 다양한 상호작용 경험을 통해 감정을 표현하고 조절할 수 있도록 도와주는 것이 필요하다.		

부록_신입원아 적응일지 작성법

▌신입원아 적응일지, 왜 작성할까요?

신입원아 적응일지는 새로운 환경에 적응하는 영유아의 반응과 행동을 기록하는 중요한 문서입니다. 영유아는 가정에서 어린이집으로 생활 환경이 바뀌면서 다양한 감정과 행동을 나타냅니다. 이에 따라 적응 과정에서 보이는 변화와 특징을 세심하게 관찰하고 기록하여, 영유아가 안정적으로 적응할 수 있도록 지원하는 자료로 활용됩니다.

신입원아 적응일지를 통해 영유아가 새로운 환경에서 보이는 행동 패턴, 감정 변화, 또래 및 교사와의 상호작용 등을 면밀히 살펴볼 수 있으며, 이를 바탕으로 개별적인 적응 지원 방안을 마련할 수 있습니다. 또한 가정과의 원활한 소통을 돕고, 영유아가 보다 편안하게 어린이집 생활에 적응할 수 있도록 협력하는 기초자료로 활용됩니다.

▌신입원아 적응일지, 어떻게 작성해야 할까요?

신입원아 적응일지는 영유아의 새로운 환경에서의 적응 과정을 객관적으로 기록하는 것이 중요합니다. 다음과 같은 원칙을 바탕으로 작성해야 합니다.

- 객관적인 관찰
  - 영유아가 어린이집에서 보이는 행동과 반응을 사실에 기반하여 작성해야 합니다.
  - 교사의 주관적인 해석을 배제하고, 영유아가 실제로 보인 행동과 표현을 기록하는 것이 중요합니다.

- 구체적인 서술
  - 영유아가 어떤 상황에서 어떤 행동을 보였는지 상세히 작성해야 합니다.
  - 예를 들어, '○○이는 교실에 들어서며 한동안 문 앞에 서 있었으나, 교사가 손을 내밀자 천천히 다가와 손을 잡고 교실로 들어옴'과 같이 구체적으로 서술합니다.

- 감정과 반응을 포함한 기록
  - 영유아가 환경 변화에 따른 감정적 반응(예: 불안, 호기심, 즐거움 등)을 어떻게 표현하는지 기록해야 합니다.
  - 예를 들어, '처음에는 울음을 보였으나, 교사가 부드러운 말로 다가가자 눈물을 멈추고 주변을 살펴봄'과 같이 감정과 행동을 함께 기록합니다.

- 점진적인 변화 관찰
  - 적응 과정은 하루이틀 만에 이루어지는 것이 아니라, 개별 영유아에 따라 시간이 다르게 걸릴 수 있습니다.
  - 따라서 단기적인 변화뿐만 아니라, 시간이 지나면서 보이는 점진적인 적응 과정도 함께 기록해야 합니다.

- 가정과의 연계 기록
  - 가정에서의 반응과 어린이집에서의 반응을 비교하여 적응 지원 방안을 마련하는 데 활용할 수 있습니다.
  - 예를 들어, '가정에서는 식사 시간에 스스로 먹기를 시도한다고 하나, 어린이집에서는 아직 교사의 도움을 필요로 함'과 같은 내용을 포함할 수 있습니다.

▌신입원아 적응일지 작성 시 유용한 표현

- 등원 시 교사의 품에 안겨 한동안 낯설어했으나, 시간이 지나면서 점차 주변을 살펴보며 익숙해지는 모습을 보임
- 처음에는 장난감을 만지지 않고 지켜보기만 하다가, 교사가 부드럽게 말을 건네자 조심스럽게 블록을 쌓아 보려 함
- 놀이시간에 또래가 사용하는 장난감에 관심을 보이며 가까이 다가가는 모습을 보였음
- 식사 시간이 되자 처음에는 수저를 사용하지 않으려 했으나, 교사가 함께 사용법을 보여 주자 점차 따라 하려는 시도를 보임
- 낮잠 시간에는 처음에는 이불을 덮는 것을 거부하였으나, 교사의 부드러운 스킨십과 상호작용에 안정을 찾으며 차츰 눕는 모습을 보임

▌신입원아 적응일지 작성 시 피해야 할 표현

- 낯을 많이 가려서 적응이 느림
  → 영유아의 성향을 단정 짓지 않고, 객관적인 행동을 기록해야 함
- 울면서 떼를 씀
  → '떼를 씀'이라는 표현보다는 '울음을 보이며 교사에게 다가옴'과 같이 구체적인 행동을 기록해야 한
- 밥을 잘 안 먹음
  → 단순한 평가가 아니라, '식사 시간 동안 숟가락을 잡으려 하다가 다시 내려놓는 모습을 보였음'과 같이 구체적으로 작성해야 함
- 아직 적응 못한
  → '오늘은 놀이시간에 교사의 손을 잡고 활동에 참여하려는 모습을 보임'과 같이 점진적인 변화를 기록하는 것이 중요함

신입원아 적응일지 작성 핵심!

- 영유아의 적응 과정을 객관적으로 관찰하고 기록함
- 신입원아의 감정과 반응을 구체적으로 서술함
- 적응 과정에서 나타나는 점진적인 변화를 기록함
- 가정과의 연계 내용을 포함하여 지원 방안을 마련함
- 긍정적인 관점에서 영유아의 행동을 서술함

키즈노트 전자문서+ 신입원아 적응일지 작성 가이드

활용 Tip

신입원아의 출석부 작성 시 신입원아 적응일지에도 등하원 시간이 연동되어 편리하게 작성할 수 있습니다.

키즈노트 전자문서+ 신입원아 적응일지 작성

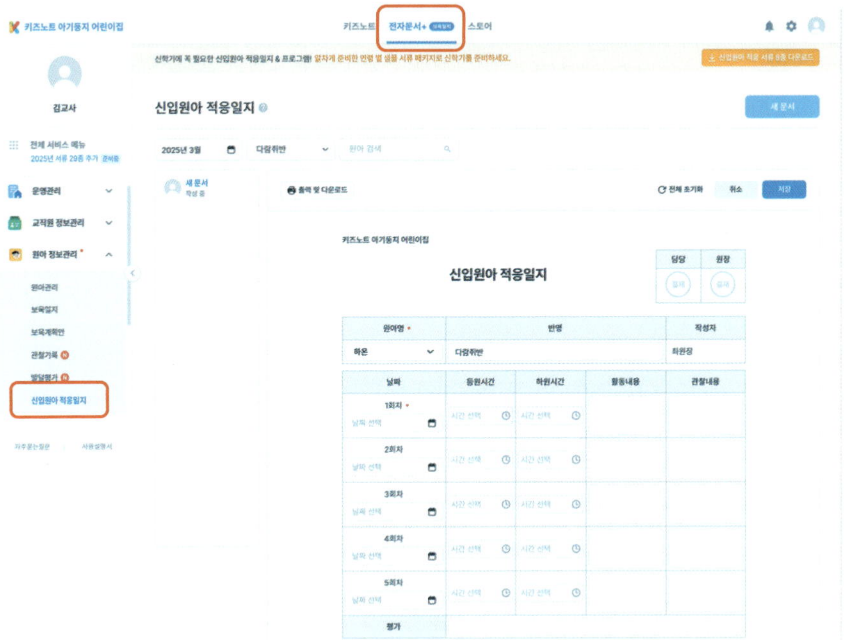

키즈노트 전자문서+ 신입원아 적응 서류 패키지

신입원아 적응 서류 패키지 무료 제공

신입원아 적응 프로그램 준비가 막막하다면?
신입원아 적응일지 작성이 고민이라면?
신입원아 적응 서류 패키지를 활용해보세요!

↓ 신입원아 적응일지 서류 8종 다운로드

아래의 서식을 제공해요.

- 신입원아 적응일지 예시(0세)
- 신입원아 적응일지 예시(1세)
- 신입원아 적응일지 예시(2세)
- 신입원아 적응일지 예시(3~5세)
- 신입원아 적응 프로그램 예시(0세)
- 신입원아 적응 프로그램 예시(1세)
- 신입원아 적응 프로그램 예시(2세)
- 신입원아 적응 프로그램 예시(3~5세)

전자문서+의 '신입원아 적응일지'에서는?

☑ 연령 별 신입원아 적응일지, 신입원아 적응 프로그램 샘플을 무료로 다운받을 수 있어요.

☑ 간편하게 신입원아 적응일지도 작성할 수 있어요.

키즈노트 전자문서+ 신입원아 적응일지 예시 1

키즈노트 어린이집

신입원아 적응일지

담당	원장
김교사	최원장

원아명	반명	작성자
지수	0세반	김교사

날짜	등원 시간	하원 시간	활동 내용	관찰 내용
1회차 2025년 3월 4일 (화)	오전 10:00	오전 10:40	교실 환경 탐색 및 교사와의 상호작용 경험	등원 후 교실을 둘러보며 주변을 탐색함. 낯선 환경에 긴장한 듯 엄마의 품에서 벗어나지 않으려 함. 교사가 부드럽게 말을 걸며 눈을 맞추자 서서히 반응을 보이며 얼굴을 바라봄. 엄마가 보이지 않으면 울음을 보이지만, 교사의 품에 안겨 토닥임을 받으며 진정됨. 낯선 환경에 불안해 하는 모습을 보여 지속적인 정서적 안정 지원이 필요함. 부모와 분리 경험을 점진적으로 늘릴 예정.
2회차 2025년 3월 5일 (수)	오전 10:00	오전 11:00	촉감 놀이 및 음률 놀이	촉감 공을 손에 쥐어 주자 가만히 만지작거리며 탐색함. "지수야, 부드럽지?"라고 말하며 촉감을 표현해 주자 조용히 반응을 보임. 음악이 들리자 고개를 살짝 돌리며 소리에 관심을 보이고, 교사가 손을 흔들어 주면 이를 따라 하려는 듯 손을 움직임. 여전히 교사의 품을 많이 찾으며 낯선 환경에 대해 불안해 하는 모습을 보임. 촉감 놀이와 음악에 대한 반응을 보이기 시작함. 따뜻한 신체 접촉을 통해 안정감을 지속적으로 제공할 필요가 있음.
3회차 2025년 3월 6일 (목)	오전 10:00	오전 11:30	감각 탐색 놀이 및 교사와의 놀이 상호작용	교사가 방울을 흔들어 주자 유심히 바라보며 손을 뻗어 잡으려는 시도를 보임. "딩동~ 방울 소리가 들리네!"라고 말하며 상호작용하자, 눈을 맞추고 입을 오물거리며 반응함. 바운서에 앉아 주변을 둘러보며 관심을 가지는 시간이 증가함. 엄마와 헤어질 때 여전히 눈물을 보이지만, 교사의 품에서 빠르게 안정됨. 감각 탐색이 활발해지고 있으며 교사의 언어적 상호작용에 반응하는 모습을 보임. 어린이집에서 보내는 시간이 안정적으로 늘어나고 있으며, 놀이 시간을 확장할 수 있도록 지원할 예정.
4회차 2025년 3월 7일 (금)	오전 10:00	오후 12:00	교실 환경 내에서 자발적 움직임(참여) 증가	교사의 품을 벗어나 놀이 매트를 만지며 스스로 이동하려는 모습을 보임. 교사가 손을 내밀자 바라보다가 천천히 손을 잡음. 다른 영아들이 놀이하거나 움직이는 모습을 바라보며 관심을 보이지만 직접 다가가지는 않음. 스스로 탐색하려는 움직임이 증가함. 영아의 가까이에서 놀이에 대한 관심을 유도하여 점진적으로 놀이 환경에 적응할 수 있도록 지원 필요.

날짜	등원 시간	하원 시간	활동 내용	관찰 내용
5회차 2025년 3월 10일 (월)	오전 10:00	오후 12:30	놀이 및 점심 일과 참여	등원 시 엄마에게 손을 흔드는 모습이 관찰됨. 교실에 들어와 바운서에 앉아 주위를 둘러보고, 교사의 손을 잡고 노래를 들으며 리듬에 맞춰 몸을 움직이려 함. 점심 시간에 이유식을 준비하자 입을 조금씩 벌리며 받아먹는 모습을 보임. 점차 교실 환경과 놀이에 익숙해지며 안정적으로 적응하는 모습임. 점심시간까지 자연스럽게 참여하며 하루일과를 경험함.
평가	처음에는 낯선 환경과 엄마와 분리되는 상황에 대한 불안으로 울음을 보였으나, 교사의 따뜻한 신체 접촉과 상호작용을 통해 점차 안정되는 모습을 보임. 감각 탐색 놀이, 음률 놀이 등에 관심을 보이며, 점차 교실 환경을 탐색하는 시간이 증가함. 간식 및 점심 시간을 경험하며 어린이집 일과에 적응해 가는 과정이며, 지속적인 정서적 지원이 중요한 시점임. 앞으로도 신체 놀이와 감각 놀이를 활용하여 교실 환경을 탐색하는 기회를 확대하고, 안정적인 분리와 적응 경험을 쌓을 수 있도록 지원할 예정임.			

키즈노트 전자문서+ 신입원아 적응일지 예시 2

키즈노트 어린이집

담당	원장
박교사	최원장

신입원아 적응일지

원아명	반명	작성자
하람	사슴반	박교사

날짜	등원 시간	하원 시간	활동 내용	관찰 내용
1회차 2025년 3월 4일 (화)	오전 9:30	오전 11:30	교실 환경 및 놀잇감 탐색	처음 등원하여 교실을 둘러보며 낯선 환경을 탐색함. 교사가 다가가 인사를 건네자 고개를 끄덕이며 짧게 대답함. 교실 한쪽에서 쌓기 놀이를 하는 친구들의 모습을 지켜보며 관심을 보이나, 직접 참여하지는 않음. 놀이 시간에는 다양한 놀잇감을 살펴보았지만 손으로 만지기만 하고 적극적으로 놀이에 참여하지는 않음. 새로운 환경과 친구들에게 적응하는 과정이므로, 지속적으로 상호작용하며 놀이에 자연스럽게 참여하도록 격려할 필요가 있음.
2회차 2025년 3월 5일 (수)	오전 9:30	오후 12:30	친구들의 놀이 상황 관찰 및 놀이 상호작용 시도	교실에 들어오면서 교사와 눈을 맞추고 인사함. 친구들이 하는 역할 놀이를 조용히 지켜보며 관심을 보이다가 교사가 "같이 해 볼래?"라고 묻자 고개를 끄덕이며 조심스럽게 참여함. 놀이 중에 친구들의 말에 직접적으로 반응하기보다는 교사를 바라보며 도움을 요청하는 모습을 보임. 점심시간에 조용히 앉아 식사 준비를 지켜봄. 수저를 사용해 식사하며, 점차 편안한 표정을 보임. 또래 관계 형성이 필요한 시점으로, 친구들과 자연스럽게 어울릴 수 있도록 지원할 예정.
3회차 2025년 3월 6일 (목)	오전 9:30	오후 1:00	놀이 참여 및 친구와의 놀이 상호작용 경험	등원 시 교사에게 먼저 다가와 "선생님, 안녕하세요!"라고 인사함. 역할 놀이 영역에서 친구들이 가게 놀이를 하는 모습을 보고 가까이 다가가 지켜봄. "하람이도 손님 해 볼래?"라고 묻자 수줍게 고개를 끄덕이며 놀이에 참여함. 놀이를 하면서 친구가 말을 걸었을 때 짧게 대답하며 상호작용을 시도함. 점심시간에도 교사 도움 없이 식사를 마침. 놀이를 통해 또래와의 상호작용이 늘어나고 있음. 친구들과의 관계 형성을 돕기 위해 협력하는 놀이를 적극 지원할 필요가 있음.
4회차 2025년 3월 7일 (금)	오전 9:00	오후 1:00	교사 및 친구들과의 놀이 상호작용 경험 확대	교실에 들어와 교사와 친구들에게 먼저 인사를 나누며 한층 밝은 모습을 보임. 블록 놀이 영역에서 친구와 함께 놀이를 하며 대화를 시도하는 모습을 보임. "이거 같이 쌓아 볼래?"라고 친구에게 말을 건넴. 이후 친구와 함께 높은 탑을 만들며 놀이를 지속함. 놀이 참여도가 높아지고 있으며 친구들과 적극적으로 상호작용을 시도하는 모습이 관찰됨. 놀이를 통한 또래 관계 형성을 지속적으로 지원할 필요가 있음.

날짜	등원 시간	하원 시간	활동 내용	관찰 내용
5회차 2025년 3월 10일 (월)	오전 9:00	오후 3:00	일과 참여 확대 및 유아와 유아, 유아와 교사, 유아와 환경 간 능동적인 상호작용 증가	교실에 도착하자마자 사물함에서 가방을 정리하고 교사의 도움 없이 놀이 영역을 탐색하며 참여함. 친구들과 협력하여 블록을 쌓고, 역할 놀이에서 친구와 함께 가게 놀이를 함. 점심시간에 친구들과 대화를 나누며 자연스럽게 식사함. 휴식 시간에도 별다른 어려움 없이 자리에 누워 쉬는 모습을 보임. 어린이집 일과에 익숙해지고 있으며, 친구들과 놀이를 통해 원활한 상호작용을 하는 모습임. 앞으로 다양한 놀이 기회를 제공하여 또래 관계를 더욱 확장할 수 있도록 지원할 예정.
평가	처음에는 낯선 환경과 친구들에게 다가가는 것을 어려워했으나, 점차 놀이에 관심을 보이며 교사 및 친구들과의 상호작용을 시도하는 모습이 나타남. 역할 놀이와 블록 놀이에 적극적으로 참여하며, 점점 또래와의 놀이 시간을 늘려가는 과정이 관찰됨. 점심 및 낮잠(휴식) 시간을 포함한 어린이집 일과에 적응해 가며, 스스로 놀이를 선택하고 친구들과 대화하는 모습이 증가함. 앞으로 놀이 환경을 다양하게 제공하여 또래 관계를 더욱 확장하고, 유아가 놀이 속에서 자율성을 경험할 수 있도록 지원할 예정.			

지표 핵심_3

〈면담〉 적절한 수준	〈면담〉 부적절한 수준
• 보육과정 운영 평가와 영유아 평가 결과는 보육과정 운영 개선, 실행 계획 수립, 영유아 이해, 부모 면담 등에 활용한다. • 장애영유아 평가는 다음 학기 개별교육계획 수립, 장애영유아 지원 방법 및 부모 면담 등에 활용한다.	• 보육과정 운영 평가와 영유아 평가 결과를 활용하지 않는다.

✤ 특수교사나 장애영유아를 위한 보육교사가 배치되어 있는 경우에 한하여 평정

핵심 Point

• 평가 결과를 다양하게 활용

1. 평가 결과를 다양하게 반영

- 보육과정 운영 평가와 영유아 평가 결과를 다각도로 활용
  (영유아 놀이 지원, 활동 선정, 환경구성, 상호작용 방법 등)
- 보육과정 운영 개선 및 실행 계획 수립에 반영
- 영유아의 성장과 변화를 지원하는 자료로 활용
- 공간 구성 및 계획 수립 과정에 평가 결과 반영

2. 평가 결과를 부모면담으로 활용

- 영유아의 발달 상황 및 특성 파악
- 평가 결과를 부모와 공유하여 협력 강화
- 부모가 영유아의 성장과 발달을 효과적으로 지원하도록 도움
- 가정과 기관 간 연계 강화

3. 장애영유아 평가 결과

- 개별화교육계획의 실행 여부를 주기적으로 점검
- 자연스러운 상황에서 관찰을 기반으로 평가 실시
- 놀이와 일상생활에서 장애영유아의 의미 있는 변화 발견
- 교수 방법과 목표 조정에 활용
- 장애영유아의 성장과 발달을 지원하는 기록 및 자료로 활용

매뉴얼 사례 핵심

사례 1 1세반 보육과정 운영 평가

8월 - 영유아 중심·놀이 중심 보육과정 운영 평가

놀이시간

영아들이 여름을 건강하고 즐겁게 보내도록 물놀이를 중점적으로 운영하였다. 오전 등원 후 즉시 바깥놀이를 진행하였으며, 영아들이 맨발 혹은 신발을 선택하여 놀이하도록 지원하였다. 준수는 바깥놀이를 선호하여, 다른 영아들이 실내로 이동한 후에도 교사와 함께 놀이시간을 더 가졌다.

놀이 환경

보육실뿐만 아니라 바깥 놀이터, 공원 등 다양한 공간에서 놀이할 기회를 제공하였고, 상위 연령 반과의 교류를 통해 영아들이 안정적으로 적응할 수 있도록 하였다.

안전교육

영아들이 충분한 수분을 섭취하도록 하였으며, 모래놀이 시 그늘막을 설치하여 뜨거운 햇빛을 피하도록 지원하였다. 산책 중에는 자동차 접근 시 안전한 행동을 유도하였다

놀이자료 지원

주 2~3회 물놀이를 진행하며, 간이 수영장과 다양한 놀이자료를 제공하였다. 페트병 물총과 해면스펀지를 활용한 놀이를 지원하여 영아들의 흥미를 유도하였다.

보육과정 평가

표준보육과정을 반영하여 놀이시간을 충분히 제공하였는지, 놀이공간과 자료가 적절했는지 평가하였다. 교사들과 공유하며 개선 사항을 점검하였다.

사례 2 4~5세 혼합반 보육과정 운영 평가

8월 - 놀이 중심 보육과정 운영

일과 운영 및 놀이시간

무더위로 인해 바깥놀이 시간을 조정하였다. 등원이 늦은 유아들은 바깥놀이 시간이 부족하여 아쉬움을 나타내기도 했다. 물놀이와 창작 활동을 위한 충분한 시간을 제공하였으며, 유아들과 논의하여 점심 시간을 조정하였다.

안전교육

바깥 놀이터에 출현한 말벌과 관련하여 안전교육을 실시하였고, 물놀이 시 안전 수칙을 교육하였다.

놀이자료 지원

푸른색 천, 물감, 바다 동물 모형, 얼음 블록 등 다양한 놀이자료를 제공하였으며, 유아들이 물풀에 많은 관심을 보여 추가적인 경험을 지원하였다.

누리과정 통합적 경험

태풍을 주제로 신체 활동과 자연 탐구 활동을 연계하였으며, 창의적인 얼음 만들기 활동을 통해 예술 경험을 제공하였다.

보육과정 평가

일과 운영의 유연성과 놀이 경험의 적절성을 평가하였으며, 유아의 흥미를 반영한 놀이 자료 제공 여부를 검토하였다. 평가 결과를 9월 계획에 반영하였다.

사례 3 5세반 보육과정 운영 평가

곤충탐험대

유아의 요청에 따라 실내 놀이에서 바깥놀이로 변경하였으며, 공원에서 거미를 관찰하며 탐구하였다. 유아들은 곤충의 특징을 비교하고 이름을 붙이며 관심을 보였다.

보육과정 평가

유아들의 요구에 따라 일과를 융통성 있게 운영하였는지, 탐구 활동이 충분히 이루어졌는지 평가하였다. 곤충 도서를 제공하여 지속적인 탐구를 유도하였다.

사례 4 1세 부모 상담

승민이의 성장과 변화를 놀이 기록을 토대로 평가하여 부모 상담 자료로 활용하였다. 승민이는 학기 초 적응이 어려웠으나, 점차 적응하며 다양한 놀이에 참여하고 있다. 감정 표현을 돕기 위해 교사의 지원이 필요함을 부모와 공유하였다.

보육과정 평가

놀이 기록을 통해 승민이의 성장 과정을 평가하고 부모 상담을 통해 공유하였다.

사례 5 4세 유아 평가 / 생활기록부

유아의 놀이에서 나타난 특성과 성장을 기록하였다. 유아마다 다른 놀이 방식과 성향을 반영하여 개별 평가를 작성하였다.

보육과정 평가

놀이 기록과 유아의 작품을 근거로 성장 과정을 평가하고 개별 특성을 반영하여 기록하였다.

사례 6 장애영유아 개별화교육계획 평가

이경이의 적응 행동 목표 달성을 위해 지속적으로 지원하였다. 숟가락 사용이 점진적으로 개선되었으며, 목표 행동이 지속되는지를 평가하였다.

보육과정 평가

개별화교육계획을 바탕으로 수행 정도를 평가하고 교육 목표를 수정·보완하였다. 부모와 평가 결과를 공유하고, 개별 지원 방안을 지속적으로 점검하였다.

면담 준비하세요!

함께 생각해 보기

1. 보육과정 운영 평가가 왜 필요하다고 생각하나요?

Tip 어린이집이 표준보육과정에 기초하여 영유아 중심, 놀이 중심으로 효과적으로 운영되고 있는지 점검하고 개선해가는 자율적인 평가과정입니다.

- **교사**
  영유아 · 놀이 중심으로 보육과정이 잘 운영되고 있는지에 대한 자체적인 평가를 통해 보육의 질을 진단하고 더 바람직한 방향으로 영유아 발달 지원을 위해 필요합니다.

2. 영유아 중심 · 놀이 중심 보육과정 운영을 평가하기 위하여 어떤 계획을 수립하나요? 평가의 주기는 어떠한가요?

Tip 어린이집 보육과정이 영유아 · 놀이 중심으로 적절하게 운영되고 있는지를 평가하는 데 주목적이 있습니다. 충분한 놀이시간 제공, 영유아의 주도적 놀이와 배움 지원의 적절성 등을 평가할 수 있습니다. 평가는 어린이집 운영 방식, 상황 등을 고려하여 민주적으로 협의하여 결정합니다.

- **교사1**
  영유아의 하루일과 계획 및 실행을 평가합니다. 놀이평가를 통해 영유아의 중심의 충분한 놀이가 이루어졌는지, 교사가 계획한 놀이에 영유아의 반응과 더불어 교사가 계획하지 않았지만 놀이가 이루어진 부분에 대한 평가가 매일 진행됩니다.

- **교사2**
  월 1회 교사회의 시간에 보육과정 평가가 진행됩니다. 표준보육과정에 따른 영역을 통합적으로 경험할 수 있도록 다양한 놀이환경을 지원했는지 평가한 후 다음 달에 반영할 부분에 대해 논의합니다.

3. 보육과정 운영 평가를 '계획–실행' 또는 '실행–계획' 중에서 어떤 것을 더 선호하나요? 영유아 중심 · 놀이 중심 보육과정 운영에서 더 의미 있는 평가는 어떠한 것이라고 생각하나요?

Tip 영유아 · 놀이 중심의 질 높은 보육과정이 실행되기 위해서는 계획은 최소화하고 영유아의 관심 및 흥미에 따라 필요에 따라 즉각적으로 놀이를 수정하여 제공할 수 있는 융통성이 중요합니다.

- **교사**
  교사가 계획을 했더라도 영유아의 관심과 흥미에 따라 융통성 있게 놀이를 지원하는 것이 중요합니다. 아이들의 놀이를 관찰하며 호기심을 따라가며 지원하는 것이 놀이를 주도적으로 할 수 있도록 지원하는 것이기 때문입니다.

4. 보육과정 운영 평가를 위하여 어린이집 동료 교사와 협의를 하나요? 동료 교사들은 어떤 내용을 중심으로 운영 평가를 하나요?

Tip 효과적인 보육과정운영 평가를 위해서 교사와의 협의는 중요합니다. 각 반의 발달수준, 특성, 흥미 및 관심에 따라 영유아 · 놀이 중심 보육을 운영하기 위해 평가내용, 주기, 시기, 방법 등을 협의하여야 합니다. 동료교사는 다른 경험과 관점으로 다양한 의견을 교류하게 되면 보다 보육과정을 폭넓게 이해할 수 있습니다.

- **교사1**
  서로의 전문성과 아이디어를 위해 협의를 하고 있습니다. 놀이에 대한 흥미와 참여도를 평가하며, 어떤 활동이 효과적이었는지 분석합니다.

- **교사2**
  보육환경이 영유아의 놀이 및 활동에 적합하였는지, 어떤 배움의 기회가 제공되었는지를 다양하게 평가합니다.

5. 영유아의 특성과 변화를 평가하는 영유아 평가를 위해 어떤 자료를 수집하나요?

Tip 영유아의 행복 및 전인적 발달을 지원하기 위해 영유아 평가를 진행합니다. 교사는 영유아를 관찰하며 놀이특성, 흥미, 관심, 또래 관계 등을 분석하여 영유아의 특성 및 변화를 이해하는 과정이 필요합니다. 영유아의 놀이 실제를 계획안, 일지 등에 기록하거나 놀이 결과물 및 작품 등을 일상적으로 수집한 자료를 근거로 연 2회 이상 영유아의 특성과 변화를 평가하여야 합니다.

- **교사1**
  영유아를 평가하기 위해 매월 관찰일지를 기록합니다. 관찰일지는 영유아의 일상생활, 놀이 등을 통해 주기적으로 관찰하여 기록하고 있습니다.

- **교사2**
  영유아를 평가하기 위해 영유아의 놀이 기록을 사진으로 남기고, 작품을 수집하여 포트폴리오를 기반으로 평가하고 있습니다.

6. 보육일지의 놀이 기록과 영유아 평가의 차이는 무엇일까요?

Tip 영유아 · 놀이 중심의 보육의 질을 진단하고 개선하기 위한 목적으로 평가하기 위해 보육일지를 작성하며, 영유아 평가는 아이의 고유한 특성이나 의미 있는 변화를 발견하고 개별 영유아의 배움과 성장을 돕기 위하여 평가합니다.

- **교사**
  보육일지는 우리 반 보육과정이 영유아 · 놀이 중심으로 운영되고 있는지 점검하며 영유아의 흥미, 관심도에 따라 주도적으로 놀이가 이루어질 수 있도록 평가가 진행되고, 영유아 평가는 표준보육과정 영역 기준에 따라 개별 영유아의 발달 수준 및 특성에 따른 평가가 이루어집니다.

7. 보육과정 평가 결과 활용은 어떻게 하고 있나요? 보육과정 운영 개선에 활용하고 있나요?

Tip 보육과정 운영 평가결과는 영유아의 건강한 발달 지원이 이루어지도록 보육과정 운영 개선, 실행 계획 수립, 영유아 이해, 부모 면담 등에 활용하여야 합니다.

- **교사1**
  평가결과는 교사회의를 통해 서로 공유하고 논의하여 개선이 필요한 부분을 협의합니다.

- **교사2**
  평가결과를 기준으로 현재 보육 수준을 점검하고 계획안에 적극 반영하고 있습니다.

8. (장애영유아를 담당하는 경우) 개별화교육계획 수행 정도를 정기적으로 평가하나요?

Tip 개별화보육계획에 의해 설정된 각 목표 달성에 대해 정기 및 비정기적으로 평가가 진행됩니다.

- **교사1**
  단기목표에 따라 분기별로 평가하고 있습니다.

- **교사2**
  특정 수행목표에 대하여 필요에 따라 주간 또는 월간에 따라 평가가 진행되고 있습니다.

- **교사3**
  개별 장애영유아의 개별적 발달 특성에 따라 융통성 있게 평가가 진행되기도 합니다.

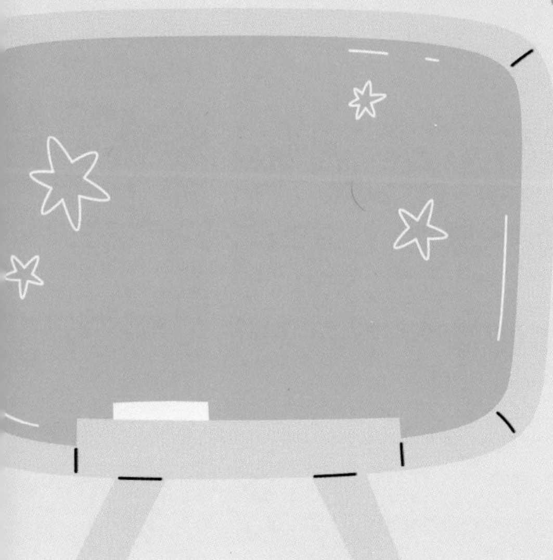

영역 5

원장의 리더십과 보육교직원 역량 강화

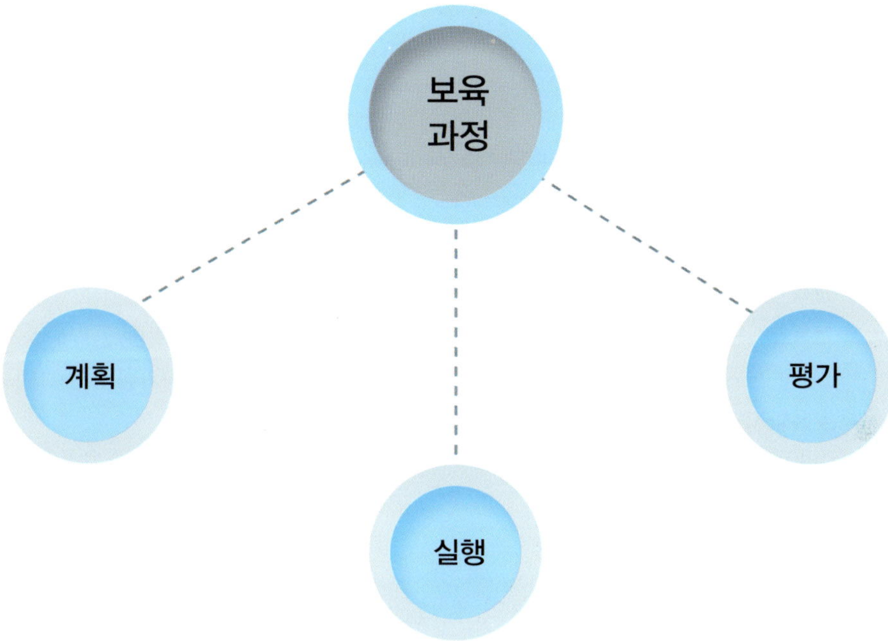

5영역 구성

5-1 보육의 질 향상을 위한 리더십
5-2 상호 존중하는 소통과 협력
5-3 보육교직원 역량 강화

5영역 전체 보기

검토서류

- 어린이집 운영계획 ········· 당해 연도
- 연간 보육계획안 ········· 당해 연도
- 부모 개별 면담 기록(연 2회) ········· 현장평가월 기준 1년 이내
- 교육 관련 기록
  보육교직원(원장, 담임교사) 역량 계발 교육 관련 기록(이수증, 수료증 등)
  ········· 현장평가월 기준 1년 이내
  보육교직원(원장, 담임교사, 연장보육 전담교사) 직무교육 이수증
- 담임교사 상호작용 관찰 및 지원 기록(연 1회) ········· 현장평가월 기준 1년 이내

5-1. 보육의 질 향상을 위한 리더십	
적절한 수준	
면담	• 원장은 어린이집 운영에 대한 철학과 신념을 가지고 보육의 질 향상을 위해 노력한다.
기록, 면담	• 원장은 표준보육과정과 운영철학, 영유아의 특성, 학부모 만족도 조사 결과 등을 반영하여 운영계획을 수립하고 운영한다.
관찰	• 원장은 보육교직원을 배려한 근무환경을 조성한다.
부적절한 수준	
면담	• 원장은 어린이집 운영에 대한 철학과 신념을 가지고 있지 않거나 불명확하다.
기록, 면담	• 원장은 운영계획에 표준보육과정, 어린이집 운영철학, 학부모 만족도 조사 결과 등을 반영하지 않는다.
관찰	• 보육교직원 시설 · 설비(교사실, 휴게공간, 업무지원설비, 성인용 화장실)가 미비하다.

함께 생각하기

- 어린이집 운영 총책임자로서 원장님의 철학과 신념은 무엇인가요?
- 원장님의 보육철학 중 가장 중시하는 핵심가치는 무엇인가요?
- 원장님의 철학과 신념은 어린이집 운영과 어떻게 유기적으로 연계되어 있나요?
- 보육의 질적 수준 향상을 위해 노력한 구체적인 사례는 무엇인가요?
- 연간 운영계획을 수립할 때 어떤 것들을 중점적으로 반영하여 수립하나요?
- 학부모 만족도 조사를 실시하였나요? 연간 운영계획을 수립할 때 학부모 만족도 조사 결과 중 기관 운영 개선을 위해 반영한 사례는 무엇인가요?
- 연간 보육계획을 작성할 때 전년도 운영평가를 반영한 부분은 무엇인가요?
- 교사의 업무를 지원하기 위해 새로 보완한 설비나 설치 사항이 있다면 어떤 것이 있나요?

5-2. 보육교직원 역량 강화

적절한 수준	
관찰, 면담	• 보육교직원은 상호 존중한다.
면담	• 보육교직원의 의사결정 과정은 민주적이고 합리적으로 이루어진다.
기록, 면담	• 어린이집은 가정과 원활하게 소통한다.
부적절한 수준	
관찰, 면담	• 원장은 보육교직원에게 반말을 사용하고, 일방적으로 지시하거나 보육교직원의 의견을 무시하는 태도를 보인다.
면담	• 보육교직원의 의사결정 과정은 민주적이지 않고 원장의 결정이 우선시된다.
기록, 면담	• 가정과의 소통 방법이 일방적이고 획일적이다.

함께 생각하기

- 원장님으로서 보육교직원을 존중한 구체적인 사례는 무엇인가요?
- 보육교직원의 반 운영이나 업무태도 등에 대해 미흡한 사항이 있을 때 어떻게 내용을 전달하나요?
- 선생님과의 갈등 상황이 있었던 경험이 있나요? 갈등 상황을 어떻게 해결했나요?
- 선생님 입장에서 원장님에게 존중받고 있다고 느낀 구체적인 사례는 무엇인가요?
- 선생님 입장에서 원장님이 교직원이 느끼는 어려움을 민감히 파악하고 반응한 사례는 무엇인가요?
- 원장님으로서 의사결정을 할 때, 민주적이고 합리적으로 결정한 사례는 무엇인가요?
- 원장님으로서 보육교직원이 느끼는 고민이나 향후 계획에 관심을 가지고 주기적으로 면담을 실시하나요? 면담을 실시할 때, 가장 중요하게 생각하는 것은 무엇인가요?

- 선생님 입장에서 원장님이 보육과정을 포함한 어린이집 운영과 관련된 사안을 결정할 때 보육교직원의 의견을 반영한 사례는 무엇인가요?
- 선생님 입장에서 원장님과의 면담은 어떤 측면에서 도움이 되나요?
- 평소 가정과 다양한 방법으로 소통하고, 정기적인 개별면담(연 2회 이상)을 통해 영유아를 지원하고 있나요?
- 가정과의 원활한 소통을 위해 최근 학부모가 제시한 의견 중 수용한 사례는 무엇인가요?
- 학부모와의 원활한 의사소통을 위해 가장 효과적이라고 생각하는 방법은 무엇인가요?
- 일상적으로 학부모의 자녀 양육을 지원하기 위해 어떤 정보와 활동(프로그램)을 제공하나요?

5-3. 보육교직원 역량 강화

적절한 수준

기록, 면담	• 원장은 보육교직원의 역량 증진을 위해 다양한 유형의 교육 기회를 제공한다.
기록, 면담	• 원장은 교사의 상호작용 등에 대해 관찰하고 지원한다.

부적절한 수준

기록, 면담	• 원장은 보육교직원의 경력 및 직무별로 필요한 교육을 제공하지 않는다.
기록, 면담	• 원장은 교사의 상호작용에 대한 관찰과 지원을 하지 않는다.

함께 생각하기

- 원장님은 보육교직원 연간 교육계획을 수립하고 실행할 때, 어떤 점을 가장 우선으로 고려하나요?
- 원장님은 보육교직원의 역량을 증진하기 위해 직무교육과 다양한 유형의 교육 기회를 제공하고 있나요?
- 원장님은 개별 보육교직원에게 필요한 교육을 어떤 방법으로 파악하나요?
- 원장님은 보육교직원의 교육 참여로 인해 업무 공백이 생길 때 어떻게 지원하나요?
- 원장님은 교사-영유아의 상호작용을 어떤 방법으로 관찰하고 지원하나요?
- 원장님은 일상생활이나 놀이 관찰 결과, 상호작용에 어려움을 느끼는 교사가 있다면 어떤 방법으로 지원하나요?
- 원장님은 교사 상호작용에 대해 적절하게 지원하기 위해 어떤 노력을 하나요?

이렇게 이해하세요!

원장의 리더십은 어린이집 운영의 중심이에요. 원장이 어떤 철학과 신념을 가지고 운영하는지에 따라 보육의 질이 결정됩니다. 그렇기 때문에 표준보육과정을 바탕으로 운영계획을 수립하고 실행하는 것이 중요합니다. 운영계획이 명확해야 교사들도 방향성을 가지고 안정적으로 보육을 실천할 수 있어요.

보육과정이 원활하게 운영되려면 교직원 간의 협력과 존중이 필수적입니다. 원장은 교사들이 서로 의견을 나누고 민주적으로 의사 결정을 할 수 있는 분위기를 조성해야 해요. 단순히 지시하는 것이 아니라, 교사들의 의견을 듣고 함께 논의하는 과정이 운영의 질을 높이는데 큰 도움이 됩니다. 또한, 부모와도 긴밀하게 소통하여 가정과 어린이집이 양육의 동반자로서 함께할 수 있도록 해야 해요. 부모가 어린이집 운영을 신뢰할 때, 아이들도 더욱 안정적인 환경에서 성장할 수 있습니다.

교사의 역량 강화를 위한 지원도 매우 중요합니다. 교사들이 계속 성장할 수 있도록 다양한 교육 기회를 제공하고, 아이들과의 상호작용을 세심하게 관찰하며 보육과정 운영을 지원해야 해요. 교사가 자신의 역할에 대한 자부심을 느끼고 아이들과 긍정적인 관계를 형성할 수 있도록 돕는 것이 원장의 핵심 역할 중 하나입니다.

결국, 영유아가 행복한 어린이집 운영은 원장의 리더십, 교직원 간의 협력, 가정과의 소통, 교사의 전문성이 조화를 이룰 때 가능합니다. 이런 요소들이 잘 맞물릴 때, 아이들에게 최적의 보육 환경을 제공할 수 있습니다.

5-1

보육의 질 향상을 위한 리더십

매뉴얼 핵심 요약

어린이집 보육의 질을 유지하고 향상시키기 위해서는 다양한 운영 요소가 조화롭게 이루어져야 한다. 특히 원장은 어린이집 운영의 방향을 설정하고 운영의 효율성을 극대화하는 데 중요한 역할을 한다. 이를 위해 표준보육과정과 어린이집의 철학, 영유아의 특성, 학부모의 의견을 반영하여 운영 계획을 수립하고 실행한다. 또한 보육교직원이 안정적인 환경에서 근무할 수 있도록 근무 여건을 개선하고 지원하는 것이 필요하다.

▶ 포인트

- 원장은 어린이집 운영의 방향성을 설정하고 질 향상을 위해 노력해야 한다.
- 표준보육과정 및 운영철학, 영유아 특성을 반영한 운영 계획을 수립해야 한다.
- 학부모 만족도 조사를 실시하고, 운영 계획에 반영해야 한다.
- 보육교직원을 위한 근무환경을 조성하여 보육의 질을 높인다.
- 영유아 중심의 놀이 기반 보육과정 운영을 면밀히 점검하고 개선한다.

▶ 평가제 준비 Check

- 보육과정 운영: 표준보육과정에 맞춰 연령별 특성을 고려한 보육과정 편성
- 운영계획 수립: 어린이집의 철학과 목표를 반영한 운영 계획 수립 및 실행
- 학부모 의견 반영: 학부모 만족도 조사 결과를 운영계획에 반영
- 교직원 지원: 교사 휴게공간, 업무 지원 설비, 성인용 화장실 등 마련

▶ 원장의 역할

- 운영철학과 목표 수립 및 운영 방향 설정
- 정기적인 보육과정 점검 및 개선
- 교사의 근무환경을 개선하고, 업무 효율성을 높이기 위한 지원
- 학부모 소통 및 참여 유도
- 표준보육과정과 운영철학을 기반으로 보육의 질을 지속적으로 개선

관찰 면담 기록

적절한 수준

- 원장은 어린이집 운영에 대한 철학과 신념을 가지고 보육의 질 향상을 위해 노력한다.
- 원장은 표준보육과정과 운영철학, 영유아의 특성, 학부모 만족도 조사 결과 등을 반영하여 운영 계획을 수립하고 운영한다.
- 원장은 보육교직원을 배려한 근무환경을 조성한다.

부적절한 수준

- 원장은 어린이집 운영에 대한 철학과 신념을 가지고 있지 않거나 불명확하다.
- 원장은 운영계획에 표준보육과정, 어린이집 운영철학, 학부모 만족도 조사 결과 등을 반영하지 않는다.
- 보육교직원 시설·설비(교사실, 휴게공간, 업무지원설비, 성인용 화장실)가 미비하다.

지표 핵심_1

〈면담〉 적절한 수준	〈면담〉 부적절한 수준
• 원장은 어린이집 운영에 대한 철학과 신념을 가지고 보육의 질 향상을 위해 노력한다.	• 원장은 어린이집 운영에 대한 철학과 신념을 가지고 있지 않거나 불명확하다.

핵심 Point

• 보육철학 및 질 높은 운영을 위한 노력

1. 원장의 보육철학과 신념

- 표준보육과정을 근거로 운영에 대한 철학 및 신념이 있음

2. 보육의 질적 향상을 위한 노력

- 영유아, 교사, 부모가 함께 보육 혜택을 누릴 수 있도록 높은 보육의 질을 위해 다양한 노력을 함

지표 핵심_2

〈기록, 면담〉 적절한 수준	〈기록, 면담〉 부적절한 수준
• 원장은 표준보육과정과 운영철학, 영유아의 특성, 학부모 만족도 조사 결과 등을 반영하여 운영계획으로 수립하고 운영한다.	• 원장은 운영계획에 표준보육과정, 어린이집 운영철학, 학부모 만족도 조사 결과 등을 반영하지 않는다.

평정서류: 운영계획서, 연간계획안

핵심 Point

• 의견 및 상황을 반영한 운영계획안 수립

1. 운영계획 수립 및 운영

- 평정서류: 운영계획서
- 운영철학, 영유아 특성, 부모 만족도 조사 결과 등을 반영하여 운영계획을 수립하고 운영함

▌운영계획안

- 기관의 목표를 달성을 위한 운영지침서
- 보육의 질을 높이기 위한 운영을 위한 구체적인 계획 및 평가에 관한 사항
  - 표준보육과정 기반 보육 사업 계획 및 보육활동 계획
  - 운영 관리 및 평가 계획
    [영유아 · 교사 · 부모 전반적인 지원에 관한 사항 등]
  - 시설운영 및 관리 계획

2. 연간보육 수립 및 운영(당해연도)

- 평정서류: 연간계획안
- 표준보육과정에서 추구하는 인간상, 목적 및 목표, 운영철학에 기반하여 연간 운영계획안이 수립되어 있어야 함
- 연간보육계획: 계절, 명절, 행사 등 중요한 경험이 포함되어 있음

연간계획안 예시

월	원내 프로그램	OpenDay 부모참여	현장학습
3월	- 신입원아 적응 프로그램 - 생일파티	- 신입원아 엄마 일일교사 - 1분기 운영위원회	- 화정어린이 도서관
4월	- 식목일행사 - 그림책 테마데이 - 퍼포먼스 - 생일파티	- 급식도우미 일일교사 - 그림책 테마데이 일일교사 - 퍼포먼스 도우미	- 쿠킹클래스 - 뮤지컬 관람
5월	- 어린이날 행사 - 퍼포먼스 - 생일파티	- 1학기 학부모 정기 상담 - 소풍도우미 일일교사 - 퍼포먼스 도우미 - 부모교육_원장과 함께하는 육아톡톡	- 쿠킹클래스 - 지역사회연계 견학 - 봄소풍
6월	- 가족참여수업 - 교사 MT - 마트놀이 - 생일파티	- 급식도우미 일일교사 - 책 읽어 주는 엄마, 아빠 - 퍼포먼스 도우미 - 부모교육_원장과 함께하는 육아톡톡	- 쿠킹클래스 - 뮤지컬 관람
7월	- 원내 물놀이 - 그림책 테마데이 - 생일파티	- 2분기 운영위원회 - 그림책 테마데이 일일교사 - 자체점검 부모 모니터링 - 안전교육 일일교사	- 쿠킹클래스 - 지역사회연계 견학
8월	- 원내 물놀이 - 퍼포먼스 - 생일파티	- 급식도우미 일일교사 - 견학도우미 일일교사 - 퍼포먼스 도우미	- 쿠킹클래스 - 뮤지컬 관람
9월	- 그림책 테마데이 - 생일파티 - 퍼포먼스 - 추석맞이 민속놀이	- 2학기 학부모 정기 상담 - 그림책 테마데이 일일교사 - 부모교육_원장과 함께하는 육아톡톡	- 쿠킹클래스 - 뮤지컬 관람 - 지역사회연계 견학
10월	- 가족참여수업 - 생일파티	- 급식도우미 일일교사 - 퍼포먼스 도우미 - 부모교육_원장과 함께하는 육아톡톡 - 3분기 운영위원회	- 쿠킹클래스
11월	- 캠프데이 - 퍼포먼스 - 생일파티	- 견학도우미 일일교사 - 퍼포먼스 도우미	- 쿠킹클래스 - 뮤지컬 관람
12월	- 크리스마스 행사 - 전 보육교직원 직무 평가 - 생일파티	- 견학도우미 일일교사 - 퍼포먼스 도우미	- 쿠킹클래스 - 지역사회연계 견학

월	원내 프로그램	OpenDay 부모참여	현장학습
1월	- 그림책 테마데이 - 퍼포먼스 - 생일파티	- 2학기 학부모 정기 상담 - 퍼포먼스 도우미 - 그림책 테마데이 일일교사	- 쿠킹클래스 - 뮤지컬 관람
2월	- 병원놀이 - 명절행사 - 수료식 및 졸업식 - 씩씩반 졸업 견학 - 생일파티	- 4분기 운영위원회 - 급식도우미 일일교사 - 퍼포먼스 도우미	- 쿠킹클래스 - 지역사회연계 견학

평가제 완벽 대비 Q&A

Q 어린이집 운영계획 수립 시 부모 만족도 조사를 반드시 해야 하나요?

A 어린이집 원장은 보육의 질 향상을 위해 노력하고, 표준보육과정, 운영 철학, 영유아 특성, 학부모 만족도 조사 결과를 반영하여 운영계획을 수립해야 합니다. 따라서, 어린이집은 학부모 만족도 조사를 실시한 후 그 결과를 반영하여 연간 운영계획을 수립하고 운영해야 합니다.

Q 어린이집 운영계획 수립 시 전년도 부모 만족도 조사 결과를 토대로 계획을 수립해도 되나요?

A 어린이집 원장은 보육의 질 향상을 위해 노력하고, 표준보육과정, 운영 철학, 영유아 특성, 학부모 만족도 조사 결과를 반영하여 운영계획을 수립해야 합니다. 따라서, 운영계획을 수립할 때 전년도 학부모 만족도 조사 결과를 반영할 수 있습니다.

Q 어린이집 운영계획서는 오리엔테이션 자료로도 점검받을 수 있나요?

A 오리엔테이션 자료의 내용에 보육철학, 표준보육과정 안내, 전반적인 보육과정, 건강·안전·위생 지침 등 운영에 대한 전반적인 내용이 안내되어 있다면 가능합니다.

지표 핵심_3

〈관찰〉 적절한 수준	〈관찰〉 부적절한 수준
• 원장은 보육교직원을 배려한 근무환경을 조성한다.	• 보육교직원 시설 · 설비(교사실, 휴게 공간, 업무 지원설비, 성인용 화장실)가 미비하다.

핵심 Point

• 교직원을 위한 근무환경 조성

1. 교사를 위한 별도 공간 마련

- 별도의 교사실이 마련되어 있거나 휴식을 위한 공간이나 설비가 있음
- 교사를 위한 공간(휴게실, 교사실 등)은 어린이집 내에 마련되어 있고, 영유아 활동 공간과 분리되어 있어야 함

• 교사실, 휴식 공간, 휴식을 취할 수 있는 공간 중 1가지가 마련되어 있어야 함
• 교사실: 회의를 하거나 활동자료를 준비할 수 있는 공간이 별도로 마련되어 있으며, 업무지원 설비가 구비되어 있음
• 휴게실: 휴식을 취할 수 있는 공간(교사실, 베란다, 조리실 등)이 별도로 마련되어 있으며 휴식에 필요한 탁자나 휴식용 의자, 쿠션 등의 설비가 마련되어 있음

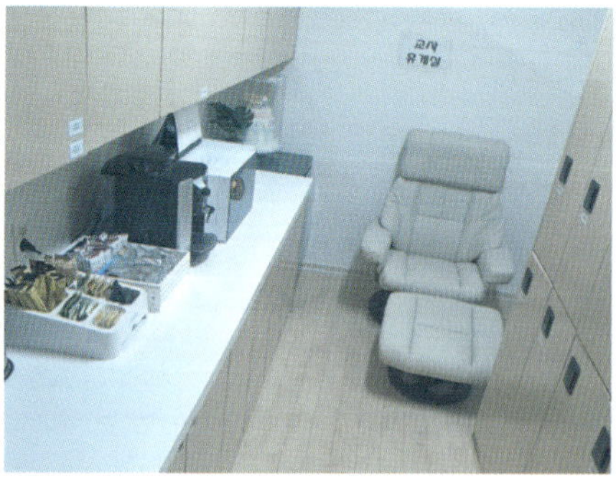

별도의 휴게 공간

주방 일부에 구성한 휴게 공간

2. 교사의 개인 사물함 제공 [관찰]

- 교실, 교사실 등에 교사가 개인별로 사용할 수 있는 사물함이 있음
- 일상적으로 사용하기에 수월함

적절한 교사 사물함

상부장 한 칸 전용

개인용 사물함

부적절한 교사 사물함

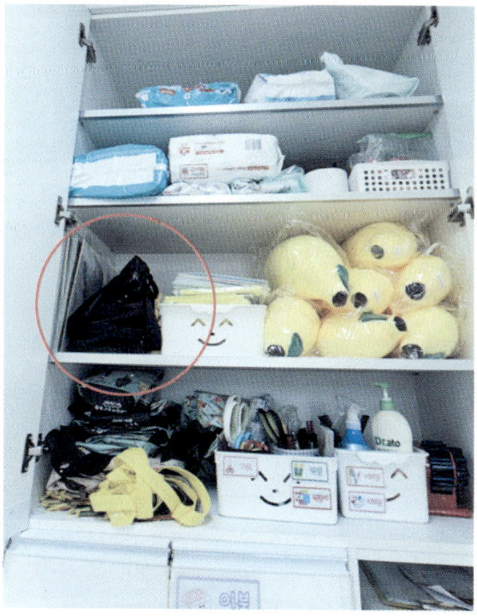

교구 및 비품 공간을 사용

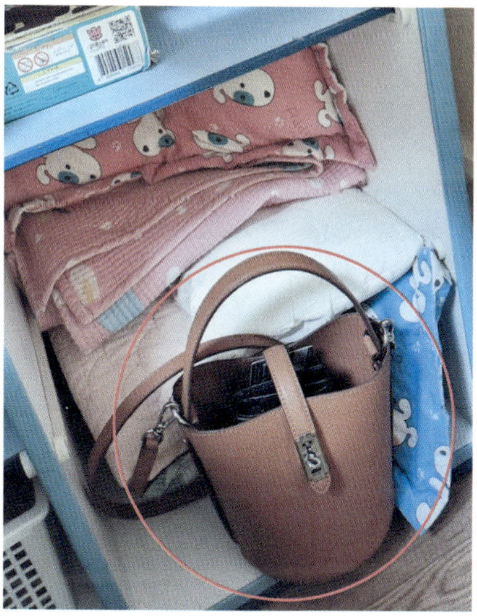

이불 공간 사용

3. 업무 지원 설비 마련

- 개별 또는 공동으로 사용할 수 있는 업무용 책상, 의자가 있음
- 수월하게 사용할 수 있는 업무지원설비가 있음
  (컴퓨터, 프린터, 스캐너, 복사기, 카메라, 캠코더, 빔 프로젝터 등 업무에 필요한 설비)

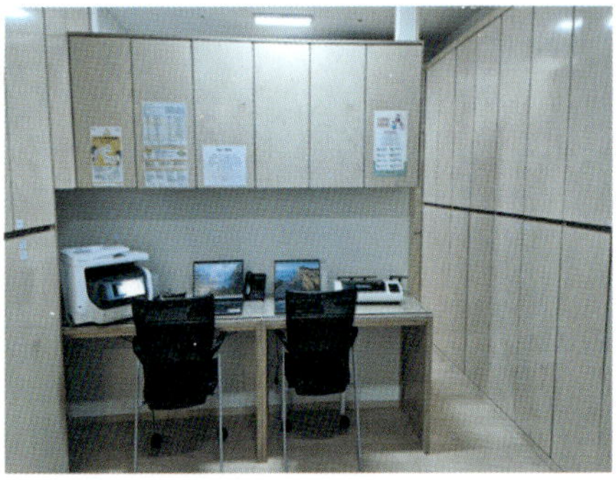

평가제 완벽 대비 Q&A

Q 교사실이 꼭 있어야 하나요?

A 어린이집은 보육의 질 향상을 위해 보육교사를 위한 쾌적한 근무환경을 조성해야 합니다. 교사실이 없더라도, 영유아 활동 공간이 아닌 곳에 교사가 쉴 수 있는 탁자나 의자, 쿠션 등을 마련하면 평가 기준을 충족합니다.

Q 어린이집 지하층에 교사실을 마련해도 되나요?

A 어린이집은 보육의 질 향상을 위해 보육교사를 위한 쾌적한 근무환경을 조성해야 합니다. 평가 시에는 교사실, 휴식 공간, 교사의 업무 지원 설비, 성인용 화장실이 갖추어져 있는지를 확인합니다. 교사실은 지상층에 마련하는 것이 바람직하며, 지하층은 비상대비가 취약해 물품 창고 등으로 사용해야 합니다. 단, 지하층에 교사실이 설치된 경우 비상재해 대비 시설이 갖춰져 있어야 인정됩니다.

Q 어린이집 내 빈 보육실에 교사실이나 교사용 휴식 공간을 마련해도 되나요?

A 교사실은 어린이집 인가공간 내 영유아의 보육공간을 침해하지 않는 기타 유휴공간에 마련하여야 합니다. 다만, 용도 변경 시 면적상 기존 정원이 유지되는 경우에는 사용하지 않는 보육실을 교사실(교사용 휴식 공간)로 변경하여 사용할 수 있습니다. 이 때, 반드시 변경된 시설현황(보육실 수 등)에 대한 정보가 공시되어 있어야 합니다. 참고로 어린이집 면적 및 정원 관련 사항은 해당 지자체에 확인하시기 바랍니다.

Q 교재교구 등 어린이집 물품을 보관해 두는 장에 여유 칸이 있는데, 그 공간을 교사 개인사물함으로 사용해도 되나요?

A 사물함을 교사가 일상적으로 사용하기 쉬운 장소(보육실, 교사실 등)에 개인별로 사용할 수 있도록 마련하는 것이 바람직합니다. 다만 물품 보관장의 칸이 분리되어 있어 한 칸에는 어린이집 물품을 보관하고 나머지 한 칸에 교사 개인물품을 보관하는 용도로 활용한다면 교사 개인사물함으로 인정 가능하나, 이 때 바구니나 칸막이 등으로 구분하여 교사 사물함과 어린이집 물품보관 공간이 분명하게 구별되어 있어야 합니다. 여러 명이 한 사물함을 공동사용하거나 교재교구 등을 함께 보관해 두는 경우는 개인사물함으로 인정되지 않습니다.

면담 준비하세요!

함께 생각해 보기

1. 어린이집 운영 총책임자로서 원장님의 철학과 신념은 무엇인가요?

Tip 원장은 어린이집 운영에 대한 철학과 소신을 가지고 보육의 질을 높이기 위해 다양한 노력을 해야 합니다.

- **원장1**
  어린이집 운영의 이유는 각자 다르지만, 저는 영유아에 대한 책임이 가장 중요하다고 생각합니다. 단순한 생계 수단이 아니라, 아이들을 사랑하고 사회에 기여하기 위한 철학과 신념이 필요합니다.

- **원장2**
  어린이집 운영의 기본은 아동 존중과 표준보육과정이 추구하는 인간상을 실현하는 것입니다. 영유아의 개인차를 인정하고, 그들을 능동적인 학습자로 바라보며 잠재력을 신뢰하는 것이 중요합니다. 또한, 교사의 역량도 중요하므로, 교사들의 성장과 행복을 위해 정기적으로 상담하고 다양한 교육 기회를 제공하려고 노력하고 있습니다.

- **원장3**
  저의 보육철학은 가정과 지역사회가 함께 협력하여 영유아가 존중과 사랑을 받으며 놀 줄 아는 아이들로 성장하는 어린이집으로 만드는 것입니다. 영유아의 전인적인 성장을 위해 소통과 협력은 매우 중요하기 때문에 이 부분을 위해 주력하고 있습니다.

2. 원장님의 보육철학 중 가장 중시하는 핵심가치는 무엇인가요?

Tip 영유아의 전인적인 발달 지원을 위한 보육목적의 실현을 위해 원장의 보육철학의 핵심가치는 중요합니다.

- **원장1**
  저의 핵심가치는 '놀 줄 아는 아이들'입니다. 이는 영유아 · 놀이 중심의 질 높은 보육을 실현하기 위해 가장 중요한 핵심가치입니다. 영유아가 주도적으로 놀이하며 배움의 기회를 갖도록 모든 환경을 지원하고자 합니다.

- **원장2**
  '존중'이 핵심가치입니다. 영유아는 있는 그대로 존중받을 때 자존감이 높은 아이로 성장합니다. 영유아의 감정과 요구를 존중하기 위해 부모와 교사의 적극적인 소통과 필요한 교육을 지원합니다.

3. 원장님의 철학과 신념은 어린이집 운영과 어떻게 유기적으로 연계되어 있나요?

Tip 운영철학과 신념은 어린이집 운영에 기본입니다. 영유아의 건강한 성장 지원을 위해 철학과 신념으로 필요한 자원이 유기적으로 연계되도록 운영하여야 합니다.

- **원장1**
  열린 어린이집을 적극적으로 진행하고 있습니다. 영유아가 다양한 놀이를 할 수 있도록 부모, 조부모가 놀이지원을 합니다.

- **원장2**
  영유아의 다양한 경험을 지원하기 위해 지역사회, 가정과 연계하여 정기적인 활동을 계획하고 실행하고 있습니다.

4. 보육의 질적 수준 향상을 위해 노력한 구체적인 사례는 무엇인가요?

Tip 원장은 표준보육과정과 철학을 토대로 보육의 질을 높이기 위해 노력해야 합니다.

- **원장 1**
  영유아 · 놀이 중심의 보육과정이 진행되도록 영유아의 발달 이해, 흥미, 관심사를 파악하여 놀이, 활동, 일상생활을 경험하도록 필요한 환경을 조성하고자 노력하고 있습니다. 이를 위해 가정과 적극적으로 연계하는 것은 물론 교사는 학습공동체를 구성하여 아이디어를 공유하며 피드백을 하고 있습니다.

- **원장 2**
  4차 산업시대에서 요구하는 역량인 창의적 사고를 지닌 영유아로 성장시키기 위해 그림책으로 표준보육과정을 반영하여 다양한 놀이를 제공하고 있습니다. 영유아의 호기심을 반영한 다양한 그림책을 제공하여 지역사회, 가정이 연계한 경험이 이루어지도록 지속적으로 노력하고 있습니다.

5. 연간 운영계획을 수립할 때 어떤 것들을 중점적으로 반영하여 수립하나요?

Tip 반별로 영유아와 놀이가 중심이 되는 보육과정 운영이 어떻게 이루어지고 있는지 살피며 전체적인 어린이집 보육과정 운영 현황을 파악한 후 이를 토대로 운영계획을 수립합니다. 그리고 부모 만족도 조사를 실시하여 운영에 대한 부모의 의견을 반영하는 것도 필요합니다.

- **원장1**
  운영 평가와 부모 만족도 조사 및 운영위원회 보육 평가 등을 반영하여 연간운영계획을 수립합니다.

- **원장2**
  표준보육과정에서 추구하는 인간상, 목적 및 목표와 어린이집 철학에 기초하여 연간보육계획을 수립합니다. 연간보육계획에는 계절, 명절, 행사 등 어린이집의 일 년간의 중요한 경험이 포함되어 있고, 부모의 의견도 반영합니다.

• **원장3**
연말에 교직원 이동, 졸업 및 입학 준비, 학부모 만족도 조사 등 여러 일이 겹쳐 효율적인 보육 계획 수립이 어렵다고 느껴져서 연간 계획을 한 해의 중반기에 수립하고 있습니다. 전년도 하반기와 올해 상반기를 평가하여 내년도 계획을 세우고, 부모 만족도 조사를 통해 운영계획에 반영하고 있습니다. 조사 항목은 5개 영역 30문항으로 구성되어 온라인으로 진행됩니다.

6. 학부모 만족도 조사를 실시하였나요? 연간 운영계획을 수립할 때 학부모 만족도 조사 결과 중 기관 운영 개선을 위해 반영한 사례는 무엇인가요?

Tip 어린이집은 질 높은 운영을 위하여 연 1회 이상 부모 만족도 조사를 실시하여 의견을 반영하는 것이 필요합니다.

• **원장1**
지난 8월에 부모 만족도 조사를 실시하였습니다. 실시 결과 화장실에 대한 보수 의견이 나와 운영위원회 의결 후 예산을 수립하였습니다.

• **원장2**
부모 만족도 조사를 실시하였습니다. 부모 의견으로 가정통신문을 스마트알림장에 탑재 요청이 있어 수요조사한 후 결과를 반영하여 실시하고 있습니다.

7. 연간 보육계획을 작성할 때 전년도 운영평가를 반영한 부분은 무엇인가요?

Tip 보육의 질을 높이고, 부모가 만족하는 기관 운영을 위해 전년도 운영평가를 반영하는 것이 필요합니다.

• **원장1**
전년도에 조부모께서 어린이집에 방문하여 '옛날 이야기'를 들려 주셨습니다. 영유아와 부모의 만족도가 높아 올해도 조부모가 참여하는 활동을 계획하였습니다.

• **원장2**
전년도에 지구지킴이라는 환경 프로그램을 운영하였습니다. 처음에는 기관에서 영유아가 환경 활동을 하였는데, 교사의 의견을 반영하여 가정과 연계하였더니 참여도가 높아 올해도 진행하고 있습니다.

8. 교사의 업무를 지원하기 위해 새로 보완한 설비나 설치 사항이 있다면 어떤 것이 있나요?

Tip 보육의 질을 높이기 위해 보육교사를 배려하는 쾌적한 근무환경을 조성할 필요가 있습니다. 교사를 위한 별도 공간, 휴식을 위한 공간, 업무 지원을 위한 설비, 성인용 화장실을 갖추어 교사의 근무 의욕을 고취시킴으로써 능력을 최대한 발휘할 수 있도록 지원하여야 합니다.

• **원장1**
교사들의 의견을 반영하여 레이저 프린터기를 구입하여 업무의 효율성을 높였습니다.

• **원장2**
교사 휴게 공간을 별도로 마련하여 쾌적하게 휴식할 수 있도록 하였습니다.

5-2

상호 존중하는 소통과 협력

매뉴얼 핵심 요약

어린이집은 영유아의 성장에 긍정적인 영향을 주기 위해 보육교직원, 학부모와 원활하게 소통하고 협력해야 한다. 이를 위해 보육교직원 간 존중과 신뢰를 바탕으로 한 조직 문화를 형성해야 하며, 민주적이고 합리적인 의사결정 과정을 거쳐야 한다. 원장은 어린이집 운영자로서 보육교직원을 존중하는 태도를 갖추고, 공식적인 명칭을 사용하며 경청과 격려를 실천해야 한다. 또한, 교사 회의 및 면담을 통해 의견을 수렴하고, 개방적이고 수평적인 조직 문화를 조성해야 한다.

어린이집과 가정은 영유아의 건강한 성장과 발달을 위해 공동양육자로서 협력해야 한다. 이를 위해 정기적인 개별 면담과 다양한 소통 방법을 활용하여 학부모와 일관성 있고 우호적인 관계를 유지해야 한다.

▶ 포인트

- 교직원 간 존중과 신뢰를 기반으로 건강한 조직문화 환경을 조성한다.
- 민주적이고 합리적인 의사결정이 이루어지도록 한다.
- 교직원을 존중하는 태도로 공식 명칭을 사용하고, 경청과 격려를 실천한다.
- 교사 회의 및 면담을 통해 의견을 수렴하고 수평적인 조직 문화를 조성한다.
- 어린이집과 가정 간 원활한 소통과 협력을 위해 다양한 소통 방법을 활용한다.
- 학부모와의 정기적인 면담을 통해 영유아를 효과적으로 지원한다.

▶ 평가제 준비 Check

- 보육교직원 간 협력: 존중을 기반으로 한 소통 문화 형성
- 건강한 조직문화: 존칭 사용, 민주적 의사결정으로 의견을 존중하고 반영
- 의사소통 기회 제공: 정기적인 교사 회의 및 면담 실시
- 학부모와의 협력: 다양한 소통 채널 활용 및 정기적 개별 면담 운영
- 가정 연계 강화: 영유아 발달 지원을 위한 학부모 협력 체계 구축

▶ 원장의 역할

- 교직원과 신뢰 관계를 형성하고 의견을 경청하고 존중하는 리더십 발휘
- 교사 회의 및 면담을 통해 개방적인 의사소통을 실천
- 합리적인 운영 방향과 교직원이 참여할 수 있는 기회 제공
- 부모와의 정기적 면담과 다양한 소통으로 가정과의 협력 증진

면담 **기록**

적절한 수준

- 보육교직원은 상호 존중한다.
- 보육교직원의 의사결정 과정은 민주적이고 합리적으로 이루어진다.
- 어린이집은 가정과 원활하게 소통한다.

부적절한 수준

- 원장은 보육교직원에게 반말을 사용하고, 일방적으로 지시하거나 보육교직원의 의견을 무시하는 태도를 보인다.
- 보육교직원의 의사결정 과정은 민주적이지 않고 원장의 결정이 우선시된다.
- 가정과의 소통 방법이 일방적이고 획일적이다.

지표 핵심_1

〈관찰, 면담〉 적절한 수준	〈관찰, 면담〉 부적절한 수준
• 보육교직원은 상호 존중한다.	• 원장은 보육교직원에게 반말을 사용하고, 일방적으로 지시하거나 보육교직원의 의견을 무시하는 태도를 보인다.

핵심 Point

• 건강한 조직문화 조성

1. 원장은 보육교직원을 존중

- 교사에게 "○○선생님" 등 존중이 담긴 호칭을 사용함

2. 업무 개선을 위한 피드백 원활

- 상황파악: 업무가 미흡하거나 개선이 필요한 사항에 대해 교사의 의견을 먼저 경청함
- 해결방안 모색: 보완 및 개선에 필요한 지원에 대해 서로의 의견을 조율함
- 지속적 관심: 원장은 관심으로 교사의 변화를 지켜보며 피드백 함

3. 갈등이 발생할 경우 합리적인 해결방안을 위한 의사소통 역량 발휘

- 상황파악: 갈등을 원인과 상황을 명확히 이해하기 위해 개별적인 면담을 준비함
- 소통: 공감적 자세로 교사의 입장과 감정, 요구에 대한 사항을 적극적으로 경청함
- 해결방안 모색: 가능한 해결방안을 모색하고, 서로 수용 가능한 방안에 대해 합의 도출함

평가제 완벽 대비 Q&A

Q 교사에 대한 근무평가를 실시해야 하나요?

A 교사에 대한 근무평가는 교사가 수행한 업무의 수준과 개선점을 객관적으로 파악하기 위한 자료로, 원장이 정기적이고 체계적으로 실시하는 것이 바람직합니다. 그러나 이 근무평가는 '2024 개정 어린이집 평가지표'의 평가 내용에는 포함되지 않습니다.

지표 핵심_2

〈면담〉

적절한 수준	부적절한 수준
• 보육교직원의 의사결정 과정은 민주적이고 합리적으로 이루어진다.	• 보육교직원의 의사결정 과정은 민주적이지 않고 원장의 결정이 우선시된다.

핵심 Point

• 민주적인 의사 결정 문화 형성

1. 교직원의 의견이 수용되는 조직문화 조성

- 교직원에게 의견을 묻고, 답변을 주의 깊게 들음
- 교직원의 제안을 경청하고 반영하고자 노력함

2. 원장은 민주적이고 합리적인 의사결정

- 교사회의, 행사준비 시 아이디어 및 필요사항 등에 대해 교사의 의견을 수용함

예시.

• 교사회의
  - 정기적으로 진행되고 있고, 안건을 사전에 공유함으로써 원활한 의견 교류
  - 건의 및 제안할 수 있는 시간을 운영

• 행사 및 보육과정 운영:
  - 아이디어 및 필요 사항에 대한 제안

3. 교사 개별 면담 진행

- 연 1회 이상 교사 개별 면담을 실시함
- 대상: 6개월 이상 근속한 교사(담임교사, 보조교사, 연장보육 전담교사)
- 내용: 근무에 대한 전반적인 상황 및 근무하며 느끼는 고충과 어려움 파악 후 교사 개인의 발전 기회로 전환시킬 수 있도록 지원함

부록_교사 개별면담 일지 예시

반 명: ○○반 직 위: 담임교사 교사명: 박○○

교사 면담 사전 질문	
구 분	내 용
사명감	• 어린이집 교사가 선생님에게는 어떤 의미인가요?
	• 교사로서 보람된 순간을 최근 언제, 어떻게 느끼셨나요?
	• 영유아의 교사로 살아가며 힘들고 고민되는 때가 언제인가요?
보육과정	• 하루일과를 진행하며 어려운 사항이 있나요?
	• 영유아에게 놀이 지원을 하며 보람되었던 순간이 언제였나요?
	• 영유아의 놀이지원을 하며 어려운 사항이 있나요?
	• 이 외에 반을 운영하며 지원이 필요하거나 어려운 사항은 무엇인가요?
부모 관리	• 부모와 소통 시 보람되었던 순간이 있나요?
	• 부모와 소통 시 어려움이 있나요?

	• 부모와 소통 시 지원이 필요한 부분이 있나요?
동료관계 및 업무사항	• 원장 및 동료교사와의 관계에서 도움을 받은 부분이 있나요?
	• 원장 및 동료교사와의 관계에서 어려움이 있나요?
	• 맡은 업무 중 도움이 필요하거나 어려운 점이 있다면 무엇인가요?
기타	• 앞으로 자기 계발을 위해 하고 싶은 것이 있나요?
	• 건의 사항이 있나요?

교사 면담 내용

면담날짜	20xx.xx.xx.	장 소	원 장 실

- 교사가 개정 누리과정을 현장에서 어떻게 적응해야 할지 고민이 깊어 지난 달 개정누리과정 교육을 받은 내용을 토대로 영유아 · 놀이 중심이 어떤 의미인지 설명함. 또한 개정된 누리과정을 현장에서 접목해 나가면서 어려운 점이나 부족한 부분은 교사회의 시 충분한 토의를 통해 영유아 발달 수준에 맞는 놀이 환경을 구성하기로 함

- 처음 개원하는 어린이집의 주임교사로서 동료교사와의 관계가 정립되기도 전에 업무를 진행하다 보니 어려움이 많았을 텐데도 주임교사의 역할을 잘해 나가고 있음. 특히 갈등하거나 고민이 많은 교사들에게 선배교사로서 상담을 잘해 주는 부분에 대해 격려하였음. 중간관리자로서 교사와의 유대관계를 잘 맺을 수 있도록 원장이 지원할 부분에 대해서 생각해 볼 것을 이야기 나눔

- 김○○어머니가 자녀에 관해 개별적인 요구가 많아서 어려움이 있음. 특히 11시 넘어 등원할 경우에도 간식을 챙겨 달라고 요구하는 것, 아이의 활동 사진을 일일 5장 이상 요구하는 사항 등에 대한 부분은 원장이 해당 어머니와 소통하여 원활하도록 지원 예정

평가제 완벽 대비 Q&A

Q 교사 회의 기록은 어린이집 평가에서 확인하지 않나요?

A 평가 항목에서는 보육교직원 간의 상호 존중과 의사결정 과정의 민주성 및 합리성을 관찰과 면담으로 확인합니다. 교사회의록 작성은 평가 내용에 포함되지 않으므로, 운영일지 등으로 관리하시기 바랍니다.

Q 교사 면담은 기록으로 관리해야 하나요?

A 원장은 어린이집 운영 책임자로서 보육교직원과 합리적으로 의사소통해야 하며, 교사 회의나 면담을 통해 의견 표현의 기회를 제공해야 합니다. 평가 시에는 보육교직원 간의 상호 존중과 민주적인 의사결정 과정이 이루어지고 있는지를 관찰하고 면담으로 확인합니다.

지표 핵심_3

〈기록, 면담〉 적절한 수준	〈기록, 면담〉 부적절한 수준
• 어린이집은 가정과 원활하게 소통한다.	• 어린이집은 소통 방법이 일방적이고 획일적이다.

평정서류: 부모 개별 면담 기록(연 2회)

핵심 Point

- 학기별로 진행되는 부모 개별 면담
- 다양한 방법으로 가정과 소통

평정서류: 부모 개별 면담 기록

1. 다양한 방법으로 가정과 소통

▌가정과 소통 방법

• 지면	• 가정통신문, 알림장, 게시판, 부모교육 자료 등
• SNS	• 문자메시지, SNS(카카오톡, 인스타그램, 밴드, 카페, 블로그 등), 스마트 알림장, 홈페이지 등
• 수시 면담	• 등 · 하원 시 또는 비정기적인 소통 등
• 모임	• 자조 모임, 행사 등
• 보육 참여	• 급식 · 견학 · 행사 도우미 참여 등
• 부모 만족도 조사	• 어린이집 이용 서비스 및 운영에 대한 만족도 실시 등

2. 모든 영유아의 부모와 연간 2회 이상 개별 면담 후 기록, 관리

- 평정서류: 부모 개별 면담 기록(연 2회)
- 전체 영유아의 부모와 연간 2회 이상 개별 면담을 실시함
- 대면 면담이 원칙이나 부모가 방문할 수 없는 경우 유선상담으로 진행 가능함
- 학기당 1회 기록이 있어야 함
- 작성 필수 내용: 실시 일시, 대상 및 면담자, 면담 내용
- 신규 개원 6개월 이내 어린이집의 경우, 부모 개별 면담 기록을 1회 이상 실시한 기록이 있음
- 재원생을 기준으로 평정함
- 현장평가월 기준 1년 이내 실시기록 확인함

▌부모 개별 면담 일지 작성법

• 기록 필수 사항	• 실시 일시, 대상, 면담자, 면담 내용
• 상담 방법	• 면대면으로 실시 단, 부모의 개인사정으로 면대면이 어려운 경우라면 '개별면담'을 목적으로 전화 상담 가능함
• 상담 내용	• 개별 영유아의 전반적인 발달평가(관찰일지, 영유아 발달평가 등)를 기반으로 성장의 변화와 지원 방안에 대해 소통함

개별면담 예시

반 명	○ ○ 반	담임교사	김 ○ ○ 교사
원 아 명	이 ○ ○	생년월일	20xx년xx월xx일 (만 1 세)
참여부모	박 ○ ○ 어머니	형 태	방문 (○) / 전화 ( )
일 시	20xx년 xx월 xx일(화) 오후 xx시 xx분		
구 분	교사 의견	부모 의견	
상담하기를 원하는 내용	• 교사와 애착형성이 잘 되어 있으며 어린이집 생활을 원만하게 하고 있음	• 떼를 쓰며 고집이 센 편	
생활 습관	• 식탁 의자에 앉아 먹는 바른 식습관을 보이고 있으며 아삭한 식감의 음식을 선호하는 편임 • 편식이 있으며 밥량이 많은 편 • 공갈젖꼭지를 사용하고 있고 깊은 잠을 자는 편	• 신 과일, 로스고기는 부위에 상관없이 좋아하지 않음 • 국, 덮밥 종류를 즐기고 버섯, 우엉, 연근 조림을 좋아함	
대인 관계 (성인, 형제, 또래)	• 애교가 많으며 교사에게 스킨십으로 애정 표현을 많이 하는 편 • 또래와의 놀이가 적극적	• 누나와의 놀이가 주를 이루고 누나 친구들과 놀이를 하다 보니 다소 격하게 놀이를 하는 편임	
발달 정도 (언어, 신체 등)	• 늦은 월령이지만 스스로 바지 입기를 시도하는 등 또래에 비해 신체 발달이 빠른 편임 • 두세 단어를 연결하여 말하며, 의사 표현 시 단어로만 말하는 경우가 있음	• 또래에 비해 늦지는 않은 듯 하지만 의사표현을 더 명확히 했으면 함	
행동 특성	• 발달특성상 소유의식이 발달하여 친구와 실내놀이 시간에 놀잇감으로 다투는 횟수가 잦음 • 울음과 떼가 3월 초보다 많이 늘었음	• 과격한 편이며 겁이 많지만 위험한 행동을 자주 하는 편이라 주의가 필요	
기 타	• 단어 카드, 그림책 읽기, 노래 듣기 등 언어 자극에 필요한 활동을 진행하고 있음	• 말하는 시기여서 언어에 자극을 주고 싶음	
종합 의견	• 교사 및 또래 관계가 원만하며 놀이 및 활동에도 관심을 보이고 적극적임 • 의사표현 시 문장으로 말하지 않고, 단어로만 말하는 경우가 있어, 의사표현 시 문장을 사용하여 말할 수 있도록 교사 및 부모가 모델링해 줄 필요가 있겠음		
부모건의사항	• 서대문 자연사 박물관처럼 먼 거리의 견학도 고려해 주길 바람		

3. 자녀 양육을 지원하기 위한 다양한 정보 제공

▌자녀 양육을 위한 다양한 정보 제공

• 부모교육	• 영유아 권리존중, 건강, 발달 및 놀이방법에 대한 정보 제공
제공 방법 • 지면: 가정통신문, 양육정보지, 리플릿, 소책자, 게시판 등 • SNS 및 온라인 매체: 스마트 알림장, 홈페이지, 카페, 블로그 등 • 모임: 소모임, 강연회 등	
• 기관 연계	• 영유아의 발달 및 적응 문제 및 가족이 당면한 문제 지원을 위해 영유아 관찰, 개별면담 등을 통해 파악 • 보호자가 요청할 경우, 지역사회 내 전문 기관에 대한 정보 제공

평가제 완벽 대비 Q&A

Q 부모 개별 면담 기록에 기재되어야 하는 내용은 무엇인가요?

A 부모 개별 면담 시에는 실시 일시, 대상, 면담자, 내용 등을 기록하여 관리해야 합니다.

Q 부모 개별 면담 기록의 검토 기간을 설명해 주세요.

A 어린이집은 가정과 다양한 방법으로 소통하고, 영유아 지원을 위해 연 2회 이상의 개별 면담을 실시해야 합니다. 현장 평가 기준으로 1년 이내에 2회 이상 실시했는지 확인해야 합니다. 예를 들어, 2024년 10월 평가를 위해 2023년 10월 1일부터 2024년 10월 평가 전일까지의 기록을 검토합니다.

Q 신규 개원한 지, 1년 이내의 어린이집의 경우, 부모 개별 면담 기록이 연 2회 있어야 하나요?

A 신규 개원 1년 미만인 어린이집은 연 1회 면담을 실시하고, 이후 계획이 확인되는 경우 감안하여 평정합니다.

Q 알림장을 반드시 작성해야 하나요?

A '알림장'은 의사소통 방법 중 하나지만 필수 자료는 아닙니다. 평가 시 '가정과 소통' 여부는 교사 면담으로 확인하고, '정기적인 부모 개별 면담'은 기록으로 확인합니다.

Q 부모가 개별면담을 원치 않을 경우 사유를 기재하고 실시하지 않아도 되나요?

A 부모 개별면담은 교사와 부모가 영유아에 대한 다각적인 정보를 공유하고 올바른 양육 및 지원방법에 대해 함께 의견을 주고받는 의미 있는 시간입니다. 따라서 어린이집에서는 교사와 부모가 영유아의 긍정적인 성장발달을 지원하기 위해 1년에 2번 이상 정기적인 면담을 실시해야 합니다. 이 때 대면 면담이 원칙이나, 부모의 사정으로 대면 면담이 어려운 경우 유선 상담으로도 진행 가능합니다.

면담 준비하세요!

함께 생각해 보기

1. 원장님으로서 보육교직원을 존중한 구체적인 사례는 무엇인가요?

Tip 원장은 수평적 리더십으로 교직원을 존중하기 위해 정식 명칭으로 부르고 존대하며, 반말을 하는 등 고압적인 태도를 보이지 않도록 유의하여야 합니다. 또한 교직원의 의견에 관심으로 격려하며 칭찬하고, 의견을 묻거나 제안을 경청하며 운영에 반영하여야 합니다.

- **원장1**
  교사가 보육계획에 따라 필요한 교구나 자료를 스스로 찾도록 환경을 제공하고, 다양한 경험을 위해 외부 박람회나 전시회에 교사들이 직접 참여할 기회를 주고 있습니다. 이를 통해 교사들이 자율적으로 직접 탐방하고 경험할 수 있도록 하고 있습니다.

- **원장2**
  선생님들이 존중받는 조직문화를 만들기 위해 교사가 중요한 조직의 일원이라는 인식을 심어줘야 합니다. 교사회의나 협의를 통해 의견이 존중받는 경험이 쌓일수록 적극적으로 참여하게 되고, 교사의 능력을 발휘할 수 있는 환경이 됩니다. 이러한 경험이 선생님들에게 활력을 주고 존중받는 느낌을 주도록 지속적으로 존중받는 문화를 지원할 계획입니다.

- **원장3**
  부모참여수업을 계획하여 교사들이 복고풍 문화 행사를 하고 싶다는 의견을 전달받았습니다. 교사의 의견을 적극적으로 반영하여 교사도 적극적으로 참여할 수 있도록 교사의 의상부터 필요 물품을 적극적으로 지원하였더니 부모뿐만 아니라 교사에게도 즐거운 추억으로 남았다고 합니다.

2. 보육교직원의 반 운영이나 업무태도 등에 대해 미흡한 사항이 있을 때 어떻게 내용을 전달하나요?

Tip 원장은 합리적인 방법으로 의사소통을 하여야 합니다. 교직원이 함께 참여할 수 있는 교사회의, 면담 등을 개최하여 의사표현 기회를 마련하여야 합니다.

- **원장**
  모든 교직원에게 전달할 사항이 있다면 교사회의 등을 통해 전달하고 있습니다. 그러나 교사 개인적으로 미흡한 부분이 있다면 교사에게 면담 가능 시간을 먼저 물어본 후, 개인적으로 소통합니다.

3. 선생님과의 갈등 상황이 있었던 경험이 있나요? 갈등 상황을 어떻게 해결했나요?

Tip 갈등 상황에서 발휘되어야 하는 리더십은 공감과 경청입니다.

- **원장1**
  교사와의 특별한 갈등 상황은 없었습니다.

- **원장2**
  얼마 전 행사를 마치신 선생님이 표정이 어둡고 말이 없었습니다. 제가 말을 걸어도 대꾸가 없어서 면담을 요청하였습니다. 교사에게 질문을 하니 발달지연이 있는 유아로 인해 마음이 많이 답답해서 그만두고 싶다는 의사를 전달하였습니다. 근본적인 해결은 사직이 아니기 때문에 일단 교사의 입장에서 생각하며 충분히 공감을 한 후, 기관에서 할 수 있는 지원과 유관기관 연계를 알아보겠다고 하니 위로가 되었다고 하며, 힘을 내는 모습을 볼 수 있었습니다.

4. 선생님 입장에서 원장님에게 존중받고 있다고 느낀 구체적인 사례는 무엇인가요?

Tip 원장에게 존중받았던 경험에 대해 답변합니다.

- **교사 1**
  원장님께서는 월급날마다 손편지를 써서 급여명세서와 함께 주십니다. 교사를 존중해 주시는 원장님의 마음이 느껴집니다.

- **교사 2**
  원장님께서 독서모임을 하고 계시는데 저희 교사들이 읽으면 좋은 책이라며 우리 어린이집 교사들의 독서모임을 추천하셨습니다. 교사들의 의견이 모두 긍정적이어서 독서모임이 진행되었는데 원장님께서 매월 2회씩 교사들을 위해 책 내용을 요약해 주시고, 나눔을 통해 교사 자신과 우리가 맡은 영유아를 더 의미 있게 바라볼 수 있도록 리드해 주셨습니다. 교사들을 위해 시간을 내 주시고, 교사 각자의 이야기에 귀를 기울여 주셔서 감사했습니다.

- **교사3**
  경력교사로서 놀이 중심 보육과정을 운영하는 것이 어렵지만, 저희 선생님들은 정기 모임을 통해 고민을 나누고 있습니다. 원장님도 함께하셔서 저의 이야기를 살 들어 주시고, 간식과 자료를 준비해 주십니다. 특히 저의 고민에 대해 늘 격려해 주셔서 마음이 한결 가벼워집니다.

5. 선생님 입장에서 원장님이 교직원이 느끼는 어려움을 민감히 파악하고 반응한 사례는 무엇인가요?

Tip 원장이 교직원이 느끼는 어려움을 파악하고 지원한 사례에 대해 답변합니다.

- **교사1**
  동료교사 간에 갈등이 있었는데 원장님께서 양쪽의 의견을 들으시고 잘 중재해 주셔서 오해가 풀렸습니다.

- **교사2**
  제가 초임교사여서 정기 부모면담을 어떻게 해야 할지 막막했습니다. 원장님께서 저의 어려움을 파악하셔서 필요한 교육을 지원해 주셨고, 자료도 주셔서 부모상담을 준비할 수 있었습니다.

6. 원장님으로서 의사결정을 할 때, 민주적이고 합리적으로 결정한 사례는 무엇인가요?

Tip 원장은 민주적이고 합리적으로 의사결정을 하여야 합니다.

- **원장1**

우리 어린이집은 교직원의 의견을 민주적으로 반영하기 위해 회의 안건을 사전에 공유하고, 찬반 토론, 붙임쪽지, 무기명 투표 등 다양한 방법으로 의견을 수렴합니다. 또한, 반 행사와 교직원 행사 일정 결정 시에도 의견을 반영하며, 예를 들어 보조교사를 채용하고 시차 출근제를 실시했습니다.

- **원장2**

우리 어린이집은 학기별로 교사 상담을 진행하고, 중요한 운영 사항은 교사회의를 통해 충분한 논의 후 결정합니다. 그러나 긴급한 사안은 중간관리자 회의에서 결정하고, 이후 모든 교직원에게 그 과정과 내용을 공유하여 투명하게 운영합니다.

7. 원장님으로서 보육교직원이 느끼는 고민이나 향후 계획에 관심을 가지고 주기적으로 면담을 실시하나요? 면담을 실시할 때, 가장 중요하게 생각하는 것은 무엇인가요?

Tip 원장은 교직원과 협의를 통해 정기 개별면담일정을 의논하고 공유하여야 합니다.

- **원장**

저희 기관은 6개월 이상 근속한 교사를 대상으로 개별면담을 연 1회 이상 실시하고 있습니다. 면담을 통해 교사가 근무하며 경험한 보람, 어려움 등을 파악하고 지원 필요성이 있는 부분에 대해 소통합니다. 면담을 통해 팀워크가 느껴지도록 교사의 어려움을 지원할 수 있는 최적의 방법을 서로 모색하여 교사가 성장하도록 돕는 것을 최우선으로 생각하고 있습니다.

8. 선생님 입장에서 원장님이 보육과정을 포함한 어린이집 운영과 관련된 사안을 결정할 때 보육교직원의 의견을 반영한 사례는 무엇인가요?

Tip 원장은 보육과정을 포함하여 운영과 관련된 사안을 결정할 때 교직원의 의견을 적극적으로 수용하는 리더십이 필요합니다.

- **교사1**

"세계여러나라"에 대한 놀이를 가정과 연계하여 진행하였습니다. 유아가 다양한 지역사회 자원을 활용하여 다양한 문화를 이해하고 다름을 존중하는 배움의 기회를 제공하고 싶은데 지역사회의 적극적인 협력이 필요했습니다. 원장님께 말씀드렸더니 적극적으로 도움을 주셔서 놀이를 다양하고 폭넓게 연계할 수 있었습니다.

- **교사2**

견학 때 인파가 많아 영유아의 안전이 걱정이 되어 원장님께 의견을 말씀드렸습니다. 원장님께서 소풍도우미로 참여할 부모에 대한 수요조사를 실시하셔서 부모의 적극적인 협력으로 소풍 때 안전하게 다녀왔습니다.

9. 선생님 입장에서 원장님과의 면담은 어떤 측면에서 도움이 되나요?

Tip 원장과의 면담이 도움이 된 사례에 대해 답변하세요.

- **교사 1**

보육과정에 대한 부분, 반 운영에 어려움과 보람, 부모 및 동료교사와의 관계 등에 대한 면담이 진행되었습니다. 제가 공격성이 강한 아이 때문에 근래 무척 힘들었는데, 그 부분에 대해 적극적으로 해결해 주시고자 대안을 여러 가지 제안하셨습니다. 무엇보다 아이를 이해하는 데 많은 도움을 주셨습니다.

- **교사2**

원장님과의 면담은 교사로서의 사명감과 가치를 느끼도록 해 주셨습니다. 교사로서 성장한 부분에 대해서 구체적으로 격려해 주셔서 힘이 났습니다. 또한 저에 대한 개인적인 꿈에 대해 여쭤봐 주셔서 깊은 관심이 느껴져 뜻깊은 시간이었습니다.

10. 평소 가정과 다양한 방법으로 소통하고, 정기적인 개별면담(연 2회 이상)을 통해 영유아를 지원하고 있나요?

Tip 1. 영유아의 건강한 발달지원을 위해 다양한 방법으로 가정과 소통하여야 합니다.

지면	가정통신문, 알림장, 소책자, 게시판 등
전화 및 온라인 매체	문자 메시지, SNS, 스마트 알림장, 홈페이지, 카페, 블로그 등
수시면담	영유아의 특성이나 가정의 배경을 고려한 비정기적인 소통
집단모임	소모임, 행사 등
부모만족도 조사	어린이집의 서비스 전반 및 운영에 대한 만족도 조사

2. 모든 영유아의 부모와 연 2회 이상(학기 당 1회 이상) 개별면담을 실시하고 면담 내용을 기록 · 관리하여야 합니다.

- **원장**

스마트 알림장, 가정통신문, 블로그 등으로 다양하게 소통하고 있습니다. 그리고 연간 2회 정기적인 부모면담을 통해 영유아의 발달을 지원하고 있습니다.

11. 가정과의 원활한 소통을 위해 최근 학부모가 제시한 의견 중 수용한 사례는 무엇인가요?

Tip 가정과의 원활한 소통을 위해 부모의 의견을 반영하는 수용적인 부분이 필요합니다.

- **원장1**

운영위원회 회의 시간에 견학 및 소풍 이동거리가 20분이 넘지 않았으면 좋겠다는 의견을 적극적으로 수용하여 계획을 수립하고 있습니다.

- **원장2**

아빠만을 위한 부모교육이 진행되었으면 좋겠다는 부모의 의견을 반영하여 올해 하반기에 육아대디를 위한 부모교육이 진행되었습니다.

12. 학부모와의 원활한 의사소통을 위해 가장 효과적이라고 생각하는 방법은 무엇인가요?

Tip 영유아의 발달 지원에 가장 중요한 것은 가정과의 적극적인 소통이기 때문에, 각 기관의 지역 및 부모특성에 따라 효율적인 소통이 이루어지도록 해야 합니다.

- **원장1**

부모가 선호하는 소통은 스마트 알림장과 SNS 소통입니다. 앞으로도 SNS 소통이 활성화되도록 다양한 플랫폼을 사용하고자 합니다.

- **원장2**

부모와의 소통을 위해 효과적이라고 생각하는 것은 운영위원회입니다. 운영위원회를 통해 어린이집의 전반적인 운영에 대한 보고 및 논의가 이루어지고, 전체 부모에게 공지함으로써 어린이집의 투명성을 확보할 수 있어 효율적입니다.

13. 일상적으로 학부모의 자녀 양육을 지원하기 위해 어떤 정보와 활동(프로그램)을 제공하나요?

Tip 부모의 양육을 지원하기 위해 지면, 온라인, 대면 등의 다양한 방법으로 부모교육을 제공하여야 합니다.

- **원장1**

월 1회 이상 지역사회 기관에서 진행하는 부모교육 정보를 공지하여 교육에 참여할 수 있도록 지원하고 있습니다.

- **원장2**

부모에게 수요조사를 실시하여 원하는 부모교육 주제를 선정한 후 원장인 제가 직접 부모교육을 진행하고 있습니다.

5-3

보육교직원 역량 강화

매뉴얼 핵심 요약

영유아 중심·놀이 중심 보육과정 운영에서는 교사의 자율성이 강조되며, 영유아의 놀이가 의미 있게 지속되고 확장될 수 있도록 교사의 역할이 중요하다. 교사는 놀이를 사전에 계획된 활동과 구분하여 지원을 하고, 이를 지원하기 위해 관찰, 기록, 적절한 개입과 상호작용 역량을 갖추어야 한다. 이를 위해 원장은 보육교직원의 역량 강화를 위한 교육 기회를 제공하고, 교사의 놀이 지원 역량을 지속적으로 점검하며 지원해야 한다.

또한, 원장은 교사의 전문성 향상을 위해 보수교육뿐만 아니라 개별 특성과 요구를 반영한 다양한 교육 기회를 제공해야 하며, 교사가 적극적으로 참여할 수 있도록 독려해야 한다. 아울러, 교사와 영유아 간의 상호작용을 관찰하고 적절한 피드백을 제공함으로써 교사가 놀이 지원자로서의 역할을 수행하는 데 자신감을 가질 수 있도록 돕는다. 이를 통해 영유아는 더욱 질 높은 보육 환경에서 배움의 기회를 경험할 수 있다.

▶ 포인트

- 영유아 중심 · 놀이 중심 보육과정 운영을 위해 교사의 자율성이 효과적으로 발휘되기 위해서는 다양한 교육의 기회가 제공되어야 한다.
- 보육교직원은 의무적인 보수교육뿐만 아니라 직무 역량 강화를 위한 다양한 교육에 참여해야 한다.
- 원장은 교사의 개별 특성과 요구를 고려하여 교육 기회를 제공한다.
- 영유아와 교사의 상호작용을 관찰하고 적절한 피드백을 제공하여 놀이 지원자로서의 역할을 수행할 수 있도록 한다.

▶ 평가제 준비 Check

- 교사 역량 강화: 교직원의 역량을 향상시키기 위한 다양한 교육 기회를 마련
- 교육 참여 독려: 보수교육 및 역량 강화 교육에 참여하도록 지원
- 상호작용 지원: 담임 교사의 상호작용 피드백 제공

▶ 원장의 역할

- 교직원의 역량 강화를 위해 다양한 교육 기회 제공
- 교사의 개별 특성과 요구를 고려한 역량강화
- 놀이 중심 보육과정 운영을 위해 교사가 자율성을 발휘하도록 지원
- 교사와 영유아의 상호작용을 관찰하고 피드백을 제공
- 양질의 보육 환경 조성을 위해 지속적으로 교사의 전문성을 강화

면담 **기록**

적절한 수준

- 원장은 보육교직원의 역량 증진을 위해 다양한 유형의 교육 기회를 제공한다.
- 원장은 교사의 상호작용 등에 대해 관찰하고 지원한다.

부적절한 수준

- 원장은 보육교직원의 경력 및 직무별로 필요한 교육을 제공하지 않는다.
- 원장은 교사의 상호작용에 대한 관찰과 지원을 하지 않는다.

지표 핵심_1

〈기록, 면담〉

적절한 수준
• 원장은 보육교직원의 역량 증진을 위해 다양한 유형의 교육 기회를 제공한다.

〈기록, 면담〉

부적절한 수준
• 원장은 보육교직원의 경력 및 직무별로 필요한 교육을 제공하지 않는다.

평정서류: 역량 계발 교육 관련 기록(이수증, 수료증, 교육실행기록)

핵심 Point

• 역량강화를 위한 교육 기회 제공

1. 교직원 연간 교육 수립

- 교직원의 경력 및 직무, 요구 등을 고려하여 개별적으로 필요한 교육계획이 수립되어 있음
- 직무교육과 역량강화를 위한 재교육이 연간 교육에 골고루 반영되어 있음

직무교육 「영유아보육법」 제23조(또는 제23조의 2)에 의한 직무교육 실시	
• 대상	– 원장, 담임교사, 보조교사(반을 맡지 않은 경우 포함) – 연장보육 전담교사(입사 1개월 미만 교사 평정 제외)
• 증빙서류	– 직무교육 수료증 사본 또는 이수확인증, 경력증명서, 교육통합관리시스템
재교육(역량강화)	
• 대상	– 원장, 담임교사, 보조교사(반을 맡지 않은 경우 포함) – 연장보육 전담교사(입사 1개월 미만 교사 평정 제외)
• 내용	– 영유아 발달, 상호작용, 보육과정, 의사소통역량 강화, 조직소통 등에 관한 교육
• 방법	– 외부교육(유관기관 연계, 학회, 워크숍, 세미나 등) – 온라인 교육 – 어린이집 자체 교육

연간 교육 계획 수립 시 Tip

1. 당해 연도에 직무교육 대상 교사를 선별하여 우선 교육 계획에 배치한 후, 역량강화교육 등 재교육 계획을 수립하는 것이 효율적입니다.
2. 수료증이 있다면 교육보고서를 반드시 작성할 필요는 없습니다.
   그러나 어린이집 운영방침이라면 작성하셔야 합니다.
3. 재교육(역량강화)의 경우 어린이집에서 자체교육을 실시하였다면, 운영일지 또는 교육보고서를 통해 기록으로 확인이 되어야 합니다.

기록 확인 사항: 교육명, 일시, 장소, 참석자, 교육 내용 등

4. 직무 대상 확인을 할 수 있도록 경력증명서를 미리 준비하십시오.

부록_교직원 연간 교육 계획안

월	교육구분	교육명	대상자	방법	비고(교육담당자)
3월	재교육	아동성폭력/아동학대 예방법 및 신고의무자 교육	전체종사자	온라인	○○교육
	〃	어린이집 필수의무교육(전체)	전체종사자	온라인	○○교육
	〃	응급처치 및 심폐소생술 방법(이론)	전체종사자	온라인	어린이집 안전공제회
	〃	영아문제행동 이해하기	보육종사자	자체교육	원장
	〃	미리캔버스 활용교육(디지털역량강화)	보육종사자	집합교육	○○육아종합지원센터
4월	재교육	아동학대예방교육	전체종사자	자체교육	원장
	〃	제4차 어린이집 표준보육과정(놀면서 자란다)	보육교직원	집합교육	○○육아종합지원센터
	〃	응급처치 및 심폐소생술 방법(실습)	전체종사자	필수대면	국제구명구급협회
	〃	장애 인식개선교육(필수대면교육)	전체종사자	집합교육	○○육아종합지원센터
5월	재교육	아동학대 예방교육(보수교육인정)	보육교직원	집합교육	○○육아종합지원센터
	〃	개별영유아를 위한 놀이 집중관찰하기	보육교직원	집합교육	○○육아종합지원센터
	〃	보육교직원 및 영유아대상 미세먼지 대응교육	보육교직원	자체교육	주임교사
	〃	평가제 매뉴얼교육/원장 전문성 강화교육	보육교직원	집합교육	○○육아종합지원센터

월	교육구분	교육명	대상자	방법	비고(교육담당자)
6월	재교육	어린이집 보육일지 및 관찰일지 작성법	보육교직원	집합교육	○○육아종합지원센터
	〃	발현적 놀이지원: 교사의 상호작용 중심으로	보육교직원	집합교육	○○육아종합지원센터
	〃	표준보육과정연수(해설서)	보육교직원	집합교육	○○육아종합지원센터
	〃	구조 및 응급처치교육(실습포함)	전체종사자	필수대면	○○육아종합지원센터
7월 ~ 8월	재교육	아동학대예방교육	보육교직원	자체교육	원장
	〃	평가제 매뉴얼 교육	보육교직원	집합교육	○○육아종합지원센터
	〃	놀이중심 보육(교육)과정에서 교사의 역할	보육교직원	집합교육	○○육아종합지원센터
	〃	영아문제행동 이해하기	보육교직원	집합교육	원장
	〃	건강 및 영양교육	보육교직원	대면교육	○○급식관리지원센터
9월	재교육	아동학대예방교육	보육교직원	온라인	○○교육
	〃	보육일지 및 관찰일지 작성법 (전문성 강화)	보육교직원	집합교육	○○육아종합지원센터
	〃	바람직한 급간식지도	보육교직원	자체교육	원장
	〃	부모상담교육	보육교지원	자체교육	원장
10월	재교육	영유아 문제행동 지도자과정 (관찰, 분석, 평가)	주임교사	집합교육	○○육아종합지원센터
	〃	정서적 상호작용 교육	보육교직원	자체교육	원장
	〃	평가제 매뉴얼 교육	보육교직원	집합교육	원장 · 주임교사
	〃	긍정적 배변정서 및 기저귀갈이	보육교지원	자체교육	원장
11월	재교육	아동학대예방교육	보육교직원	자체교육	원장
	〃	정서적 상호작용 교육	보육교직원	자체교육	원장
	〃	마음성장프로젝트	보육교직원	온라인	한국보육진흥원
		감정코칭-향기테라피	보육교직원	집합교육	○○육아종합지원센터
12월	재교육	아동학대예방교육	보육교직원	자체교육	원장
	〃	정서적 상호작용 교육	보육교직원	자체교육	원장
	〃	재무회계교육(결산)	원장	집합교육	○○육아종합지원센터
1월	재교육	아동학대예방교육	보육교직원	자체교육	주임교사
	〃	정서적 상호작용 교육	보육교직원	자체교육	원장
2월	〃	안전사고예방교육	보육교직원	자체교육	원장
	〃	재무회계교육(예산)	원장	집합교육	○○육아종합지원센터

2. 전 교직원의 역량 계발 교육 실행 기록

- 평정서류: 역량 계발 교육 관련 기록(이수증, 수료증, 교육 실행 기록)
- 대상: 원장, 담임교사
- 직무교육 외의 역량강화에 필요한 재교육에 참여함
  역량강화 교육 내용: 영유아 발달, 보육과정, 상호작용 등에 관한 교육
- 현장평가월 기준 1년 이내 실시기록 확인함
- 현 근무교사 대상 평정

직무교육 인정 범위

1. 원장 및 교사 직무교육
   승급교육, 특별직무교육, 원장 사전직무교육, 장기 미종사자 교육
2. 직무교육 인정 기간
   2023년 직무교육 이수 교사: 보육업무 경력 2년 경과했다면 2025년도 교육 이수하여야 함, 단 2025년도에 부득이하게 교육을 이수받지 못했다면 유예기간 1년이 있으므로 2026년 12월 31일까지 필히 이수 완료

〈2025년 보육사업 안내〉

3. 교직원의 원활한 교육이 진행되도록 환경 지원

- 교사가 교육 참여로 업무 공백이 발생될 경우 적절한 지원을 함
  [대체교사, 보조교사, 원장 지원 등으로 원활한 보육과정이 운영되도록 함]

평가제 완벽 대비 Q&A

Q 보육교직원 직무교육 평정 대상은 어떻게 되나요?

A 어린이집 원장은 보육교직원의 경력과 직무를 반영한 다양한 교육 기회를 제공해야 합니다. 평가 시에는 직무교육과 역량 개발 교육을 통해 교직원의 역량 증진 여부를 기록과 면담으로 확인합니다. 직무교육은 원장, 담임교사, 연장보육 전담교사를 대상으로 하며, 이수증이나 수료증으로 확인합니다.

Q 원장과 교사 직무교육의 정해진 기간은 언제인가요? 승급교육, 특별직무교육, 원장 사전직무교육, 장기 미종사자 교육이 일반직무교육으로 인정되나요?

A '어린이집 평가지표'에 따르면, 원장, 담임교사, 연장보육전담교사는 정해진 기간 내에 승급교육, 특별직무교육, 원장 사전직무교육, 장기 미종사자 교육을 이수해야 인정됩니다. 보육사업안내에 따라 직급에 맞는 교육을 받아야 하며, 2022년에 직무교육을 이수한 원장과 보육교사는 보육업무 경력이 만 2년 경과한 해인 2024년까지 재이수해야 합니다. 2024년에 교육을 이수하지 못하면 2025년 12월 31일까지 이수해야 합니다.

Q 보육교직원 역량 계발 교육 평정 대상은 어떻게 되나요?

A 보육교직원 역량 개발 교육은 원장과 담임교사를 대상으로 하며, 영유아 발달, 보육과정, 상호작용에 관한 교육 이수 여부를 이수증 등을 통해 확인합니다.

Q 보육교직원 교육 이수증, 수료증이 있는 경우 교육 연수보고서도 꼭 작성해야 하나요?

A 보육교직원 교육 이수 여부를 이수증 등을 통해 확인합니다. 다만, 문의하신 교육 이수에 대한 연수 보고서 등 별도 문서는 원 운영상황에 따라 필요시 작성 및 관리하시면 됩니다.

Q 심폐소생술 교육 이수해야 하나요?

A '심폐소생술' 교육은 보육사업안내에 따라 원장이 매년 보육교직원에게 응급처치 실습(소아 심폐소생술 포함)을 포함한 어린이 안전교육을 실시해야 하며, 이론과 실습을 포함해 총 4시간이 필요합니다. 이 교육은 평가지표의 평가 내용은 아니므로, 어린이집에서는 관련 법령과 지침에 따라 이수 및 관리하시기 바랍니다.

지표 핵심_2

〈기록, 면담〉 적절한 수준	〈기록, 면담〉 부적절한 수준
• 원장은 교사의 상호작용 등에 대해 관찰하고 지원한다.	• 원장은 교사의 상호작용에 대한 관찰과 지원을 하지 않는다.

평정서류: 담임교사 상호작용 관찰 및 지원 기록

핵심 Point

• 상호작용 관칠 지원

1. 교사별로 상호작용 관찰 지원

- 대상: 3개월 이상 근속한 담임교사
- 연 1회 이상 상호작용 관찰 및 지원이 이루어지고 기록이 있음
- 구체적인 시기를 정하여 교사가 준비할 수 있도록 함
- 상호작용에 어려움을 느끼는 교사에게 구체적인 지원을 위한 방안을 모색함 [발달 이해, 상호작용에 관한 자체적 지원 및 교육 기회 제공]

2. 상호작용 관찰 지원 기록 관리

- 평정서류: 담임교사 상호작용 관찰 및 지원 기록
- 상호작용 관찰 지원: 원장, 외부 전문가
- 현장평가월 기준 1년 이내 실시기록 확인함
- 기록: 일시, 관찰자, 대상자, 관찰 내용, 평가 및 지원 내용

상호작용 관찰 및 지원 기록 예시_1

일 시		관찰자	
반 명	슬기반 (5세)	담임교사	
놀이명	세계 여러 나라의 생활		
구 분		내 용	수 준
상호작용 기본 자세	표정	부드럽고 편안하다.	상 / 중 / 하
	행동	개별 영유아의 이름을 부른다.	상 / 중 / 하
	시선	영유아의 요구에 시선을 맞추고자 노력한다.	상 / 중 / 하
	마인드	영유아의 요구에 수용적이다.	상 / 중 / 하
	목소리	느리거나 빠르지 않으며 자연스럽고 안정감 있으며 따뜻하다.	상 / 중 / 하
일과 운영		하루일과에서 영유아의 놀이가 충분히 이루어진다.	상 / 중 / 하
		영유아의 관심사와 컨디션 등을 고려하여 융통성 있는 일과를 운영한다.	상 / 중 / 하
		영유아의 비언어적 · 언어적 의사표현을 존중한다.	상 / 중 / 하
놀이공간 및 운영		배움을 지원하는 풍부하고 매력적인 놀이 및 활동 자료를 제공한다.	상 / 중 / 하
		편안하게 휴식할 수 있도록 휴식 공간이 있다.	상 / 중 / 하
		놀이 또는 활동에 대한 기록을 활용하여 실내외 공간을 구성한다.	상 / 중 / 하
배움을 위한 자료 제공		영유아가 실내외에서 자연 및 날씨의 변화를 경험하도록 지원한다.	상 / 중 / 하
		영유아의 놀이 및 활동과 연계하여 자료를 제공한다.	상 / 중 / 하
		다름을 존중하는 놀이 및 활동 자료를 제공한다.	상 / 중 / 하
반응적 상호작용		영유아의 비언어적 · 언어적 표현을 경청한다.	상 / 중 / 하
		영유아를 있는 그대로 존중한다.	상 / 중 / 하
		놀이를 기다리고 지켜보며 지원한다.	상 / 중 / 하
		영유아를 있는 그대로 존중한다.	상 / 중 / 하
또래 간 격려		영유아들이 서로의 관점을 있는 그대로 존중할 수 있도록 격려한다.	상 / 중 / 하
		영유아 간 다툼 및 문제가 발생하면 긍정적으로 해결하도록 지원한다.	상 / 중 / 하
상호작용 평가 및 지원 사항			

- 유아가 세계 여러 나라의 생활에 대해 자연스럽게 흥미를 가지고 탐색하는 과정이 잘 이루어졌으며, 교사의 개방적인 질문과 설명이 아이들의 사고 확장에 긍정적인 영향을 미쳤음
- 아이들의 경험을 더욱 풍부하게 만들 수 있는 기회가 부족했음. 전통 의상을 탐색할 때 "이 나라에서는 왜 이런 옷을 입을까?", "이 옷을 입는 특별한 날이 있을까?"와 같은 질문을 추가하였다면 아이들이 문화적 배경을 더 깊이 이해하도록 지원할 수 있었음
- 주거 형태를 살펴보는 과정에서 단순 비교에 그치지 않고 "이 나라에서 집을 짓는 재료는 무엇일까?", "우리나라와 공통점이 있는 집은 어디에 있을까?"와 같이 질문을 확장하였다면 아이들이 더욱 주도적으로 탐구할 수 있었을 것임

상호작용 관찰 및 지원 기록 예시_2

교 사 명		담당반	햇살반 (2세)
관찰일시		관 찰 자	
주 제	가을은 알록달록해요		
일 과	실내놀이(✓), 일상생활(✓), 바깥놀이( ), 기타( )		
관찰내용	– 영아는 단풍잎을 만지며 색깔과 모양을 관찰하였고, "빨간색이야!", "이건 노란색이야!"라며 서로 발견한 것을 이야기함 – 바람에 날리는 낙엽을 손으로 잡으려고 뛰어다녔고, 영아가 바구니에 여러 색의 나뭇잎을 모으며 "엄마한테 줄 거야."라고 말함 – 교사가 나뭇잎을 손으로 비벼 보도록 유도하자 영아가 "바스락 소리 나!"라고 하며 감각적 경험을 즐겼음		
상호작용 피드백	– 영아가 다양한 색깔의 나뭇잎을 비교할 수 있도록 "이 나뭇잎과 저 나뭇잎 색이 어떻게 다를까?"라고 질문하며 사고를 확장한 점이 긍정적임. 다만, 영아가 발달수준에 맞춰 생각을 촉진할 수 있도록 "이 색깔을 어디에서 본 적이 있을까?"와 같은 질문을 던진다면, 영아가 색깔을 실생활과 연관 짓고 더 깊이 탐색하는 기회가 될 수 있음 – 나뭇잎을 손으로 비비거나 밟아 보는 활동을 제안하며 촉각과 청각 경험을 더욱 풍부하게 제공한 점이 효과적이었음. 여기에 "이 소리는 무엇과 비슷할까?", "어떤 기분이 들었어?"와 같은 질문을 추가하였다면 유아가 감각적 경험을 언어로 표현하는 기회를 더욱 가질 수 있었을 것이라 생각되었음		
교사 자가 평가	– 상호작용 과정에서 아이들이 놀이를 깊이 있게 확장할 수 있도록 개방적인 질문을 더 많이 활용했어야 한다는 점을 성찰하게 되었다. 단순히 색을 묻는 것에서 나아가 "왜 가을에는 나뭇잎 색이 변할까?"와 같은 탐구 중심의 질문을 던졌다면 아이들의 사고가 더욱 확장될 수 있었을 것이다. – 영아가 나뭇잎을 모으며 가족을 떠올린 점을 놓치지 않고, 감정과 경험을 연결할 수 있도록 "엄마께 어떤 말을 하면서 선물하고 싶어?"라고 물어보았다면 정서적 상호작용이 더 풍부해졌을 것 같다. – 다음 활동에서는 아이들의 개별적인 관심과 놀이 흐름을 더 세심하게 관찰하고, 즉각적으로 놀이를 확장할 수 있는 피드백을 제공하는 데 집중해야겠다. 특히 영아의 다양한 표현 방식을 더욱 존중하고 반영하는 상호작용을 실천해야겠다.		
관찰지도자: 라헬 백○○ (서명) / 관찰대상교사: 고 ○ ○ (서명)			

평가제 완벽 대비 Q&A

Q 교사 상호작용 관찰 및 지원 기록 평정 대상은 어떻게 되나요?

A 어린이집 원장은 영유아와의 상호작용을 관찰하고, 교사에게 적절한 피드백을 제공해야 합니다. 이를 통해 교사가 놀이 중심 보육과정에서 자신감을 가지고 역할을 수행할 수 있도록 지원합니다. '교사 상호작용에 대한 관찰과 지원'은 담임교사를 대상으로 하며, 연 1회 이상 교사별로 실시되었는지 기록과 면담을 통해 확인합니다. 이 기록은 현장평가월 기준 1년 이내 이루어져야 합니다.

Q 교사 상호작용 관찰 및 지원 기록에 기재되어야 하는 내용은 무엇인가요?

A 기록에는 실시 일시, 관찰자, 관찰 내용, 평가 및 지원 계획 등이 포함되어야 하며, 현장평가 기준 1년 이내 이루어져야 합니다.

Q 교사 상호작용 관찰 및 지원과 관련하여, 인근 어린이집의 원장도 외부 전문가로 볼 수 있나요?

A 교사 상호작용 관찰 및 지원은 교사의 상호작용 수준과 개선점을 객관적으로 파악하기 위한 자료가 되므로, 원장이나 외부 전문가에 의해 체계적으로 이루어져야 합니다. 이를 위해 원장, 관내 육아종합지원센터 컨설턴트 등 전문가의 피드백이 필요하며, 인근 원장이 전문 역량을 갖추고 있다면 관찰 및 지원을 실시할 수 있습니다.

Q 한 반에 교사가 2명 이상 근무하는 경우 반별로 상호작용에 대한 관찰 및 지원을 실시해도 되나요?

A 같은 반이라 하더라도 각 교사의 관찰 상황과 지도 내용이 다를 수 있으므로, 지원 내용을 개별적으로 기록하고 관리해야 합니다. 관찰 및 지원 기록에는 '일시, 관찰자, 관찰 내용, 평가, 지원 내용' 등을 포함해야 합니다.

면담 준비하세요!

함께 생각해 보기

1. 원장님은 보육교직원 연간 교육계획을 수립하고 실행할 때, 어떤 점을 가장 우선으로 고려하나요?

Tip 연간 교육계획은 교직원의 경력 및 직무 등을 고려하여 차별화된 내용으로 수립하여야 합니다.

- **원장1**
  교사의 경력과 성향, 맡은 직무 등을 고려하여 전체 보육교직원의 연간 계획안을 수립합니다.

- **원장2**
  교사에게 필요한 교육에 대한 의견을 먼저 물어본 후, 경력과 직무 등을 고려하여 수립합니다.

- **원장3**
  임용 후 보수교육 점검을 실시하고, 학기 초에 보육교사의 전문성 향상을 위해 다양한 교육 주제를 자율 선택하여 연간 교육계획을 수립합니다. 희망자가 많은 교육과 적은 교육에 대해 공평하게 순서를 정해 진행하며, 교육 후에는 전달 교육도 포함합니다.

2. 원장님은 보육교직원의 역량을 증진하기 위해 직무교육과 다양한 유형의 교육 기회를 제공하고 있나요?

Tip 원장은 직무교육과 더불어 필요한 역량강화 관련 재교육도 포함하여 지원하도록 합니다.

- **원장1**
  직무교육 외에도 교사에게 필요한 역량강화 교육과 함께 교사가 원하는 다양한 교육을 반영하여 수립합니다.

- **원장2**
  육아종합지원센터, 보건복지부 등 유관 기관에서 주최하는 외부 교육을 수시로 안내하여 참여를 독려하고 있습니다. 또한, 어린이집에서는 주기적으로 놀이 중심의 '보육과정 학습공동체'를 운영하며, 지난달에는 가을 놀이를 주제로 진행했습니다.

3. 원장님은 개별 보육교직원에게 필요한 교육을 어떤 방법으로 파악하나요?

Tip 교사의 근속년수, 경력, 성향, 직무 등을 고려하고 교사의 의견도 적극적으로 반영하여 수립해 교사의 전문성 강화를 지원하여야 합니다.

- **원장**
  먼저 교사의 근속년수, 경력, 직무 등을 고려하여 1차적으로 파악 후, 2차적으로 교사의 의견을 파악합니다.

4. 원장님은 보육교직원의 교육 참여로 인해 업무 공백이 생길 때 어떻게 지원하나요?

Tip 원장은 보육교직원이 교육으로 공백이 생기면 영유아의 원활한 하루일과 진행을 위하여 대체교사 지원 등 필요한 지원이 이루어져야 합니다.

- **원장**
  교육으로 공백이 생기면 육아종합지원센터에 대체교사 제도를 활용하여 보육에 지장이 없도록 운영하고 있습니다.

5. 원장님은 교사-영유아의 상호작용을 어떤 방법으로 관찰하고 지원하나요?

Tip 상호작용에 대한 관찰과 지원이 담임교사별로 연 1회 이상 이루어져야 합니다. 원장, 외부전문가, 동료교사 간 장학 등으로 진행되어야 합니다.

- **원장1**
  학기 초에 교사들에게 상호작용 장학에 대한 안내를 합니다. 어떤 방법으로 이루어지는지 기준에 대한 협의 및 안내를 한 후 진행됩니다. 저희 기관은 원장인 제가 담임교사별로 상호작용을 관찰 후 피드백이 진행됩니다.

- **원장2**
  교사의 상호작용 관찰은 학기 초에 계획하며, 오전 실내 놀이시간에 미리 예고하고 구체적인 시기를 안내합니다. 보육과정과 일상생활에 대한 관찰이 필요하며, 아동을 격려하고 지지하는 순간과 훈육 상황도 고려해야 합니다. 상반기와 하반기로 나누어 관찰하고, 필요한 도움을 선생님과 의논합니다.

- **원장3**
  저희 기관은 상반기에는 외부 전문가, 하반기에는 교사 간 장학으로 상호작용 관찰이 이루어집니다.

- **원장4**
  관찰 당일에는 놀이 맥락과 흐름을 파악하며, 교사 간 협업과 개별 영유아와의 상호작용을 자세히 살핍니다. 교사가 반 전체 영유아의 상태를 주시하는지 확인하고, 관찰 후 낮잠 시간을 이용해 피드백을 제공합니다. 피드백 내용이 환경 정비와 보육계획에 반영되도록 하며, 선생님이 장학에 거부감이 없도록 사전에 중요성을 안내하고 원하는 시기에 실시하는 것이 효과적입니다.

6. 원장님은 일상생활이나 놀이 관찰 결과, 상호작용에 어려움을 느끼는 교사가 있다면 어떤 방법으로 지원하나요?

Tip 영유아의 건강한 성장 지원을 위해 상호작용에 어려움을 느끼는 교사가 있다면 개별 상담 및 필요한 교육제공과 피드백을 제공하여 교사의 역량을 위한 지원이 이루어져야 합니다.

- **원장1**
  상호작용에 어려움은 영유아의 발달 지원에 직접적인 영향이 있기 때문에 즉시 관심을 갖고 교사를 지원합니다. 개별상담을 통해 어려움을 파악하고 필요한 지원을 제공합니다. 그리고 지속적인 관심을 가지고 교사에게 필요한 도움을 주고자 노력합니다.

• **원장2**

교사가 어떤 도움을 원하는지 파악하고 교사 간의 협력 네트워크를 구축하여 서로 도움을 주고 받을 수 있는 환경을 구축하고 있습니다. 교사가 자신감을 가지고 상호작용을 개선해 나가는 모습을 볼 수 있었습니다.

7. 원장님은 교사 상호작용에 대해 적절하게 지원하기 위해 어떤 노력을 하나요?

Tip 어린이집에서 영유아의 건강한 발달지원에 직접적인 영향을 주는 요인은 교사와의 상호작용입니다. 원장은 교사가 영유아를 존중하고 발달수준에 맞는 상호작용 지원이 적절하게 이루어지도록 지속적으로 지원하여야 합니다.

• **원장1**

교사가 영유아의 발달을 이해할 수 있도록 학기 초에 집중적으로 자체 연수가 진행됩니다. 발달을 이해하여야 적절한 상호작용이 이루어지고 영유아가 잠재적인 가능성이 있다는 것을 교사로서 깊이 이해할 수 있기 때문입니다.

• **원장2**

교사로서 영유아권리존중 상호작용이 무엇인지, 정의부터 교사들이 알 수 있도록 정기적으로 교육합니다. 영유아에게 교사의 언어적 · 비언어적 반응과 수용적인 마인드가 중요하기 때문에 정기적인 교육이 중요합니다.

• **원장3**

영유아가 돌발행동을 하거나 위험한 행동을 할 때 교사로서 어떻게 상호작용을 해야 하는지 사례별로 교사들과 연구하며 각 반별로 적용한 것을 나누며 피드백을 합니다. 이 과정을 통해 교사가 상황에 따라 유연해지고 대처하는 방법을 익혀 나가는 것을 볼 수 있습니다.

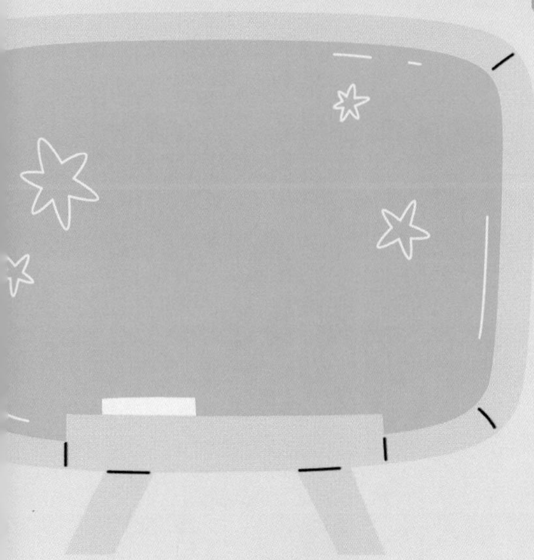

영역 6

건강 및 안전

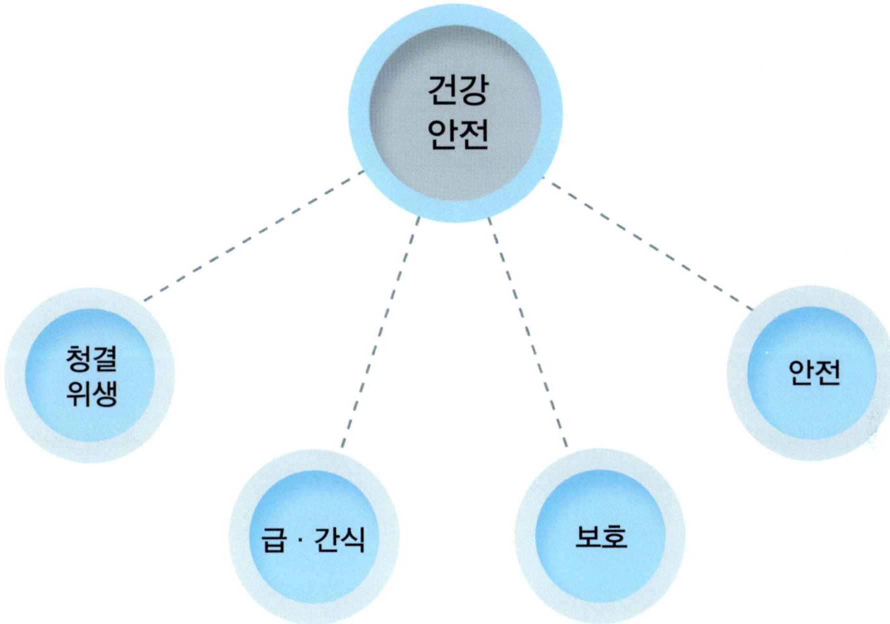

6영역 구성

6-1 실내외 공간의 청결 · 쾌적성
6-2 급 · 간식 운영의 적합성
6-3 실내외 공간, 시설 · 설비의 안전한 관리
6-4 영유아의 안전한 보호

6영역 전체 보기

6-1. 실내외 공간의 청결 · 쾌적성

적절한 수준	
관찰	• 보육실 공간을 청결하고 쾌적하게 관리한다.
관찰	• 실내외 공간을 청결하고 쾌적하게 관리한다.

함께 생각하기

- 보육실이 청결한가요?
- 보육실에 신선한 공기가 유입될 수 있도록 자주 열고 환기하나요?
- 보육실 내의 놀이기구, 놀잇감과 활동자료를 청결하게 유지 · 관리하나요?
- (영아의 경우) 입에 넣고 빨기 쉬운 영아용 놀잇감은 사용 후 별도 바구니에 보관하고 매일 세척하여 청결하게 유지하나요?
- 영유아의 개별 침구는 주기적으로 가정에 보내 세탁하도록 안내하여 청결하게 관리하나요?
- 보육실 외 실내 공간(유희실, 식당 등)이 청결한가요?
- 유희실, 식당 등 실내 공간에 비치된 놀이기구, 놀잇감 및 활동자료, 보관함 등을 청결하게 유지 · 관리하나요?
- 어린이집 출입구, 바깥 놀이터, 옥상 놀이터, 화단 등 실외 공간을 청결하게 유지 · 관리하나요?
- 실외 고정식 놀이기구에는 녹이 슬지 않도록 하며, 실외 공간에 비치된 놀이기구, 놀잇감 및 활동자료, 보관함 등을 청결하게 유지 · 관리하나요?
- 화장실이 청결한가요?
- 설비 · 비품(변기, 휴지통, 수건 등)을 청결하게 유지 · 관리하나요?
- 변기의 경우 사용할 때마다 즉시 물을 내려 청결한 상태를 유지하나요?
- 이동식 변기도 사용할 때마다 즉시 처리하고 세척하여 청결한 상태를 유지하나요?
- (영아의 경우) 기저귀 가는 공간을 청결하게 유지 · 관리하나요?

6-2. 따뜻하고 편안한 일상생활 지원

적절한 수준	
관찰	• 신선한 식자재 구매, 보관이 이루어지도록 관리한다.
관찰	• 조리실의 공간을 청결하고 위생적으로 관리한다.
관찰	• 조리 및 배식 과정을 청결하고 위생적으로 관리한다.

함께 생각하기

- 식자재 보관 장소(냉장고, 김치냉장고, 냉동고 포함)를 청결하게 유지 · 관리하나요?
- 신선한 식자재를 구매하고 이를 위생적으로 보관하나요?
- 식자재의 구매 및 보관 과정에서 유통기한(소비기한)을 준수하나요?
- 조리실이 청결한가요?
- 조리실에서는 작업 후 바닥을 건조하게 유지하나요?
- 조리실의 창문 및 실외로 직접 연결된 모든 문은 방충망이 부착되어 있고 파손 없이 깨끗한가요?
- 조리실의 시설 · 설비(개수대, 조리대, 가스레인지, 수납장 등), 주방 가전(전기밥솥 등 소형 가전)은 표면과 내부에 찌든 때나 이물질이 없이 청결하게 유지 · 관리되나요?
- 조리실 비품(조리 도구, 행주 등)과 식기류(컵 등)를 사용 후 세척, 소독하여 위생적으로 관리하나요?
- 도마와 칼은 교차 오염방지를 위해 최소한 육류용, 어패류용, 기타 채소류 등으로 구분하여 사용하나요?
- 조리를 하는 보육교직원은 조리 시 청결하고 위생적인 복장을 갖추고 있나요?
- 식재료의 세척과 절단 등 전처리 작업이 청결하고 위생적으로 이루어지나요?
- 조리 중(전처리 작업 포함)이거나 조리된 후 식품을 맨손으로 취급하지 않으며, 맛보기는 별도 숟가락을 사용하나요?
- 급 · 간식 전후로 청결한 행주를 사용하여 식탁(책상)을 닦나요?
- 배식 시 영유아 개인별 식기를 사용하나요?
- 배식 시 음식별로 위생적인 개별 배식 도구(집게, 가위 등)를 사용하나요?
- 영유아가 손쉽게 마실 수 있도록 보육실 또는 층별로 마실 물과 물컵을 제공하나요?

6-3. 실내외 공간, 시설 · 설비의 안전한 관리

적절한 수준

관찰	• 보육실과 실내외 공간 및 시설 · 설비를 안전하게 관리한다.
관찰	• 놀잇감, 놀이기구, 위험한 물건을 안전하게 관리한다.
관찰, 면담	• 비상사태용 시설 · 설비를 상시 사용할 수 있도록 관리한다.

함께 생각하기

- 어린이집 대문과 현관문에는 개폐 장치를 설치하여 관리하나요?
- 창문 하단의 높이가 바닥으로부터 120cm 이하인 2층 이상의 창문에는 영유아의 추락 방지를 위해 창문 보호대가 설치되어 있나요?
- 책상, 의자, 놀이 자료장 등의 가구 및 설비는 파손된 곳이 없고, 모서리가 날카로운 경우 보호대가 설치되어 있나요?

- 사고 유발 위험이 있는 설비(에어컨 실외기 등)나 적재물(목재 더미, 파손된 가구 등)은 영유아 활동 공간과 분리하여 안전하게 보관되어 있나요?
- 영유아가 성인이 주로 사용하는 실내외 공간에 출입하지 않도록 관리하나요?
- 영유아의 놀잇감과 활동자료의 형태와 크기, 재질 등이 안전한가요?
- (0, 1세반의 경우) 영아가 삼킬 수 있는 작은 크기의 놀잇감이나 활동자료를 유의하여 관리하나요?
- 실내외 놀이터(유희실 포함)의 놀이기구(고정식 놀이기구, 볼풀장 등)는 안전하게 설치되어 있으며, 파손된 곳이 없나요?
- 위험한 물건은 영유아의 손이 닿지 않는 곳에 별도로 보관하며, 영유아의 손이 닿는 위치에 위험한 물건을 보관하는 경우 잠금장치를 사용하나요?
- 경보 시설 · 소화 시설 · 대피시설 등의 비상 시설 · 설비가 항상 제대로 작동되도록 관리하고 있나요?
- 모든 보육교직원은 비상 시설 · 설비의 위치와 실제 사용법을 알고 있나요?
- 각 실마다 단독경보형 감지기가 설치되어 있고, 제대로 작동하도록 전원이 켜져 있나요?
- 설치된 모든 가스누설경보기가 제대로 작동하도록 전원이 켜져 있나요?
- 각 층에 분말 소화기가 갖춰져 있나요?
- 모든 소화기는 안전핀이 고정되어 있고, 소방약제가 충분하며, 압력이 정상범위 내에 있도록 관리하고 있나요?
- 설치된 모든 피난구 유도등이 제대로 작동하나요?
- 비상구는 잠그지 않거나 평소 잠가 두어도 잠금장치가 안쪽에 있어 성인이 쉽게 열 수 있는 상태인가요?
- 비상구 및 비상계단에는 적재물이나 위험한 물건 등이 없어 비상시 원활히 대피할 수 있도록 관리하고 있나요?

6-4. 영유아의 안전한 보호

적절한 수준

관찰, 면담	• 일과 중 영유아를 안전하게 보호한다.
관찰, 면담	• 비상시 신속하게 대처할 수 있도록 관리한다.
관찰	• 등 · 하원 차량을 운행할 경우 안전요건을 갖추어 관리한다.

함께 생각하기

- 영유아 인계 과정에 대한 어린이집 지침에 따라 출석과 귀가 지도가 이루어지고 있나요?
- 선생님은 영유아의 안전을 위해 항상 전체 상황을 주시하고, 장소가 바뀔 때마다 전체 영유아를 확인하나요?

- 선생님은 등 · 하원 지도, 휴게 시간 사용 등을 위해 일정 시간 이상 활동 공간에서 자리를 비워야 하는 경우, 원장님이나 다른 선생님 등 책임 있는 성인과 교체한 후 자리를 비우나요?
- 선생님은 영유아가 안전하게 놀이하고 생활하도록 안내하고 교육하나요?
- 선생님은 영유아 학대 예방 지침을 숙지하고 있나요?
- 영유아 학대가 의심되는 상황(멍, 상처 등 신체적 상흔, 무단결석, 명확한 사유 없이 퇴소 신청 등)이 발생하면 어떻게 대처해야 할까요?
- 선생님은 아프거나 다친 영유아를 위한 지침을 숙지하고 실행하나요?
- 보육교직원은 비상시 지침에 따른 자신의 역할과 업무를 숙지하고 실행하나요?
- 비상시 모든 영유아의 피난 대피를 도울 보육교직원이 지정되어 있나요?
- 운전자와 동승자는 영유아를 안전하게 보호하나요?
- 차량에 운전자 외에 책임 있는 성인(원장, 보육교사 등)이 동승하나요?
- 차량에 동승한 성인(교사 등)과 모든 영유아가 개별 안전띠(36개월 미만 영아의 경우 영아용 보호장구)를 착용한 후 차량을 출발시키나요?
- 차량 내 어린이 보호장구는 안전 인증을 받은 제품을 사용하고 있나요? 36개월 미만 영아의 경우, 영아의 체중 범위에 해당하는 안전 인증 검사기준을 충족하는 제품을 사용하고 있나요?
- 운전자와 차량에 함께 탄 성인(교사 등)은 마지막에 모든 영유아가 차에서 내렸는지 전 좌석을 확인한 후, 어린이 하차확인장치의 확인 버튼을 누르고 하차하나요?

이렇게 이해하세요!

아이들의 건강과 안전을 보장한다는 것은 단순히 사고를 막고 질병을 예방하는 것만을 의미하지 않아요. 궁극적으로는 아이들이 신체적으로 건강할 뿐만 아니라 정서적으로도 안정감을 느끼면서 성장할 수 있도록 돕는 과정이에요. 건강하고 안전한 환경이 조성되어야 아이들은 편안한 마음으로 놀이하고 탐색하며 자연스럽게 배움을 이어 갈 수 있습니다.

이를 위해서는 실내외 공간을 깨끗하게 유지하는 것이 기본이에요. 정기적인 청소와 환기를 통해 위생적인 환경을 만들고, 영양 균형이 맞는 식단을 제공해 면역력을 키워 주는 것도 중요합니다. 또한, 놀이 환경이 안전한지 사전에 점검하는 것은 필수예요. 아이들이 사용하는 놀이기구나 교구가 안전한지 확인하고, 실내외 활동 시 위험 요소가 없는지 꼼꼼하게 살펴야 해요.

안전을 지키는 또 하나의 중요한 요소는 아이들이 스스로 위험을 인지하고 대처할 수 있도록 돕는 거예요. 이를 위해 반복적인 안전교육과 훈련이 필요합니다. 예를 들어, 아이들이 갑작스러운 상황에서도 당황하지 않고 행동할 수 있도록 화재나 지진 대피 훈련을 정기적으로 진행해야 해요. 응급상황에 대비해 교직원들이 응급처치 교육을 꾸준히 받는 것도 필수입니다.

신체적인 건강 못지않게 정서적인 안정감도 중요해요. 아이들은 사랑받고 존중받을 때 정서적으로 안정감을 느끼고 건강하게 성장할 수 있습니다. 교사와 보호자는 아이들의 감정을 세심하게 살피고, 따뜻한 상호작용을 통해 안정적인 애착을 형성할 수 있도록 노력해야 해요. 또한, 아동학대 예방을 위한 지속적인 점검과 관심도 필요합니다.

결국, 아이들의 건강과 안전을 보장한다는 것은 단순한 사고 예방을 넘어, 전반적인 보육 환경을 세심하게 조성하는 것이 핵심입니다.

6-1

실내외 공간의 청결·쾌적성

매뉴얼 핵심 요약

보육실의 공간과 시설 · 설비, 물품을 청결하게 유지하여 영유아가 위생적인 환경에서 생활할 수 있도록 해야 한다. 영유아는 면역력이 약해 질병에 취약하므로, 깨끗하고 쾌적한 보육 환경을 조성하는 것이 중요하다. 이를 위해 어린이집의 실내 공간(현관, 복도, 계단, 교사실, 자료실, 식당, 창고 등)을 항상 청결하게 유지하여 영유아와 보육교직원의 건강을 보호해야 한다.

또한, 실외 공간(출입구, 바깥 놀이터, 옥상 놀이터, 화단 등)도 위생적으로 관리하여 영유아가 안전하고 쾌적한 환경에서 활동할 수 있도록 해야 한다. 화장실과 세면대는 청결하게 유지하고, 위생 용품을 철저히 관리하여 영유아의 올바른 배변 및 위생 습관 형성을 돕는다. 개별적인 요구에 따라 이동식 변기, 기저귀 갈이대 등의 위생 상태를 철저히 관리해야 한다.

▶ 포인트

- 보육실의 공간, 시설 · 설비, 물품을 위생적으로 관리해야 한다.
- 어린이집 실내 공간(현관, 복도, 계단, 교사실, 자료실, 식당, 창고 등)을 깨끗하게 유지해야 한다.
- 실외 공간(출입구, 놀이터, 화단 등)을 정돈하고 쾌적하게 관리해야 한다.
- 화장실과 세면대를 청결하게 유지하고 위생 용품을 철저히 관리해야 한다.
- 영유아의 개별 특성에 따라 이동식 변기, 기저귀 갈이대 등의 위생을 철저히 점검해야 한다.

▶ 평가제 준비 Check

- 보육실 환경 관리: 공간, 시설 · 설비, 물품을 청결하게 유지
- 실내 공간 관리: 현관, 복도, 계단, 교사실, 자료실, 식당, 창고 등 청결한 관리
- 실외 공간 관리: 출입구, 바깥 놀이터, 옥상 놀이터, 화단 등 정기적 관리
- 화장실 위생 관리: 화장실과 세면대를 깨끗하게 관리
- 개별 위생 공간 관리: 기저귀 갈이대, 이동식 변기 등 위생 관리

관찰

항목
1. 보육실 공간을 청결하고 쾌적하게 관리한다. ① 보육실을 청결하고 환기가 이루어지도록 관리한다. ② 보육실 내의 놀잇감, 개별 침구 등을 청결하게 관리한다.
2. 실내외 공간을 청결하고 쾌적하게 관리한다. ① 보육실을 제외한 실내외 공간을 청결하게 관리한다. ② 실내외 공간의 놀이기구, 놀잇감 등을 청결하게 관리한다. ③ 화장실(이동식 변기, 기저귀 가는 공간 포함)을 청결하고 쾌적하게 관리한다.

지표 핵심_1

〈관찰〉

적절한 수준
1. 보육실 공간을 청결하고 쾌적하게 관리한다. ① 보육실을 청결하고 환기가 이루어지도록 관리한다. ② 보육실 내의 놀잇감, 개별 침구 등을 청결하게 관리한다.

핵심 Point

- 모든 보육실은 찌든 때가 없이 청결
- 모든 놀잇감 및 침구 청결

1. 보육실 공간 청결

- 보육실의 교구장, 가구, 놀이자료, 보관함, 바구니, 가전 등이 청결하게 관리되고 있음

2. 실내 공간 쾌적함 유지

• 환기	- 신선한 공기가 유입되도록 창문을 자주 열어 환기시킴
• 공기청정기 관리	- 대기질이 좋지 않을 경우, 공기청정기를 작동하여 실내 공기를 쾌적하게 관리함 - 필터 등을 청결하게 관리함 - 보육실에 창문이 없는 경우, 반드시 공기청정기를 작동하여 보육실 문을 자주 열어 환기함
• 실내 온도 및 습도	- 계절에 적절한 온도 및 습도를 유지하고 있으며, 필요시 냉·난방기를 사용하여 쾌적한 환경을 유지함

3. 놀잇감 청결 관리

- 놀잇감 및 활동재료가 찌든 때, 먼지 없이 청결한 상태임
- 구강기에 있는 영아의 경우 입에 넣기 쉬운 놀이재료는 놀이가 끝나는 대로 별도 마련된 바구니에 분리하여 매일 세척하여 위생적으로 관리함

적절한 예시_세척 바구니 마련

부적절한 예시_청결하지 않은 놀잇감

4. 개별 침구 청결 관리

- 모든 영유아가 개별 침구를 사용하고 있음(개별 이불, 개별 요, 개별 베개)
- 개별 침구가 같은 경우, 개별 영유아의 구분 표기가 있음
- 기관에 비치된 여분 침구를 사용했다면 반드시 세탁한 후 다른 영유아가 위생적으로 사용하도록 관리함
- 놀이 매트 등을 침구로 사용하지 않음
- 모든 침구(개별, 여분)는 청결하게 관리되고 있음
- 침구 보관 장소가 청결하게 관리되고 있음

평가제 완벽 대비 Q&A

Q 베개 사용을 싫어하는 영아는 어떻게 해야 하나요?

A 어린이집은 청결하고 쾌적한 침구 관리를 해야 하며, 모든 영유아를 위해 개별 침구(이불, 요, 베개)를 마련해야 합니다. 일부 영유아가 개별적 특성으로 인해 베개를 사용하지 않을 수 있지만, 모든 영유아에게 일괄적으로 베개를 제공하지 않거나 사용을 금지하는 것은 바람직하지 않습니다.

Q 유아반에서 낮잠을 자지 않는 경우에 여분의 침구가 반별로 마련되어 있어야 하나요?

A 유아반에서 낮잠을 자지 않는 경우 여분의 침구를 마련해 두어야 합니다. 영유아가 낮잠이나 휴식을 원할 때 사용할 수 있도록 제공하고, 여분의 침구는 세탁 후 다른 영유아가 사용할 수 있게 청결하게 관리해야 합니다. 여분의 침구는 원 운영 상황에 따라 반별 또는 원 차원으로 구비할 수 있습니다.

Q 쌍둥이 형제는 하나의 침구를 함께 사용해도 되나요?

A 쌍둥이라 하더라도 침구는 각각 마련해야 하며, 동일한 색과 모양의 침구를 사용할 경우에는 이름 등으로 개별 표시하여 구분하고 관리해야 합니다.

지표 핵심_2

〈관찰〉

적절한 수준
2. 실내외 공간을 청결하고 쾌적하게 관리한다. ① 보육실을 제외한 실내외 공간을 청결하게 관리한다. ② 실내외 공간의 놀이기구, 놀잇감 등을 청결하게 관리한다. ③ 화장실(이동식변기, 기저귀 가는 공간 포함)을 청결하고 쾌적하게 관리한다.

핵심 Point

- 실내외 공간, 놀이기구, 놀잇감 청결
- 화장실 및 기저귀 가는 공간 청결

1. 실내외 공간 청결하고 쾌적하게 관리

• 실내 공간	- 현관, 복도, 교사실, 자료실, 원장실, 조리실 등
• 실내 공간 내 설비 및 비품	- 교구장, 가구, 가전제품, 바구니, 휴지통 등
• 실외 공간	- 출입구, 옥외 및 옥상 놀이터, 화단 등
• 실외 고정 놀이기구	- 미끄럼틀, 그네, 시소 등
• 화장실	- 환풍기, 바닥, 변기, 세면대, 수건 등

↓

먼지, 찌든 때, 해충, 녹이 슨 곳 등이 없도록 청결하게 관리되고 있음

부적절 예시: 화장실 배수구 및 환풍기

2. 실내외 놀잇감 청결하고 위생적으로 유지

- 실내외 모든 공간의 놀이자료, 놀이기구, 보관함, 바구니 등이 청결하게 관리되고 있음
- 놀잇감 및 활동재료가 찌든 때, 먼지 없이 청결한 상태임

3. 화장실을 위생적이고 청결하게 관리

- 기저귀 갈이
  - 반드시 별도의 지정된 공간에서 갈아 줌
    (기저귀 갈이대, 기저귀 전용 매트, 화장실)
  - 기저귀 가는 공간은 청결함
  - 사용할 때마다 소독하며, 특히 오물처리 후 반드시 소독제로 닦음
  - 개별 영유아마다 기저귀 갈이 전·후 기저귀 갈이대를 닦음
  - 기저귀 갈이대 위에 별도의 깔개를 사용한다면, 기저귀를 갈 때마다 깔개를 교체함
  - 기저귀 갈이대는 일과 중 영유아가 밟지 않도록 위생적 관리가 이루어짐
  - 사용한 기저귀 및 물티슈 등은 위생적으로 처리 후, 뚜껑이 있는 쓰레기통에 버린 후 자주 비워서 보육실 내 악취가 나지 않도록 관리함
- 이동식 변기
  - 사용 후 즉시 처리하고 세척하여 청결한 상태를 유지함
- 변기
  - 사용 후 즉시 물을 내려 청결한 상태를 유지함

준비물: 소독제, 1회용 장갑, 기저귀, 물티슈, 1회용 위생 비닐팩				

기저귀를 갈기 전 손을 씻거나 소독함	1회용 장갑을 낀 후 매트를 소독함	영아에게 기저귀 갈이에 대해 상호작용하며 눕힘	기저귀 갈이를 함	1회용 위생팩에 교체한 기저귀를 넣어 휴지통에 버림
	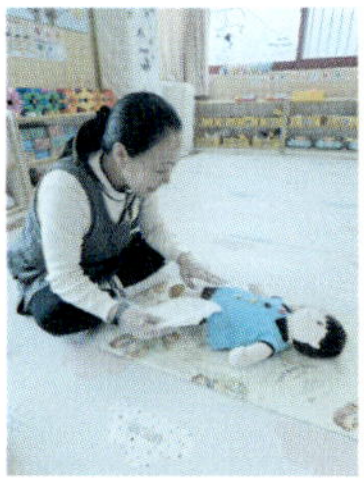	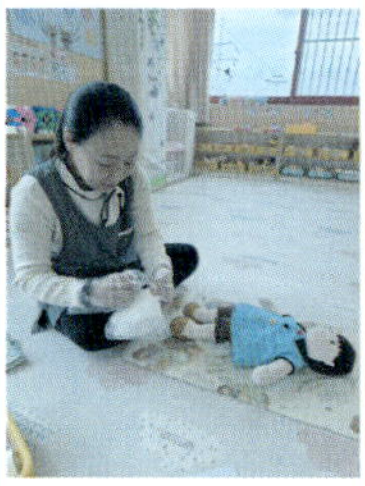		
매트를 소독하고 1회용 장갑을 갈아 낌	다음 영아를 눕힘	기저귀 갈이 후 위생팩에 넣어 휴지통에 버림	매트를 소독함	손을 깨끗이 씻음

기저귀 갈이 예시

평가제 완벽 대비 Q&A

Q 만 3세 이상의 유아가 등원하는 어린이집입니다. 화장실을 남아용과 여아용으로 구분하여 별도로 설치해야 하나요?

A 평가에서는 영유아가 사용하기에 적절한 크기의 세면대, 변기가 설치되어 있는지 확인하고 있습니다. 다만, 보육사업안내에서 어린이집 화장실 내 성별 분리, 남아 소변기 간 가림막 설치를 권장하고 있으므로 어린이집 운영 시 참고하시기 바랍니다.

면담 준비하세요!

함께 생각해 보기

1. 보육실이 청결한가요?

Tip 실내외 모든 공간은 찌든 때, 먼지, 해충, 녹이 슨 공간 등이 없게 청결하게 유지되고 있어야 합니다.

- **답변**
  영유아의 건강을 위해 늘 청결하게 유지하고 있습니다.

2. 보육실에 신선한 공기가 유입될 수 있도록 자주 열고 환기하나요?

Tip 신선한 공기가 유입될 수 있도록 실내 공간의 창문을 자주 열고 환기하여야 합니다.

- **답변1**
  미세먼지가 좋은 날은 자주 창문을 열어 환기시키고 있습니다.

- **답변2**
  공기청정기는 항상 가동시키고 있고, 날이 좋을 땐 환기도 자주 시키고 있습니다.

3. 보육실 내의 놀이기구, 놀잇감과 활동자료를 청결하게 유지 · 관리하나요?

Tip 보육실 및 실내외 공간의 놀이기구, 놀잇감 및 활동자료, 보관함이나 바구니 등이 찌든 때가 없이 청결하도록 관리되어야 합니다.

- **답변**
  매일 퇴근 전 놀잇감 및 활동자료, 놀이기구 등을 점검하여 깨끗하게 관리하고 있고, 매주 금요일은 소독을 진행하고 있습니다.

4. (영아의 경우) 입에 넣고 빨기 쉬운 영아용 놀잇감은 사용 후 별도 바구니에 보관하고 매일 세척하여 청결하게 유지하나요?

Tip 영아가 입에 넣은 놀잇감은 놀이가 끝나면 별도의 바구니에 분리하여 매일 세척하여 청결한 상태를 유지하여야 합니다.

- **답변**
  영아의 놀잇감은 입에 넣었거나, 이물질이 묻었다면 바로 별도로 분리하고, 당일 세척합니다.

5. 영유아의 개별 침구는 주기적으로 가정에 보내 세탁하도록 안내하여 청결하게 관리하나요?

Tip 개별 침구는 청결하게 관리되어야 합니다. 주기적으로 가정에 보내 세탁하도록 안내하고, 기관에서는 같은 모양 및 패턴의 침구는 개별적으로 구분할 수 있는 표시가 있어야 합니다.

- **답변**

저희 기관은 매주 금요일에 침구를 가정으로 보내 세탁하도록 안내하고 있습니다.

6. 보육실 외 실내 공간(유희실, 식당 등)이 청결한가요?

Tip 보육실의 모든 공간은 청결하게 유지 · 관리되고 있어야 합니다.

- **답변**

어린이집의 모든 공간이 청결하게 유지되도록 지속적으로 관리하고 있습니다.

7. 유희실, 식당 등 실내 공간에 비치된 놀이기구, 놀잇감 및 활동자료, 보관함 등을 청결하게 유지 · 관리하나요?

Tip 실내 공간에 비치된 놀이기구, 놀잇감, 활동자료, 보관함 등이 모두 청결하게 유지 · 관리되고 있어야 합니다.

- **답변**

유지 및 관리하고 있는 담당교사가 있으며, 청결하게 관리되고 있습니다.

8. 어린이집 출입구, 바깥 놀이터, 옥상 놀이터, 화단 등 실외 공간을 청결하게 유지 · 관리하나요?

Tip 어린이집 출입구, 바깥 놀이터, 옥상 놀이터, 화단 등 실외 공간이 청결하게 유지 · 관리되고 있어야 합니다.

- **답변**

청결하게 관리되고 있습니다.

9. 실외 고정식 놀이기구에는 녹이 슬지 않도록 하며, 실외 공간에 비치된 놀이기구, 놀잇감 및 활동자료, 보관함 등을 청결하게 유지 · 관리하나요?

Tip 실외 고정식 놀이기구는 찌든 때, 먼지, 해충, 녹이 슨 곳 등이 없이 청결하게 유지 · 관리되고 있어야 합니다.

- **답변**

정기적으로 관리하여 청결하게 관리되고 있습니다.

10. 화장실이 청결한가요?

Tip 화장실 바닥, 변기, 휴지통, 수건 등이 청결하게 유지 · 관리되고 있어야 합니다.

- **답변**

청결하게 관리되고 있습니다.

11. 설비 · 비품(변기, 휴지통, 수건 등)을 청결하게 유지 · 관리하나요?

Tip 화장실 바닥, 변기, 휴지통, 수건 등이 청결하게 유지 · 관리되고 있어야 합니다.

- **답변**

청결하게 관리되고 있습니다.

12. 변기의 경우 사용할 때마다 즉시 물을 내려 청결한 상태를 유지하나요?

Tip 영유아가 변기를 사용할 때마다 즉시 물을 내려 청결한 상태가 유지 · 관리되고 있어야 합니다.

- **답변**

아이들이 변기를 사용할 때마다 즉시 물을 내려 청결하게 관리하고 있습니다.

13. 이동식 변기도 사용할 때마다 즉시 처리하고 세척하여 청결한 상태를 유지하나요?

Tip 이동식 변기는 사용 후 빠른 시간 내 처리하고 세척하여 청결한 상태가 유지 · 관리되고 있어야 합니다.

- **답변**

이동식 변기를 사용할 때마다 즉시 세척하여 관리하고 있습니다.

14. (영아의 경우) 기저귀 가는 공간을 청결하게 유지 · 관리하나요?

Tip 기저귀는 반드시 기저귀 갈이대, 화장실 등 지정된 공간에서 갈아 주고, 기저귀 가는 공간은 청결한 상태로 유지되어야 합니다. 그리고 사용할 때마다 소독하고 일과 중 영유아가 밟고 다니지 않도록 위생적으로 유지 · 관리되고 있어야 합니다.

- **답변**

청결하게 관리되고 있습니다.

6-2

급·간식 운영의 적합성

매뉴얼 핵심 요약

영유아기는 급격히 성장하고 발달하는 시기이기 때문에 양질의 급·간식을 제공하여 영유아의 건강을 지원해야 한다. 영유아는 깨끗하고 위생적으로 조리된 식사를 섭취함으로써 면역력을 키우고 질병을 예방할 수 있다. 또한, 편안하고 즐거운 급·간식 시간을 경험함으로써 긴장을 풀고 에너지를 보충하여 일과를 활기차게 보낼 수 있다.

건강한 급·간식 제공을 위해서 식자재 구매 및 보관, 조리 공간과 조리 기구 관리, 조리 및 배식 과정 전반을 위생적으로 운영해야 한다. 신선한 식자재를 구입하여 육안으로 검수한 후 적절한 보관 방법을 적용하며, 조리 공간과 조리 도구를 청결하게 유지해야 한다. 또한, 조리를 담당하는 교직원은 위생적인 복장을 착용하고, 조리 과정이 위생적으로 이루어지도록 관리해야 한다. 배식 담당자는 손을 깨끗이 씻고, 영유아가 사용할 식기와 마실 물을 위생적으로 관리하여 안전한 식사 환경을 제공해야 한다.

▶ 포인트

- 양질의 급 · 간식 제공을 통해 영유아의 건강한 성장과 면역력 향상을 도모해야 한다.
- 식자재 구매 시 신선도를 확인하고 위생적으로 보관해야 한다.
- 조리 공간과 조리 도구, 식기를 깨끗하게 관리해야 한다.
- 조리를 담당하는 교직원은 위생적인 복장을 착용하고 청결한 환경에서 조리해야 한다.
- 배식 담당자는 손을 씻고, 식기와 마실 물을 위생적으로 관리해야 한다.

▶ 평가제 준비 Check

- 식자재 관리: 신선한 식자재 구입 및 위생적 보관으로 변질과 오염 방지
- 조리 공간 및 도구 관리: 조리 공간 및 시설, 기구 등을 위생적으로 관리
- 조리 과정 위생 관리: 식재료 준비, 전처리, 조리 과정 등이 단계별로 위생적 관리
- 조리 담당 교직원 위생 관리: 청결 복장 착용 및 철저한 개인 위생 관리
- 배식 과정 위생 관리: 담당 교직원은 손을 깨끗이 씻고, 식탁 및 식기 청결 관리
- 음용수 관리: 영유아가 마실 물을 청결하게 관리

관찰

적절한 수준

1. 신선한 식자재 구매, 보관이 이루어지도록 관리한다.

① 식자재 보관 장소를 청결하게 유지 · 관리한다.
② 신선한 식자재 구매 및 보관 과정에서 유통기한(소비기한)을 준수하고 이를 위생적으로 보관한다.

2. 조리실의 공간을 청결하고 위생적으로 관리한다.

① 조리실 공간 및 조리실 내 시설 · 설비를 청결하게 유지 · 관리한다.
② 조리실 비품과 식기류를 사용 후 세척, 소독하여 위생적으로 관리한다.
③ 도마와 같은 교차오염 방지를 위해 최소한 육류용, 어패류용, 기타 채소류 등으로 구분하여 사용한다.

3. 조리 및 배식 과정을 청결하고 위생적으로 관리한다.

① 조리를 하는 보육교직원은 조리 시 청결하고 위생적인 복장을 갖추고 있다.
② 조리 과정이 청결하고 위생적으로 이루어진다.
③ 배식 과정이 청결하고 위생적으로 이루어진다.

지표 핵심_1

〈관찰〉

적절한 수준
1. 신선한 식자재 구매, 보관이 이루어지도록 관리한다. ① 식자재 보관 장소를 청결하게 유지 · 관리한다. ② 신선한 식자재 구매 및 보관 과정에서 유통기한(소비기한)을 준수하고 이를 위생적으로 보관한다.

핵심 Point

- 식자재 보관 장소 청결
- 유통기한(소비기한) 준수 및 위생적 보관

1. 신선한 식자재를 구입, 위생적 보관

• 모든 식자재	-변질되지 않은 상태
• 구입한 식자재	-육안으로 검수 후 밀봉하여 보관 방법에 따라 보관 (실온 · 냉장 · 냉동)
• 식자재 보관 장소	-곰팡이 및 습기가 없이 건냉하고 위생적으로 보관 -식자재 보관 장소에 창문이 있다면 방충망 설치 (다용도실, 창고, 싱크대 등)

2. 모든 식품(식자재) 유통기한(소비기한) 내 관리

-어린이집 내 식품(식자재)은 소비기한이 경과된 것이 전혀 없음

식품(식자재) 기준
• 어린이집 내 모든 공간의 유통기한이 표기된 식품(수입식품 포함) • 제외: 영유아가 섭취할 수 없는 건강기능식품(식품의약품안전처 인증 식품에 한함), 커피 등 • 유치원과 동일한 건물에 설치된 어린이집이 유치원의 조리실을 사용하는 경우

조리실 내 모든 식자재(유치원용 포함)
(공공기관이나 사회복지관 안에 설치된 어린이집의 경우에도 동일한 기준이 적용됨)

- 개인용도의 식자재를 분리하여 보관하는 경우도 해당

- 식품 등의 원료 및 제품 중 부패 · 변질이 되기 쉬운 것은 냉장 · 냉동시설에 보관 및 관리(「식품위생법」 제3조, 「영유아보육법」 제33조)

보관 및 저장 유의사항

- 부패 및 변질된 원료나 식품을 사용하거나 보관하지 않음
  (「식품위생법」 제4조, 「영유아보육법」 제33조)
  - 곰팡이가 피어 있음
  - 식품이 물러져 변형되어 있음
  - 감자, 고구마에 싹이 있음
  - 냉장고 및 냉장고에서 장시간 방치되어 변색 및 이취 발생
  - 통조림의 경우 찌그러지거나 파손
- 사용한 기름은 재사용을 목적으로 보관하지 않고, 폐기가 목적인 경우 '폐기용'으로 표기

식품별 보관 방법

- 식재료 보관 원칙
  - 식재료별 온도, 습도, 기간을 고려하여 적절한 상태에서 보관
  - 식품과 비식품을 구분하여 보관
- 식품별 보관 방법

곡류	건조하고 서늘한 곳에 위생적으로 보관(곰팡이 · 변색 방지)
유지류	직사광선 피하고 냉장 · 냉동 보관 가능
우유, 유제품	반드시 냉장 보관(실온 방치 금지) 영유아용 우유 제공 전 중탕은 가능(실온 방치 후 제공 금지)
달걀	반드시 냉장 보관하며 뚜껑 있는 용기에 보관
축 · 수산물	위생적으로 포장 후 다른 식품과 구분하여 냉장 · 냉동 보관
과일 · 채소류	세척 여부에 따라 별도 보관
조미료	이물 혼입 · 오염 방지 위해 마개 · 덮개 닫아 보관
두부	반드시 냉장 보관

식품 보관 기준

- 식품 포장에 표기된 보관 방법을 우선하여 냉장, 냉동, 실온 보관
- 선입선출 방식으로 관리하여 오래된 제품부터 먼저 사용

평가제 완벽 대비 Q&A

Q 어린이집에서 된장이나 김치를 직접 담가 먹습니다. 직접 만든 식품에 대한 유통기한(소비기한)은 어떻게 평정하나요?

A 식품 제조·가공 업체에서 판매하는 식품 및 식품첨가물은 「식품위생법」에 따라 유통기한(소비기한)이 반드시 표기되어야 합니다. 평가 항목에서는 어린이집 내 모든 식품의 유통기한 경과 여부를 확인합니다. 어린이집에서 직접 만든 된장, 고추장, 김치는 유통기한 확인 대상이 아니지만, 식품이 변질되지 않도록 적절히 보관하고 관리해야 합니다.

Q 식품에 유통기한만 표기되어 있는 경우, 인터넷을 참고하여 권장 소비기한 내 사용해도 가능한가요?

A 유통기한이 지나고 확인할 수 없어 섭취가능 여부 판단이 어려우므로 유통기한 표시제품은 유통기한 내, 소비기한 표시제품은 소비기한 내로 섭취해야 합니다. 따라서 어린이집에서 유통기한이 경과한 식자재(식품)를 임의로 소비기한을 적용하여 사용하지 않도록 유의하시기 바랍니다.(식품의약품안전처, 2023)

Q 교사용 반찬은 당일 폐기하지 않고 냉장고에 보관하고 먹어도 되나요?

A 어린이집에서는 당일 조리된 음식은 당일 소모해야 하므로, 배식을 완료하고 남았을 경우 이를 전량 폐기해야 합니다. 따라서 교사용 반찬이라 하더라도 당일 소모하고 남았을 경우 반드시 전량 폐기해야 합니다. 다만, 김치류는 평정대상에 포함되지 않으나, 식품이 변질되지 않도록 보관·관리해야 합니다.

지표 핵심_2

〈관찰〉

적절한 수준
2. 조리실의 공간을 청결하고 위생적으로 관리한다. ① 조리실 공간 및 조리실 내 시설 · 설비를 청결하게 유지 · 관리한다. ② 조리실 비품과 식기류를 사용 후 세척, 소독하여 위생적으로 관리한다. ③ 도마와 칼은 교차오염 방지를 위해 최소한 육류용, 어패류용, 기타 채소류 등으로 구분하여 사용한다.

핵심 Point

- 조리 공간 및 비품, 식기류 청결 및 위생 관리
- 도마와 칼은 구분하여 사용(육류, 어패류, 기타 채소류 등)

1. 조리실 공간 및 조리실 내 시설 · 설비를 청결하게 유지 · 관리

- 조리실 공간: 바닥, 벽, 천장 등
- 시실 및 설비: 개수대, 조리대, 식기 수납장, 가스레인지, 후드, 환풍기, 주방 가전 등

• 바닥, 벽, 천장	- 찌든 때 및 이물질 없이 청결 - 작업을 마치면 물기 없이 건조하게 유지 - 배수구와 덮개가 설치되어 있다면 음식물 및 이물질이 없이 관리 - 벽과 천장은 곰팡이, 기름때, 음식물, 거미줄, 먼지가 없이 청결하게 관리
• 창문, 실외 연결 모든 문	- 파손 없는 방충망 부착
• 개수대, 조리대, 가스레인지, 인덕션, 식기 수납장	- 찌든 때 및 이물질 없이 청결
• 주방가전	- 표면 및 내부에 찌든 때 및 이물질 없이 청결
• 후드	- 정상 작동되며 찌든 때 및 이물질 없이 청결 기름때, 음식물, 먼지, 이물질, 죽은 벌레 등이 없음
• 쓰레기통 및 하수구	- 비어 있거나 용량이 넘쳐 냄새가 나지 않게 관리
• 환기	- 쾌적한 조리실을 위해 수시로 환기

가정 어린이집의 청결한 주방

식기 소독기

부적절: 주방 창문 파손된 방충망

부적절: 기름때와 찌든 때가 있는 전자레인지

2. 비품 및 식기류 사용 후 세척 · 소독하여 위생적 관리

- 비품: 조리도구, 행주, 도마, 칼 등
- 식기류: 컵, 수저, 접시 등

• 식기류 및 비품	- 사용 후 세척 및 소독하여 위생 관리
• 식수대 및 컵	- 먼지 및 습기가 없는 건조한 곳에 보관 - 식수대의 컵은 청결히 관리하며 사용 전 · 후로 구분 - 영유아의 개인 컵은 수시로 청결 관리

식기류 소독

식수대 청결 관리

3. 도마와 칼은 교차오염 방지를 위해 구분하여 사용

- 최소한 육류용, 어패류용, 기타 채소류 등으로 구분

어류

육류

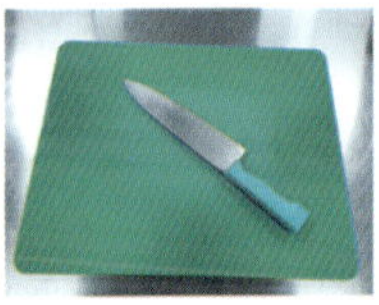

채소류

완제품류

기타

교차오염 방지를 위한 도마 관리

평가제 완벽 대비 Q&A

Q **어린이집 인가 공간 내에는 조리실이 없고, 같은 건물에 있는 유치원의 조리실을 공동으로 사용하고 있습니다. 이러한 경우 유치원 조리실도 평정 대상에 포함되나요?**

A 유치원과 같은 건물에 있는 어린이집은 지자체의 승인이 있을 경우 유치원의 조리실을 함께 사용할 수 있습니다. 이 경우 조리실 내 어린이집용 모든 식자재가 평가 대상에 포함됩니다. 또한, 공공기관이나 사회복지관에 설치된 어린이집도 동일한 기준이 적용됩니다.

지표 핵심_3

〈관찰〉

적절한 수준
3. 조리 및 배식 과정을 청결하고 위생적으로 관리한다. ① 조리를 하는 보육교직원은 조리 시 청결하고 위생적인 복장을 갖추고 있다. ② 조리 과정이 청결하고 위생적으로 이루어진다. ③ 배식 과정이 청결하고 위생적으로 이루어진다.

핵심 Point

- 조리 및 배식 과정 청결

1. 위생적인 복장으로 청결한 조리

• 기본 위생복장	- 위생복(앞치마), 위생모, 마스크, 필수 착용 - 악세서리 및 장신구(반지, 귀걸이 등) 착용 금지
• 손 씻기 및 마스크 착용 기준	- 식품 취급 전 반드시 손 씻기 및 마스크 착용 - 마스크는 코까지 덮도록 착용 - 집단급식소는 필수, 소규모 급식소는 권장
• 위생모 착용 시 주의사항	- 머리카락, 귀가 밖으로 나오지 않도록 착용 - 지나치게 짙은 화장, 인조눈썹, 속눈썹 착용 금지
• 조리 전용 신발 및 덧신	- 조리실 내에서만 사용 단, 실내 및 조리 공간 바닥이 구분되지 않거나 바닥에서 물을 사용하지 않는 경우 조리실 전용 신발이나 덧신을 착용하지 않을 수 있음
• 장신구 및 기타 금지사항	- 귀걸이, 반지, 벗겨진 매니큐어 착용 금지 (음식물 오염 및 세균 번식 위험) - 위생복 착용 상태로 작업구역 이탈 금지 (특히 화장실 이용 금지)

• 앞치마 및 고무장갑 사용 원칙	- 용도별 구분 사용 전처리용, 조리용, 배식용, 청소용 - 사용 후 반드시 세척 및 소독
• 손 관리 원칙	- 냄새가 나지 않고 위생적

2. 청결하고 위생적인 조리과정

• 조리 전	- 손을 깨끗이 씻기
• 전처리 (식재료 준비)	- 식재료별 싱크대 구분 사용 한 개의 싱크대 사용 시 채소류 → 육류 → 어류 → 가금류 순으로 사용 - 준비대나 조리대에서 준비 작업 - 식재료의 세척 및 절단 등이 청결하게 진행 - 장갑 사용 원칙 전처리 과정: 전처리용 장갑 착용
• 조리	- 맨손으로 취급하지 않으며 장갑 사용 - 맛보기는 별도 숟가락 사용

3. 청결하고 위생적인 배식 과정

• 배식	- 급 · 간식 전후에 청결한 행주로 식탁(책상)을 닦음 - 음식별로 위생적인 개별 배식도구(집게, 가위 등)를 사용함 - 맨손으로 음식을 배식하지 않음 - 하나의 배식도구(집게 등)로 여러 가지 음식을 배식하지 않음 - 하나의 가위로 여러 가지 음식을 자르지 않음 - 사용하던 젓가락이나 포크 등으로 음식을 배식하지 않음 - 배식 시 영유아 개인별 식기를 사용함 - 공동접시를 사용하여 하나의 음식을 여러 명이 함께 먹지 않음
• 당일 폐기	- 1회 조리된 음식은 당일 소모하고 재배식하지 않음 - 데친 채소류, 삶은 고기, 육수 등은 이미 조리의 과정을 거쳤으므로 냉동실에 보관 후 사용하는 것은 당일 폐기 원칙을 준수하지 않았음으로 유의하여야 함 - 배식 후 남은 음식은 전량 폐기함

배식 전·후 식탁(책상) 소독

음식별로 개별 배식도구 (집게 등)를 사용

장갑을 착용하였더라도 도구를 사용하여 배식

배식 시 영유아 개인별 식기 사용

배식 후 남은 음식 전량 폐기

- 물, 우유 관리

구분	내용
물	- 영유아가 언제나 음용할 수 있도록 보육실 또는 층별로 마실 물과 물컵을 비치 - 끓여서 식힌 물이나 생수 제공 - 정수기 사용 시 필터 및 꼭지의 위생관리
우유	- 반드시 냉장 보관 - 분유는 습기 없는 곳에 보관 - 영아의 모유 및 우유는 반드시 냉장 보관 - 먹다 남은 모유나 우유는 즉시 폐기

적절: 언제나 마실 수 있는 물

부적절: 손에 닿지 않는 높이에 위치한 물(1세반)

평가제 완벽 대비 Q&A

Q 미리 준비해 둔 간식을 데우는 경우에도 반드시 앞치마와 머릿수건을 착용해야 하나요?

A 급식 및 간식을 조리할 때는 청결하고 위생적인 복장을 착용해야 하며, 음식을 데우는 것도 조리 과정에 포함되므로 반드시 앞치마와 머릿수건을 착용해야 합니다.

Q 마실 물을 반드시 보육실에 비치해야 하나요?

A 어린이집은 영유아가 원할 때 자유롭게 물을 마실 수 있도록 활동 공간에 물과 물컵을 마련해야 합니다. 보육실 인이나 복도 등 영유아가 쉽게 이용할 수 있는 곳에 비치해야 합니다.

Q 건강 · 영양교육에 대한 내용을 보육일지에 기록해야 하나요?

A 어린이집은 일상적인 양육 및 보육활동을 통해 영유아에게 건강과 영양에 대한 교육적 경험을 제공해야 합니다. 그러나 건강 · 영양교육의 실시 기록은 평가지표의 평가 내용에는 포함되지 않습니다.

Q 토요일에도 어린이집을 운영하고 있으나 불규칙적으로 영유아가 등원합니다. 이 때에도 매주 토요일에 대한 급 · 간식 식단을 모두 계획해야 하나요?

A 어린이집에서는 영유아의 발달 단계와 영양적 요구를 고려한 급 · 간식 식단표를 체계적으로 수립하여야 합니다. 토요일에 어린이집을 운영한다면, 영유아가 불규칙하게 등원하더라도 사전에 토요일 급 · 간식에 대한 계획을 세워 제공하고 관련 기록을 관리하는 것이 바람직합니다. 운영위원회의 결정에 따라 토요일에 어린이집을 운영하지 않을 경우에는 관련 증빙자료(예: 어린이집 운영안내서, 운영위원회 회의록 등)을 마련하시기 바랍니다.

면담 준비하세요!

함께 생각해 보기

1. 식자재 보관 장소(냉장고, 김치냉장고, 냉동고 포함)를 청결하게 유지 · 관리하나요?

Tip 식자재 보관장소는 찌든 때나 이물질이 없이 청결하게 유지 · 관리되고 있어야 합니다.

- **답변**
  매일 청소하고 있으며, 정기적인 소독을 통해 청결하게 관리되고 있습니다.

2. 신선한 식자재를 구매하고 이를 위생적으로 보관하나요?

Tip 식자재는 신선한 재료를 구입하여 위생적으로 관리되고 있어야 합니다. 모든 식자재는 외관, 색상, 냄새 등을 확인했을 때 변질되지 않은 상태여야 하고, 구입한 식자재는 육안 검수 후 밀봉하여 보관방법을 준수하여 관리하여야 합니다.

- **답변**
  네, 모든 식자재는 검수한 후 보관 방법에 따라 냉장, 냉동, 실온 보관하여 관리합니다.

3. 식자재의 구매 및 보관 과정에서 유통기한(소비기한)을 준수하나요?

Tip 어린이집 내의 모든 공간에 있는 유통기한이 표기된 모든 식품은 수입식품을 포함하여 유통기한이 경과된 것이 없어야 합니다.

- **답변**
  네, 유통기한을 철저히 준수하고 있습니다.

4. 조리실이 청결한가요?

Tip 조리실의 모든 공간은 청결하게 유지 · 관리되고 있어야 합니다.

- **답변**
  청결하게 관리되고 있습니다.

5. 조리실에서는 작업 후 바닥을 건조하게 유지하나요?

Tip 조리실 바닥은 찌든 때나 이물질이 없이 깨끗하며 작업 후 건조하게 유지되고 있어야 합니다.

- **답변**
  조리실 바닥은 늘 건조하게 유지시키고 있습니다.

6. 조리실의 창문 및 실외로 직접 연결된 모든 문은 방충망이 부착되어 있고 파손 없이 깨끗한가요?

Tip 신선한 식자재 관리를 위하여 조리실의 창문 및 실외로 연결된 문은 방충망이 설치되어 있고 방충망은 깨끗하고 파손된 곳이 없도록 관리되어야 합니다.

- **답변**
  네, 방충망이 설치되어 있고 파손 없이 청결한 관리가 이루어지고 있습니다.

7. 조리실의 시설 · 설비(개수대, 조리대, 가스레인지, 수납장 등), 주방 가전(전기밥솥 등 소형 가전)은 표면과 내부에 찌든 때나 이물질이 없이 청결하게 유지 · 관리되나요?

Tip 조리실의 모든 시설 및 설비, 주방가전은 표면과 내부에 찌든 때나 이물질이 없이 청결하게 유지 · 관리되고 있어야 합니다.

- **답변**
  조리실의 모든 시설과 가전은 깨끗하게 관리되고 있습니다.

8. 조리실 비품(조리 도구, 행주 등)과 식기류(컵 등)를 사용 후 세척, 소독하여 위생적으로 관리하나요?

Tip 조리실의 비품 및 식기류는 사용 후 세척 및 소독하여 위생적으로 관리하여야 합니다.

- **답변**
  사용 후 세척하고 소독하여 위생적으로 관리하고 있습니다.

9. 도마와 칼은 교차 오염방지를 위해 최소한 육류용, 어패류용, 기타 채소류 등으로 구분하여 사용하나요?

Tip 도마와 칼은 교차 오염방지를 위해 최소한 육류용, 어패류용, 기타 채소류 등으로 구분하여 사용하여야 합니나.

- **답변**
  사용 후 세척하고 소독하여 위생적으로 관리하고 있습니다.

10. 조리를 하는 보육교직원은 조리 시 청결하고 위생적인 복장을 갖추고 있나요?

Tip 조리를 하는 조리원 및 조리업무를 하는 원장 등은 조리 시 청결하고 위생적인 복장을 갖추어야 합니다.
전용 앞치마나 위생복, 전용 머릿수건(위생모), 조리실 전용 신발(위생화, 덧신)을 착용하여야 합니다. 조리실 전용 조리실 전용 신발이나 덧신은 조리실 내에서만 사용하여야 하니 유의하세요! 단, 실내 공간과 조리공간의 바닥이 구분되지 않으며 바닥에서 물을 사용하지 않는 경우에는 조리실 전용 신발이나 덧신을 착용하지 않을 수 있음

- **답변**
  조리 전용 앞치마와 위생모를 착용하고 조리실 전용 신발을 신고 조리하고 있습니다.

11. 식재료의 세척과 절단 등 전처리 작업이 청결하고 위생적으로 이루어지나요?

Tip 식재료는 준비대나 조리대에서 준비하고, 식재료의 세척과 절단 등 전처리 작업은 청결하고 위생적으로 이루어져야 합니다.

- **답변**

주방 조리대에서 청결하게 이루어지고 있습니다.

12. 조리 중(전처리 작업 포함)이거나 조리된 후 식품을 맨손으로 취급하지 않으며, 맛보기는 별도 숟가락을 사용하나요?

Tip 조리 중(전처리 작업 포함)이거나 조리된 후 식품을 맨손으로 취급하지 않으며, 맛보기는 별도 숟가락을 사용하여야 합니다.

- **답변**

식품을 맨손으로 취급하지 않고 맛보기 숟가락은 별도로 사용합니다.

13. 급·간식 전후로 청결한 행주를 사용하여 식탁(책상)을 닦나요?

Tip 급·간식 전후로 청결한 행주를 사용하여 식탁을 닦아야 합니다.

- **답변**

네, 급간식 전후로 책상을 깨끗하게 닦고 배식합니다.

14. 배식 시 영유아 개인별 식기를 사용하나요?

Tip 배식 시 영유아 개인별 식기를 사용하며 공동접시를 사용하여 하나의 음식을 여러 영유아가 함께 먹지 않도록 하여야 합니다.

- **답변**

개별식기를 사용합니다.

15. 배식 시 음식별로 위생적인 개별 배식 도구(집게, 가위 등)를 사용하나요?

Tip 맨손이나 사용하던 젓가락, 숟가락으로 음식을 배식하지 않으며, 음식별로 위생적인 집게, 가위 등 개별 배식도구를 사용하여야 합니다.

- **답변**

음식별로 집게와 가위를 각각 사용합니다.

16. 영유아가 손쉽게 마실 수 있도록 보육실 또는 층별로 마실 물과 물 컵을 제공하나요?

Tip 영유아가 손쉽게 마실 수 있도록 보육실 또는 층별로 마실 물과 물컵을 비치하여야 합니다. 영유아가 마실 물은 끓여서 식힌 물이나 생수를 제공하여야 하고 정수기 사용 시 필터와 꼭지의 위생관리가 이루어져야 합니다.

- **답변**

아이들이 언제든지 물을 마실 수 있도록 물과 컵을 제공하고 있습니다.

6-3

실내외 공간, 시설·설비의 안전한 관리

매뉴얼 핵심 요약

영유아는 호기심이 많고 활동성이 크지만, 위험을 예측하거나 안전하게 행동하는 능력이 부족하다. 그러므로 실내외 공간의 물리적 환경을 안전하게 유지하여 영유아가 다치거나 상해를 입지 않도록 예방해야 한다. 안전한 환경은 영유아가 자유롭게 놀이와 활동에 참여할 수 있도록 돕고, 탐색과 문제 해결 과성을 지원하는 역할을 한다. 그러므로 보육실과 실내외 공간, 시설 · 설비를 정기적으로 점검하고 안전하게 관리해야 한다.

출입구와 실내 공간의 위험 요소를 확인하고, 고정식 및 이동식 시설 · 설비를 유지 · 보수하여 안전한 상태를 유지해야 한다. 또한, 영유아가 사용하는 놀잇감과 활동 자료의 파손 여부를 확인하고 필요시 폐기 또는 수리해야 한다.

비상사태 발생 시 영유아가 신속하게 보호받고 대피할 수 있도록 비상 설비를 철저히 유지 · 관리해야 한다. 경보 시설, 소화 시설, 대피시설이 정상적으로 작동하도록 주기적인 점검과 보수를 실시해야 한다.

▶ 포인트

- 영유아는 안전을 인지하는 능력이 부족하므로 모든 환경을 안전하게 유지해야 한다.
- 보육실 및 실내외 공간의 위험 요소를 정기적으로 점검해야 한다.
- 어린이집의 모든 시설 · 설비를 안전한 상태로 유지해야 한다.
- 놀잇감과 활동자료는 파손 여부를 확인하고 필요시 보수하거나 폐기해야 한다.
- 비상사태 발생 시 대비할 수 있도록 경보 시설, 소화 시설, 대피시설을 주기적으로 점검하고 정상 작동을 유지해야 한다.

▶ 평가제 준비 Check

- 실내외 환경 안전 점검: 출입구, 보육실, 복도, 놀이터 등 모든 공간의 위험 요소 정기 점검
- 시설 · 설비 유지 관리: 고정식 및 이동식 시설 · 설비의 안전성을 확인 및 관리
- 놀잇감 및 활동자료 관리: 상태를 점검 및 손상된 물품은 보수하거나 폐기
- 비상 설비 관리: 화재 및 비상사태 대비를 위해 경보 시설, 소화 시설, 대피시설을 정기적 점검 및 정상 작동을 유지
- 위험 물품 관리: 영유아가 다칠 위험이 있는 물품 분리 · 보관 및 관리

관찰 면담

적절한 수준

1. 보육실과 실내외 공간 및 시설 · 설비를 안전하게 관리한다.

① 어린이집 대문과 현관문에는 개폐 장치를 설치하여 관리한다.
② 2층 이상의 창문에는 창문 보호대가 설치되어 있다.
③ 가구 및 설비는 파손된 곳이 없고, 모서리가 날카로운 경우 보호대가 설치되어 있다.
④ 사고 유발 위험이 있는 설비, 적재물은 영유아 활동 공간과 분리하여 안전하게 보관되어 있다.
⑤ 영유아가 성인이 주로 사용하는 실내외 공간에 출입하지 않도록 관리한다.

2. 놀잇감, 놀이기구, 위험한 물건을 안전하게 관리한다.

① 영유아의 놀잇감의 형태와 크기, 재질 등이 안전하다.
② 영유아의 놀이기구(고정식 놀이기구, 볼풀장 등)는 안전하게 설치되어 있으며, 파손된 곳이 없다.
③ 위험한 물건은 안전하게 보관되어 있다.

3. 비상사태용 시설 · 설비를 상시 사용할 수 있도록 관리한다.

① 경보시설, 소화시설, 대피시설 등의 비상시설 설비가 항상 제대로 작동되도록 관리하고 있다.
② 모든 보육교직원은 비상시설 설비의 위치와 실제 사용법을 알고 있다.

지표 핵심_1

〈관찰〉

적절한 수준
1. 보육실과 실내외 공간 및 시설 · 설비를 안전하게 관리한다. ① 어린이집 대문과 현관문에는 개폐 장치를 설치하여 관리한다. ② 2층 이상의 창문에는 창문 보호대가 설치되어 있다. ③ 가구 및 설비는 파손된 곳이 없고, 모서리가 날카로운 경우 보호대가 설치되어 있다. ④ 사고 유발 위험이 있는 설비, 적재물은 영유아 활동 공간과 분리하여 안전하게 보관되어 있다. ⑤ 영유아가 성인이 주로 사용하는 실내외 공간에 출입하지 않도록 관리한다.

핵심 Point

- 실내외 공간 및 시설 · 설비를 안전하게 관리

1. 개폐 장치가 설치된 대문 및 현관

- 대문 및 현관은 개폐 장치가 설치되어 있으며 보육시간에 열려 있지 않음

2. 2층 이상의 창문에는 창문 보호대 설치

- 2층 이상의 창문 하단의 높이가 바닥으로부터 120cm 이하인 창문에는 영유아의 추락방지를 위한 창문 보호대가 설치됨
- 방충망은 창문 보호대에 포함되지 않음

2층 이상의 창문에는 창문 보호대 설치

3. 가구 및 설비는 파손된 곳이 없고, 모서리가 날카로운 경우 보호대 설치

- 책상, 의자, 활동 자료장 등의 가구가 파손된 곳이 없고, 날카로운 곳이 없음

4. 사고 유발 위험이 있는 설비, 적재물은 영유아 활동 공간과 분리하여 안전한 보관

- 사고 유발 위험이 있는 적재물(목재 더미, 파손된 가구 등)은 영유아 활동 공간과 분리하여 안전하게 보관함

5. 영유아가 성인이 주로 사용하는 실내외 공간에 출입하지 않도록 관리

• 조리실, 보일러실, 자료실 등	- 영유아가 출입하지 못하도록 개폐고리를 반드시 설치하여 이동할 경우 반드시 잠그도록 함
• 원장실, 교사실 등	- 영유아가 성인의 보호 없이 출입하지 못하도록 함
• 조리실과 영유아 활동 공간이 분리되지 않은 경우	- 안전장치를 설치하여 영유아가 접근하지 못하도록 관리함 - 출입할 때마다 잠그도록 함

부적절 예시

외부로 연결된 분리수거장 문이 열림

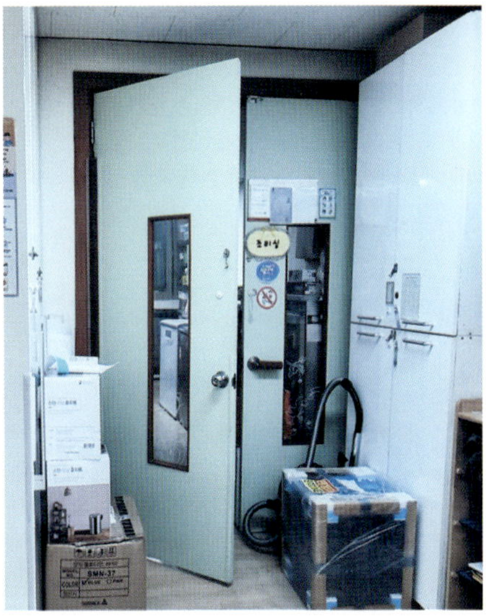

조리실 문이 열려 있음

지표 핵심_2

〈관찰〉

적절한 수준

2. 놀잇감, 놀이기구, 위험한 물건을 안전하게 관리한다.

① 영유아의 놀잇감의 형태와 크기, 재질 등이 안전하다.

② 영유아의 놀이기구(고정식 놀이기구, 볼풀장 등)는 안전하게 설치되어 있으며, 피손된 곳이 없다.

③ 위험한 물건은 안전하게 보관되어 있다.

핵심 Point

- 놀잇감, 놀이기구, 위험한 물건을 안전하게 관리

1. 놀잇감의 형태, 크기, 재질 등이 안전

- 모든 놀잇감, 활동자료, 보관함, 바구니 등은 파손된 부분 없이 안전히 관리함
- 영아(0, 1세)의 놀잇감은 삼킬 수 있는 작은 크기의 놀잇감이나 활동자료가 없어야 함

• 자르거나 찌르는 도구	- 칼, 성인용 가위, 송곳, 스테이플러 - 칼날이 드러난 테이프 커터기 등
• 화학물질 및 유해 제품	- 강력접착제, 목공용 본드, 글루건 - 살충제, 방향제, 어항 수질 개선제 - 각종 스프레이, 침핀, 건전지 - 내용물이 들어 있는 화장품(립스틱, 매니큐어 등)
• 화장실 내 각종 세제	- 세제, 세척제, 표백제 - 나프탈렌, 세척용 소독 스프레이
• 약품류	- 비상약품 - 영유아가 투약을 위해 가져온 약
• 삼킴 위험이 있는 작은 물건(영아, 만 0~1세 주의)	- 직경 3.5cm 이하 작은 크기의 물건 블록, 구슬, 솜공 등 작은 자연물(영아가 쉽게 열 수 있는 통에 있는 경우)
• 화상 위험이 있는 물건	- 전기포트, 밥솥 등

부적절 예시

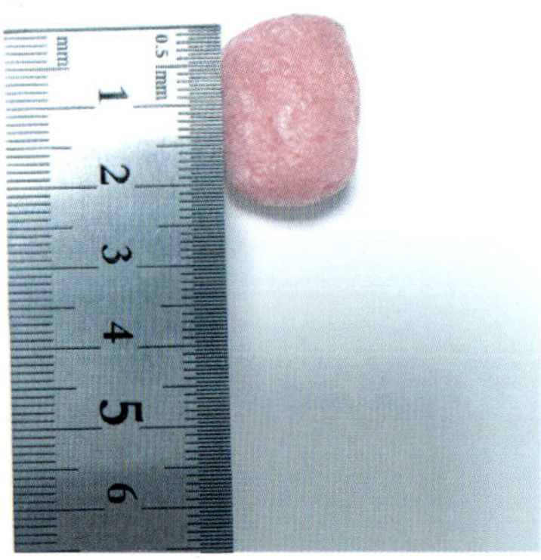

0세 보육실에서 3.5cm 미만 놀이재료

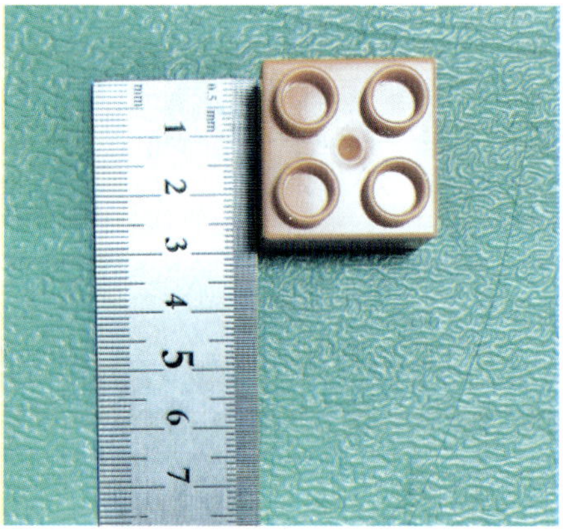

1세 보육실에서 3.5cm 미만 놀이재료

2. 영유아의 놀이기구는 파손된 곳이 없으며 안전하게 설치

- 유희실이나 실내 놀이터의 고정식 놀이기구(고정식 미끄럼틀, 볼풀장 등)는 안전하게 관리함

3. 위험한 물건 안전하게 보관

- 보육실 내 모든 위험한 물건은 영유아의 손에 닿지 않는 곳에 별도로 보관함
- 위험한 물건이 영유아의 손이 닿는 곳에 위치하고 있다면 잠금장치 사용함

• 선풍기	- 안전 덮개로 덮여져 있고, 영유아의 손에 닿지 않는 곳에 설치
• 온열기	- 영유아의 손에 닿지 않는 곳에 설치
• 돌출형 라디에이터	- 계절에 관계 없이 안전 덮개 설치
• 벽에 설치된 게시판, 선반	- 떨어지지 않도록 안전하게 고정
• 화기 시설 및 가스밸브	- 보호장치를 하여 적절한 관리
• 블라인드 및 샤워기 줄	- 늘어지지 않도록 안전하게 처리
• 덤웨이터 (음식 운반용 소형 승강기)	- 영유아가 접근하지 못하도록 관리
• 고정식 놀이기구	- 파손된 곳이 없으며 안전하게 설치

지표 핵심_3

〈관찰〉

적절한 수준
3. 비상사태용 시설·설비를 상시 사용할 수 있도록 관리한다. ① 경보시설, 소화시설, 대피시설 등의 비상시설 설비가 항상 제대로 작동되도록 관리하고 있다. ② 모든 보육교직원은 비상시설 설비의 위치와 실제 사용법을 알고 있다.

핵심 Point

- 비상사태용 시설 및 설비를 상시 사용할 수 있도록 관리

1. 비상사태를 대비한 시설 · 설비를 항시 사용할 수 있도록 관리

경보시설

- 단독경보형감지기, 가스누설경보기 등
- 화재 발생 시 열 또는 연기를 쉽게 감지하도록 천장에 부착함
- 구분된 공간마다 단독경보형감지기가 천장에 설치되어 있음
- 전원이 모두 켜져 있음
- 해당 층에 자동화재탐지설비를 설치한 경우, 단독경보형감지기를 추가로 설치할 필요가 없음

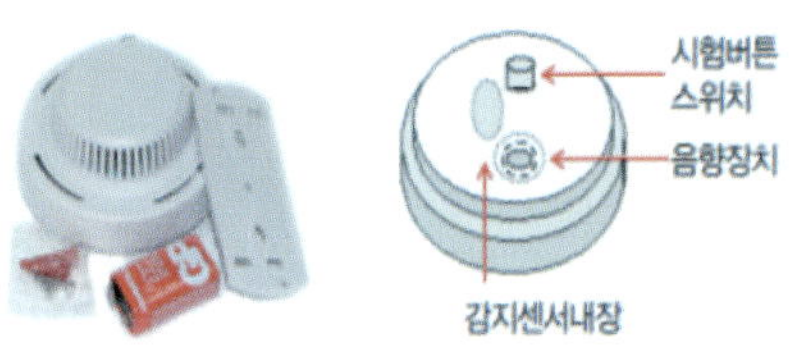

〈단독경보형감지기〉

▌관리방법

- 헤어드라이기나 진공청소기를 이용하여 먼지를 제거한다.
- 건전지를 주전원으로 사용하는 단독경보형감지기는 정상적인 작동상태를 유지할 수 있도록 건전지를 교환하여야 한다.
- 상용전원을 주전원으로 사용하므로 2차 전지는 성능시험에 합격한 것을 사용한다.

〈가스누설경보기〉

▌관리방법

- 물 묻은 손으로 전원코드 또는 본체를 만지지 않는다.
- 가스누설경보기(검지부)를 덮거나 가리지 않는다.
- 가스누설경보기(검지부)에 영향을 주는 실리콘 작업은 하지 않는다.
- 방향제, 살충제 등의 스프레이 종류를 가스탐지부에 직접 뿌리지 않는다.

〈출처: 어린이집안전공제회〉

소화시설

- 각 층마다 분말 소화기 구비
- 소화기는 안전핀이 고정되어 있음
- 소방약제가 충분하며, 압력이 정상 범위 내에 있음
- 투척용 소화기가 있는 경우 파손 및 내용물이 소실되지 않도록 관리

대피시설

- 비상구, 비상계단, 영유아 미끄럼대, 피난구 유도등 등
- 적재물이 없어 비상시 원활하게 대피하도록 관리
- 비상구: 잠그지 않거나, 잠그더라도 잠금장치가 안쪽에 설치되어 쉽게 열 수 있는 상태
- 비상계단, 영유아 미끄럼대: 언제든지 사용 가능하도록 유지 및 관리
- 유도등: 전원이 켜져 있음

2. 모든 교직원은 비상시설 · 설비의 위치와 실제 사용법을 숙지

① 소화기의 안전핀을 뺌 (이때 상단 레버만 손으로 잡음)	② 바람을 등지고 3~5㎝ 전방에서 호스를 불쪽으로 향함	③ 손잡이를 힘껏 움켜쥐면서 불길 양옆으로 골고루 약제를 방사

〈출처: 국민안전처-비상시 행동요령〉

▌안전설비 체크

피난설비		소화설비			
미끄럼	유도등	각층 소화기	안전핀	압력	약제

경보설비		사용법	
단독경보형감지기	가스누설경보기	소화기 사용법	비상구 사용법

평가제 완벽 대비 Q&A

Q 어린이집에 소화기 대신 투척용 소화기(간이소화용구)만 구비하여도 무방한가요?

A 어린이집은 화재 등 비상사태를 대비하여 각 층마다 분말소화기를 구비해야 합니다. 투척용 소화기는 간이소화용구로, 효과적인 소화가 어렵기 때문에 반드시 분말소화기를 마련해야 합니다.

Q '단독경보형감지기'는 무엇인가요?

A 단독경보형감지기는 천장에 부착하여 연기 등 화재 위험을 감지하고 경보음을 울리는 장치입니다. 영유아의 안전을 위해 어린이집 건물(1~3층) 모든 구획된 실에 반드시 설치해야 하며, 이미 자동화재탐지설비가 있는 경우에는 추가 설치가 필요 없습니다. 설치 장소로는 보육실, 유희실, 조리실, 교사실, 원장실, 사무실, 자료실, 현관, 베란다, 보일러실, 창고, 드레스룸, 복도, 계단 등이 있으며, 목욕실과 욕조가 있는 화장실은 제외할 수 있습니다.

Q 건물 1~2층을 인가받아 사용하는 어린이집입니다. 영유아의 안전과 아동의 용이성을 위해 소화기를 계단에 비치하였는데 인정 가능한가요?

A 「소화기구 및 자동소화장치의 화재안전기준(NFSC101)」에 의거하여 소화기는 각 층마다 설치해야 합니다. 따라서 소화기는 각 층마다 비치해야 하며, 중층(1.5층) 또는 계단에만 비치하는 것은 바람직하지 않습니다.

면담 준비하세요!

함께 생각해 보기

1. 어린이집 대문과 현관문에는 개폐장치를 설치하여 관리하나요?

Tip 영유아의 안전을 위하여 어린이집 대문 및 현관문은 개폐장치가 설치되고, 어린이집 운영 시간에는 개폐장치가 잘 관리되고 있어야 합니다.

- **답변**

개폐장치가 설치되어 있고 잘 관리되고 있습니다.

2. 창문 하단의 높이가 바닥으로부터 120cm 이하인 2층 이상의 창문에는 영유아의 추락 방지를 위해 창문 보호대가 설치되어 있나요?

Tip 영유아의 추락방지를 위해 창문 하단의 높이가 바닥으로부터 120cm 이하인 2층 이상의 창문에는 창문 보호대가 설치되어 있어야 하며, 방충망은 창문 보호대에 포함되지 않습니다.

- **답변**

네, 설치되어 있습니다.

3. 책상, 의자, 놀이자료장 등의 가구 및 설비는 파손된 곳이 없고, 모서리가 날카로운 경우 보호대가 설치되어 있나요?

Tip 영유아의 안전한 생활을 위하여 책상, 의자, 놀이자료장 등의 가구 및 설비는 파손된 곳이 없고, 모서리가 날카로운 경우 보호대가 설치되어 있어야 합니다.

- **답변**

파손된 곳이 없으며, 모서리보호대가 설치되어 있어서 영유아가 안전하게 생활하고 있습니다.

4. 사고 유발 위험이 있는 설비(에어컨 실외기 등)나 적재물(목재 더미, 파손된 가구 등)은 영유아 활동 공간과 분리하여 안전하게 보관되어 있나요?

Tip 사고 유발 위험이 있는 설비(에어컨 실외기 등)나 적재물(목재 더미, 파손된 가구 등)은 영유아 활동 공간과 분리하여 안전하게 보관되어 있어야 합니다.

- **답변**

아이들이 접근할 수 없는 공간에 분리하여 안전하게 보관하고 있습니다.

5. 영유아가 성인이 주로 사용하는 실내외 공간에 출입하지 않도록 관리하나요?

Tip 원장실이나 교사실은 성인이 주로 사용하는 공간이기 때문에 성인의 보호 없이 영유아가 출입하지 않도록 주의하여야 합니다. 조리실, 보일러실, 자료실 등은 위험요인이 있으므로 영유아가 출입하지 못하도록 관리하여야 합니다. 어린이집 구조상 조리실과 영유아의 활동 공간이 분리되어 있지 않은 경우는 안전장치(안전문)를 설치하여 영유아가 접근할 수 없도록 관리가 필요합니다.

- **답변**

영유아가 출입하지 않도록 관리하고 있습니다.

6. 영유아의 놀잇감과 활동자료의 형태와 크기, 재질 등이 안전한가요?

Tip 형태, 크기, 재질이 안전한 놀잇감과 활동자료로 제공되어야 합니다.

- **답변**

영유아에게 무해하고 안전한 놀잇감과 활동자료로 제공하고 있습니다.

7. (0, 1세반) 영아가 삼킬 수 있는 작은 크기의 놀잇감이나 활동자료를 유의하여 관리하나요?

Tip 영아(만 0, 1세)가 삼킬 수 있는 놀잇감이나 활동자료는 직경 3.5cm 이하 작은 크기의 물건이나 놀잇감입니다. 직접 활동자료로 제공되거나, 영아가 쉽게 열 수 있는 통 안에 들어 있는 크기가 작은 자연물도 직경 3.5cm 이하라면 위험하니 제공하지 않도록 주의하여야 합니다. (블록, 구슬, 솜공, 콩, 팥, 은행, 도토리 등)

- **답변**

직경 3.5cm 이하 놀잇감과 활동자료는 제공하지 않습니다.

8. 실내외 놀이터(유희실 포함)의 놀이기구(고정식 놀이기구, 볼풀장 등)는 안전하게 설치되어 있으며, 파손된 곳이 없나요?

Tip 실내외 놀이터(유희실 포함)의 놀이기구(고정식 놀이기구, 볼풀장 등)는 안전하게 설치되어 있으며, 파손된 곳이 없도록 관리하여야 합니다.

- **답변**

안전하게 설치되었고, 정기적으로 점검하여 파손된 곳이 없습니다.

9. 위험한 물건은 영유아의 손이 닿지 않는 곳에 별도로 보관하며, 영유아의 손이 닿는 위치에 위험한 물건을 보관하는 경우 잠금장치를 사용하나요?

Tip 위험한 물건은 영유아의 손이 닿지 않는 곳에 별도로 보관하며, 영유아의 손이 닿는 위치에 위험한 물건을 보관하는 경우 잠금장치를 사용하여야 합니다.

- 칼, 성인용 가위, 송곳 등 작업 시 자르거나 찌르는 용도로 사용하는 도구
- 강력접착제, 살충제, 방향제, 각종 스프레이
- 화장실 내 각종 세제
- 약품(비상 약품, 투약을 위해 영유아가 가져온 약 등)
- 전기포트, 밥솥 등 영유아가 화상을 입을 수 있는 물건
- (0, 1세반) 직경 3.5cm 이하 작은 크기의 물건 등

- **답변**

위험한 물건은 영유아의 손에 닿지 않도록 관리하고 있습니다.

10. 경보 시설 · 소화 시설 · 대피시설 등의 비상 시설 · 설비가 항상 제대로 작동되도록 관리하고 있나요?

Tip 경보 시설 · 소화 시설 · 대피시설 등의 비상 시설 · 설비가 항상 제대로 작동되도록 관리되고 있어야 합니다.

- **답변**

안전을 위한 시설, 설비가 제대로 작동되고 있습니다.

11. 모든 보육교직원은 비상 시설 · 설비의 위치와 실제 사용법을 알고 있나요?

Tip 모든 보육교직원은 비상 시설 · 설비의 위치와 실제 사용법을 숙지하고 있어야 합니다. 소화기의 위치, 사용방법, 비상구의 개폐방법을 알아야 비상시 신속하게 대처할 수 있습니다.

- **답변**

네, 알고 있습니다.

12. 각 실마다 단독경보형감지기가 설치되어 있고, 제대로 작동하도록 전원이 켜져 있나요?

Tip 각 실마다 단독경보형감지기가 설치되어 있고, 제대로 작동하도록 전원이 켜져 있어야 합니다. 단독경보형감지기는 화재 발생 시 열 또는 연기를 쉽게 감지할 수 있도록 천장에 부착해야 하여야 하고, 해당 층에 자동화재탐지설비를 설치한 경우, 단독경보형감지기 추가 설치는 필요하지 않습니다. 설치되어 있는 모든 가스누설경보기가 제대로 작동하도록 전원이 켜져 있어야 합니다.

단독경보형감지기 설치 장소는 보육실, 유희실, 조리실, 교사실(휴게공간 포함), 원장실, 사무실, 자료실, 현관, 베란다, 보일러실, 창고, 드레스룸, 복도, 계단 등으로 반드시 천장(계단은 최상층 천장)에 부착하여야 합니다.

목욕실, 욕조나 샤워 시설이 있는 화장실은 오동작의 우려를 고려하여 단독경보형감지기 및 화재감지기 설치를 제외할 수 있습니다.

- **답변**

구분된 공간에 단독경보형감지기가 설치되어 있고 항상 켜져 있습니다.

13. 설치된 모든 가스누설경보기가 제대로 작동하도록 전원이 켜져 있나요?

Tip 설치된 모든 가스누설경보기가 제대로 작동하도록 전원이 켜져 있어야 합니다.

- **답변**

가스누설경보기는 항상 전원이 켜져 있고 제대로 작동하고 있습니다.

14. 각 층에 분말 소화기가 갖춰져 있나요?

Tip 비상사태를 대비하여 소화설비가 비상시 제대로 작동되도록 관리하고 있어야 합니다. 각층마다 소화기를 구비하여야 하며, 어린이집에서 지칭하는 투척용 소화기는 '간이소화용구' 입니다. 그러므로 어린이집에서는 투척용 소화기가 아닌 분말 소화기(소화약제를 압력에 따라 방사하는 기구)를 각층마다 구비하여야 합니다.

• **답변**

구비되어 있습니다.

15. 모든 소화기는 안전핀이 고정되어 있고, 소방약제가 충분하며, 압력이 정상범위 내에 있도록 관리하고 있나요?

Tip 모든 소화기는 안전핀이 고정되어 있고, 소방약제가 충분하며, 압력이 정상범위 내에 있도록 관리되고 있어야 합니다.

• **답변**

매달 담당자가 기준 범위 내로 소화기를 관리하고 있습니다.

16. 설치된 모든 피난구 유도등이 제대로 작동하나요?

Tip 비상사태를 대비한 피난설비(비상구, 비상계단 또는 영유아용 미끄럼대, 피난구 유도등 등)를 비상시 원활하게 대피할 수 있도록 관리하고 있어야 합니다. 유도등은 항상 켜져 있어 신속한 대피가 이루어지도록 관리되고 있어야 합니다.

- 비상계단이나 영유아용 미끄럼대: 언제나 사용 가능하도록 유지 · 관리
- 비상구: 잠그지 않거나 평소 잠가 두어도 잠금장치가 안쪽에 있어 성인이 쉽게 열 수 있는 상태
- 비상구 및 비상계단: 적재물이나 위험한 물건 등이 없어 비상시 원활히 대피할 수 있게 관리되고 있음
- 설치되어 있는 모든 피난구 유도등: 제대로 작동함

• **답변**

네, 항상 작동하고 있습니다.

17. 비상구는 잠그지 않거나 평소 잠가 두어도 잠금장치가 안쪽에 있어 성인이 쉽게 열 수 있는 상태인가요?

Tip 비상구는 잠그지 않거나 평소 잠가 두어도 잠금장치가 안쪽에 있어 성인이 쉽게 열 수 있어야 합니다.

• **답변**

비상구는 잠금장치가 안쪽에 있어 쉽게 열 수 있습니다.

18. 비상구 및 비상계단에는 적재물이나 위험한 물건 등이 없어 비상시 원활히 대피할 수 있도록 관리하고 있나요?

Tip 비상구 및 비상계단에는 적재물이나 위험한 물건 등이 없어 비상시 원활히 대피할 수 있도록 관리하여야 합니다.

• **답변**

비상시 원활히 대피하도록 적재물이나 위험한 물건이 없습니다.

6-4

영유아의 안전한 보호

매뉴얼 핵심 요약

영유아는 등원부터 하원까지 안전하게 보호받아야 한다. 영유아는 성인의 보호 아래에서 일과를 즐겁게 경험하며 성장과 발달을 이루므로 교직원은 각자의 역할을 수행하며 안전하게 생활을 지원해야 한다.

영유아가 일상생활과 놀이를 통해 자연스럽게 안전에 대해 인지하도록 지원하고, 모든 교직원은 영유아 학대 예방 지침을 준수해야 한다.

영유아가 아프거나 다쳤을 경우, 신속하게 적질한 조치를 취해야 하며, 비상 상황 발생 시 안전하게 대피할 수 있도록 관리해야 한다. 이를 위해 교직원은 응급처치 및 비상 지침을 숙지하고, 필요시 원활하게 영유아를 지원할 수 있도록 준비해야 한다. 또한, 어린이집에서 등·하원 차량을 운행할 경우 영유아가 안전하게 보호받을 수 있도록 철저히 관리해야 한다.

▶ 포인트

- 영유아가 등원부터 하원까지 안전하게 보호받을 수 있도록 관리해야 한다.
- 보육교직원은 각자의 역할을 수행하며 영유아의 안전을 책임져야 한다.
- 영유아가 놀이와 일상생활을 통해 안전 개념을 배울 수 있도록 지원해야 한다.
- 모든 교직원은 영유아 학대 예방 지침을 준수해야 한다.
- 영유아가 아프거나 다쳤을 때 지침에 따라 신속하게 조치를 취한다.
- 비상 상황 발생 시 안전하게 대피할 수 있도록 관리해야 한다.
- 보육교직원은 응급처치 및 비상 지침을 숙지하고, 적절한 대응이 가능해야 한다.
- 어린이집 등·하원 차량 운영 시 영유아의 안전을 철저히 보호해야 한다.

▶ 평가제 준비 Check

- 영유아 보호: 인계 규정에 따른 등·하원 지원
- 보육교직원 역할 수행: 영유아의 안전을 위해 각자의 역할 수행
- 안전교육 지원: 「아동복지법」에서 규정한 영유아 안전교육 실행
- 아동학대 예방 준수: 영유아 학대 예방 지침 준수
- 응급처치 및 비상 대응
- 비상 지침 숙지
- 등·하원 차량 안전 관리

관찰 면담

적절한 수준

1. 일과 중 영유아를 안전하게 보호한다.

① 영유아 인계 과정에 대한 어린이집 지침에 따라 출석과 귀가 지도가 이루어지고 있다.
② 교사는 영유아의 안전을 위해 항상 전체 상황을 주시하고 장소가 바뀔 때마다 전체 영유아를 확인한다.
③ 교사는 영유아가 안전하게 놀이하고 생활하도록 안내하고 교육한다.
④ 교사는 영유아 학대 예방 지침을 준수한다.

2. 비상시 신속하게 대처할 수 있도록 관리한다.

① 아프거나 다친 영유아를 위한 지침을 숙지하고 실행한다.
② 보육교직원은 비상시 지침에 따른 자신의 역할과 업무를 숙지하고 실행한다.
③ 모든 영유아에게는 비상시 피난 대피를 도울 보육교직원이 지정되어 있다.

3. 등·하원 차량을 운행할 경우 안전요건을 갖추어 관리한다.

① 운전자 외에 책임 있는 성인(원장, 교사 등)이 동승한다.
② 차량에 동승한 성인(교사 등)과 모든 영유아가 개별 안전띠(또는 영아용 보호장구)를 착용한 후 차량을 출발시킨다.
③ 운전자와 차량에 함께 탄 성인(교사 등)은 마지막에 모든 영유아가 차에서 내렸는지 전 좌석을 확인한 후, 어린이 하차확인장치의 확인 버튼을 누르고 하차한다.

지표 핵심_1

〈관찰, 면담〉

적절한 수준
1. 일과 중 영유아를 안전하게 보호한다. ① 영유아 인계 과정에 대한 어린이집 지침에 따라 출석과 귀가 지도가 이루어지고 있다. ② 교사는 영유아의 안전을 위해 항상 전체 상황을 주시하고 장소가 바뀔 때마다 전체 영유아를 확인한다. ③ 교사는 영유아가 안전하게 놀이하고 생활하도록 안내하고 교육한다. ④ 교사는 영유아 학대 예방 지침을 준수한다.

핵심 Point

• 일과 중 영유아를 안전하게 보호

1. 영유아 인계 지침에 따라 출석 및 귀가 지도

- 오전 시간에 영유아의 등원 여부를 확인함
- 하원 시 모든 영유아(차량 이용 포함)를 지정된 보호자에게 직접 인계함
- 지정된 보호자가 아닌 경우 사전에 보호자와 통화 및 서면으로 미리 확인을 받음
- 혼자 등 · 하원하는 영유아가 없음

인계과정에 대한 지침

- 영유아의 등 · 하원 시 구체적 절차와 방법에 대한 인계지침이 마련되어 있음
- 인계 지침 필수 내용: 귀가동의서에 기재된 지정 보호자에게 영유아를 인계한다는 내용

〈영유아를 절대 혼자 귀가시키지 않는다는 내용〉

부록. 영유아 인계과정에 대한 지침

어린이집에서는 귀가 시 발생할 수 있는 안전사고(예: 미아, 유괴 등)를 예방하기 위해 학기 초에 작성된 귀가동의서를 바탕으로 영유아를 안전하게 인계하는 절차를 마련하고 있습니다.

영유아의 등·하원 과정에서 보호자를 확인하고 인계하는 절차는 교사와 학부모님 모두가 철저히 준수해야 하며, 이는 안전사고를 예방하는 데 필수적입니다. 영유아의 귀가가 원활하게 이루어질 수 있도록 학부모님들의 적극적인 협조를 부탁드립니다.

■ **영유아 인계 절차 및 방법**

– 등·하원 시(차량 이용 포함) 영유아는 반드시 보호자와 어린이집 선생님이 직접 인계해야 합니다.
(입소 시 보호자가 제출한 귀가동의서 명단에 있는 보호자에게만 영유아를 인계합니다.)

■ **부모님께서 귀가동의서에 기재한 보호자에게만 영유아를 귀가시키는 것을 원칙으로 하며, 다른 성인이 영유아를 귀가시키는 경우 사전에 어린이집에 연락하거나 귀가동의서를 작성해 주셔야 합니다. 보호자의 연락이 없으면 다른 사람이 영유아를 데리고 갈 수 없습니다.**

– 영유아는 등·하원 시 반드시 보호자와 함께해야 합니다.
– 부모님의 요청이 있더라도 영유아는 혼자서 하원할 수 없으니, 부모님께서 직접 어린이집에 방문해 주시기 바랍니다.
– 영유아의 등·하원에 대한 구체적인 절차와 방법은 귀가동의서에 반드시 기재해 주세요.

■ **차량탑승 영유아**

– 통학차량 승차 및 하차는 반드시 보호자와 직접 인계하는 것을 원칙으로 합니다.
– 하원 시 정해진 장소에 보호자가 없을 경우, 영유아를 혼자 하차시키지 않고 다시 어린이집으로 데려와 보호자에게 직접 인계합니다.

2. 영유아의 안전을 위해 항상 전체 상황을 주시

- 교실은 전체 영유아가 한눈에 보이도록 구성함
- 가능한 많은 영유아를 관찰할 수 있는 자리에 위치하여 지원함
- 개별 영유아와 상호작용을 하더라도 수시로 전체 영유아 전체 상황을 주시함

Tip	- 영유아가 화장실에 다녀올 때 교사가 상황을 인지하고, 영유아가 일정 시간이 지나도 돌아오지 않으면 직접 살펴보세요. - 영유아가 낮잠을 잘 때 수시로 확인하세요. - 기저귀를 갈거나 분유를 먹일 때 등 지원할 때에 영유아를 수시로 살피세요.

3. 장소가 바뀔 때마다 전체 영유아 확인

- 일과나 장소가 바뀔 때마다 담당하고 있는 영유아가 안전한지 확인함
- 산책 및 견학으로 밖으로 이동할 때 모든 영유아가 교사의 보호하에 있도록 살핌

4. 영유아가 안전하게 놀이하고 생활하도록 안내하고 교육을 지원

- 영유아가 놀잇감을 던지거나 모래를 뿌리는 등의 위험 행동으로 안전사고를 초래하지 않도록 긍정적인 방법으로 지도함
- 놀이기구를 안전하게 사용하도록 교사가 시범을 보이거나 안내를 하며 지원함
- 영유아의 발달 수준에 맞게 「아동복지법」에서 규정한 안전교육을 진행하고 있음
- 영아는 개별 또는 소집단 활동으로 안전교육을 진행함

성폭력 예방	아동학대 예방	실종 · 유괴의 예방 · 방지	감염병 및 약물의 오용 · 남용 예방 등 보건위생관리	재난대비	교통안전	소방안전교육 및 비상대응훈련
6개월에 1회 이상 (연간 4시간 이상)	6개월에 1회 이상 (연간 4시간 이상)	3개월에 1회 이상 (연간 10시간 이상)	3개월에 1회 이상 (연간 10시간 이상)	6개월에 1회 이상 (연간 6시간 이상)	2개월에 1회 이상 (연간 10시간 이상)	매월 1회 이상

부록. 영유아 안전교육 계획안

월	주차	안전 주제	영 아	유 아
3	1	실종 · 유괴의 예방 · 방지	선생님과 안전하게 산책해요	어른과 함께 다녀요
	2	재난대비	황사와 미세먼지를 조심해요	콜록콜록! 황사가 왔어요
	3	교통안전	버스를 안전하게 타고 내려요	안전한 버스 이용방법
	4	생활안전	놀잇감을 안전하게 사용해요	도구의 바른 사용법을 실천해요
	화재대피(소방안전)훈련 - ○○반 공기청정기 전선 누전으로 인한 화재 발생			
4	1	성폭력 예방	내 몸의 소중한 곳을 알아요	내 몸의 이름을 알아요
	2	아동학대예방	나는 소중해요	우리는 소중해요
	3	실종 · 유괴의 예방 · 방지	내 이름을 알아요	길을 잃어버렸어요
	4	감염병 및 약물의 오용 · 남용 등 보건위생관리	손 씻기로 세균을 물리쳐요	올바른 손씻기 6단계
	화재대피(소방안전)훈련 - 교사실 콘센트 과부하로 인한 화재 발생			
5	1	실종 · 유괴의 예방 · 방지	길을 잃지 않으려면?	우리 가족 연락처를 기억해요
	2	감염병 및 약물의 오용 · 남용 등 보건위생관리	가정용 화학 제품을 구분해요	내 몸을 지키는 예방접종
	3	재난대비	옷에 불이 붙었어요	옷에 불이 붙었을 때는?
	4	교통안전	자동차에 혼자 남았어요	어린이 보호구역 안전 수칙
	5	생활안전	친구를 깨물지 않아요	놀이터에서 안전하게 놀아요
	화재대피(소방안전)훈련 - 복도 전기 합선으로 인한 화재 발생			
6	1	실종 · 유괴의 예방 · 방지	혼자 밖에 나가면 안돼요	누구에게 도움을 요청할까요?
	2	감염병 및 약물의 오용 · 남용 등 보건위생관리	약은 정해진 만큼만 먹어요	친구 약과 내 약은 달라요
	3	교통안전	생명을 지켜 주는 안전벨트(카시트)	안전벨트부터 매요!
	4	생활안전	식중독을 조심해요	동물에게 물렸어요
	화재대피(소방안전)훈련 - 조리실에서 가스레인지로 인한 화재 발생			
7	1	성폭력 예방	팬티(기저귀)가 필요해요	내 몸은 소중해요
	2	감염병 및 약물의 오용 · 남용 등 보건위생관리	여름 감염병을 조심해요	먹기 전에 어른에게 물어봐요
	3	재난대비	폭염은 위험해요	뜨거운 폭염이에요
	4	교통안전	비 오는 날 안전하게 걸어요	우산 쓰고 조심조심
	5	생활안전	안전하게 물놀이해요	안전하고 즐거운 물놀이

	화재대피(소방안전)훈련 - 장마철 누전으로 인해 원장실에서 화재 발생			
8	1	아동학대예방	아동학대를 알아봐요	아동학대는 싫어요
	2	실종 · 유괴의 예방 · 방지	누가 낯선 사람일까요?	낯선 사람은 누구일까?
	3	감염병 및 약물의 오용 · 남용 등 보건위생관리	예방접종이 꼭 필요해요	많이 먹으면 위험해요
	4	교통안전	어른과 손을 잡고 걸어요	나 혼자 자동차에 남았을 때는?
	화재대피(소방안전)훈련 - ○○반 냉방기구 과부하로 인한 화재 발생			
9	1	아동학대 예방	싫다고 이야기할 수 있어요	나의 권리를 찾아요
	2	실종 · 유괴의 예방 · 방지	혼자 밖에 나가면 안 돼요	아무 차나 타지 않아요
	3	교통안전	보호 장비를 착용하며 더욱 안전해요	자동차에는 사각지대가 있어요
	4	생활안전	위험! 끼임 사고	캠핑을 안전하게 다녀와요
	화재대피(소방안전)훈련 - 조리실 가스 누출로 인한 화재 시 대피해요			
10	1	실종 · 유괴의 예방 · 방지	아동 지킴이 집을 알아요	함부로 도와주지 않아요
	2	감염병 및 약물의 오용 · 남용 등 보건위생관리	예방접종! 아프지만 꼭 필요해요	알코올은 위험해요
	3	재난대비	앗 뜨거워! 뜨거운 물건을 조심해요	가스버너를 조심해요
	4	교통안전	자동차 주변에서 놀지 않아요	주차장에서의 안전
	화재대피(소방안전)훈련 - ○○반 치약 소독기 과열로 인한 화재 시 대피해요			
11	1	성폭력 예방	불편한 느낌을 표현해요	함부로 만지지 마세요
	2	실종 · 유괴의 예방 · 방지	모르는 사람이 내 이름을 부르면?	유괴 관련 안전 수칙
	3	감염병 및 약물의 오용 · 남용 등 보건위생관리	모르면 어른에게 물어보고 먹어요	우리 집 금연 캠페인
	4	재난대비	땅이 흔들흔들, 지진이 났어요	지진이 발생했어요
	5	교통안전	지하철 안전 이용 약속	도로 위 교통표지판
	화재대피(소방안전)훈련 - 원장실 누전으로 인한 화재 시 대피해요			
12	1	성폭력 예방	성폭력을 예방해요	비밀은 없어요
	2	실종 · 유괴의 예방 · 방지	누군가 함부로 데려갈 수 있어요	아무도 없는 곳에는 가지 않아요
	3	재난대비	폭설이 무서워요	화상을 입었어요

	4	교통안전	자동차에 혼자 남으면 이렇게 해요	나 혼자 남았어요!
	화재대피(소방안전)훈련 -○○반 내 전기합선 화재 시 대피해요			
2026 1	1	아동학대 예방	아동학대는 싫어요	폭력은 싫어요
	2	감염병 및 약물의 오용·남용 등 보건위생관리	가정용 화학제품을 만지거나 먹지 않아요	우리 몸에 해로운 화학제품
	3	재난대비	작은 미세먼지가 궁금해요	눈이 많이 내려요
	4	교통안전	미끄러운 눈길은 조심조심!	캄캄한 곳에서 잘 보이는 옷
	5	생활안전	스마트폰을 많이 보지 않아요	미디어 중독은 위험해요
	화재대피(소방안전)훈련 - ○○반 내 난방기구로 인한 화재 시 대피해요			
2	1	실종·유괴의 예방·방지	어떻게 하면 좋을까요?	문을 열어 주면 안 돼요
	2	감염병 및 약물의 오용·남용 등 보건위생관리	그림을 보면 알아요	감기를 이겨 내는 방법
	3	재난대비	폭설과 한파를 대비해요	옷에 불이 붙으면 이렇게 해요
	4	생활안전	뾰족한 모서리를 조심해요	음식물이 목에 걸렸어요
	화재대피(소방안전)훈련 - 유희실 가스 누출로 인한 화재 시 대피해요			

5. 영유아 아동학대 예방 지침을 준수

- 영유아 아동학대 예방 지침이 마련되어 있으며 준수하고 있음
  지침 필수사항: 영유아 학대 정의 및 유형, 신고의무 등
- 모든 교직원은 어떠한 경우에도 영유아를 신체 및 정서적으로 학대하거나 방임하지 않음
- 영유아를 체벌하지 않음

- 아동학대 정의:

보호자를 포함한 성인이 아동의 건강 또는 복지를 해치거나 정상적 발달을 저해할 수 있는 신체적·정신적·성적 폭력이나, 가혹행위를 하는 것과 아동의 보호자가 아동을 유기하거나 방임하는 것(「아동복지법」 제3조 제7항)

- 아동학대 유형:

신체적 학대, 정서적 학대, 방임, 성 학대

- 교사는 신고 의무자이므로 학대를 알게 된 경우 112에 신고해야 함

– 영유아 학대가 의심되는 경우(멍, 상처, 신체적 상흔, 무단 결석, 명확한 사유 없이 퇴소 신청 등)가 발생된 경우 대처 방법

① 학대 의심 정황 확인
- 신체적인 상흔 등 반복적이거나 비정상적인 외상이 있는지 확인
- 무단 결석이나 돌연 퇴소 등 이상 징후 관찰
- 영유아의 행동 변화(불안, 위축, 극단적 반응 등) 파악

② 기록 및 증거 확보
- 학대 의심 징후 기록(가능하면 사진, 영상 등 시각적 증거 수집)
- 교사 및 주변인의 목격 증언 확보

③ 영유아와의 상호작용
- 불안하지 않도록 편안한 환경에서 대화 유도
- 강요하지 않고 경청하며 관찰함
- 영유아의 진술을 왜곡하지 않고 기록

④ 보고 및 논의
- 원장에게 즉시 보고
- 보호자가 학대 가해자로 의심되는 경우, 보호자에게 직접 알리기 전 내부 논의

⑤ 보호 조치
- 긴급한 경우 경찰 및 아동보호전문기관과 협력하여 보호 조치 시행

▌Tip

학대가 의심된다고 해서 바로 특정인을 가해자로 단정 짓는 건 위험할 수 있어요. 객관적인 증거와 전문가의 판단이 필요합니다.
특히 보호자와 갈등을 피하려면 공식적인 절차에 의한 처리 과정이 중요합니다. 성급하면 오히려 아이가 더 어려운 상황에 처할 수도 있어요.
무조건 방관은 금물! '혹시 아닌데 오해하면 어쩌지?' 하는 생각이 들어도, 그냥 넘기지 마세요. 학대가 맞다면 아이가 계속 위험에 처할 수도 있습니다. 의심 정황이 있다면 전문가(아동보호전문기관, 경찰 등)에게 알리고, 아이가 안전한 환경에서 지낼 수 있도록 도와주세요.

부록. 보육교직원 영유아 권리 선서

보육교직원 영유아 권리 선서

우리는 보육 전문가로서의 책임을 다하며, 영유아의 권리를 보호하고 존중하며 충족하기 위해 최선을 다할 것을 다짐합니다.

하나, 우리는 영유아가 차별 없이 평등하고 행복하게 성장할 수 있도록 지원합니다.
하나, 우리는 영유아에게 안전하고 쾌적한 보육 환경을 제공하기 위해 최선을 다합니다.
하나, 우리는 영유아에게 충분한 영양과 위생적인 급식을 제공하여 영유아의 건강한 성장을 돕습니다.
하나, 우리는 영유아가 자신의 욕구와 생각을 자유롭게 표현할 수 있도록 격려합니다.
하나, 우리는 영유아의 발달과 개별적 특성에 맞춘 보육을 위해 지속적으로 노력합니다.
하나, 우리는 영유아를 존중하며 체벌을 포함한 모든 형태의 신체적, 성적, 정서적 학대 및 방임을 하지 않습니다.
하나, 우리는 아동학대를 예방하기 위해 노력하고, 아동학대를 발견할 경우 신고 의무를 다합니다.
하나, 우리는 보육 활동에 부모의 참여를 확대하고, 지역사회 및 전문가와의 연계를 통해 아동이 올바르게 성장할 수 있는 기반을 마련합니다.

교사 (서명)

영유아 학대 예방지침

✤ 아동학대의 정의[「아동복지법」 제3조 제7항]

보호자를 포함한 성인이 아동의 건강 또는 복지를 해치거나 정상적 발달을 저해할 수 있는 신체적 · 정신적 · 성적 폭력이나, 가혹행위를 하는 것과 아동의 보호자가 아동을 유기하거나 방임하는 것입니다.

✤ 아동학대의 유형 및 징후

• 신체학대

성인이 아동에게 신체적 손상을 입히거나 이를 허용한 모든 행위

☑ 사고로 보기에는 의심쩍인 상흔
☑ 발생 및 회복에 시간차가 있는 상처 및 골절
☑ 신체적 상흔으로 자주 병원을 가는 경우
☑ 사용된 도구의 모양이 그대로 나타나는 상처
☑ 담뱃불 자국, 뜨거운 물에 잠겨 생긴 화상 자국
☑ 겨드랑이, 팔뚝, 허벅지 안쪽 등 다치기 어려운 부위의 상처
☑ 다른 아동이 울 때 공포를 보임
☑ 공격 또는 위축된 극단적 행동
☑ 부모에 대한 지나친 두려움
☑ 집으로 돌아가는 거에 대한 지나친 두려움

• 성학대

성적 만족을 위해 아동의 신체에 접촉하는 행위나 아동과의 모든 성적 행위

☑ 걷거나 앉는데 어려움
☑ 회음부의 통증과 가려움
☑ 찢기거나 손실된 처녀막 또는 아동의 질에 있는 정액
☑ 질이나 항문 주변의 상처, 멍, 긁힌 자국, 찰과상 등
☑ 입천장의 손상, 성병 감염 및 임신
☑ 나이에 맞지 않는 성적 행동, 해박하고 조숙한 성 지식
☑ 타인, 동물, 장난감을 대상으로 성적인 상호관계
☑ 위축, 환상, 퇴행 행동, 혼자 남아 있기를 거부
☑ 특정 유형의 사람들 또는 성에 대한 두려움

• 정서학대

성인이 아동에게 언어적, 정서적 위협, 감금, 억제, 기타 가학적인 행위

☑ 수면부족으로 인한 후유증
☑ 언어장애, 비행, 기행(퇴행, 반사회적 행동 등)
☑ 스트레스로 인한 원형탈모 등
☑ 특정물건을 계속 빨고 있거나 물어 뜯음
☑ 갑작스런 폭력성향과 행동장애
☑ 히스테리, 강박, 공포 등 정신신경성 반응
☑ 극단 행동, 과잉행동, 자살 시도 등

• 방임

아동의 양육과 보호를 소홀히 하여 정상적인 발달을 저해하는 모든 행위

☑ 기아, 영양실조, 적절하지 못한 영양 섭취
☑ 계절에 맞지 않는 옷, 청결하지 못한 외모
☑ 지속적 피로, 불안정한 정서 호소
☑ 예방접종 등 의학적 치료 불이행 및 건강상태 불량
☑ 음식을 구걸하거나 훔침
☑ 학교에 일찍 등교하고 집에 늦게 귀가
☑ 머릿니, 빈대, 회충 등이 있음
☑ 특정한 사유없이 무단 결석

✤ 아동학대 신고 의무자의 역할(「아동학대범죄의 처벌 등에 관한 특례법」 제63조)

• 어린이집 보육 교직원은 신고 의무자로서 직무상 아동학대를 알게 된 경우 및 의심되는 경우 즉시 112 등에 신고하여야 합니다.

✤ 어린이집에서 아동학대가 의심되는 경우 대처 방법

▌**보고 절차:** 담임교사 – 원장보고 – 전체교직원 공유 – 신체적 · 행동적 징후 관찰, 부모면담, 아동학대 의심 정황 사례 수집

- 아동학대 발견 및 의심 시 담임교사는 원장에게 보고한다.
- 교직원의 해당 원아에 대한 아동학대 의심 사례를 공유한 후 신체적 · 행동적 징후를 지속적으로 관찰한다.
- 원장은 공유된 사례를 기반으로 아동학대 가능성을 파악하기 위한 부모면담을 의뢰한다.

  – 부모가 자신의 자녀를 비난하거나 다른 형제, 자매에 비해 매우 비판적으로 보는 경우
  – 자녀를 "나쁜 아이"라고 표현하며 아이에 대해 좋게 평가하는 것이 없는 경우
  – 부모가 술을 자주 먹어 자녀가 방치되는 경우
  – 자녀의 건강 및 발달 문제에 대해 무관심하거나 상담을 거부하는 경우

- 교직원은 지속적으로 신체적 · 행동적 징후를 관찰하고 해당 원아의 형제 · 자매의 이상 징후도 함께 관찰한다.
- 원장은 모든 내용을 취합한 후 해당 지자체와 공유하고, 즉시 아동보호전문기관 또는 수사기관에 즉시 신고한다.
  [모든 절차는 서면 기록으로 남긴다.]

1단계 아동학대 의심 및 발견
- 아동학대 인지하기
- 영유아 및 보호자를 관찰 후 면담하여 아동학대 가능성 파악하기
- 응급상황 발생 시 영유아 안전을 먼저 확보하기

2단계 112 아동학대 신고
- 가능한 많은 아동학대 정황을 파악하여 즉시 신고하기
- 신고 시 전달 내용
  아동학대 의심 내용, 아동 및 학대 행위자, 신고자 정보 전달하기

3단계 아동보호전문기관과 협력 유지
- 피해 영유아에 대해 지속 관찰하며 재학대에 대한 여부 파악하기
- 의심스러운 상황 발생 시 신속하게 아동보호전문기관에 연락하기

✤ 아동학대 사후 관리

- 교사는 아동학대 신고 전과 다름없이 영유아를 대한다.
- 영유아의 욕구에 민감하게 반응하고, 존중과 이해로 대한다.
- 영유아는 감정변화가 잦을 수 있으므로 세심한 보살핌을 통해 안정감을 느끼도록 돕는다.
- 영유아의 말을 경청하고, 비언어적인 대화에 적극적으로 반응을 한다.
- 아동학대는 영유아의 잘못이 아님을 인지시킨다.

✤ 무단 결석하는 영유아에 대한 대처

결석 기간	대처 방법
결석 당일 (1일)	• 담임교사는 유선으로 결석 사유와 아동의 안전을 확인하고 다음 출석일을 확인 • 유선 연락이 되지 않는 경우 원장 · 원감에게 보고하고, 유선 연락 지속 실시

2일	• 원장은 수시로 보호자에게 유선 연락을 실시하여 아동의 안전을 확인
	• 원장은 유선으로 아동의 안전이 확인되지 않은 경우 가정방문을 실시하여 아동의 안전을 직접 확인
	  – 가정방문은 교직원, 읍면동 공무원으로 구성된 2인이 함께 실시
	• 가정 방문 결과 아동학대가 의심되거나 아동의 소재 · 안전이 확인되지 않는 경우 원장은 수사기관(112)에 신고
	  – 출석하기로 한 기일이 지나도 출석하지 않는 경우에는 가급적 가정방문 실시

사후 관리	• 수사기관에서 협조 요청 시 담임교사 또는 원장은 평상시 아동의 상태 등에 대해 안내하고 기타 요청 사항에 대해서 적극 협조 • 교사는 무단결석한 아동이 재등원 하였을 경우, 아동의 심리, 정서적 상태를 고려하여 적절히 조치 • 원장은 해당 보호자에 대해서 면담 또는 부모교육 등을 실시

✤ UN 아동 권리 존중

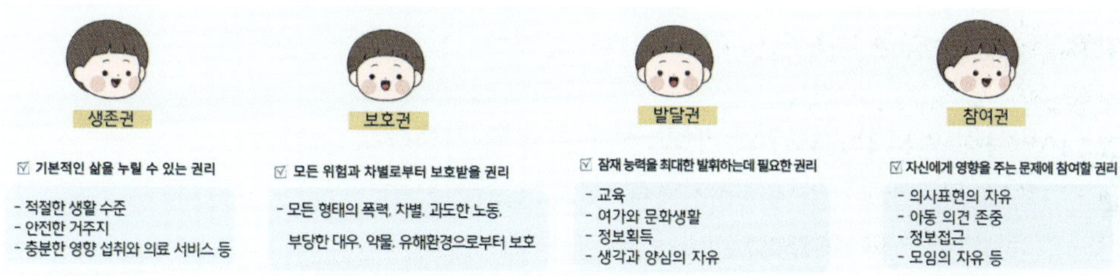

평가제 완벽 대비 Q&A

Q 영아반도 안전교육을 실시해야 하나요?

A 영아반의 경우에도 「아동복지법」에서 규정한 안전교육의 내용, 주기에 따라 안전교육을 실시하여야 합니다. 다만, 만 0, 1세의 경우, 발달수준을 고려하여 놀이, 일상적인 양육, 기본생활 관련 활동 등으로 안전교육을 진행할 수 있습니다.

지표 핵심_2

〈관찰, 면담〉

적절한 수준
2. 비상시 신속하게 대처할 수 있도록 관리한다. ① 아프거나 다친 영유아를 위한 지침을 숙지하고 실행한다. ② 보육교직원은 비상시 지침에 따른 자신의 역할과 업무를 숙지하고 실행한다. ③ 모든 영유아에게는 비상시 피난 대피를 도울 보육교직원이 지정되어 있다.

핵심 Point

• 비상시 대처 방안 마련

1. 아프거나 다친 영유아를 위한 지침 숙지

- 아프거나 다친 영유아를 위한 대처방법 및 절차와 업무분장이 지침으로 마련되어 있음

아프거나 다친 영유아를 위한 지침서 필수 기재사항
– 질병에 걸려 아픈 영유아에 대한 처리 절차 – 사고로 다친 영유아에 대한 처리 절차 (상해유형에 따른 응급처치 내용이 최소 3가지 이상 포함) – 교직원 업무분장

2. 비상시 지침에 따른 자신의 역할과 업무 숙지

- 비상시 대처방안이 마련되어 있음

비상시 대처방안 필수기재사항
– 비상사태를 대비한 보육교직원의 역할분담표 – 비상대피도 – 대피요령

3. 비상시 피난 대피를 도울 교직원 지정

부록. 아픈 영유아에 대한 지침

- 질병으로 인해 몸이 아픈 영유아를 발견하면 즉시 원장이나 중간 관리자(간호사)에게 보고한다.
- 응급상황이 발생하면 즉시 119에 신고하고, 정해진 절차에 따라 응급처치를 실시한다.
- 보호자에게 연락하여 영유아의 상태를 알린다.
- 상황에 맞는 필요한 조치를 취하고, 별도의 공간에서 원장 등이 돌보며 휴식을 취하도록 하거나 보육실의 한쪽 공간에서 자주 쉴 수 있도록 지원한다.
- 긴급하게 대응해야 하는 상황(예: 고열 등)에서는 보호자와 전화로 연락한 후 적절한 조치를 취한다.
- 일상적인 상황에서는 반드시 투약 의뢰 관련 기록에 근거하여 약물을 투여한다.

<table>
<tr><th colspan="3">대 처 사 항</th></tr>
<tr><td>경련</td><td colspan="2">• 당황하지 않는다.
• 경련 도중 부딪혀 다칠 수 있으므로 주위의 위험한 물건을 치운다.
• 손발을 꽉 잡거나 주무르는 것과 같은 자극을 주지 않는다.
• 옷을 벗기고 시원하게 해 준다.
• 구토하거나 먹고 있던 음식에 의해 기도 흡인이 발생할 수 있으므로 고개를 한 쪽으로 돌려 준다.
• 경련 중이거나 의식 없는 영유아에게 약품을 먹이지 않는다.
• 경련이 오래 지속되면(일반적으로 5분 이상) 119에 신고 후 응급실에 간다.</td></tr>
<tr><td rowspan="2">발열</td><td>어린이집 내</td><td>• 편안한 옷을 입히고 느슨하게 해 준다.
• 시원한 방이나 그늘에서 영유아를 누인다.
• 구토를 하지 않으면 물을 10~15분 간격으로 조금씩 준다.
• 지속적으로 체온을 측정하여 변화 추이를 관찰한다.
• 열이 계속 떨어지지 않을 경우 병원에 간다.</td></tr>
<tr><td>야외활동 시</td><td>• 시원한 그늘에 영유아를 누인다.
• 옷을 느슨하게 해 준다.
• 구토를 하지 않으면 물을 10~15분 간격으로 조금씩 준다.
• 영유아의 피부에 차갑고 젖은 천을 대 준다.
• 열이 계속 떨어지지 않을 경우 병원에 간다.</td></tr>
</table>

구토	식이요법	• 심한 구토(예: 분출성 구토, 혈액 섞인 구토)가 아니면 우유를 제외한 맑은 음료를 소량씩 자주 준다. • 설사가 없는 구토에는 차지 않은 물이 가장 좋은 음료이다. • 거품이 있는 음료는 위를 팽창하게 하여 계속 토하게 할 수 있다. • 구토 없이 8시간이 지나면 점차 정상 식사로 돌아갈 수 있다.
	빨리 병원에 가야 할 경우	• 반복적으로 심하게 하는 구토 • 머리를 아파하고 목이 뻣뻣하거나, 고개를 뒤로 젖히는 증상이 동반되었을 때 • 주기적으로 배를 아파하고 잘 달래지지 않을 때 • 탈수 증상이 동반되었을 때 ※ 탈수 증상(소변량 감소, 혀가 마르고 울어도 눈물이 나지 않음, 아기가 처져 있음) • 구토물의 색깔이 진한 녹색이거나, 피가 섞인 것으로 보일 때 • 1~2일 이내에 심하게 머리를 다친 적이 있는 경우

부록. 사고로 다친 영유아를 위한 지침

- 사고로 다친 영유아를 발견하면 즉시 원장이나 중간관리자(간호사)에게 보고한다.
- 보호자에게 연락하여 영유아의 상태를 알리고, 정해진 절차에 따라 필요한 처치를 실시한다.
- 부상의 종류(긁힘, 멍, 물림, 화상 등)와 정도에 따라 적절한 조치를 취한다.
- 질식, 심각한 부상, 출혈, 충격, 이물질에 의한 응급상황이 발생하면 즉시 119에 신고하고, 정해진 절차에 따라 응급처치를 진행한다.

❑ 응급상황 시 대처 방법

1. 당황하지 않고 어떤 사고인지 파악
2. 다친 영유아의 부상 정도를 파악하여 적절한 조치를 취함
3. 구조대는 응급실에 구조를 요청
4. 부모에게 연락
5. 남은 영유아를 안심시킴
6. 사고보고서 작성

❑ 부상 발생 시

1. 어린이집에서 부상이 발생하는 경우 우선 침착하세요.
2. 생명을 위협하는 상황(질식, 심한 출혈, 충격)을 확인하세요.
3. 심각하게 부상 당한 아이를 이동하지 마세요.
4. 부상이 심하거나 부상 정도가 판단이 안 되면 119에 연락하여 지시에 따라 응급처치나 필요한 경우 심폐소생술을 진행하세요.
5. 보호자(부모 등 주 양육자 혹은 대리인)에게 연락하세요.

❑ 119 상담원에게 알려 주어야 할 내용

- 응급상황이 발생한 위치(어린이집 이름, 반 이름, 도로나 거리명 등)
- 응급상황의 내용(무의식, 무호흡, 안전사고 등)
- 도움이 필요한 사람의 인원수 및 상태
- 영유아에게 시행한 응급처지 내용(심폐소생술 등)
- 필요한 도움 등

4. 영유아의 안전을 위해 항상 전체 상황을 주시

- 교실은 전체 영유아가 한눈에 보이도록 구성함
- 가능한 많은 영유아를 관찰할 수 있는 자리에 위치하여 지원함
- 개별 영유아와 상호작용을 하더라도 수시로 전체 영유아 전체 상황을 주시함

> - 영유아가 화장실에 다녀올 때 교사가 상황을 인지하고, 영유아가 일정 시간이 지나도 돌아오지 않으면 직접 살펴보세요.
> - 영유아가 낮잠을 잘 때 수시로 확인하세요.
> - 기저귀를 갈거나 분유를 먹일 때 등 지원할 때에 영유아를 수시로 살피세요.

부록. 영유아 상해 유형 및 응급처치 방법

상 황		응 급 처 치
찢어짐 (찰과상, 베임)		• 가벼운 상처의 경우 다친 부위를 식염수나 깨끗한 수돗물로 세척 • 물기를 깨끗한 거즈로 닦은 다음 상처에 밴드를 붙임 • 상처의 깊이와 크기, 부위 등에 따라 의료적 처치가 필요한 경우에는 병원에 가서 치료
치아손상		• 부러진 이가 땅에 떨어졌다면, 부러진 치아의 씹는 면을 잡고 생리식염수를 부어 씻어 낸 후 생리식염수(또는 차가운 흰 우유)에 담가 치과로 가져감
골절	다리	• 다친 부위를 무리하게 움직이지 말고 가장 편안한 상태로 고정하고 병원에 방문 • 길이가 다른 판자를 준비해 긴 판자는 발목의 바깥쪽에서 옆구리까지 고정하고 짧은 판자를 발목 안 쪽에 대 주고 천으로 판자와 몸통을 묶어 고정시켜 줌
	손목	• 손바닥부터 어깨까지 3면을 종이상자로 둘러싸고 천으로 고정해 줌
	발목	• 긴 천을 바닥에 깔고 외투를 접어 천 위에 놓아 천으로 외투를 감싸 발목을 고정시킨 후 쿠션을 발목 밑에 받쳐 편안한 자세를 만들어 줌

<table>
<tr><td colspan="2" rowspan="2">낙상</td><td colspan="2">• 낙상한 곳에서 환자를 이동하지 말고 그대로 두며, 다친 곳이 있는지 살핌
• 당황하지 않고 환자의 의식을 확인한다. 다른 보육 교직원은 원장에게 보고함
• 의식이 있으면 환자를 안정시키며 아픈 곳을 묻고, 머리, 팔, 다리, 엉덩이를 차례로 살펴서 이상하거나 형태가 변한 곳이 있는지 잘 살핌(골절이 있을 수 있음)
• 멍든 부분이 있을 경우 얼음주머니를 대어 줌
• 의식이 없거나 심한 출혈 혹은 외상 시는 즉시 119에 연락함</td></tr>
<tr><td>환자를 옮기지 않아야 할 경우</td><td>• 심한 통증을 호소할 때
• 골절이나 심한 출혈이 의심될 때
• 입, 코, 귀 등에 분비물이 있을 때
• 의식이 없을 때</td></tr>
<tr><td rowspan="3">베임</td><td>조금 베임</td><td colspan="2">• 흐르는 물에 상처 부위를 씻고 깨끗한 거즈로 닦은 다음 소독약을 바르고 반창고를 붙임</td></tr>
<tr><td>상처가 크고 피가 멈추지 않는 경우</td><td colspan="2">• 지혈을 하면서 빨리 병원으로 감
• 이때 상처 부위가 오염된 곳에 닿지 않도록 주의하고, 상처를 만지거나 벌리지 않음</td></tr>
<tr><td>뾰족한 물건에 찔렸을 경우</td><td colspan="2">• 이물질이 박혀 있지 않으면 흐르는 물에 상처 부위를 씻고 소독해서 병원에 감(파상풍 위험)
• 이물질이 깊이 박혀 있으면 함부로 빼내지 말고 박혀 있는 물체가 움직이지 않도록 조심하면서 병원으로 감</td></tr>
<tr><td colspan="2">화상</td><td colspan="2">• 화상 부위나 그 위쪽을 둘러싸고 있는 반지, 시계, 팔찌 등을 제거함
• 옷은 억지로 벗기거나 떼어 내지 말고 가위 등을 이용하여 자르거나 물수건으로 적신 후 조심스럽게 떼어 냄
• 흐르는 찬물을 이용하거나 찬 물수건을 이용해 화기를 제거하고 식혀 줌
• 물집이 생긴 경우 억지로 터뜨리지 말고, 부위가 넓을 경우 깨끗한 천으로 덮고 되도록 빨리 병원으로 감
• 화상 부위가 손이나 발일 경우 손가락이나 발가락 사이에 천이나 거즈를 끼워서 서로 떨어뜨려 놓은 다음 깨끗한 붕대로 손과 발을 느슨하게 하고 병원으로 감</td></tr>
<tr><td rowspan="3">물림</td><td>사람</td><td colspan="2">• 흐르는 물로 상처를 씻어 줌
• 물린 부위에 냉찜질을 하여 붓기를 가라 앉힘
• 상처용 연고를 바름</td></tr>
<tr><td>동물</td><td colspan="2">• 흐르는 물로 깨끗이 5~10분간 씻음
• 개방성 상처인 경우 상처를 너무 벌리거나 문지르지 않음
• 물린 동물(개, 고양이 등)과 정황에 대해 의사에게 설명</td></tr>
<tr><td>곤충(벌)</td><td colspan="2">• 추가적인 쏘임을 막기 위해 안전한 장소로 이동
• 곤충의 침이 박혀 있는 경우 침을 잡아당기지 말고 신용카드 등의 모서리로 살살 긁어 침을 제거함
• 이차 감염을 예방하기 위해 흐르는 물로 상처를 깨끗이 닦고, 연고를 바름
• 쏘인 부위를 심장보다 높게 한 후 냉찜질을 하여 부종을 감소시킴
• 알레르기 반응으로 호흡곤란이 일어날 경우 즉시 119에 신고함</td></tr>
</table>

구분		응급처치
할큄(꼬집음)		• 얼굴 부위에 생긴 상처는 식염수로 흐르듯 닦아 줌 • 식염수로 닦은 후 상처 부위에 흉터 방지용 특수밴드를 붙여 줌 • 벌어질 정도의 상처가 생긴 경우 감염 예방과 흉터방지를 위해 가까운 피부과, 성형외과 혹은 소아과에 감
코피		• 아이를 앉힌 상태에서 얼굴을 앞으로 숙이게 한 후 양쪽 콧등을 손가락을 살짝 압박을 가해 잡아 줌 • 아이의 입을 벌려 숨을 쉬게 하고 5~10분 정도 그 상태를 유지함 • 코피가 멈추면 티슈나 탈지면을 이용해 코 주변을 닦음 • 지혈을 10분 이상 시도하였으나 피가 멈추지 않거나, 다량의 출혈이 있는 경우 병원을 방문함
이물질이 들어간 경우	코	• 반대편 콧구멍을 막고 세차게 코를 풀도록 함 • 풀어서 나오지 않는 경우 병원에서 제거하는 것이 안전함(면봉으로 제거하려고 시도하다가 더 깊이 밀어 넣거나 점막 손상으로 코피를 유발할 수 있음)
	눈	• 눈의 표면에 먼지가 붙어 있을 경우 눈꺼풀을 벌려 눈의 안쪽에서 바깥쪽으로 물을 흘려 씻어 내도록 함 • 영유아가 눈을 비비면 각막이 손상될 수 있으니 눈을 비비지 않게 함 • 눈을 감게 하고 깨끗한 손수건 등으로 띠를 만든 후 눈을 가려 눈을 많이 움직이지 않게 한 뒤 병원으로 이송
기도 막힘	의식 있음	• 유아 뒤쪽에서 양 겨드랑이 사이로 팔을 넣어 배를 감쌈 • 유아의 키가 작은 경우 시행자가 무릎을 꿇거나 유아를 의자에 앉혀 시행자의 가슴이 유아의 등에 닿도록 함 • 배꼽과 명치 사이에 주먹을 대고 다른 손으로 주먹을 감싸 쥠 • 유아의 머리를 숙인 상태에서 위쪽, 안쪽으로 힘차게 밀침 • 5회 시행 후 기도를 막았던 이물질이 빠져나왔는지 확인함 • 이물질이 제거되지 않았으며 의식을 잃을 때까지 계속함
	의식 없음	• 심폐소생술 시행 • 인공호흡 전 입을 열어 보아 이물질이 있는지 확인 • 이물질을 제거하기 위해 우선 유아의 입을 수지교차법으로 열어야 함 • 유아의 입속을 훑어 내듯이 제거 • 이물질이 눈으로 확인되는 경우에만 제거
	영유아(1세 미만)	• 영아 턱과 얼굴을 손으로 고정한 뒤 시행자의 팔에 영아를 지지하여 등이 보이도록 함 • 영아의 양쪽 어깨 사이의 중앙을 손바닥과 손꿈치를 이용해 5회 힘껏 두드림 • 허벅지에 영아를 고정한 뒤 영아를 받치지 않은 다른 손으로 아이의 양쪽 젖꼭지를 이은 선 바로 아래 지점을 두 손가락으로 5회 힘차게 누름 • 입안의 이물질이 확인되면 엄지와 검지를 이용하여 제거 • 이물질이 나오지 않았다면 위 과정을 반복 • 흉부 압박 후에도 의식이 없으면 심폐소생술 실시 (흉부의 1/3~1/2 깊이, 흉부 압박과 인공호흡 30:2)

〈출처: 어린이집안전공제회〉

부록. 비상시 교직원 업무분장표

<table>
<tr><th>담당자</th><th>화재 및 재난 발생 시</th><th>안전사고 또는
돌발 상황 발생 시</th><th>전염병 발생 시
(식중독 포함)</th></tr>
<tr><td>원 장</td><td colspan="3">• 소방서, 경찰서에 화재 신고 긴급구조요청
• 전체 대피를 지휘, 통솔한다.
• 비상구와 출입문을 열어 신속히 대피하도록 유도한다.
• 자체 소방시설을 활용한 소화활동을 한다.</td></tr>
<tr><td>○○반
교사
(김○○)</td><td>• 인명구조
• 대피 유도
• 대피로 확보
• 소화기 작동, 진화 작업
• 전체 원아 인원 점검</td><td>• 인명구조
• 대피 유도</td><td>–원 내 전달</td></tr>
<tr><td>○○반
교사
(유○○)</td><td>• 만 1세 원아 대피시키기
• 초기진화/분말 소화기 사용</td><td>• 인명구조
• 대피 유도
• 비상 구급함 챙기기</td><td rowspan="6">–발생 반 담임

① 발생 내용을 부모에게 전달하여 알리기

② 감염병의 경우 즉시 격리 조치

③ 발생 내용 처리 과정 정리

④ 생활수칙 준수

⑤ 감염병 완치확인서 요청</td></tr>
<tr><td>○○반
교사
(배○○)</td><td>• 만 5세 원아 인솔
• 실내 장애물 제거 현관문 개방
• 초기진화/분말 소화기 사용</td><td>• 비상 구급함 챙기기
• 주요 서류와 물건 반출
• 화장실 시설 및 설비안전 점검</td></tr>
<tr><td>○○반
교사
(하○○)</td><td>• 만 4세 원아 인솔
• 실내 장애물 제거 현관문 개방
• 초기진화/분말 소화기 사용</td><td>• 비상 구급함 챙기기
• 인명구조
• 대피 유도</td></tr>
<tr><td>○○반
교사
(김○○)</td><td>• 만 3세 원아 인솔
• 선발대: 교실 비상문 개방
• 초기진화/분말 소화기 사용</td><td>• 비상 구급함 챙기기
• 인명구조
• 대피 유도</td></tr>
<tr><td>○○반
교사
(마○○)</td><td>• 전기 차단
• 영유아 대피 유도 /소화기 사용
• 남은 인원이 있는지 확인</td><td>• 비상 구급함 챙기기
• 응급처치 지정 병원으로 긴급후송</td></tr>
<tr><td>○○반
교사
(오○○)</td><td>• 만 2세 원아 인솔
• 실내 장애물 제거, 교실 비상문 개방
• 초기진화/분말 소화기 사용</td><td>• 인명구조
• 대피 유도</td></tr>
</table>